3D프린터 운용기능사 실기

2019년 5월 1일 초판 인쇄
2019년 5월 3일 초판 발행

저　자	윤범규 · 윤규영
발 행 인	조규백
발 행 처	도서출판 구민사
	(07293) 서울특별시 영등포구 문래북로 116, 604호(문래동3가 46, 트리플렉스)
전　화	(02) 701-7421(~2)
팩　스	(02) 3273-9642
홈페이지	www.kuhminsa.co.kr
신고번호	제 2012-000055호 (1980년 2월4일)
I S B N	979-11-5813-691-8　13550
값	29,000원

이 책은 구민사가 저작권자와 계약하여 발행했습니다.
본사의 서면 허락 없이는 어떠한 형태나 수단으로도 이 책의 내용을 이용할 수 없음을 알려드립니다.

머리말

3D프린팅은 4차 산업혁명을 실현하는 핵심기술 중의 한 분야로서 제조업 등 다양한 분야의 확산과 보급으로 급성장하고 있다. 글로벌 시장 환경에 발 빠르게 대응하기 위한 것과 국내 산업 경쟁력에 있어서 매우 중요한 분야의 기술로 각광을 받을 것으로 본다.

오늘날의 사회는 제품 수명주기(Life cycle)의 속도가 빨라지고, 신기술 발달에 따라 소비자의 패턴이 다양화되었다. 또한 다품종 소량생산의 시대 흐름에 따라 신제품 조형디자인 기술이 대두될 것이다.

따라서 3D프린팅은 엔지니어링, 제품 디자인, 조선, 기계, 자동차, 금형, 전기, 전자, 우주항공, 기술, 의료, 엔터테인먼트, 건축, 건설, 그리고 바이오분야 등의 다양한 분야에서 활용되며 창의적이고 실용적인 아이디어를 창출하여 신제품 조형디자인 기술을 이끌어 내야 한다. 보기 좋고 품질이 좋은 제품을 개발하기 위해서는 디자인 방법과 실습과정을 통해 배우고 익혀야 한다.

이에 본 교재는 전기전자 축의 3D프린터운용기능사 실기를 통해서 학습자 스스로 창의적이고 융복합적인 사고력을 바탕으로 전문가다운 실력을 이끌어 내는 데 그 목적이 있다.

이 교재 편성의 구분은 컴퓨터 소프트웨어 프로그램을 활용한 '제1장 3D 모델링', '제2장 2D 도면', '제3장 제품스캐닝', '제4장 3D프린터 S/W 설정', '제5장 3D프린터 H/W 설정', '제6장 제품출력 및 제작완성', '제7장 후가공', '제8장 부록' 총 8장으로 각 장마다 체계적인 실습과제 및 이미지를 풍부하게 추가하였다.

교재 편성의 실습과제 선정은 서로 상호연관성이 있으며, 과제 수행과정에서 실습 따라하기 및 결과물을 얻도록 전개하였다.

특히, '제6장 제품출력 및 제작완성'은 3D 모델링 및 도면을 보고 신제품 조형디자인 분야에 많이 응용할 것과 상상한 모든 것을 창의적인 아이디어로 이끌어 낼 것으로 보고 산업사회의 빠른 흐름에 맞춰 집필하였다.

본 교재는 3D프린터운용기능사 실습에 꼭 필요한 기초적인 내용과 응용을 통해 다양한 기능과 기법을 터득할 수 있도록 했다. 학습자의 창의적인 아이디어와 실기 실력을 창출시키기 위해 노력하였으나 다소 미흡한 부분이 있으리라 보고, 향후 계속 수정·보완해 나갈 것을 약속드리며 이 분야에 대한 지식과 기술을 터득하는 데 좋은 밑거름이 되었으면 한다.

이 책의 출판을 위해 적극적으로 도움을 주신 도서출판 구민사 조규백 대표님과 직원 여러분께 깊은 감사를 드린다.

저자 씀

출제기준(실기)

직무 분야	전기·전자	중직무 분야	전자	자격 종목	3D프린터 운용기능사	적용 기간	2018.07.01. ~ 2020.12.31.

○ 직무내용 : 3D프린터를 기반으로 아이디어를 실현하기 위하여 시장조사, 제품 스캐닝, 디자인 및 엔지니어링모델링, 출력용 데이터 확정, 3D프린터 SW 설정, 3D프린터 HW 설정, 제품 출력, 후가공, 장비 관리 및 작업자 안전사항 등의 직무 수행

○ 수행준거
1. 3D프린터 작품제작의 원활한 3D프린팅을 위하여 출력과정 중 출력오류에 대처하고 출력 후 안전하게 제품을 회수할 수 있다.
2. 3D 모델링의 비정형 객체를 생성하기 위해 3D 모델링 프로그램을 사용하여 정해진 디자인스케치나 도면을 3차원 형상 데이터로 생성할 수 있다.
3. 대상물의 형상을 X, Y, Z값의 수치정보를 가진 데이터로 취득하여 컴퓨터상에 3D데이터로 구현할 스캐너를 결정하고, 스캔 데이터의 후처리를 보정할 수 있다.
4. 3D프린터 유지보수를 위한 점검을 통해 장비를 보전하고 고장부위를 정비하거나 유지할 수 있다.

실기검정방법	작업형	시험시간	4시간 정도

실기과목명	주요항목	세부항목	세세항목
3D프린팅 운영실무	1. 제품 스캐닝	1. 스캐너 결정하기	1. 세미나 자료, 스캐너 활용영상을 통해서 3차원 스캐닝의 기본개념, 원리, 스캐닝 방식을 파악할 수 있다. 2. 스캐닝의 개념, 원리, 스캐닝 방식 정보를 활용하여 측정할 대상에 따라 적용 가능한 스캐닝(Scanning) 방식을 선택할 수 있다. 3. 선택한 스캐닝 방식을 고려하여 최적의 스캐너(Scanner)를 선택할 수 있다.
		2. 대상물 스캔하기	1. 선정한 스캐너(Scanner)의 필요한 부대장비, 준비사항을 파악할 수 있다. 2. 파악한 부대장비, 준비사항의 정보를 고려하여 스캔 대상물의 측정 범위, 스캐닝 설정을 할 수 있다. 3. 측정범위, 스캐닝 설정이 된 스캐너를 활용하여 스캔을 실시하고 스캔데이터로 저장할 수 있다.
	2. 넙스(Nurbs) 모델링	1. 3D형상 모델링하기	1. 결정된 디자인을 구현하기 위하여 넙스(Nurbs) 방식의 3D CAD 프로그램 기능과 활용방법을 파악할 수 있다. 2. 파악된 넙스(Nurbs) 방식의 3D CAD프로그램 기능을 바탕으로 필요한 작업방식을 선정할 수 있다.

3D프린팅 운영실무	2. 넙스(Nurbs) 모델링	1. 3D형상 모델링하기	3. 선정된 작업방식을 활용하여 제품의 용도, 효용성, 규격, 디자인 요구사항에 대한 정보를 도출하여 작업지시서를 작성할 수 있다. 4. 작성된 작업지시서를 기반으로 정확한 치수 구현 기술을 통하여 객체형상 데이터를 구현할 수 있다.
		2. 3D형상 데이터 편집하기	1. 각각의 생성된 객체를 변환 명령에 의하여 편집, 변형할 수 있다. 2. 변형이 완료된 객체를 합치기, 빼기, 결합하기 등을 이용하여 통합된 객체를 생성할 수 있다. 3. 하나의 완성된 객체를 생성하기 위하여 통합된 객체형상 데이터를 조립할 수 있다.
		3. 출력용 데이터 수정하기	1. 편집된 객체를 제품의 용도, 효용성, 오류 개선, 디자인 요구사항의 변화에 따라 수정할 수 있다. 2. 3D프린팅 출력물의 후가공 작업 편리성을 위하여 3D형상 데이터를 분할할 수 있다. 3. 3D프린팅 출력물의 품질을 고려하여 3D형상 데이터에 출력보조물을 추가하고 출력용 디자인 모델링 데이터로 저장할 수 있다.
	3. 엔지니어링 모델링	1. 2D 스케치하기	1. 결정된 디자인 구현을 위하여 3D엔지니어링 소프트웨어 기능을 파악할 수 있다. 2. 파악된 3D소프트웨어 기능을 활용하여 정투상도 중 한 개의 평면을 선택할 수 있다. 3. 선택한 평면상에 다양한 기하학적 형상을 드로잉(Drawing)할 수 있다. 4. 드로잉(Drawing)된 형상에 설계변경이 용이하도록 구속조건을 부여할 수 있다.
		2. 3D엔지니어링 객체 형성하기	1. 드로잉(Drawing)한 형상을 바탕으로 설계 조건을 고려하여 파트(Part)를 만드는 순서를 정할 수 있다. 2. 정해진 작업순서에 따라 드로잉(Drawing)한 형상을 활용하여 입체화할 수 있다. 3. 입체화된 파트의 관리가 용이하도록 부품명, 속성을 부여할 수 있다.
		3. 객체 조립하기	1. 조립의 기준이 될 파트(Part)를 우선 배치할 수 있다. 2. 우선 배치된 기준파트를 중심으로 나머지 파트를 조립할 수 있다. 3. 조립된 파트 간의 정적간섭, 틈새여부, 충돌여부를 파악하여 파트를 수정할 수 있다.

3D프린팅 운영실무	3. 엔지니어링 모델링	4. 출력용 설계 수정하기	1. 3D프린터 방식과 재료를 고려하여 파트의 공차, 크기, 두께를 변경할 수 있다. 2. 3D프린팅 출력물 후가공 작업 편리성을 위하여 파트를 분할할 수 있다. 3. 3D프린팅 출력물의 품질을 고려하여 파트의 부가요소를 추가하고 출력용 엔지니어링 모델링데이터로 저장할 수 있다.
	4. 3D프린터 SW 설정	1. 출력 보조물 설정하기	1. 확정된 출력용 데이터를 근거로 출력보조물의 필요성을 판단할 수 있다. 2. 출력보조물이 필요할 경우 슬라이서(Slicer) 프로그램으로 형상을 분석할 수 있다. 3. 분석된 형상을 토대로 출력보조물을 선정할 수 있다. 4. 선정된 정보를 활용하여 슬라이서 프로그램에서 출력보조물을 설정할 수 있다.
		2. 슬라이싱하기	1. 선정된 3D프린터에서 지원하는 적층값의 범위를 파악할 수 있다. 2. 파악된 적층값의 범위 내에서 적층값을 결정할 수 있다. 3. 결정된 적층값을 활용하여 제품을 슬라이싱할 수 있다.
		3. G코드 생성하기	1. 슬라이싱 된 파일을 활용하여 실제 적층을 하기 전 가상 적층을 실시하여 슬라이싱의 상태를 파악할 수 있다. 2. 슬라이서(Slicer) 프로그램의 3D프린터 설정기능을 활용하여 기타 설정값을 설정할 수 있다. 3. 슬라이싱된 파일과 기타 설정값을 기준으로 G코드를 생성할 수 있다.
	5. 3D프린터 HW 설정	1. 소재 준비하기	1. 선택한 소재를 바탕으로 3D프린터 장착 방식을 파악할 수 있다. 2. 파악한 3D프린터 장착 방식에 따라 소재를 3D프린터에 장착할 수 있다. 3. 소재가 장착된 3D프린터를 활용하여 정상 출력 여부를 파악할 수 있다.
		2. 데이터 준비하기	1. 선택한 3D프린터를 바탕으로 데이터업로드 방법을 파악할 수 있다. 2. 파악된 데이터업로드 방법에 따라 G코드 파일을 업로드할 수 있다. 3. G코드 파일이 3D프린터에 정상적으로 업로드되었는지 3D프린터 LCD화면을 통해 파악할 수 있다.

3D프린팅 운영실무	5. 3D프린터 HW 설정	3. 장비출력 설정하기	1. 선택한 3D프린터의 매뉴얼을 활용하여 작동방법, 원리, 출력방식을 파악할 수 있다. 2. 파악된 정보를 활용하여 3D프린터의 출력을 위한 사전준비를 할 수 있다. 3. 사전 준비된 3D프린터의 상태를 점검하여 출력 조건을 최종 확인할 수 있다.
	6. 출력용 데이터 확정	1. 문제점 파악하기	1. 저장된 출력용 파일의 종류와 특성을 검토할 수 있다. 2. 파악된 출력용 파일의 특성에 맞추어 오류검출 프로그램을 선택할 수 있다. 3. 선택된 프로그램으로 출력용 파일을 불러 들여 오류 검사를 실행할 수 있다. 4. 오류 검사 수행 결과를 기반으로 문제점 리스트를 작성할 수 있다. 5. 오류가 없을 경우 오류 검출프로그램에서 최종 출력용 모델링 파일의 형태로 저장할 수 있다.
		2. 데이터 수정하기	1. 파악된 문제점 리스트를 기반으로 자동오류수정 기능을 수행할 수 있다. 2. 자동오류수정 수행 결과를 바탕으로 자동으로 수정되지 않는 부분은 수동으로 수정 가능 여부를 확인할 수 있다. 3. 수동 수정이 불가능시 출력용 모델링 데이터를 모델링 소프트웨어에서 재수정하도록 문제점 리스트를 작성할 수 있다.
		3. 수정데이터 재생성하기	1. 재수정 요청된 문제점 리스트를 바탕으로 원본 모델링 데이터의 수정 부분을 파악할 수 있다. 2. 파악된 부분의 원본 모델링 데이터를 수정하여 출력용 모델링 파일로 저장할 수 있다. 3. 재저장된 출력용 모델링 파일을 활용하여 오류 검출 프로그램에서 자동 검사를 실행할 수 있다. 4. 실행결과를 바탕으로 최종 모델링 파일의 형태로 재저장할 수 있다.
	7. 제품출력	1. 출력과정 확인하기	1. 3D프린터 출력 중 제품이 바닥에 단단히 고정되어 있는지 확인할 수 있다. 2. 3D프린터 출력 중 출력보조물이 정상적으로 출력되고 있는지 확인할 수 있다. 3. 3D프린터 출력 중 제품 출력경로가 G코드와 일치하는지 확인할 수 있다.

3D프린팅 운영실무	7. 제품출력	2. 출력오류 대처하기	1. 출력오류 감지 시 3D프린터를 중지하여 프린터 장치의 오류를 파악할 수 있다. 2. 프린터 장치의 오류를 바탕으로 G코드 상의 오류를 파악할 수 있다. 3. 파악한 문제점을 활용하여 소프트웨어 프로그래밍, 3D프린터, 출력방식별로 출력오류에 대처할 수 있다.
		3. 출력물 회수하기	1. 고체방식 3D프린터는 재료를 녹여 적층하는 방식으로써 전용공구를 이용하여 회수할 수 있다. 2. 액체방식 3D프린터는 광경화성 수지에 광원을 활용한 방법으로써 제품 회수 시 전용공구를 이용하여 회수할 수 있다. 3. 액체방식 3D프린터는 제품 회수 후 표면을 세척제로 세척할 수 있다. 4. 액체방식 3D프린터는 세척된 출력물을 경화기를 이용하여 경화시킬 수 있다. 5. 분말방식 3D프린터는 분말을 광원으로 용융시켜 제품을 제작하거나 분말에 접착제를 분사하여 제품을 제작하는 형태로써 표면에 붙은 가루 분말들을 제거할 수 있다.
	8. 3D프린팅 안전관리닝	1. 안전수칙 확인하기	1. 산업안전보건법에 따라서 3D프린팅의 안전수칙을 준수할 수 있다. 2. 산업안전보건법에 따라 안전보호구를 준비하고 착용할 수 있다. 3. 안전사고 행동 요령에 따라 사고 발생 시 행동에 대비할 수 있다. 4. 3D프린터의 안전수칙을 숙지하여 장비에 의한 사고에 대비할 수 있다.
		2. 예방점검 실시하기	1. 안전사고 예방을 위하여 3D프린팅 작업환경을 정리·정돈하여 관리할 수 있다. 2. 안전사고 예방을 위하여 3D프린터 관련 설비를 점검할 수 있다. 3. 안전사고 예방을 위하여 3D프린터 관리 지침을 만들고 점검할 수 있다.
		3. 안전사고 사후대책 수립하기	1. 작업자의 안전을 위하여 안전사고 예방수칙과 행동지침을 숙지할 수 있다. 2. 숙지한 행동지침을 현장 근무자들에게 안내할 수 있다. 3. 사고원인, 결과, 재발방지에 대한 사후대책 보고서를 작성할 수 있다.

국가기술자격 실기시험 예상문제

자격종목	3D프린터운용기능사	과제명	도면참조

※ 문제지는 시험 종료 후 반드시 반납하시기 바랍니다.

비번호		시험일시		시험장명	

※시험시간 : 4시간 (컴퓨터 작업 2시간, 3D프린팅 작업 2시간(후가공 작업 포함))

1. 요구사항

※ 제시된 도면을 S/W를 이용하여 2D도면 및 3D 모델링의 컴퓨터 작업과 3D프린터 제어설정 및 출력 작업을 하시오.

※ **문자 및 그래픽(Graphic)** : 컴퓨터 작업에서는 문자 및 그래픽의 표현은 제시된 주서의 내용을 보고 나타내도록 하고, 3D프린터 제어설정 및 출력 작업에서는 수험자가 임의로 일부를 표현하시오.
(단, 문자 및 그래픽이 없는 과제는 해당 없음)

1) 컴퓨터작업(컴퓨터실) : 컴퓨터에 의한 2D 및 3D 작업

※ 컴퓨터(노트북 포함)에 '비번호' 폴더를 만들고 2D 및 3D작업을 하시오.

※ **렌더링, 등각 투상도, 부품도 제도**
도면의 크기별 한계설정(Limits), 중심마크 윤곽선의 크기는 다음과 같이 설정하고, a와 b의 도면의 한계선(도면의 가장자리 선)이 프린터로 출력시 출력되지 않도록 하시오.

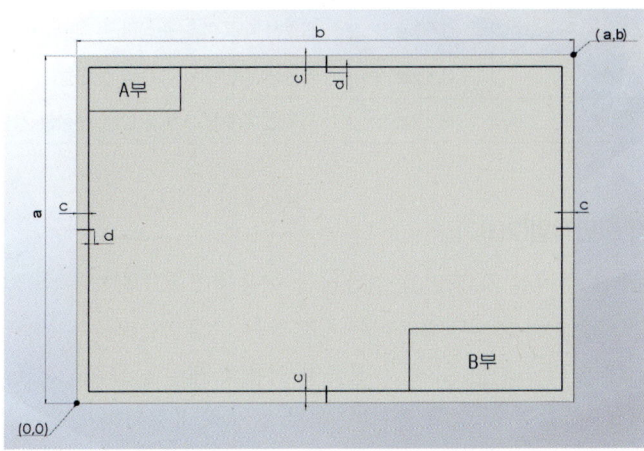

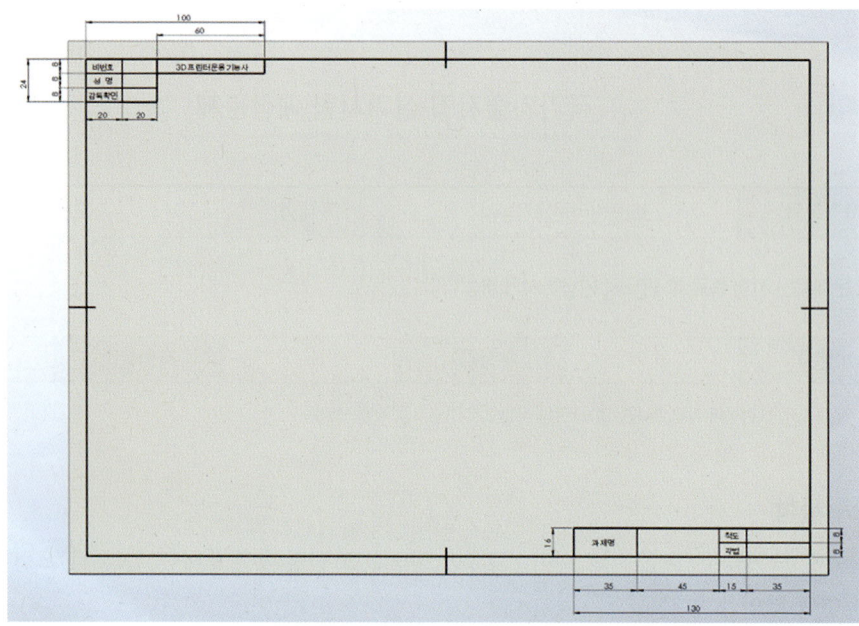

구분		도면의 한계		중심마크	
도면크기	기호	a	b	c	d
A3 부품도		297	420	10	5
A4(렌더링 등각 투상도)		210	297	10	5

※ 숫자, 문자, 기호의 크기와 선 굵기는 용도에 맞게 지정하여 제도하시오.

숫자, 문자, 기호의 높이	선 굵기	용도
7.0mm	0.70mm	윤곽선, 부품란과 표제란의 윤곽선 등
5.0mm	0.50mm	외형선, 부품번호, 중심마크, 개별주서 등
3.5mm	0.35mm	숨은선, 일반주서, 치수와 기호 등
2.5mm	0.25mm	치수선, 치수보조선, 중심선, 해칭선, 가상선 등

(1) 컴퓨터 도면작업(2D)

① 문제가 주어진 2D도면을 컴퓨터를 이용해서 KS제도 통칙에 준해 도면작업을 하시오. (단, 주어진 도면 중 잘못된 부분이 있는 경우는 수험자가 임의로 수정 보완하시오.)
② 작업영역의 크기는 A3로 설정하며 적용 스케일을 표시하시오.
③ 프린터로 출력 시 출력 용지는 A4로 설정해서 출력하시오.

(2) 컴퓨터 모델링작업(3D)
① 제품모델의 배치를 적절하게 부등각 또는 등각 투상법으로 표현하시오.
② 제품모델의 형태를 잘 나타내기 위해 음영표현을 하시오.
③ 최종 제출해야 할 파일은 아래와 같다.
㉠ 3D 모델링 출력 그림파일
㉡ 3D 모델링 STL파일
④ 3D 모델링 후 잔여 시간을 3D프린터 출력 및 후가공에서 사용할 수 없다.
⑤ 정확하게 명시되지 않은 선과 치수 등은 도면 크기에 맞게 완성하시오.
※ 출력 시 규격은 A4 이내로 하며 적용 스케일을 표시하시오.

2) 3D프린터 제어설정 및 출력 작업(컴퓨터실 및 3D프린터실) : 3D프린터 출력 및 후가공
(1) 주어진 도면과 재료를 이용하여 제품모델의 형상을 유념해서 3D프린터 제어설정을 하시오.
(2) 주어진 도면과 재료를 이용하여 제품의 형상을 유념해서 3D프린터 출력을 하시오.
(3) STL파일을 전용 슬라이싱 소프트웨어를 이용하여 제시된 출력조건으로 설정하시오.
(4) 3D프린터를 이용한 제품모형 출력을 하기 위해 G-Code를 생성 후 3D프린터로 출력하시오.
(5) 설정값에 맞게 정해진 시간 내에 출력이 될 수 있도록 제어설정을 하시오.
① 3D 프린터 설정 요구값(예시)
㉠ 레이어 높이 - 0.2mm
㉡ 노즐 직경 - Ø0.4mm
㉢ 내부채움(Infill) - 20%
㉣ 사용 재료 - PLA필라멘트
(6) 서포트의 생성 여부는 전용 슬라이싱 소프트웨어에서 제공하는 기능을 이용하여 자동설정이나 수험자가 직접 모델링에서 생성시켜 출력해도 무관하다.
※ 단, 상표, 문자 등의 표시가 문제의 도면 주서에 표시되었을 때는 출력 작업을 하시오.
(7) 모델제품 출력 후 서포트 및 보조출력물을 제거하고 다듬질가공 후 제출하시오.

2. 수험자 유의사항
※ 컴퓨터 작업을 실시한 후 3D프린터실로 이동하여 장비제어 및 출력 작업을 하시오.

1) 공통사항
(1) 수험자는 작업 전 '요구사항'을 숙지한 후 요구사항의 내용에 맞게 작업하시오.

(2) 장비 및 지급받아야 할 재료는 시험 전 수험자가 확인하여 이상 발생 시 시험위원으로부터 조치를 받아야 한다.(재료는 추가 지급 및 교환하지 아니 함에 유의한다.)

(3) 아래 항목의 내용에 대해서는 채점대상에서 제외되오니 유의하시기 바랍니다.

① 미완성
  ㉠ 작업내용별로 제한시간을 초과하여 미완성인 경우
  ㉡ 시험시간(표준시간)을 초과한 작품

② 오작
  ㉠ 컴퓨터 작업이 전혀 안 된 경우
  ㉡ 도면과 3D 출력물이 현격히 다른 경우
  ㉢ 실기시험문제의 요구사항과 틀리게 제출한 작품
  ㉣ 주어진 문제의 요구사항을 준수하지 않은 작품
  ㉤ 2D도면 및 3D 모델링 형상을 완성하지 않으면 시험위원 만장일치로 합의하여 채점대상에서 제외된다.

③ 실격
  ㉠ 수험자의 컴퓨터 사용 및 장비조작 미숙과 시험의 진행이 어려울 경우와 장비고장을 일으킬 염려가 있거나 출력 시간을 초과하는 경우
  ㉡ 다른 수험자의 도움을 받아 과제를 완료한 경우
  ㉢ 기타 부정행위에 관련된 사항이 발생되어 적발될 경우

2) 컴퓨터 작업

(1) 컴퓨터 작업 시 일체의 소지품(지참도구 목록 포함)을 지참할 수 없으며 별도 장소에 보관한다.

(2) 수험자가 응용프로그램을 설치하고자 할 경우 시험 전에 감독위원에게 허락을 받고 설치한다.(프로그램은 정품이어야 하며 시험장 설치 S/W운용에 이상이 없어야 한다.)

(3) 컴퓨터 바탕화면에 폴더를 생성한 후 폴더명은 비번호로 하며, 시험 종료 후 하드디스크의 작업내용은 삭제한다.

(4) 문제에서 제시하는 형상과 치수를 참고하여 스케일을 정한다.

(5) 작업 폴더에 작업내용을 자주 저장한 후 종료 후에는 시험위원의 안내를 받아야 한다.

(6) 도면 출력 시 윤곽선, 표제란, 중심마크, 치수기입, 선의 사용, 도면 배치 등 반드시 나타나야 한다.

(7) 수험자 본인이 직접 출력하고, 프린터 출력 오류와 이상 등을 고려해서 3회까지 한정하고, 최종작품 저장 완료 및 종료 후에는 작업파일을 조작할 수 없다.

(단, 시험시간은 저장한 시점까지이며 3D 모델링 및 2D도면 출력시간은 시험시간에 포함되지 않는다.)

(8) 출력 도면별로 '감독위원확인'란에 날인을 받아야 하며 컴퓨터 모델링작업(3D)은 켄트지 좌측에, 도면작업(2D)은 우측에 부착 후 접착 경계선상에 감독위원 날인을 받아야 한다.

(9) 컴퓨터 작업과 지급된 켄트지에 불필요한 표시를 하지 마시오.

(10) 컴퓨터에 저장된 모든 내용은 시험종료 후 안내에 따라 하드디스크의 작업내용을 삭제하고, 작품(켄트지 및 출력물)과 시험문제는 모두 제출하시오.

(11) 3차원 모델링 파일은 수험번호.STL(STEP 호환파일 포맷)로 저장해야 하며 3D 프린터 출력용 파일은 수험번호.STL로 저장한다.(출력에 지장없는 한 장비 기종에 따른 파일형식으로 저장해도 무방하다.)

3) 3D프린터 제어설정 및 출력 작업

(1) 시험장 장비 및 공구, 유해물질 사용 등에 관한 안전에 유의하시오.

(2) 3D프린터로 출력 시 지급된 3D프린터 전용 슬라이싱 소프트웨어를 이용하여 출력하되 주어진 설정 조건 이외의 사항은 수험자의 판단에 따라 설정하며, 정해진 시간 내에 출력이 완료될 수 있도록 설정한다.

(3) 최종 모델작품을 출력하고자 할 때는 사전 테스트 후 감독위원의 지시에 따라 출력해야 한다.

(4) 모델제품 출력이 완료되면 안전장갑을 착용하고 지급된 공구를 이용하여 서포트나 레프트 등을 제거하고 후가공 후 제출한다.(이때, 제작판의 모델 작품을 칼이나 송곳 등의 도구로 제거하지 말아야 한다.)

(5) 종료 후 작품 뒷면에 비번호를 기록하시오.

※ 장비 사용 시 이상 유무를 사전에 수험자가 확인해야 하며, 시험시간 내에 발생하는 모든 사항은 수험자의 책임이 뒤따름에 주의해야 한다.

2019년도 3D프린터운용기능사 예상문제

2019년에 시행되는 3D프린터운용기능사 종목의 예상문제를 공지합니다.
상세사항은 아래를 참고하시기 바랍니다.

항목	평가방법 (2019년 3D프린터운용기능사 수시1회~)	비고
시험시간	4시간 (컴퓨터작업 2시간, 3D프린터 제어설정 및 출력작업 2시간)	3D프린터 제어설정 및 출력작업 후 후가공 포함
작업내용	1. 컴퓨터 작업 2. 3D프린터 작업(후가공 포함)	

1. 신규과제 적용 목적
국가직무능력표준(NCS) 능력 단위 기반의 산업현장 실무능력 평가 강화

2. 신규과제 적용 시점
2019년 3D프린터운용기능사 수시1회 실기시험부터

3D프린터운용기능사 실기예상도면

| 자격종목 | 3D프린터운용기능사 | 작품명 | 디지털카메라 | 척도 | NS |

※ 시험시간 : 4시간 (컴퓨터 작업 2시간, 3D프린팅 작업 2시간(후가공 작업 포함))

1. 요구사항
주어진 도면과 같은 제품의 컴퓨터 작업과 3D프린팅 제품모형(출력, 후가공) 작업을 하시오.

2. 도 면

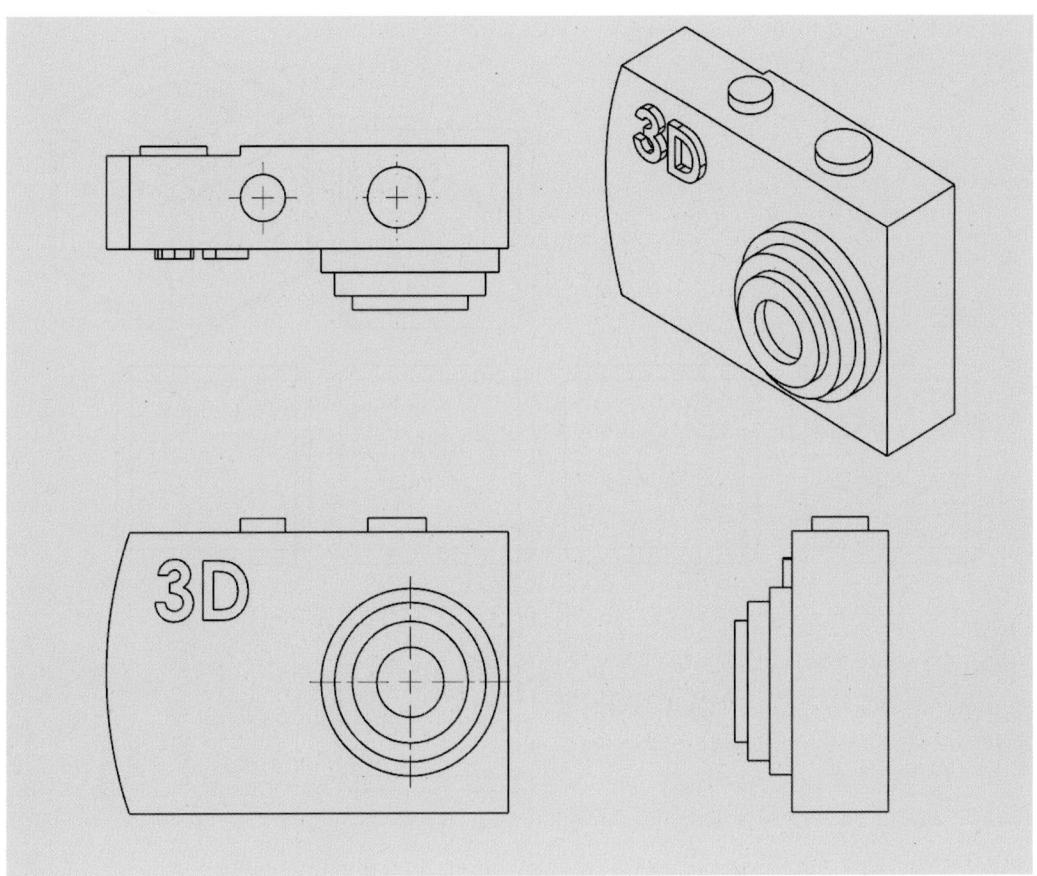

3D프린터운용기능사 실기예상도면

| 자격종목 | 3D프린터운용기능사 | 작품명 | 주사위 | 척도 | NS |

※ 시험시간 : 4시간 (컴퓨터 작업 2시간, 3D프린팅 작업 2시간(후가공 작업 포함))

1. 요구사항
주어진 도면과 같은 제품의 컴퓨터 작업과 3D프린팅 제품모형(출력, 후가공) 작업을 하시오.

2. 도면

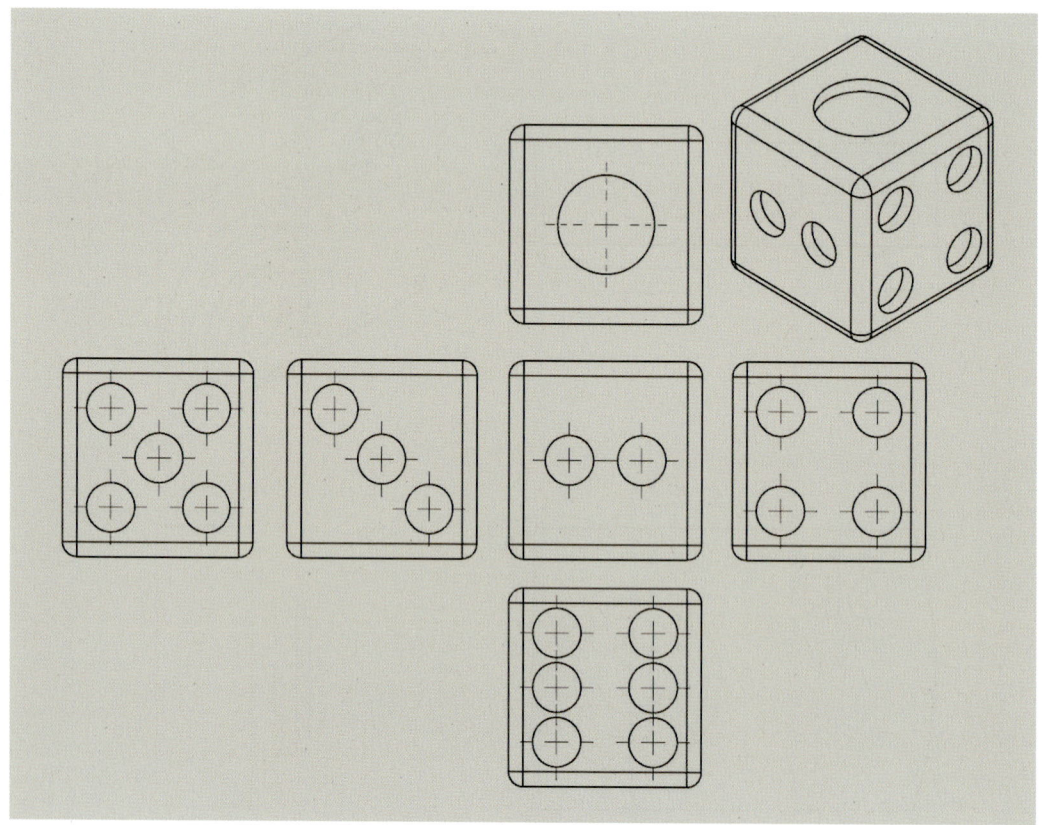

3D프린터운용기능사 실기예상도면

| 자격종목 | 3D프린터운용기능사 | 작품명 | 피라미드 | 척도 | NS |

※ **시험시간** : 4시간 (컴퓨터 작업 2시간, 3D프린팅 작업 2시간(후가공 작업 포함))

1. 요구사항
주어진 도면과 같은 제품의 컴퓨터 작업과 3D프린팅 제품모형(출력, 후가공) 작업을 하시오.

2. 도면

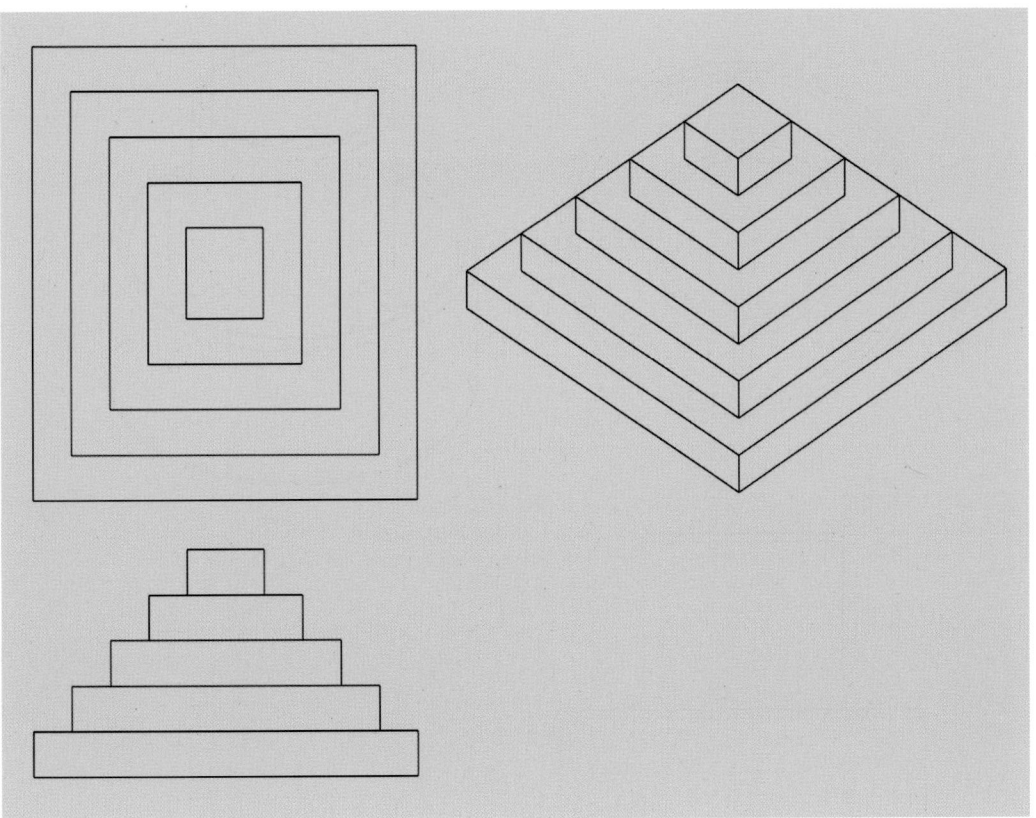

3D프린터운용기능사 실기예상도면

| 자격종목 | 3D프린터운용기능사 | 작품명 | 다용도함 | 척도 | NS |

※ 시험시간 : 4시간 (컴퓨터 작업 2시간, 3D프린팅 작업 2시간(후가공 작업 포함))

1. 요구사항
주어진 도면과 같은 제품의 컴퓨터 작업과 3D프린팅 제품모형(출력, 후가공) 작업을 하시오.

2. 도 면

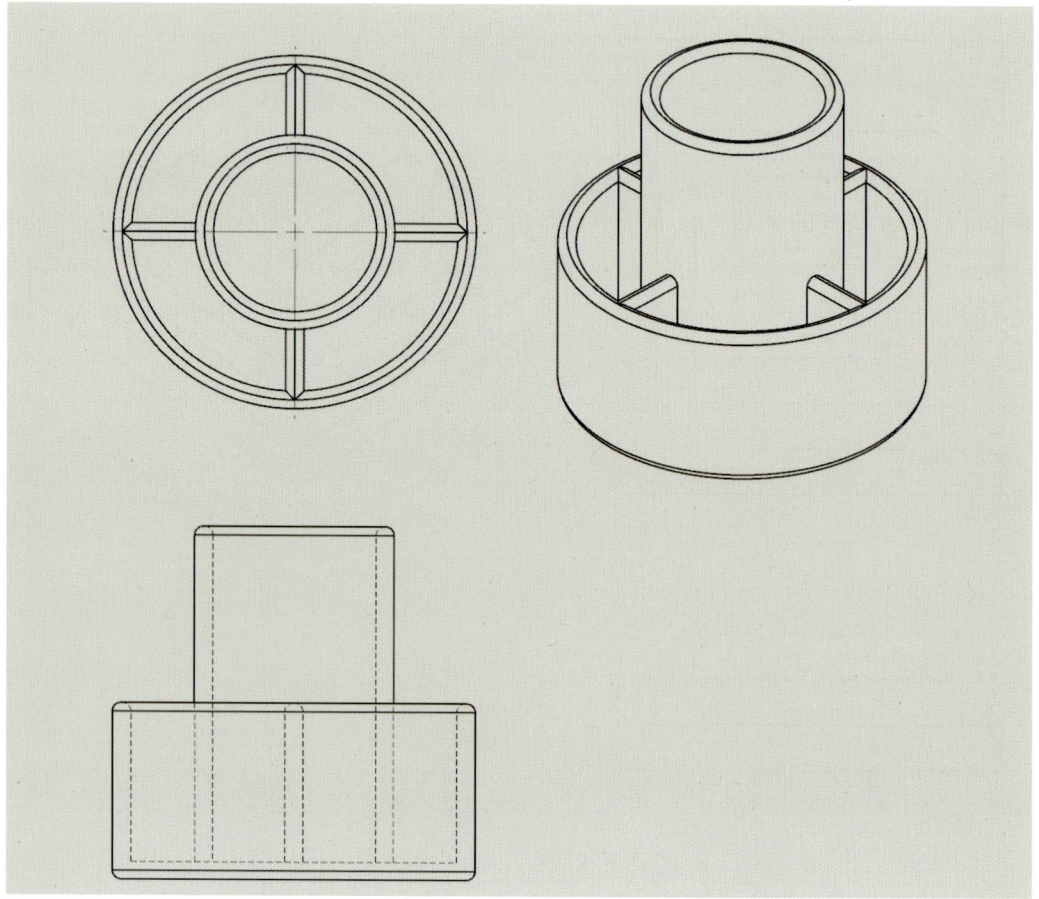

3D프린터운용기능사 실기예상도면

자격종목	3D프린터운용기능사	작품명	컵	척도	NS

※ 시험시간 : 4시간 (컴퓨터 작업 2시간, 3D프린팅 작업 2시간(후가공 작업 포함))

1. 요구사항
주어진 도면과 같은 제품의 컴퓨터 작업과 3D프린팅 제품모형(출력, 후가공) 작업을 하시오.

2. 도면

3D프린터운용기능사 실기예상도면

| 자격종목 | 3D프린터운용기능사 | 작품명 | 팽이 | 척도 | NS |

※ 시험시간 : 4시간 (컴퓨터 작업 2시간, 3D프린팅 작업 2시간(후가공 작업 포함))

1. 요구사항
주어진 도면과 같은 제품의 컴퓨터 작업과 3D프린팅 제품모형(출력, 후가공) 작업을 하시오.

2. 도면

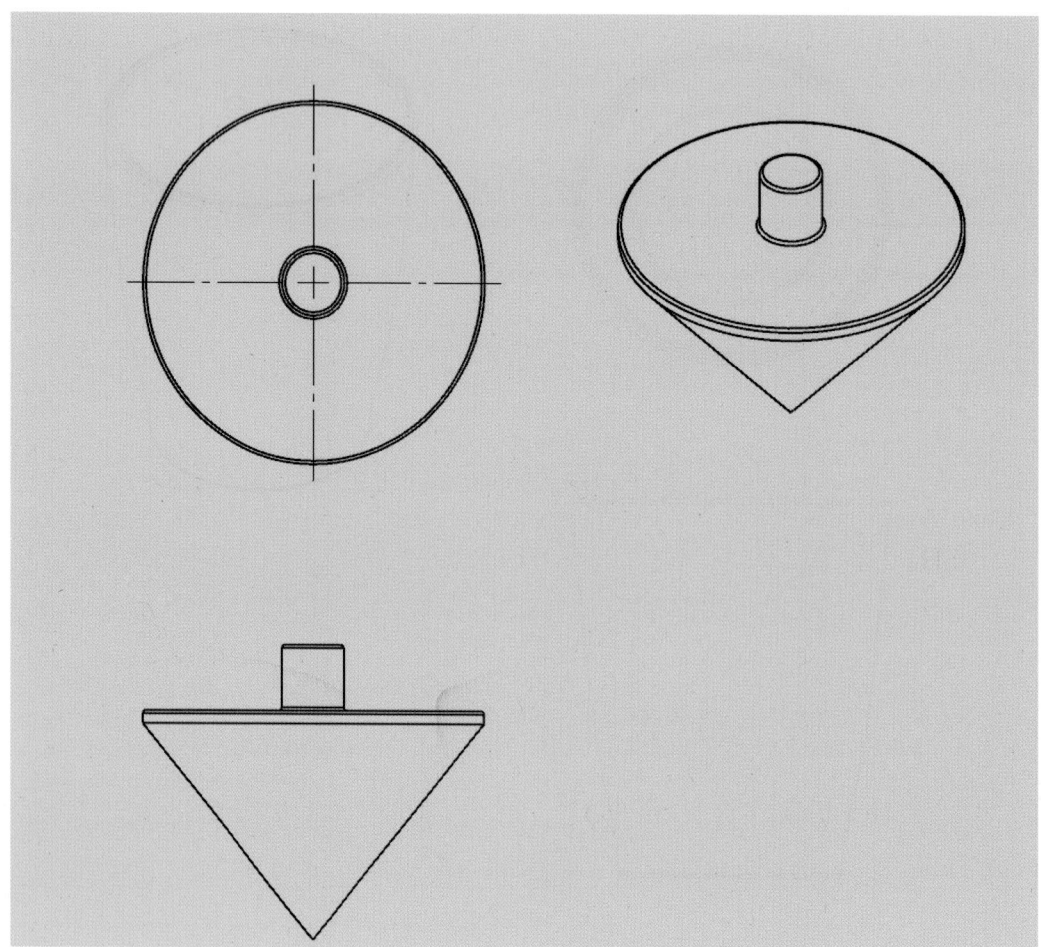

3D프린터운용기능사 실기예상도면

| 자격종목 | 3D프린터운용기능사 | 작품명 | 아령 | 척도 | NS |

※ 시험시간 : 4시간 (컴퓨터 작업 2시간, 3D프린팅 작업 2시간(후가공 작업 포함))

1. 요구사항
주어진 도면과 같은 제품의 컴퓨터 작업과 3D프린팅 제품모형(출력, 후가공) 작업을 하시오.

2. 도 면

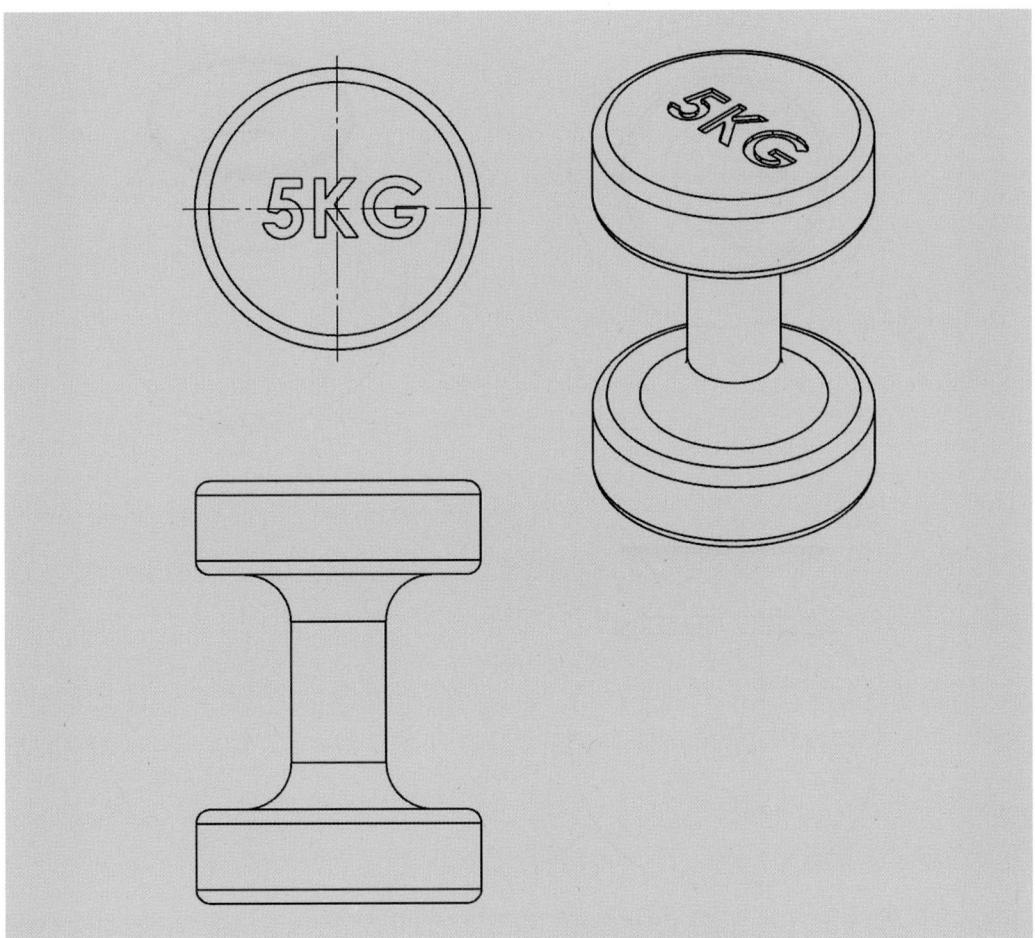

3D프린터운용기능사 실기예상도면

자격종목	3D프린터운용기능사	작품명	꽃병	척도	NS

※ 시험시간 : 4시간 (컴퓨터 작업 2시간, 3D프린팅 작업 2시간(후가공 작업 포함))

1. 요구사항
주어진 도면과 같은 제품의 컴퓨터 작업과 3D프린팅 제품모형(출력, 후가공) 작업을 하시오.

2. 도 면

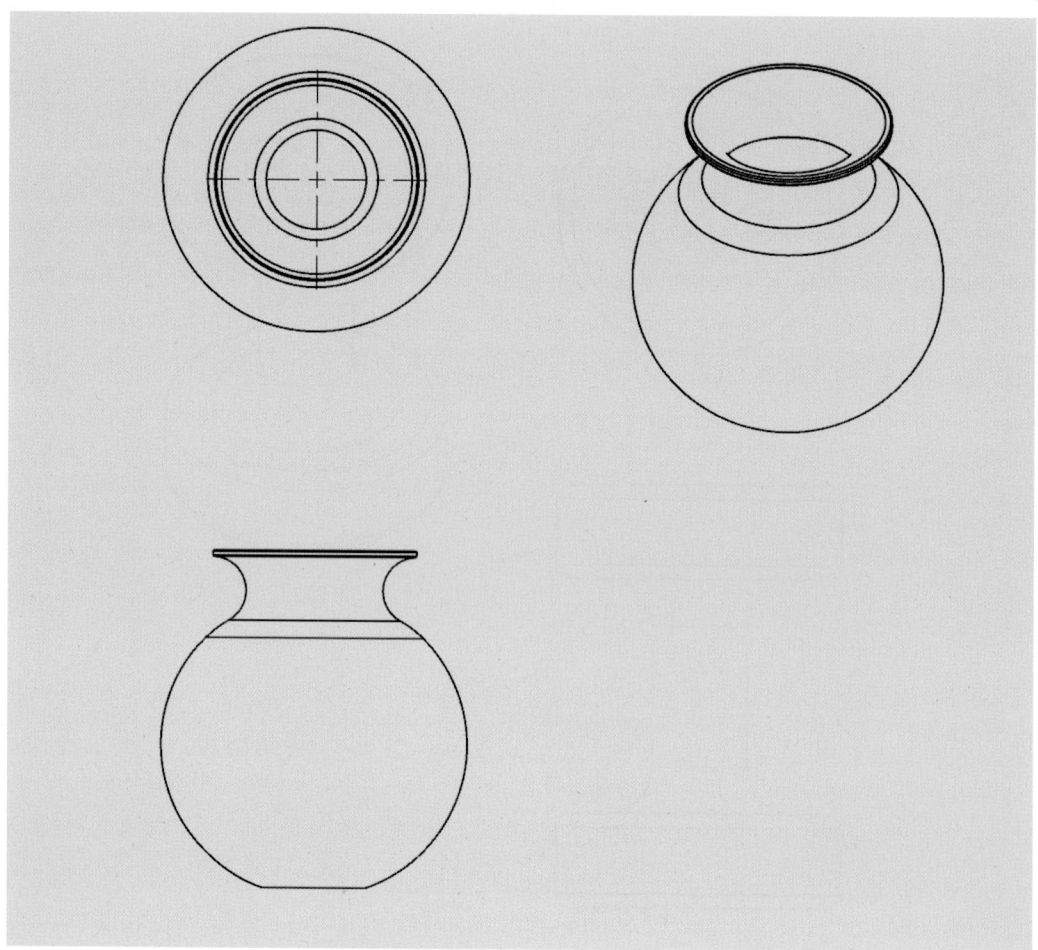

3D프린터운용기능사 실기예상도면

| 자격종목 | 3D프린터운용기능사 | 작품명 | 스마트폰 거치대 | 척도 | NS |

※ 시험시간 : 4시간 (컴퓨터 작업 2시간, 3D프린팅 작업 2시간(후가공 작업 포함))

1. 요구사항
주어진 도면과 같은 제품의 컴퓨터 작업과 3D프린팅 제품모형(출력, 후가공) 작업을 하시오.

2. 도면

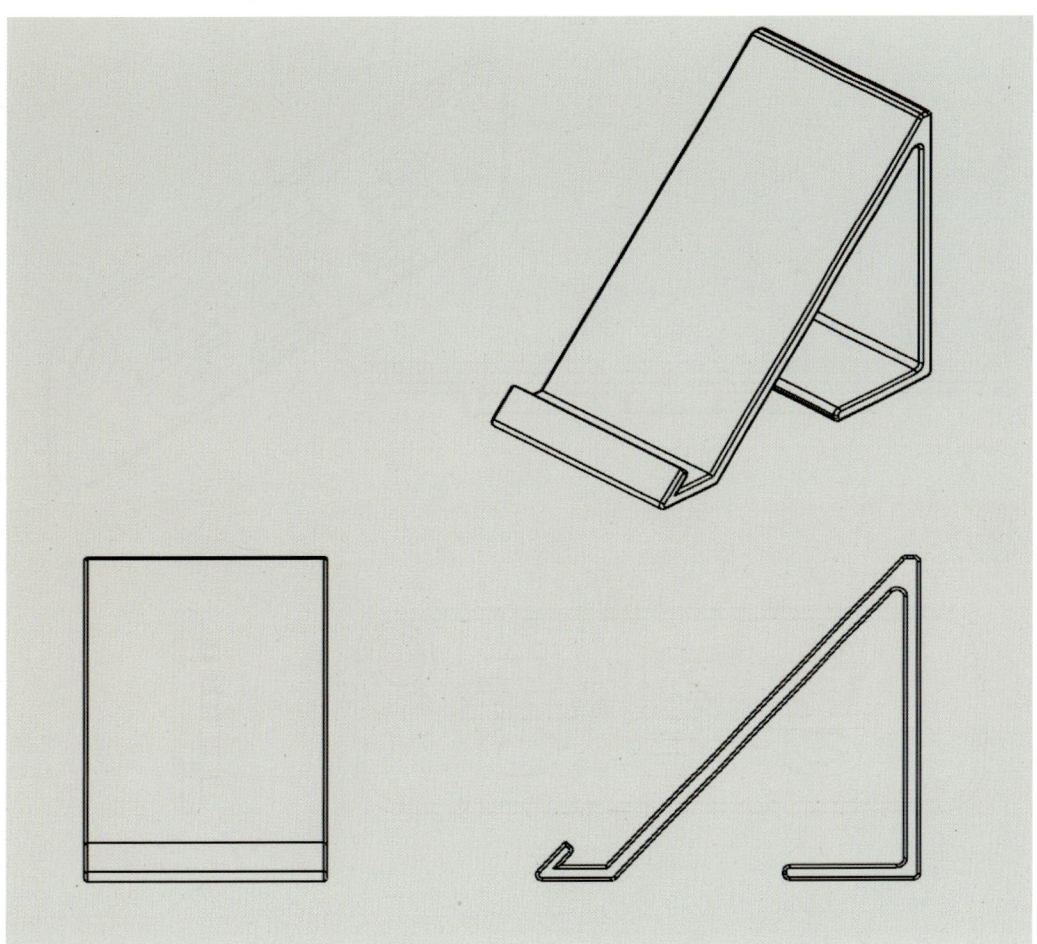

3D프린터운용기능사 실기예상도면

| 자격종목 | 3D프린터운용기능사 | 작품명 | 이름표 | 척도 | NS |

※ 시험시간 : 4시간 (컴퓨터 작업 2시간, 3D프린팅 작업 2시간(후가공 작업 포함))

1. 요구사항
주어진 도면과 같은 제품의 컴퓨터 작업과 3D프린팅 제품모형(출력, 후가공) 작업을 하시오.

2. 도 면

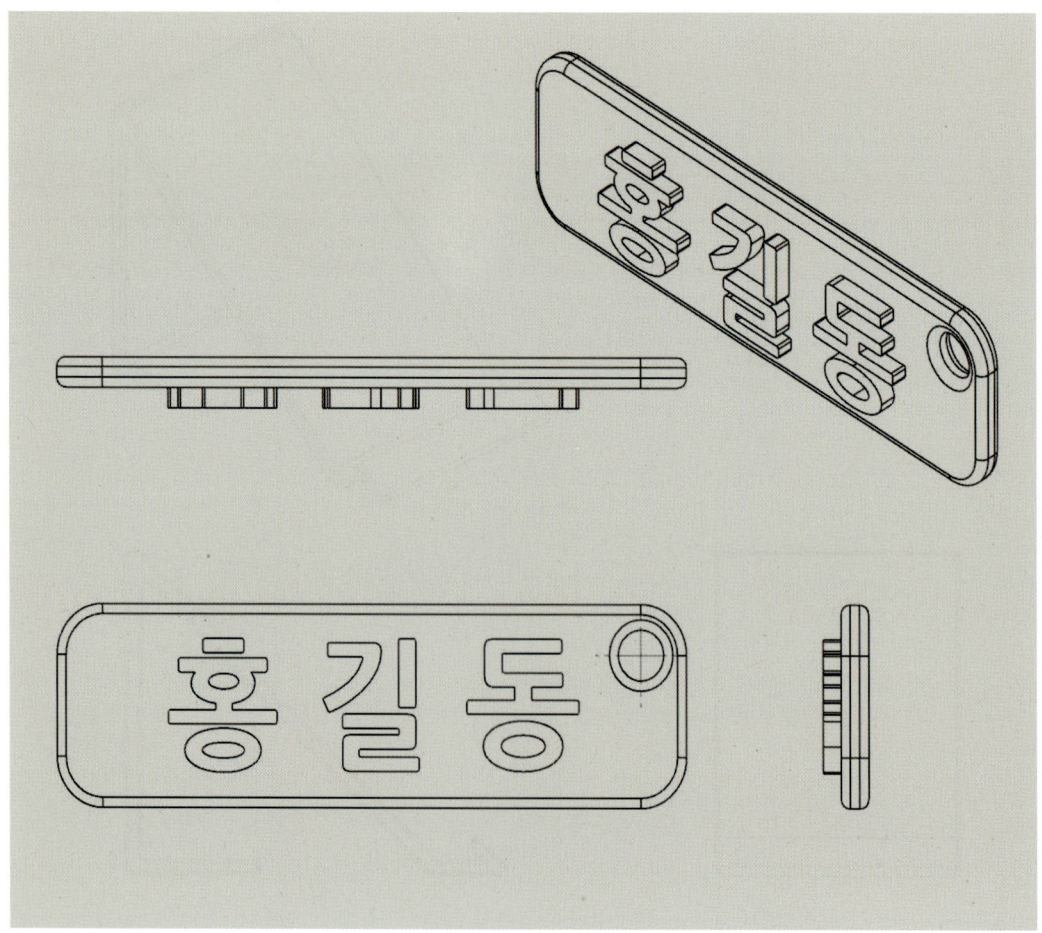

3D프린터운용기능사 실기예상도면

자격종목	3D프린터운용기능사	작품명	T자형 관	척도	NS

※ 시험시간 : 4시간 (컴퓨터 작업 2시간, 3D프린팅 작업 2시간(후가공 작업 포함))

1. 요구사항
주어진 도면과 같은 제품의 컴퓨터 작업과 3D프린팅 제품모형(출력, 후가공) 작업을 하시오.

2. 도 면

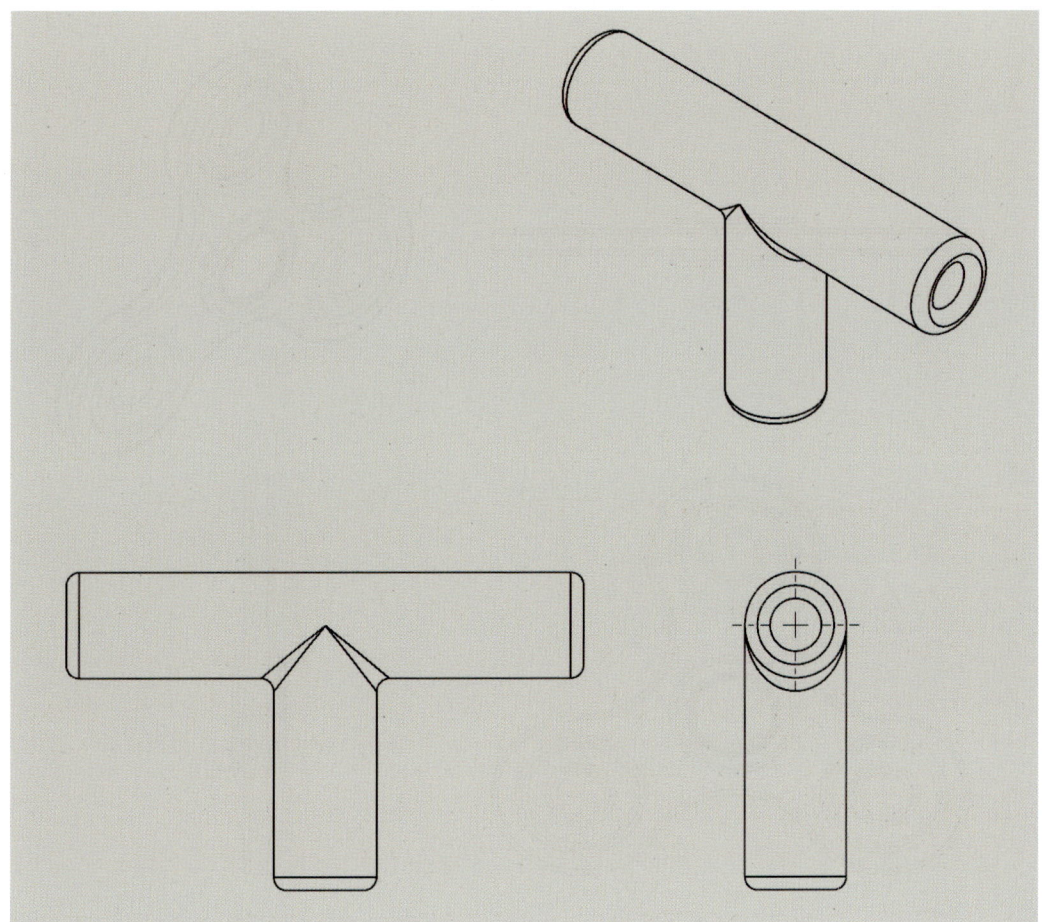

실기예상도면

3D프린터운용기능사 실기예상도면

자격종목	3D프린터운용기능사	작품명	피젯스피너	척도	NS

※ 시험시간 : 4시간 (컴퓨터 작업 2시간, 3D프린팅 작업 2시간(후가공 작업 포함))

1. 요구사항
주어진 도면과 같은 제품의 컴퓨터 작업과 3D프린팅 제품모형(출력, 후가공) 작업을 하시오.

2. 도 면

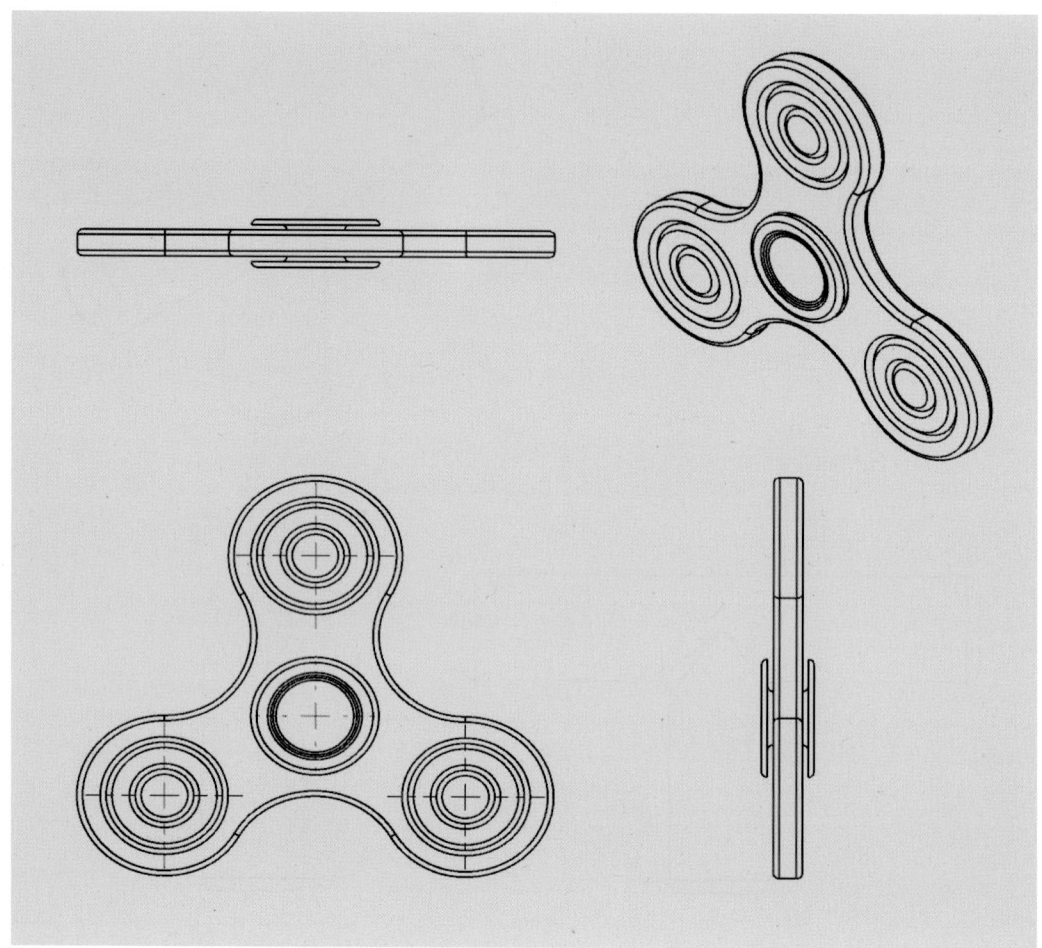

3D프린터운용기능사 실기예상도면

| 자격종목 | 3D프린터운용기능사 | 작품명 | 칫솔거치대 | 척도 | NS |

※ **시험시간** : 4시간 (컴퓨터 작업 2시간, 3D프린팅 작업 2시간(후가공 작업 포함))

1. 요구사항
주어진 도면과 같은 제품의 컴퓨터 작업과 3D프린팅 제품모형(출력, 후가공) 작업을 하시오.

2. 도 면

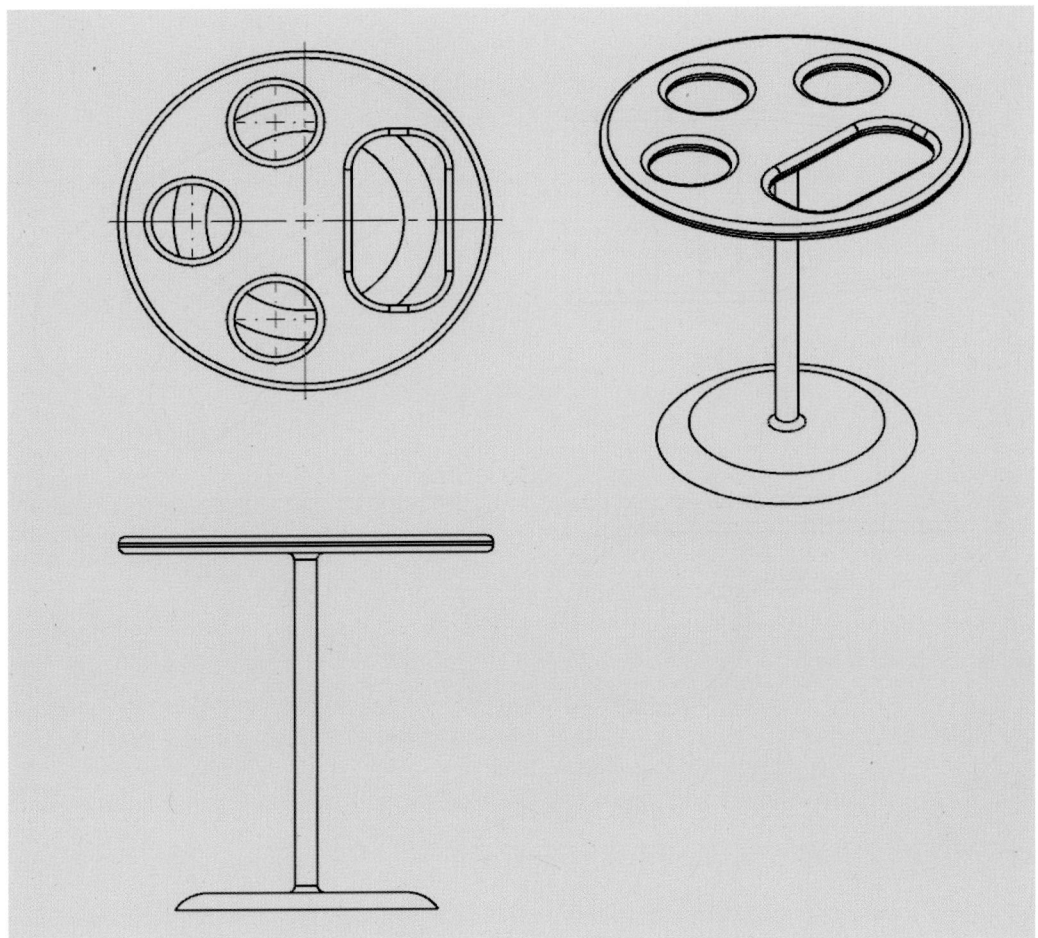

실기예상도면

3D프린터운용기능사 실기예상도면

자격종목	3D프린터운용기능사	작품명	호루라기	척도	NS

※ 시험시간 : 4시간 (컴퓨터 작업 2시간, 3D프린팅 작업 2시간(후가공 작업 포함))

1. 요구사항
주어진 도면과 같은 제품의 컴퓨터 작업과 3D프린팅 제품모형(출력, 후가공) 작업을 하시오.

2. 도면

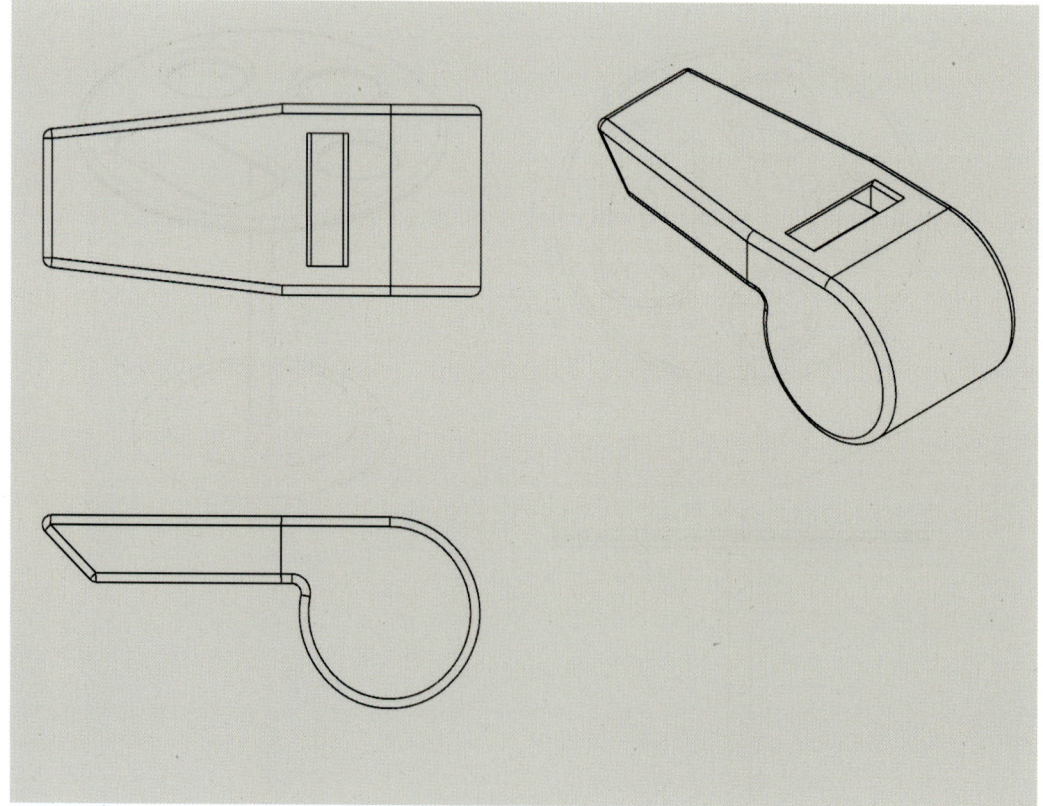

3D프린터운용기능사 실기예상도면

| 자격종목 | 3D프린터운용기능사 | 작품명 | 전기레인지 | 척도 | NS |

※ 시험시간 : 4시간 (컴퓨터 작업 2시간, 3D프린팅 작업 2시간(후가공 작업 포함))

1. 요구사항
주어진 도면과 같은 제품의 컴퓨터 작업과 3D프린팅 제품모형(출력, 후가공) 작업을 하시오.

2. 도 면

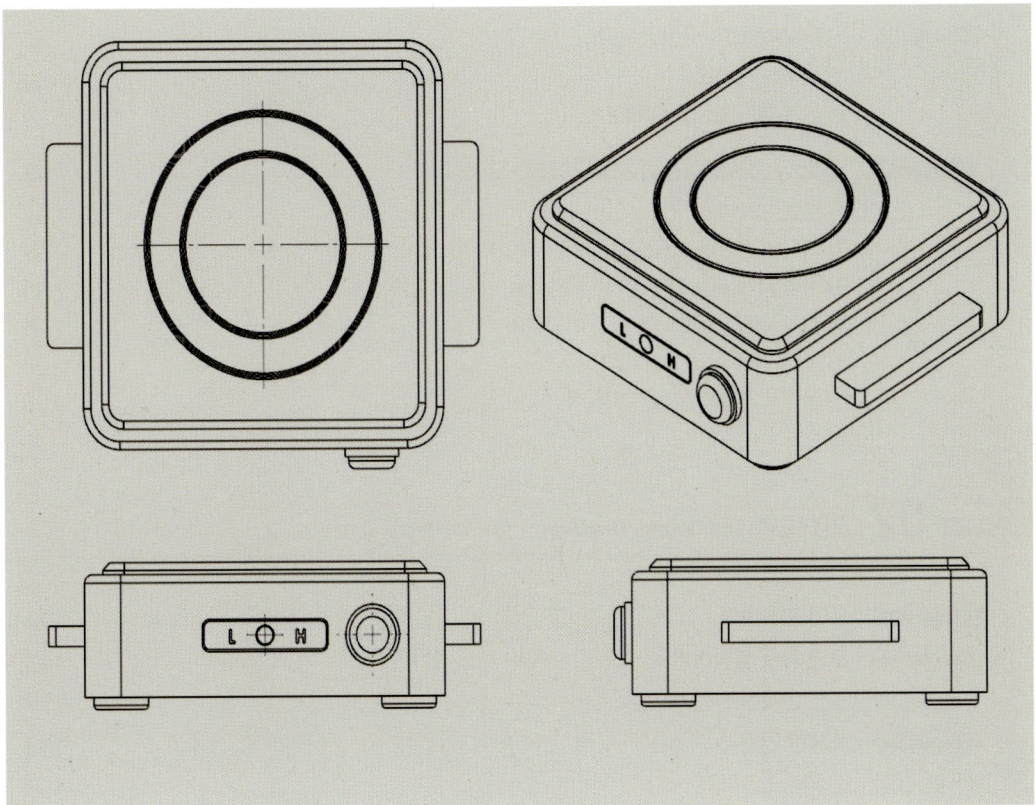

Contents

머리말	4
3D프린터운용기능사 출제기준(실기)	6
3D프린터운용기능사 국가기술자격 실기시험 예상문제	11
3D프린터운용기능사 예상문제	16
3D프린터운용기능사 실기예상도면	17

PART 01 3D 모델링(SolidWorks Modeling)

Chapter 01	SolidWorks의 구성과 준비	38
	1) 시작하기	39
	2) 기본 메뉴 표시줄 알아보기	39
Chapter 02	SolidWorks를 이용한 제품모형 3D 모델링	42
	1) 모델링의 기초	42
	2) 디지털 카메라 제품모형 실기 따라하기	42
	3) 액정 시계 제품모형 실기 따라하기	59
	4) 전자레인지 제품모형 실기 따라하기	75
	5) MP3 제품모형 실기 따라하기	93
	6) 냉장고 제품모형 실기 따라하기	106

PART 02 2D 도면(SolidWorks Drawing)

Chapter 01	도면 시작하기	124
Chapter 02	도면 시트 설정하기	125
Chapter 03	도면 윤곽선 만들기	129
Chapter 04	표제란 만들기	132
Chapter 05	중심마크 그리기	133
Chapter 06	불필요한 요소 제거	134
Chapter 07	완성된 도면 템플릿	135

Chapter 08	완성된 도면 템플릿 저장	136
Chapter 09	도면 불러오기	137
Chapter 10	치수 기입하기	140
Chapter 11	치수 텍스트 편집하기	141
Chapter 12	모서리 선 숨기기/표시 및 은선 제거 설정	142
Chapter 13	과제 제출하기(완성된 제품 도면 및 3D 모델링)	143

PART 03 제품스캐닝

Chapter 01	3D스캐너 구성과 준비	146
	1) 장비 사양	147
	2) 장비의 명칭	148
	3) 기본 구성품	148
	4) 장비 설치 및 기본 테스트	149
Chapter 02	모델제품 스캔하기	150
Chapter 03	스캔데이터 보정하기	155
Chapter 04	스캔(Scan) 시 주의해야 할 사항	163

PART 04 3D프린터 SW 설정

Chapter 01	큐라(Cura)의 설치	170
Chapter 02	큐라(Cura) 창의 설정과 기본	176
Chapter 03	큐라(Cura)의 기본메뉴	179
Chapter 04	메이커봇 프린트(makerbot print)의 설치	184
Chapter 05	메이커봇 프린트(makerbot print)의 설정	188
Chapter 06	메이커봇 프린트(makerbot print)의 기본	190
Chapter 07	출력용 데이터 생성(G-Code)	194

PART 05　3D프린터 HW 설정

Chapter 01	장비 및 부품사양	198
Chapter 02	장비의 명칭	199
Chapter 03	기본 구성품	200
Chapter 04	장비 개봉 및 설치	201
Chapter 05	필라멘트 교체 및 출력 시험 테스트	203

PART 06　제품 출력 및 제작완성

Chapter 01　3D프린터를 이용한 제품모형 출력 및 제작완성　214

1) 디지털카메라 제품모형 모델링·출력 제작완성　214
2) 주사위 제품모형 모델링·출력 제작완성　226
3) 피라미드 제품모형 모델링·출력 제작완성　238
4) 다용도함 제품모형 모델링·출력 제작완성　250
5) 컵 제품모형 모델링·출력 제작완성　262
6) 팽이 제품모형 모델링·출력 제작완성　274
7) 아령 제품모형 모델링·출력 제작완성　286
8) 꽃병 제품모형 모델링·출력 제작완성　298
9) 스마트폰 거치대 제품모형 모델링·출력 제작완성　310
10) 이름표 제품모형 모델링·출력 제작완성　322
11) T자형 관 제품모형 모델링·출력 제작완성　334
12) 피젯스피너 제품모형 모델링·출력 제작완성　346
13) 칫솔거치대 제품모형 모델링·출력 제작완성　358
14) 호루라기 제품모형 모델링·출력 제작완성　370
15) 전기레인지 제품모형 모델링·출력 제작완성　382

Chapter 02	출력오류 및 해결방법	394
	1) 필라멘트 잼(Filament Jam)-꼬임 현상	394
	2) 서포트(지지대) 미생성	395
	3) 모델제품이 제작판(베드)에 부착되지 않은 경우	396
	4) 필라멘트 적층 불량	399
	5) 필라멘트 적층 멈춤	400
	6) 슬립 현상	401
	7) 노즐 막힘 현상	403

PART 07 후가공

Chapter 01	수공구 사용하기	406
Chapter 02	펀칭 및 드릴링	418
Chapter 03	제품도장(도색)	424
	1) 스프레이 락카 도장하기	424
	2) 분무 도장하기	426
Chapter 04	제품흠집 보수	434
	1) 퍼티(Putty) 바르기	434
	2) 연마 작업하기	438

PART 08 부록

Chapter 01	안전 및 유의사항	446
	1) 작업장 환경	446
	2) 장비 유의사항	446
Chapter 02	3D프린팅 용어	448

3D프린터 운용기능사

PART 01

3D 모델링
(SolidWorks Modeling)

✧ **CHAPTER 01** SolidWorks 구성과 준비
✧ **CHAPTER 02** SolidWorks를 이용한 제품 모형 3D 모델링

01 SolidWorks의 구성과 준비

SolidWorks의 구성과 준비에 필요한 요소들을 알아보고 기본 메뉴들을 이해한다.

3D프린터운용기능사의 역할은 산업 생산방식에 의하여 양산될 제품의 원형(prototype)이나 제품 모형(mock-up)을 정확하고도 경제적으로 재현할 수 있어야 하며, 제품디자이너를 포함한 디자이너(혹은 설계자)가 제공하는 정성적인 디자인 컨셉트(concept)와 정량적인 디자인 사양(specification)을 최적화할 수 있어야 한다.

3D 모델링은 '디자인'을 위한 모델링과 '엔지니어링'을 위한 모델링으로 크게 구분할 수 있다. 엔지니어링 모델링은 기계, 항공, 조선, 건축 분야 등의 제조업 분야 산업계에서 활용하고 있으며 SolidWorks, Inventor, NX, CATIA, SolidEdge, Fusion360, ICAD, IronCAD 등의 파라메트릭 기반의 3D CAD프로그램이 많이 사용되고 있다.

SolidWorks를 연습하기 전에 먼저 개념과 소프트웨어에서 가능한 작업 등에 대해 알아보고 SolidWorks를 구성하고 있는 요소를 알아본다. 3D프린터운용기능사 실기 따라하기를 통해 모델링이 어떻게 진행되는지 배워보고 기본적으로 어떤 과정을 거쳐 모델이 완성하는가에 대해 알아본다. SolidWorks 용어와 아이콘 및 설계의도를 이해하도록 노력한다.

The 알아보기

◆ SolidWorks 소개

SolidWorks는 3차원 형상으로 쉽게 생성할 수 있는 기본적인 Feature를 기반으로 하며, SolidWorks에서 제공하는 다양한 Feature들을 사용하여 자신이 구현하고자 하는 3차원 형상을 쉽게 표현할 수 있다. 단품 혹은 조립품을 구성하는 모든 치수들에 연관성을 부여할 수 있으며, 이를 통해 어느 한 치수가 변경될 때 다른 치수가 자동으로 바뀌도록 설정할 수 있다. 사용이 편리하므로 기계설계자나 디자이너는 다양한 피처와 치수를 활용함으로써 구상한 설계를 빠르게 구현하여 모델 및 상세도를 만들 수 있다.

◆ SolidWorks의 주요 특징

SolidWorks는 배우고 사용하기 쉬운 Windows GUI(Graphical User Interface)의 장점을 이용한 Feature-Based Variation Solid Modeling 설계도구이다. 주어진 설계지침을 만족하도록 하기 위하여 자동으로 또는 사용자의 정의인 Relation을 이용하여 구속조건(Constraints)을 포함하거나 또는 포함하지 않는 완전히 연관된 3차원 Solid를 Modeling할 수 있다. 이러한 Solid Modeling 기법으로는 Bottom up 방식과 Top down 방식으로 구분할 수 있으며 2가지 설계방식을 SolidWorks는 모두 지원한다.

1 시작하기

SolidWorks도 다른 3D CAD와 같이 실행 파일을 찾아 클릭하거나 더블클릭하여 시작한다.

(1) 시작메뉴

Windows의 바탕화면에 있는 Taskbar의 [시작] (Window XP 시작버튼), (Window 7 시작 버튼)을 클릭하고 [모든 프로그램] → [SolidWorks 2013]을 클릭하거나 윈도우 탐색기를 이용하여 SolidWorks가 설치되어 있는 폴더에서 SLDWORKS.exe 실행 아이콘을 더블클릭하는 것으로 SolidWorks를 실행한다. 또는 바탕화면에서 SolidWorks 2013 바로 가기 아이콘을 더블클릭하여 실행한다.

2 기본 메뉴 표시줄 알아보기

기본적인 SolidWorks의 메뉴 표시줄은 File(파일), Edit(편집), View(보기), Insert(삽입), Tools(도구), Windows(창) 및 Help(도움말)로 구성되어 있다. 여기서는 File 메뉴만을 살펴보도록 한다. File 메뉴는 기본적으로 새로운 창을 여는 New 명령과 기존의 파일을 여는 Open 명령이 들어있다.

(1) New(새 문서)

메뉴 표시줄의 File(파일) → New(새 문서)...를 클릭하거나 Standard(표준) 도구모음의 (New) 아이콘을 클릭한다. 단축키로는 키보드의 Ctrl+N을 누르면 Solidworks 새 문서 대화상자가 나타난다.

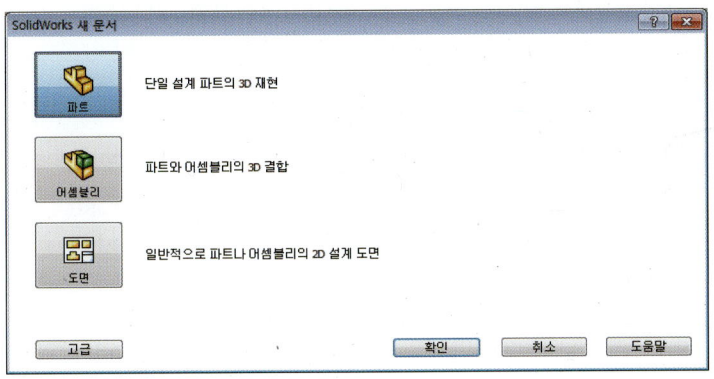

그림1-1 초보모드 Solidworks 새 문서창

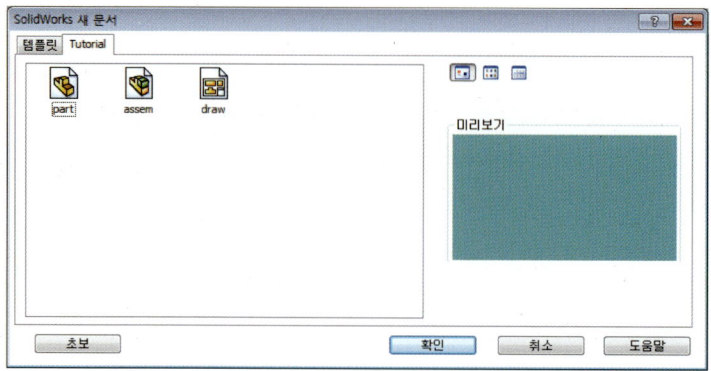

그림1-2 고급모드 Solidworks 새 문서창

　　Solidworks 새 문서 대화상자는 Part(파트), Assembly(어셈블리), Drawing(도면)의 세 가지로 작업파일들이 나누어져 있다. Part는 단품을 형상화할 때 사용하는 작업창이며 Assembly는 단품에서 작업한 형상들을 조립하거나 피처로부터 연관되는 형상의 작업을 할 수 있다. Drawing은 Part, Assembly에서 작업한 형상들을 2D 도면으로 만드는 작업창이다. SolidWorks는 Novice(초보)와 Advanced(고급), 이 2개의 대화상자를 제공한다. Advanced를 클릭하면 템플릿 도면의 이름, 크기 및 수정 날짜를 확인할 수 있다.

❶ **Novice**(초보) : 단순한 대화상자를 사용하고 파트, 어셈블리, 도면 문서에 대한 설명을 표시한다.
❷ **Advanced**(고급) : 템플릿 아이콘을 표시하는 수정된 대화상자를 사용한다.
　㉠ 사용자가 원하는 폴더를 템플릿 탭으로 등록할 수 있다.
　㉡ 각 탭에 들어있는 모든 템플릿 파일이 보여진다.
　㉢ 템플릿 파일을 선택하면 템플릿 미리보기가 미리보기 상자에 표시된다.
　㉣ 템플릿 파일 아이콘의 모양을 Large Icons(큰 아이콘), List(작은 아이콘), List Details (자세히)를 이용해서 원하는 모양으로 볼 수 있다.

(2) Open(열기)

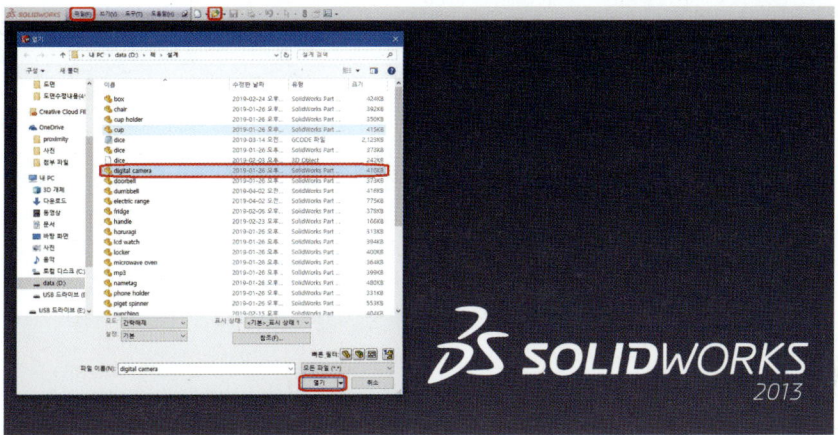

그림1-3 Solidworks 2013 열기창

메뉴 표시줄의 File(파일) → Open(열기)…을 클릭하거나 Standard 도구모음의 🖻 (Open) 아이콘을 클릭한다. 단축키로는 키보드의 Ctrl+O를 누르면 열기 대화상자가 나타난다.
[그림 1-3]은 SolidWorks의 열기 대화상자에서 지원하는 파일 형식들을 나타내고 있다.

(3) Exit(종료)

메뉴 표시줄의 File(파일) → Exit(종료)를 클릭하거나 ❌ (Close) 아이콘을 클릭하여 현재 열려있는 SolidWorks를 종료한다.

02 SolidWorks를 이용한 제품 모형 3D 모델링

SolidWorks의 3D 디자인과 엔지니어링모델링의 객체형성 및 조립하기와 출력용 디자인 수정을 할 수 있어야 한다.

제품모델링 실기 숙련을 Solidworks의 스케치 및 모델링 도구를 사용하여 제품모형을 합리적으로 구현할 수 있는 능력과 컴퓨터를 포함한 관련도구를 올바르게 사용 및 관리할 수 있는 능력을 길러보자.

01 모델링의 기초

모델링을 하기 위해서는 다음과 같은 개념을 필요로 한다. 이러한 개념은 3차원 CAD 솔리드 모델링에 있어서 대부분 같은 기반이기 때문에 잘 알아두어야 한다.

우선 Base-Feature를 먼저 생각하고 Feature를 생성하는 데 필요한 요소들을 생각한 다음 Feature들을 생성하기 위해 스케치할 평면을 선택하고 스케치를 보는 방향을 정한 다음 기본 프로파일을 대략적인 형상으로 스케치한 후 구속조건을 주면서 스케치를 완성한다.

마지막으로 Feature들의 요소들을 만족시켜 주는 Feature를 생성한다. Boss Feature와 Cut Feature를 추가한 다음 설계 변경에 따라 Feature들을 수정하여 모델을 완성한다.

위와 같은 모델링의 기초를 생각하면서 다음과 같은 다양한 제품모형을 가지고 모델을 만들어 가면서 차례대로 살펴보기로 하자.

02 디지털 카메라 제품모형 실기 따라하기

SolidWorks를 사용하여 디지털 카메라 제품모형을 모델링하면서 기본적으로 어떤 과정을 거쳐 모델이 완성되는지 알아보자.

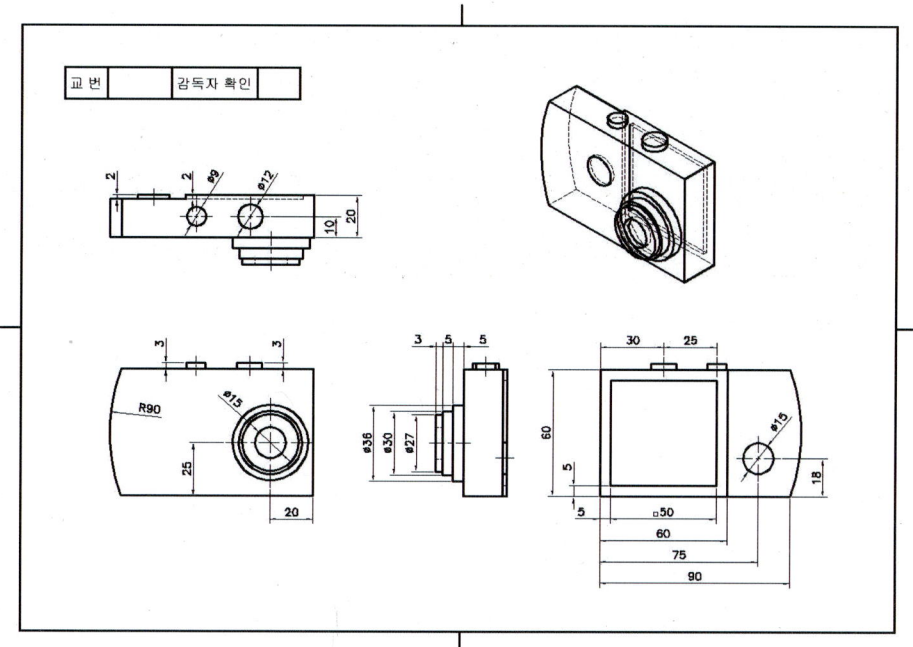

그림1-4 디지털 카메라 제품모형 도면

[그림 1-5]에서 새로운 모델링을 하기 위해 메뉴 표시줄의 File(파일) → New(새 문서)...를 클릭하거나 단축키로 키보드의 Ctrl+N을 누른다. 또는 Standard(표준) 도구모음의 New 아이콘을 클릭한다. 하나의 부품을 만들 것이므로 SolidWorks 새 문서 대화상자의 Part(파트)를 선택하고 확인 버튼을 클릭한다.

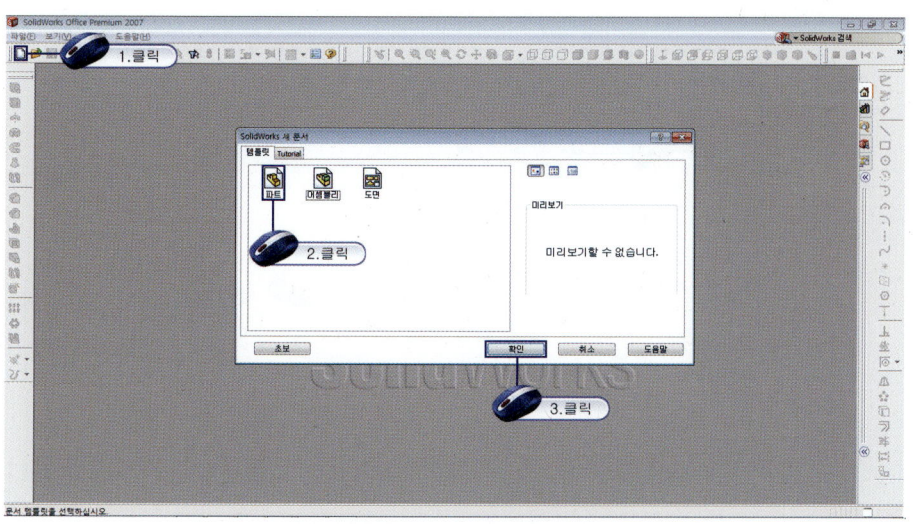

그림1-5 Soildworks 시작하기

PART 01 3D 모델링

[그림 1-6]에서 새로운 스케치를 하기 위해 ✏ sketch(스케치) 아이콘을 클릭한 다음 정면을 클릭한다. 옵션설정에 따라 스케치를 할 수 있는 정면이 기본 작업 평면으로 열리게 할 수도 있다.

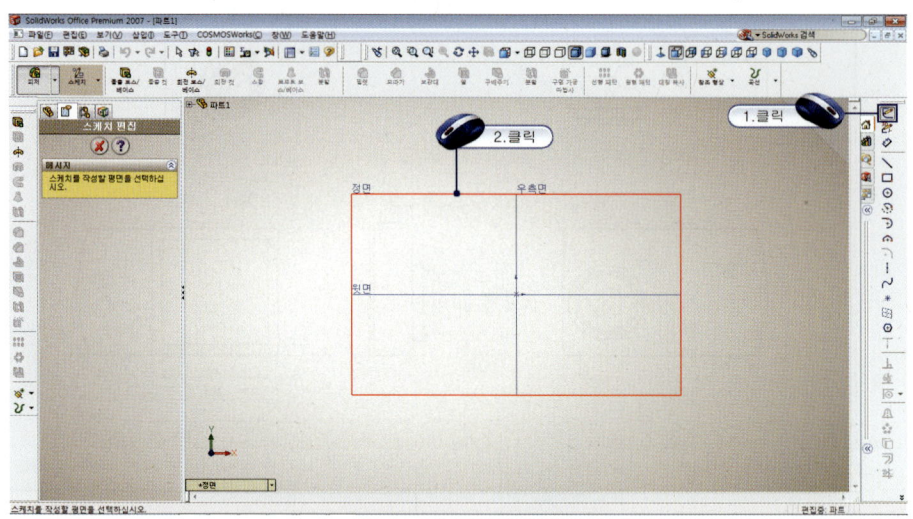

그림1-6 작업 평면(정면) 선택

[그림 1-7]에서 두 점을 지정하여 사각형을 그리기 위해 ▭ Rectangle(사각형) 아이콘을 클릭한 다음 사각형의 첫 번째 구석을 클릭한 후 대각선 방향으로 두 번째 구석을 클릭한다.

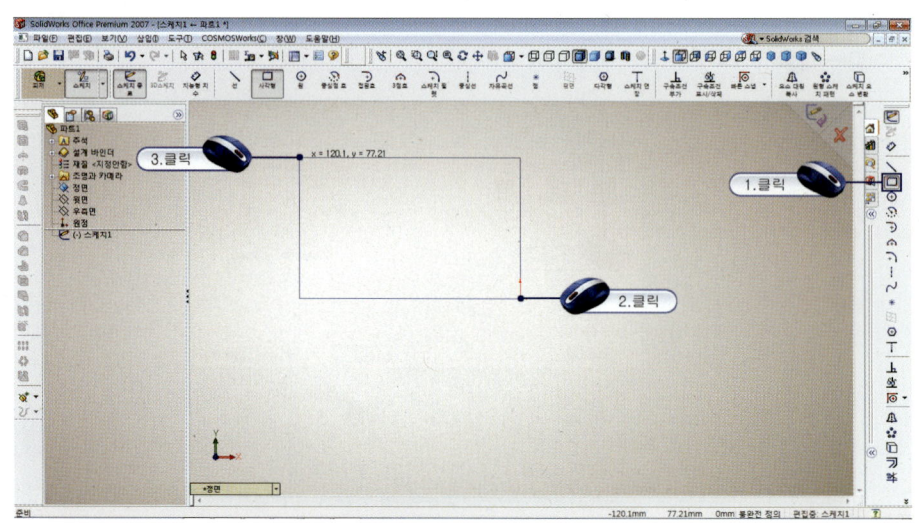

그림1-7 사각형 그리기

[그림 1-8]에서 호를 그리기 위해 3 Point Arc(3점 호) 아이콘을 클릭한 다음 호의 시작점을 지정한 후 끝점을 지정한다. 호의 시작점과 끝점을 지정하면 마우스 움직임에 따라 호가 이동된다. 호를 작성할 임의의 위치를 지정한다.

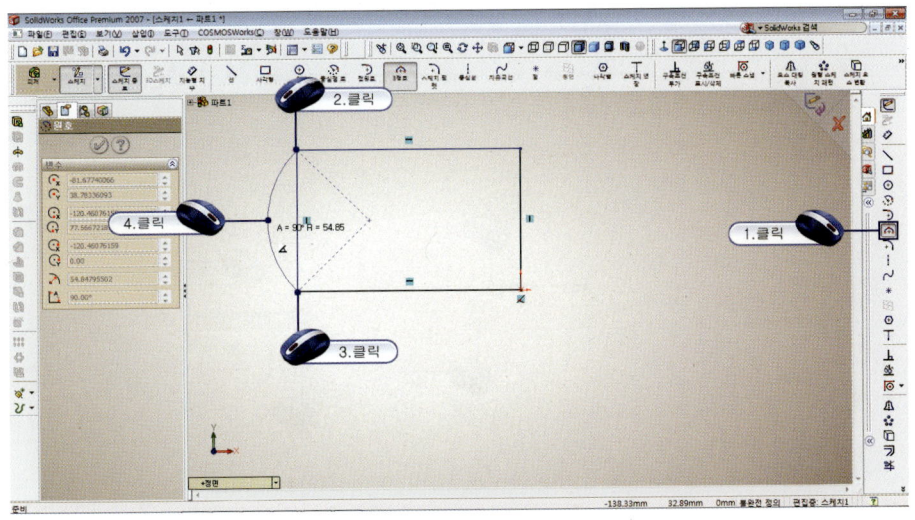

그림1-8 3점 호 그리기

[그림 1-9]에서 대상물의 일부분을 자르기 위해 Trim(잘라내기) 아이콘을 클릭하고 그림과 같이 드래그한 다음 대상물을 자른다.

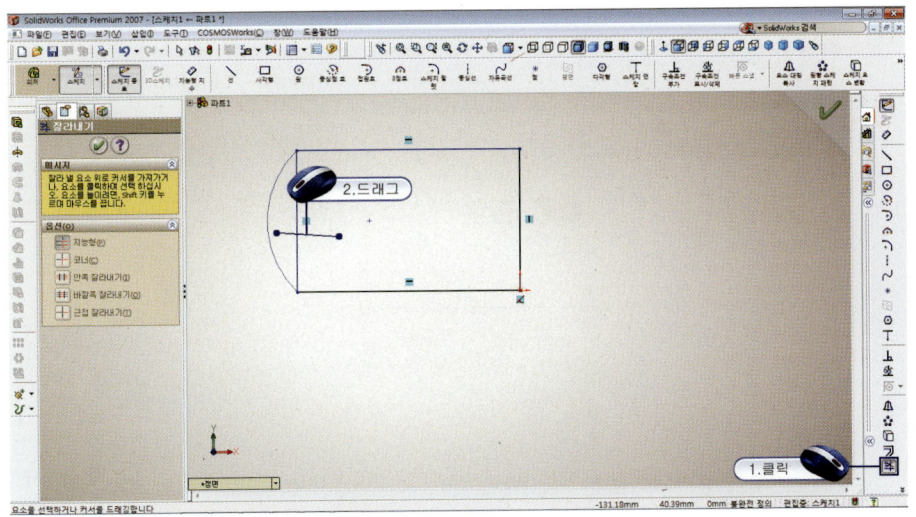

그림1-9 대상물 일부분 자르기

PART 01 3D 모델링 45

[그림 1-10]에서 스케치에 치수 구속조건을 적용하기 위해 Smart Dimension(지능형 치수)을 클릭하고 대상물을 클릭한 다음 치수를 배치한다. 수정창이 생성되면 90을 입력하고 체크버튼을 클릭한다.

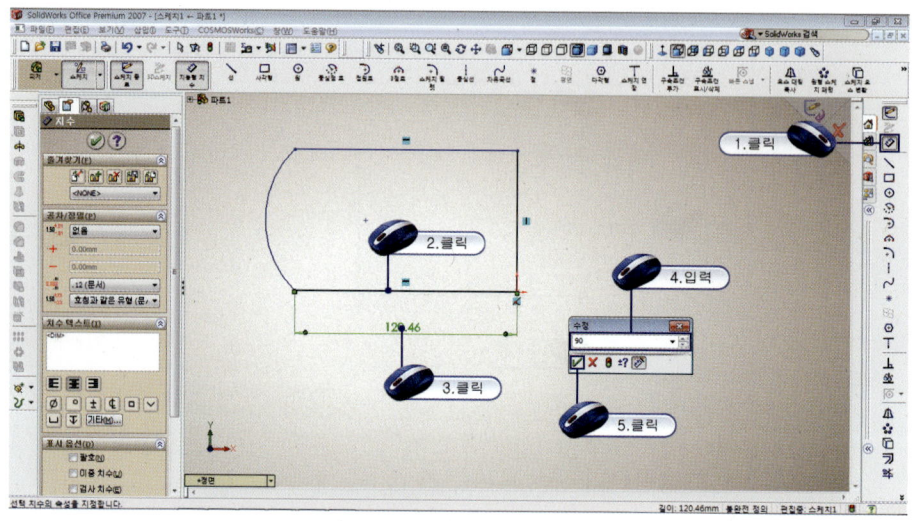

그림1-10 치수 기입하기

[그림 1-11]에서 Smart Dimension(지능형 치수) 아이콘이 활성화되어 있다. 동일한 방법으로 대상물을 클릭한 다음 치수를 배치한다. 수정창이 생성되면 60을 입력하고 체크버튼을 클릭한다.

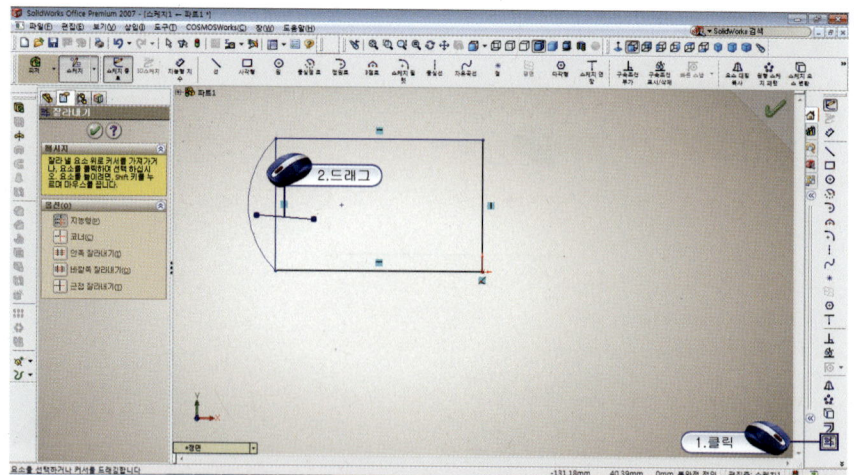

그림1-11 치수 기입하기

[그림 1-12]에서 동일한 방법으로 대상물을 클릭한 다음 치수를 배치한다. 수정창이 생성되면 90을 입력하고 체크버튼을 클릭한다. 선택한 스케치 요소들을 같은 크기가 되도록 구속을 주기 위해 ⊥ Add Relations(구속조건 부가) 아이콘을 클릭한다. 그림과 같이 대상물을 클릭한 다음 = Equal(동등) 아이콘을 클릭하고 체크버튼을 클릭한다.

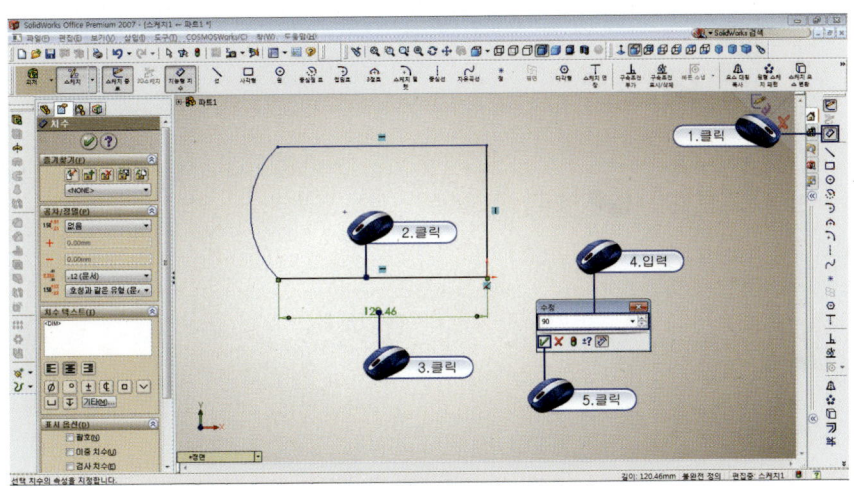

그림1-12 선택한 스케치 요소와 같은 크기가 되도록 구속조건 주기

[그림 1-13]에서 모든 치수기입과 구속조건을 끝마쳤다. 스케치를 종료하기 위해 sketch(스케치) 아이콘을 클릭한다. 등각 화면으로 보기 위해 Isometric(등각보기) 아이콘을 클릭한다.

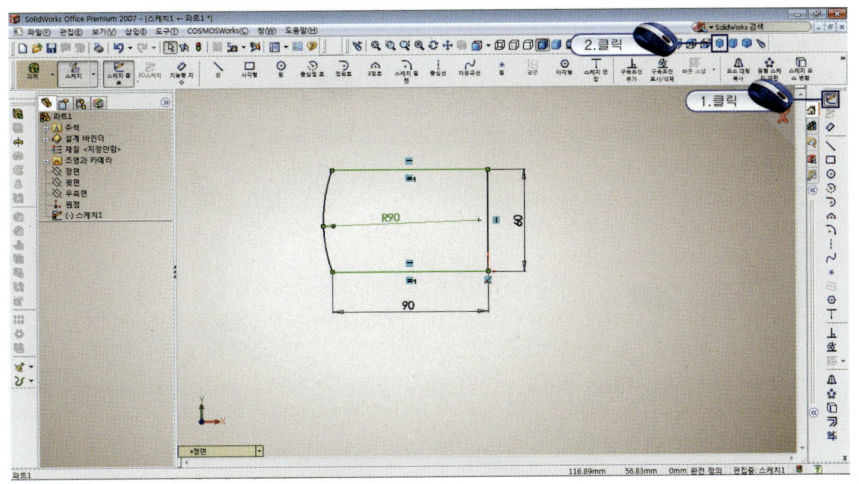

그림1-13 스케치 종료하기

PART 01 3D 모델링

[그림 1-14]에서 스케치에 방향을 지정하고 두께값을 부여하여 Feature(피처)를 생성하기 위해 Features(피처) 도구모음에서 ![icon] Extruded Boss/Base(돌출 보스/베이스) 아이콘을 클릭한다. 거리값에 18을 입력한 다음 체크버튼을 클릭한다.

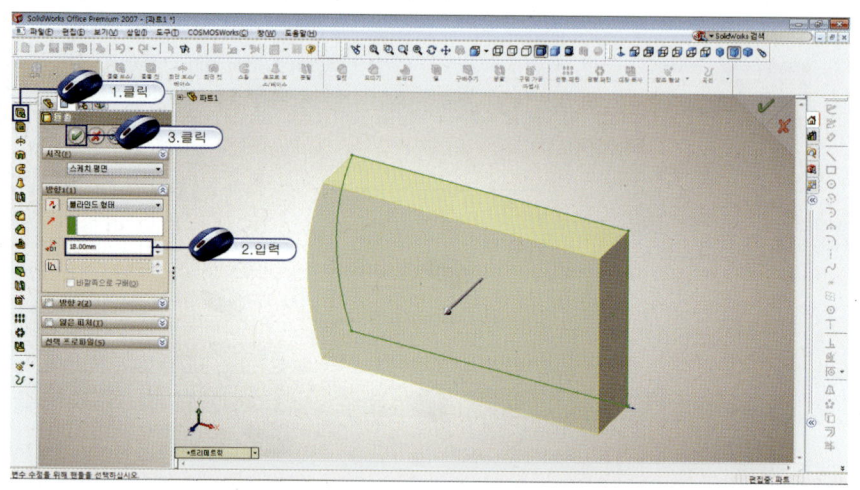

그림1-14 돌출하기

[그림 1-15]에서 새로운 평면을 만들기 위해 Features 도구모음에서 ![icon] Reference Geometry(참조 형상) 아이콘을 클릭하고 오프셋할 면을 클릭한다.

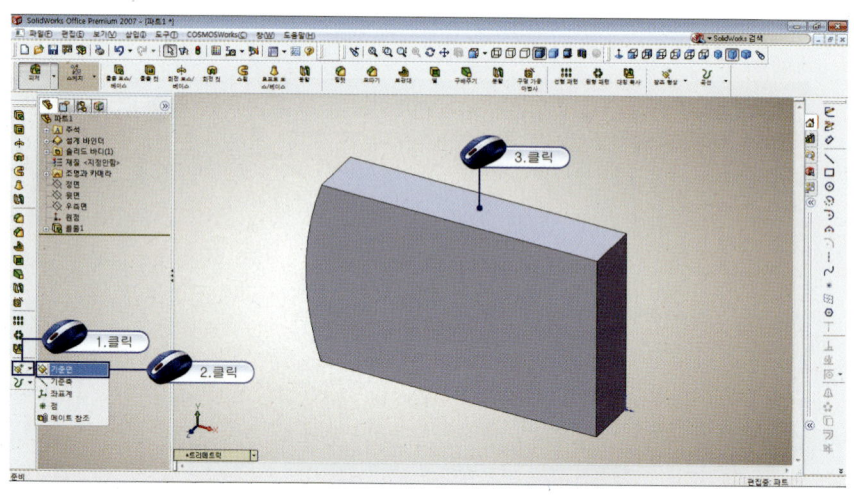

그림1-15 작업 평면 만들기

[그림 1-16]에서 Plane PropertyManager의 Distance(거리)값 35를 입력하고 Reverse direction(반대 방향)을 체크한다. 설정값을 모두 완료하였으면 체크버튼을 클릭한다.

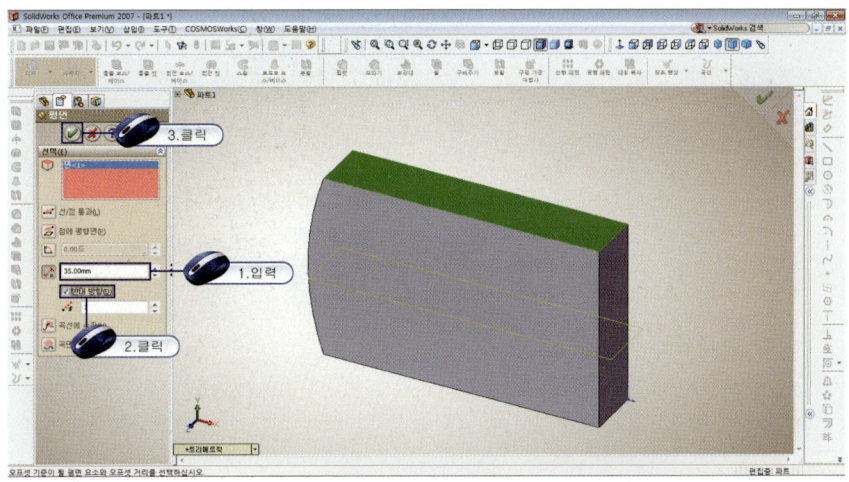

그림1-16 면 선택하기

[그림 1-17]에서 새로운 스케치를 하기 위해 sketch(스케치) 아이콘을 클릭한 다음 정면을 클릭한다. 작업평면을 수직으로 보기 위해 Normal To(면에 수직으로 보기) 아이콘을 클릭한다.

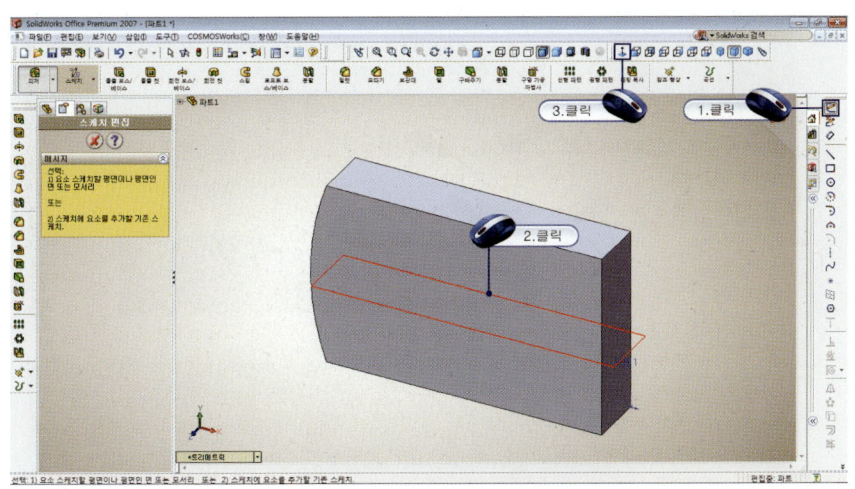

그림1-17 스케치 시작하기

[그림 1-18]에서 선을 그리기 위해 Line(선) 아이콘을 클릭하고 그림과 같이 선을 생성하여 보자.

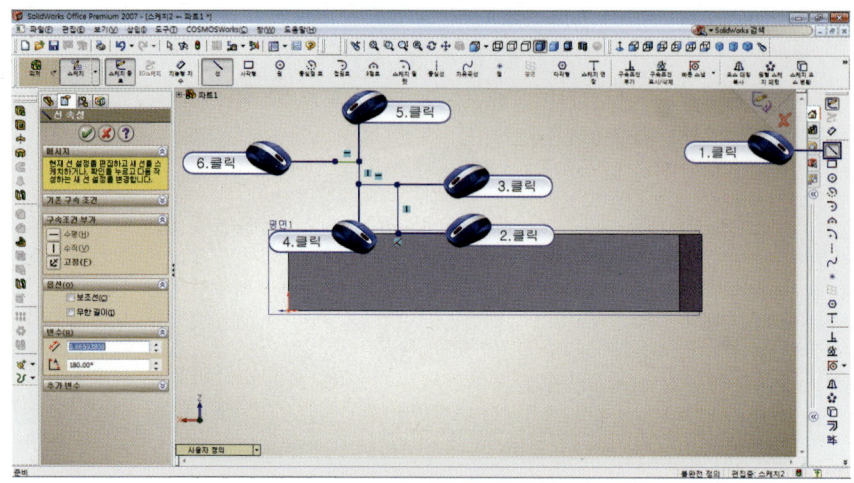

그림1-18 선 그리기

[그림 1-19]에서 동일한 방법으로 계속해서 선을 그려보자.

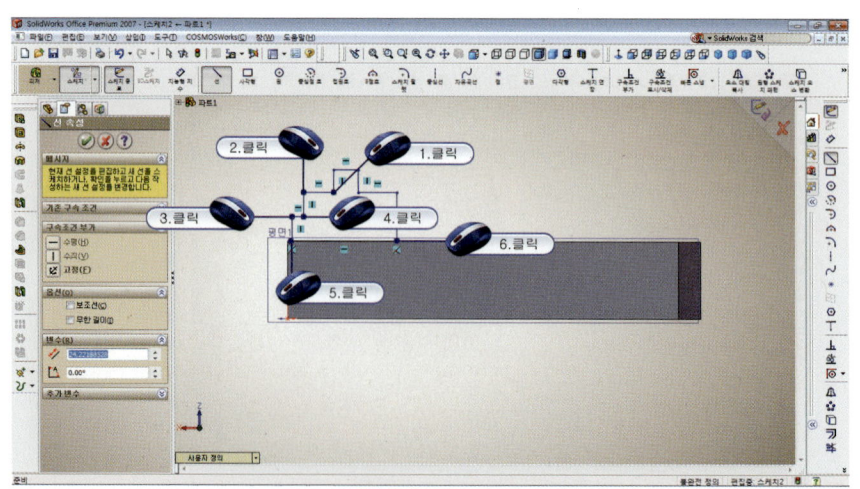

그림1-19 선 그리기

[그림 1-20]에서 그림과 같이 선을 완성하였으면 아래 내용과 같이 치수를 기입하여 보자.
(치수는 측정을 시작할 점, 선분, 호를 클릭 후 임의의 지점을 클릭하여 기입한다.)

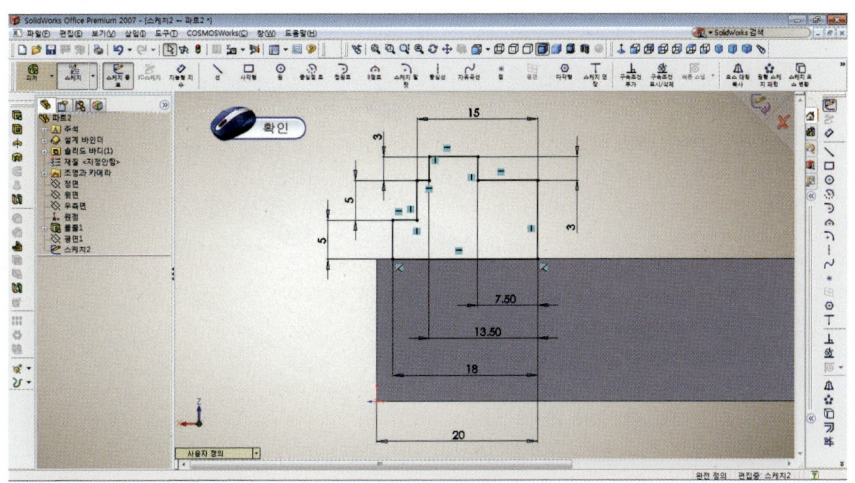

그림1-20 치수 기입하기

[그림 1-21]에서 스케치한 것을 회전하기 위해 CommmandManager의 Revolved Boss/Base(회전 보스/베이스) 아이콘을 클릭한다. 회전변수 값을 확인한 다음 회전시킬 축을 클릭한 후 체크버튼을 클릭한다. 등각 화면으로 보기 위해 Isometric(등각보기) 아이콘을 클릭한다.

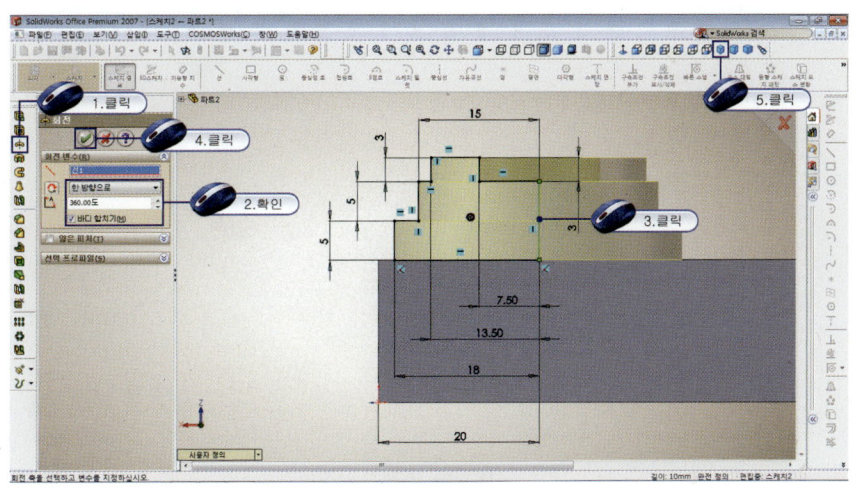

그림1-21 회전하기

PART 01 3D 모델링

[그림 1-22]에서 모델을 회전시키기 위해 ⟳ View Rotate(뷰 회전)아이콘을 클릭한 다음 임의의 위치에서 마우스 왼쪽 버튼을 누른 채 화살표 방향으로 드래그한다.

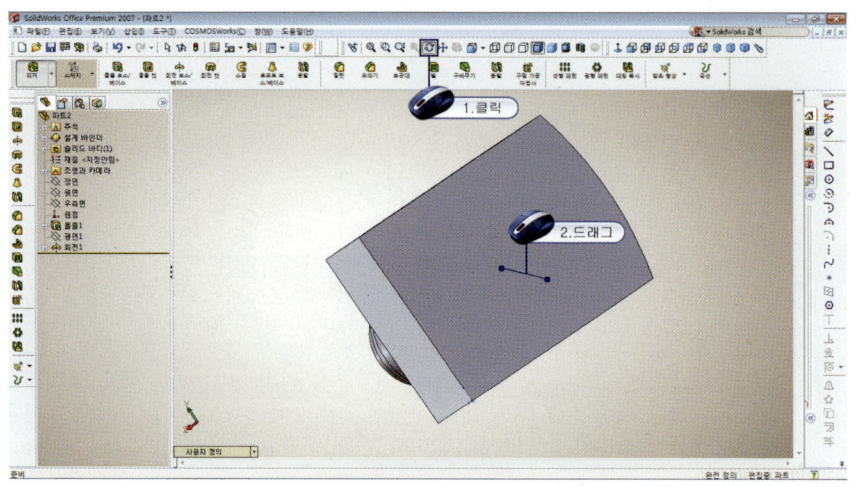

그림1-22 뷰 회전하기

[그림 1-23]에서 새로운 스케치를 하기 위해 ✐ sketch(스케치) 아이콘을 클릭한 다음 정면을 클릭한다. 작업평면을 수직으로 보기 위해 ↥ Normal To(면에 수직으로 보기) 아이콘을 클릭한다.

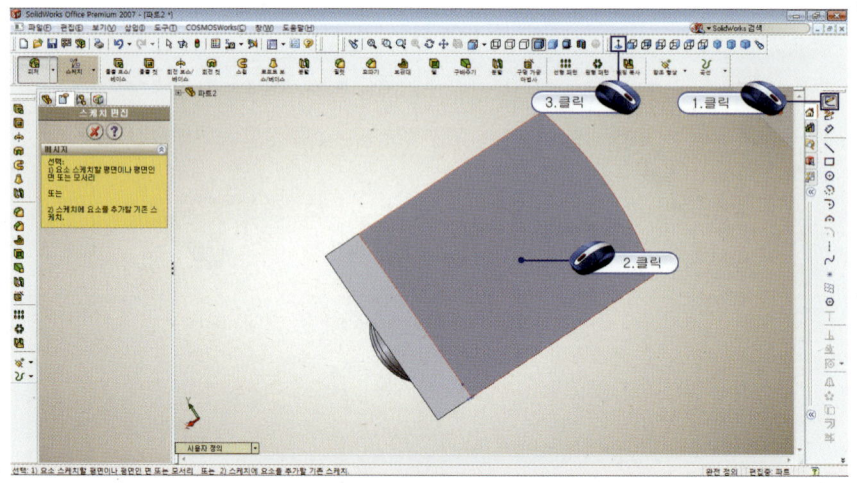

그림1-23 스케치 시작하기

[그림 1-24]에서 두 점을 지정하여 사각형을 그리기 위해 ▢ Rectangle(사각형)아이콘을 클릭한 다음 사각형의 첫 번째 구석을 클릭한 후 대각선 방향으로 두 번째 구석을 클릭한다.

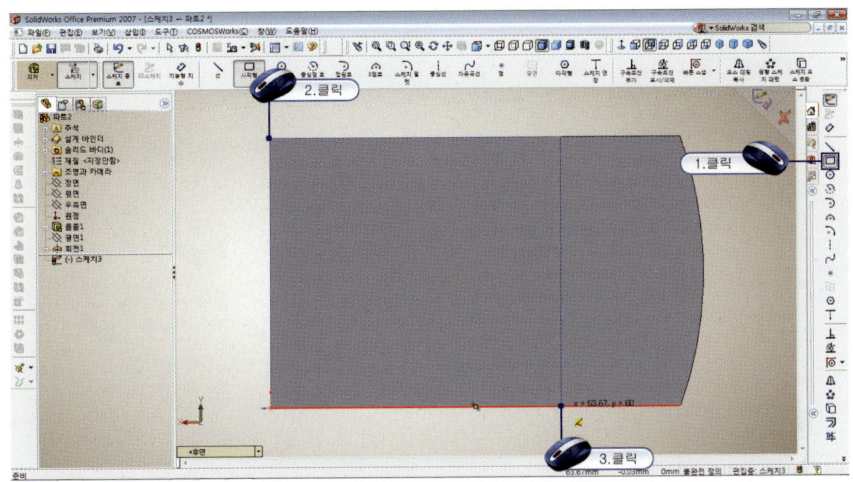

그림1-24 사각형 그리기

[그림 1-25]에서 스케치 형상의 모서리를 거리 값을 주어 오프셋하기 위해 ⇗ Offset Entities(오프셋)아이콘을 클릭한 다음 변수 값 5를 입력한 후 그림과 같이 클릭한다.

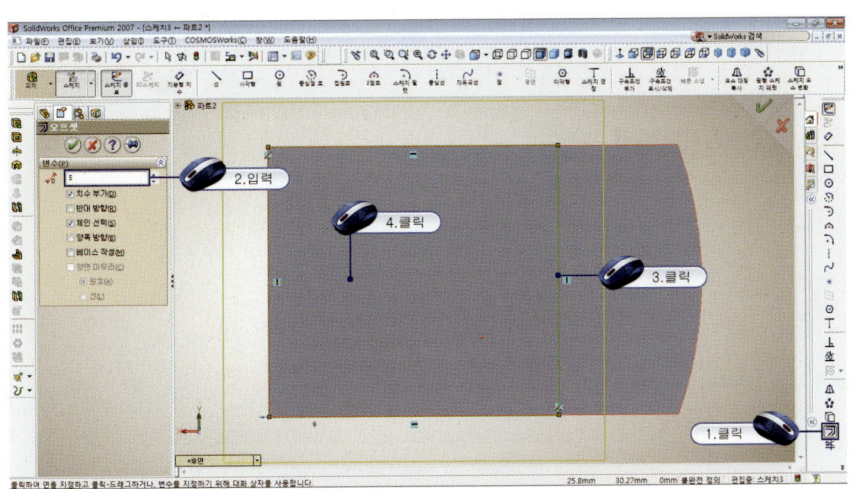

그림1-25 오프셋하기

PART 01 3D 모델링

[그림 1-26]에서 중심점과 반지름 값으로 원을 그리기 위해 ⊕ Circle(원)아이콘을 클릭한 다음 중심점을 클릭한 후 임의의 지점을 클릭한다.

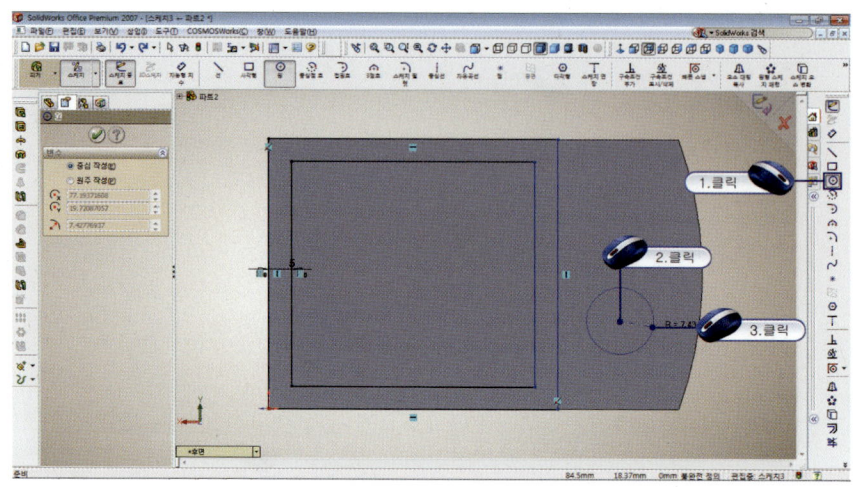

그림1-26 원 그리기

[그림 1-27]에서 사각형과 원 그리기를 완성하였으면 위에 내용과 같이 치수를 기입하여 보자. 스케치를 종료하기 위해 sketch(스케치) 아이콘을 클릭한다. 등각 화면으로 보기 위해 Isometric(등각보기) 아이콘을 클릭한다.

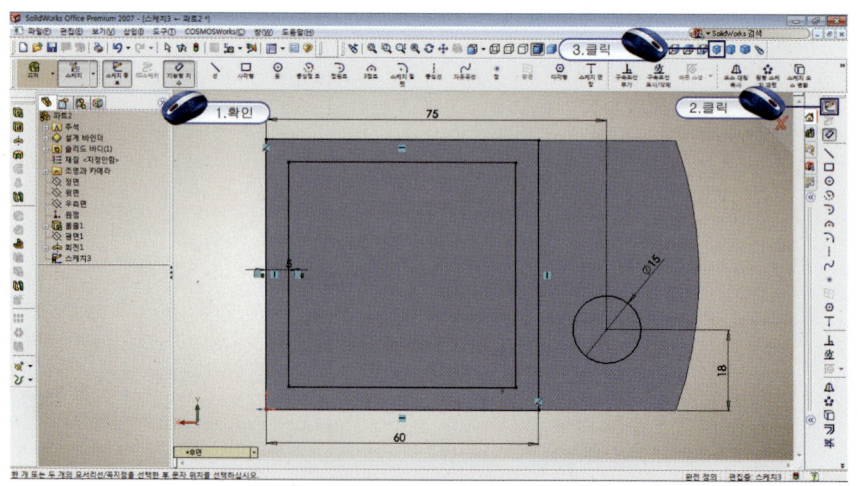

그림1-27 스케치 종료하기

[그림 1-28]에서 스케치에 방향을 지정하고 두께값을 부여하여 Feature(피처)를 생성하기 위해 Features(피처) 도구모음에서 Extruded Boss/Base(돌출 보스/베이스) 아이콘을 클릭한다. 거리값에 2를 입력한 다음 체크버튼을 클릭한다.

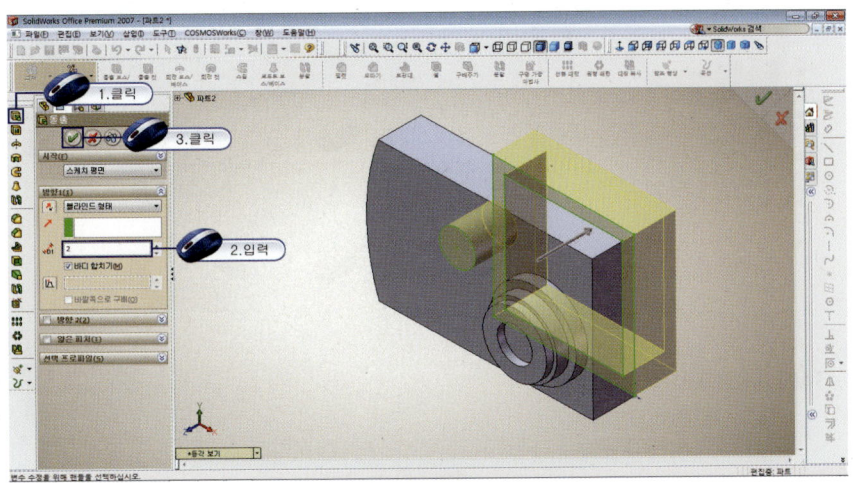

그림1-28 돌출하기

[그림 1-29]에서 새로운 스케치를 하기 위해 sketch(스케치) 아이콘을 클릭한 다음 정면을 클릭한다. 작업평면을 수직으로 보기 위해 Normal To(면에 수직으로 보기) 아이콘을 클릭한다.

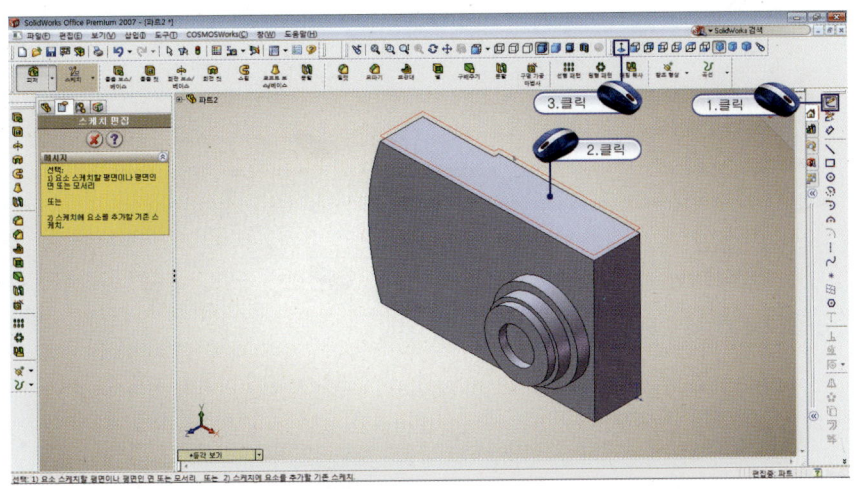

그림1-29 스케치 시작하기

PART 01 **3D 모델링**

[그림 1-30]에서 중심점과 반지름값으로 원을 그리기 위해 ⊕ Circle(원) 아이콘을 클릭한 다음 중심점을 클릭한 후 임의의 지점을 클릭한다. 그림과 같이 원을 2개 만들어 보자.

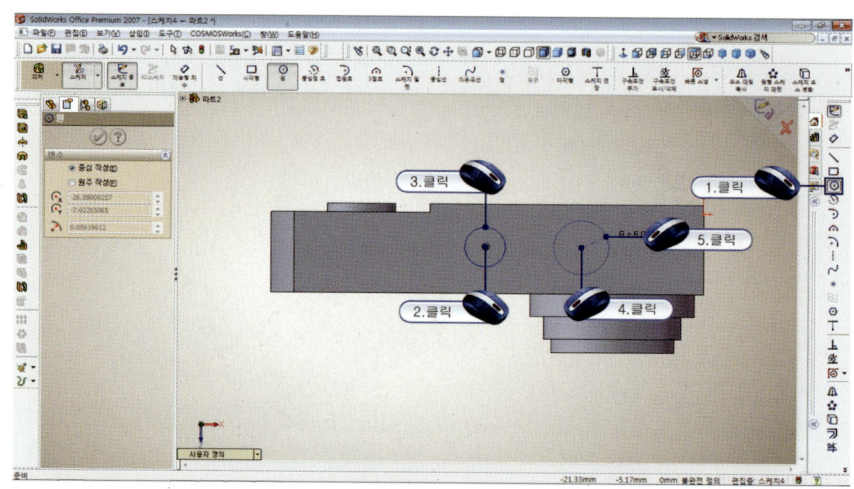

그림1-30 원 그리기

[그림 1-31]에서 스케치에 치수 구속조건을 적용하기 위해 ◈ Smart Dimension(지능형 치수)을 클릭하고 대상물을 클릭한 다음 치수를 배치한다. 수정창이 생성되면 9를 입력하고 체크 버튼을 클릭한다.

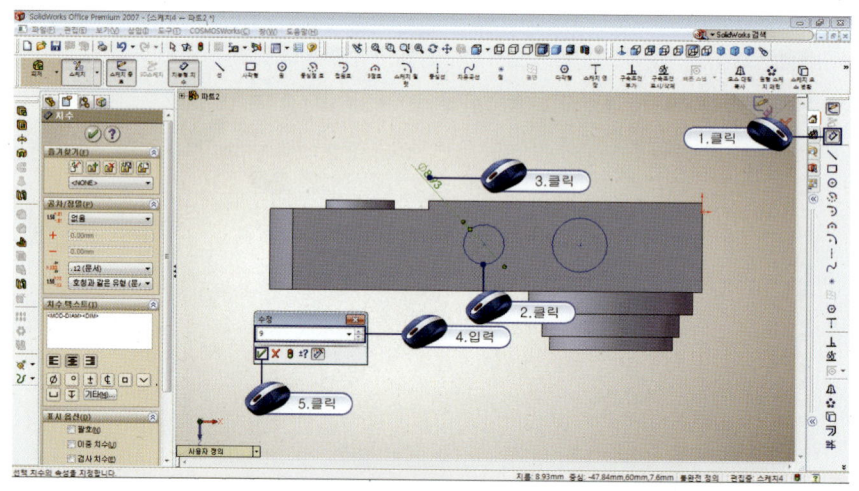

그림1-31 치수 기입하기

[그림 1-32]에서 동일한 방법으로 그림과 같이 치수를 입력하여 보자. 경사선 또는 직선에 수평구속을 주기 위해 ⊥ Add Relations(구속조건 부가) 아이콘을 클릭한다. 그림과 같이 대상물을 클릭한 다음 ━ Horizontal(수평) 아이콘을 클릭하고 체크버튼을 클릭한다.

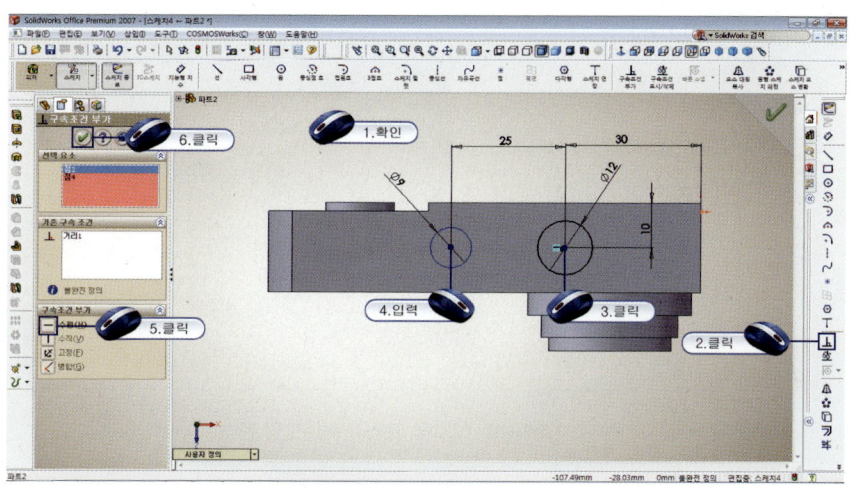

그림1-32 수평 구속조건 주기

[그림 1-33]에서 스케치에 방향을 지정하고 두께값을 부여하여 Feature(피처)를 생성하기 위해 Features(피처) 도구모음에서 🗔 Extruded Boss/Base(돌출 보스/베이스) 아이콘을 클릭한 다음 스케치를 클릭한다. 거리값에 3을 입력한 다음 체크버튼을 클릭한다. 등각 화면으로 보기 위해 🟦 Isometric(등각보기)아이콘을 클릭한다.

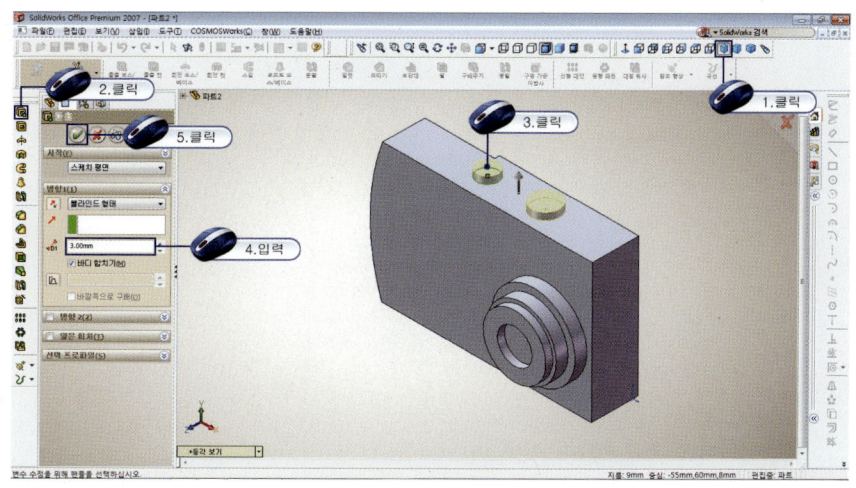

그림1-33 돌출하기

PART 01 3D 모델링

[그림 1-34]에서 디지털 카메라 제품모형을 완성하였다.

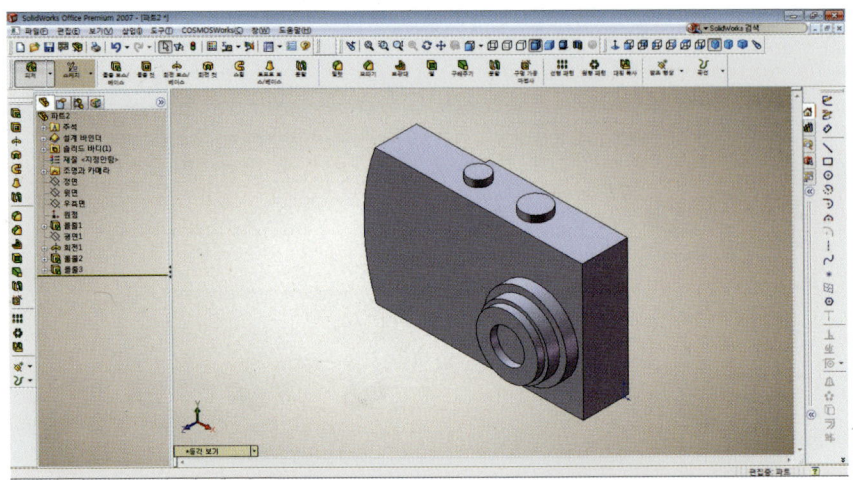

그림1-34 디지털 카메라 제품모형 완성

03 액정 시계 제품모형 실기 따라하기

SolidWorks를 사용하여 액정 시계 제품모형을 모델링하면서 기본적으로 어떤 과정을 거쳐 모델이 완성되는지 알아보자.

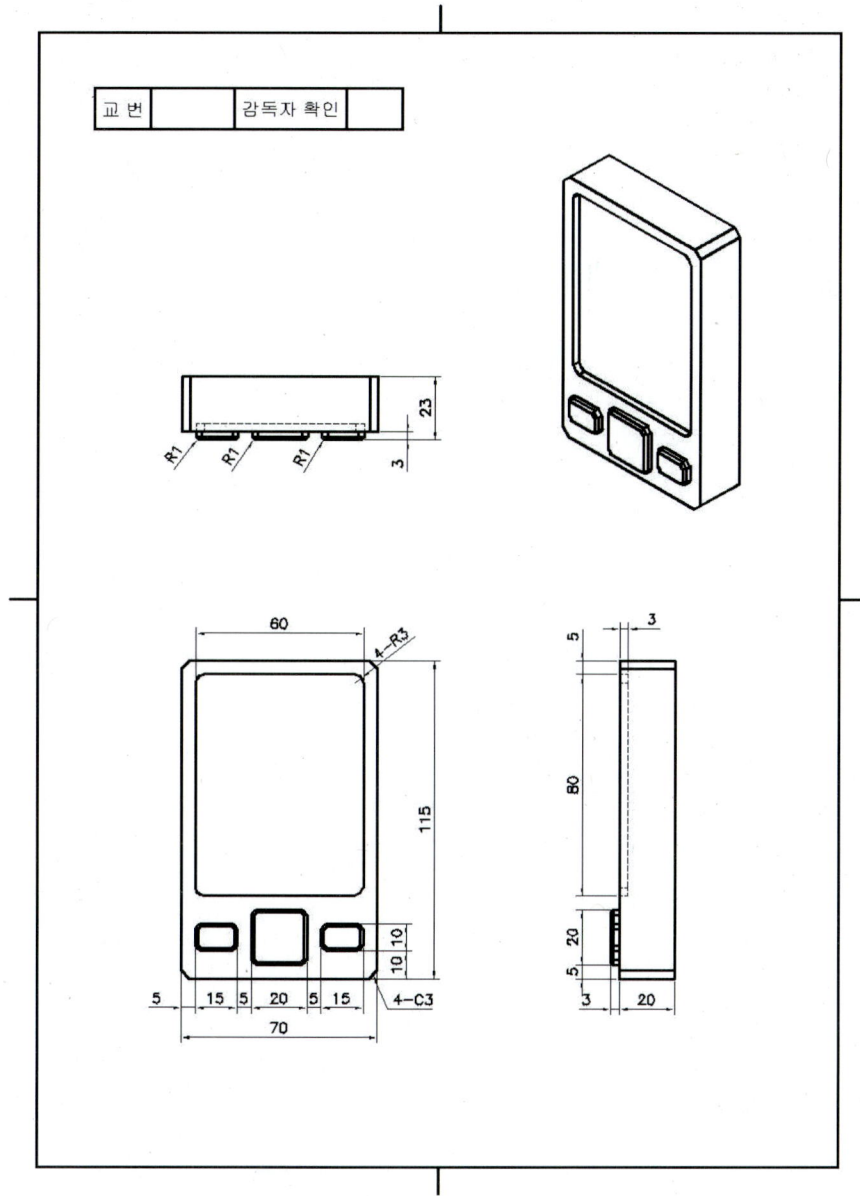

그림1-35 액정 시계 제품모형 도면

[그림 1-36]에서 새로운 모델링을 하기 위해 메뉴 표시줄의 File(파일) → New(새 문서)...를 클릭하거나 단축키로 키보드의 Ctrl+N을 누른다. 또는 Standard(표준) 도구모음의 New 아이콘을 클릭한다. 하나의 부품을 만들 것이므로 SolidWorks 새 문서 대화상자의 Part(파트)를 선택하고 확인버튼을 클릭한다. 새로운 스케치를 하기 위해 sketch(스케치) 아이콘을 클릭한 다음 정면을 클릭한다.

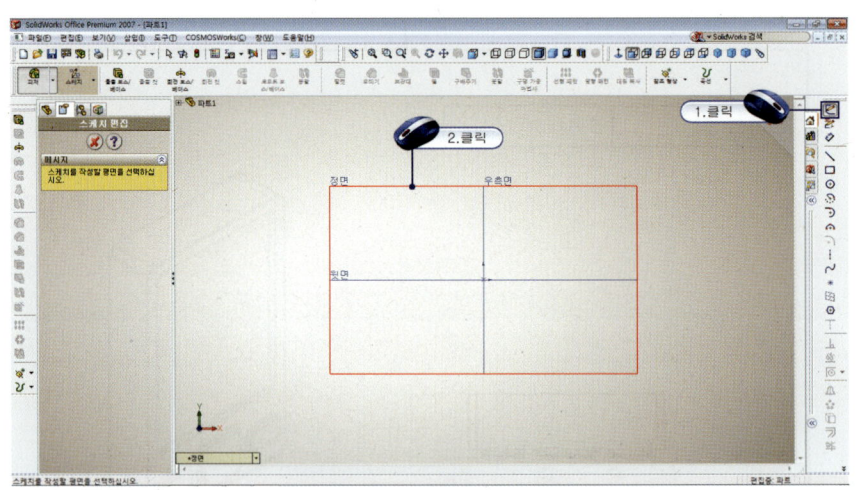

그림1-36 스케치 시작하기

[그림 1-37]에서 두 점을 지정하여 사각형을 그리기 위해 Rectangle(사각형) 아이콘을 클릭한 다음 사각형의 첫 번째 구석을 클릭한 후 대각선 방향으로 두 번째 구석을 클릭한다.

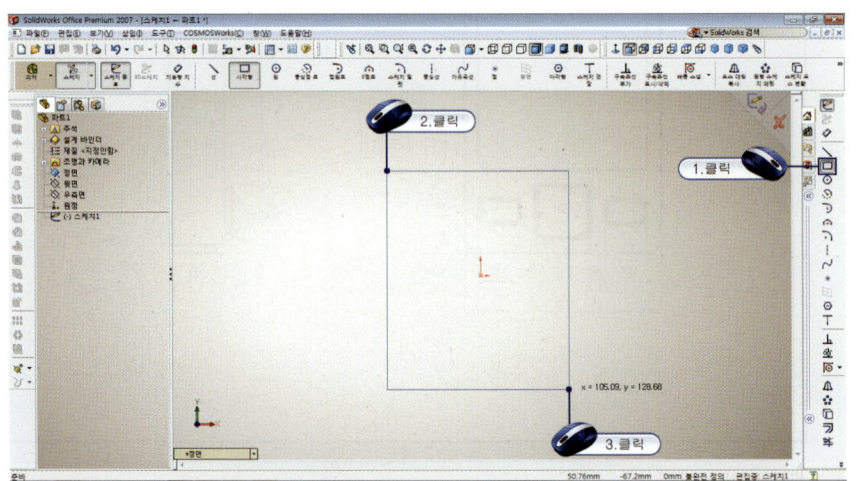

그림1-37 사각형 그리기

[그림 1-38]에서 선을 그리기 위해 ✏ Line(선) 아이콘을 클릭하고 옵션의 보조선을 선택한 다음 그림과 같이 선을 생성한다. 선에서 중심선으로 변경되었다. 체크버튼을 클릭한다.

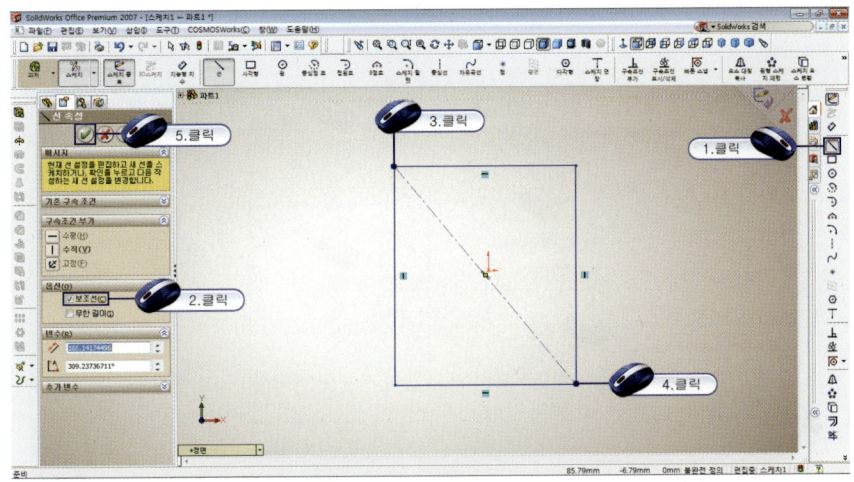

그림1-38 선을 이용한 중심선 그리기

[그림 1-39]에서 2개의 선 또는 선과 점이 중간점에 위치하도록 하기 위해 ⊥ Add Relations(구속조건 부가) 아이콘을 클릭한다. 그림과 같이 대상물을 클릭한 다음 ✏ Midpoint(중간점) 아이콘을 클릭한 다음 체크버튼을 클릭한다.

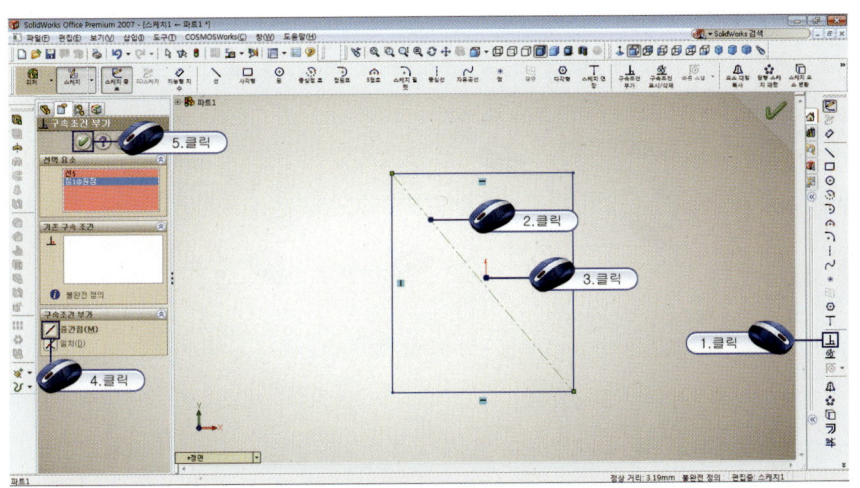

그림1-39 중간점 구속조건 주기

[그림 1-40]에서 스케치에 치수 구속조건을 적용하기 위해 Smart Dimension(지능형 치수)을 클릭하고 대상물을 클릭한 다음 치수를 배치한다. 수정창이 생성되면 70을 입력하고 체크버튼을 클릭한다.

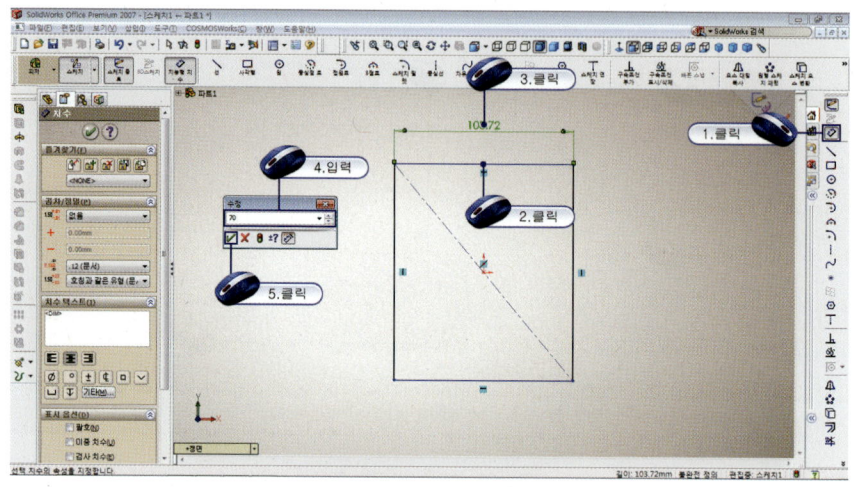

그림1-40 치수 기입하기

[그림 1-41]에서 Smart Dimension(지능형 치수)아이콘이 활성화되어 있다. 동일한 방법으로 대상물을 클릭한 다음 치수를 배치한다. 수정창이 생성되면 115를 입력하고 체크버튼을 클릭한다.

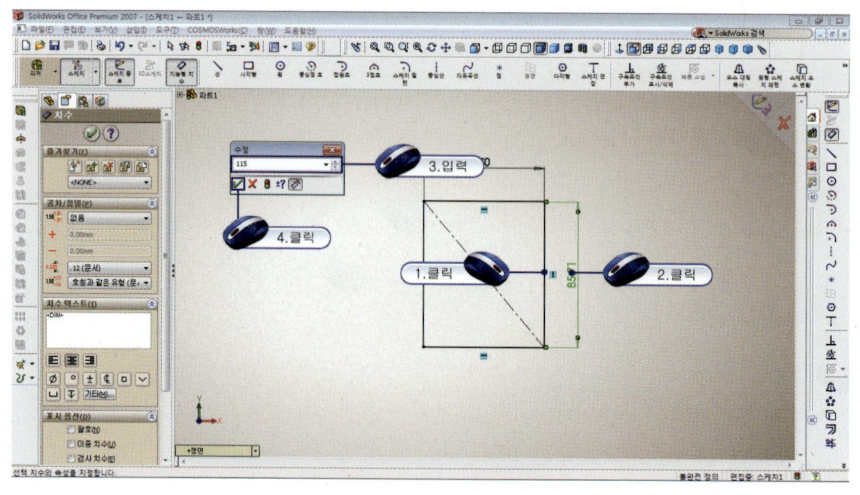

그림1-41 치수 기입하기

[그림 1-42]에서 스케치를 종료하기 위해 sketch(스케치) 아이콘을 클릭안하여도 바로 Extruded Boss/Base(돌출 보스/베이스) 아이콘을 클릭하면 스케치는 자동으로 종료된다. 등각 화면으로 보기 위해 Isometric(등각보기)아이콘을 클릭한다.

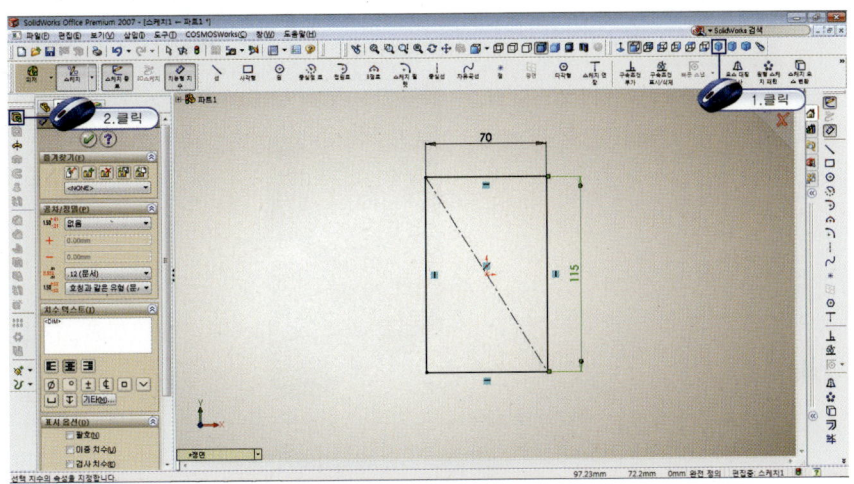

그림1-42 스케치 종료하기

[그림 1-43]에서 스케치 대상물을 클릭한 다음 거리값에 20을 입력한 다음 체크버튼을 클릭한다.

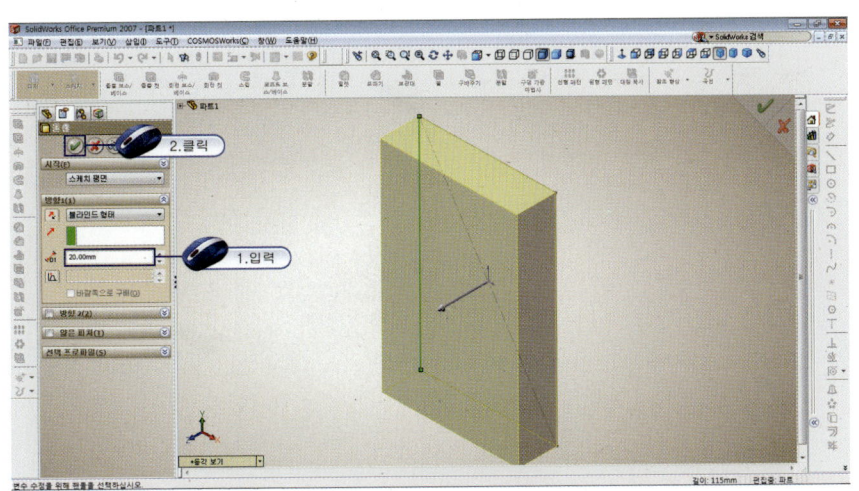

그림1-43 돌출하기

PART 01 3D 모델링

[그림 1-44]에서 새로운 스케치를 하기 위해 sketch(스케치) 아이콘을 클릭한 다음 정면을 클릭한다. 작업평면을 수직으로 보기 위해 Normal To(면에 수직으로 보기) 아이콘을 클릭한다.

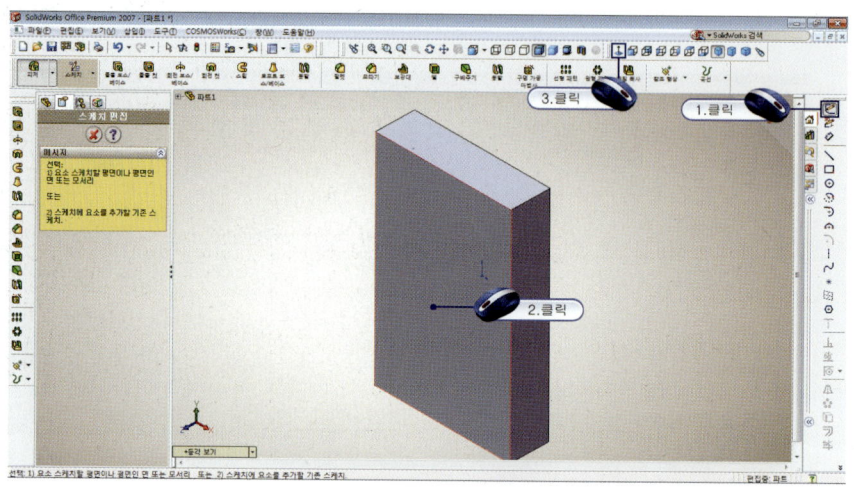

그림1-44 스케치 시작하기

[그림 1-45]에서 두 점을 지정하여 사각형을 그리기 위해 Rectangle(사각형) 아이콘을 클릭한 다음 사각형의 첫 번째 구석을 클릭한 후 대각선 방향으로 두 번째 구석을 클릭한다.

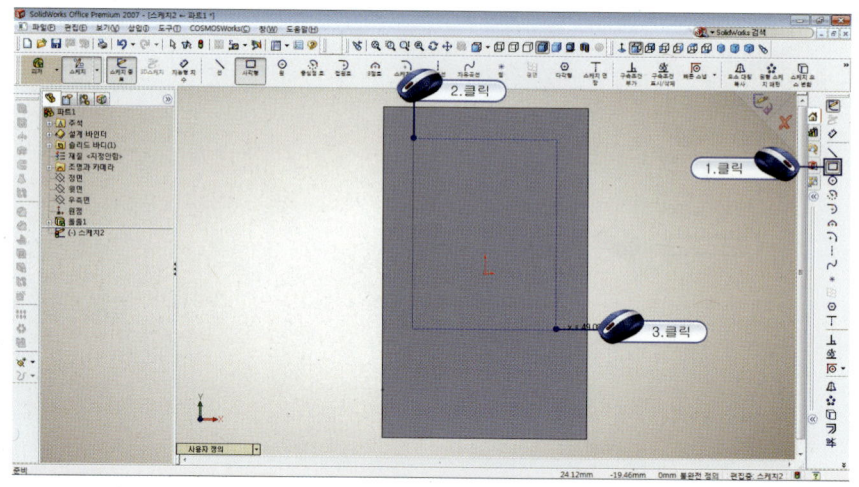

그림1-45 사각형 그리기

[그림 1-46]에서 스케치의 모서리를 모깎기하기 위해 Sketch Fillet(스케치 필렛) 아이콘을 클릭한 다음 필렛 변수값 3을 입력한다.

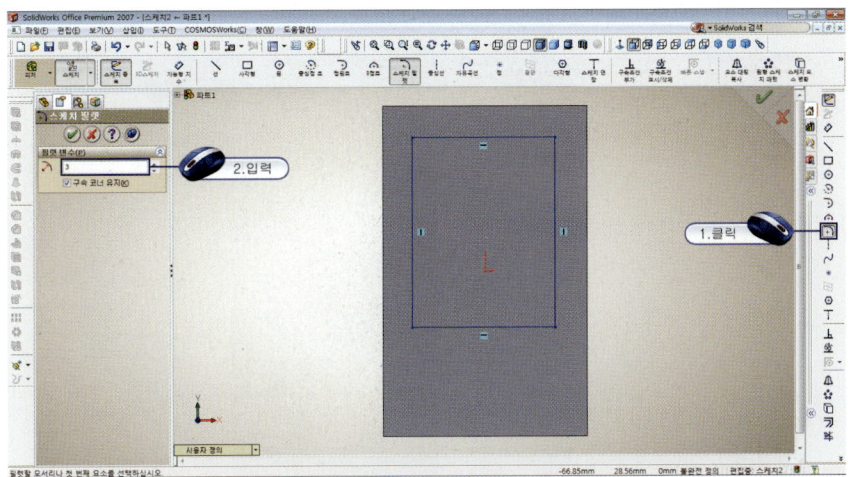

그림1-46 스케치 필렛 변수값 설정

[그림 1-47]에서 그림과 같이 스케치의 모서리 4곳을 모두 그림과 같이 스케치 필렛을 적용하여 보자. 스케치 필렛을 완료하였으면 체크버튼을 클릭한다.

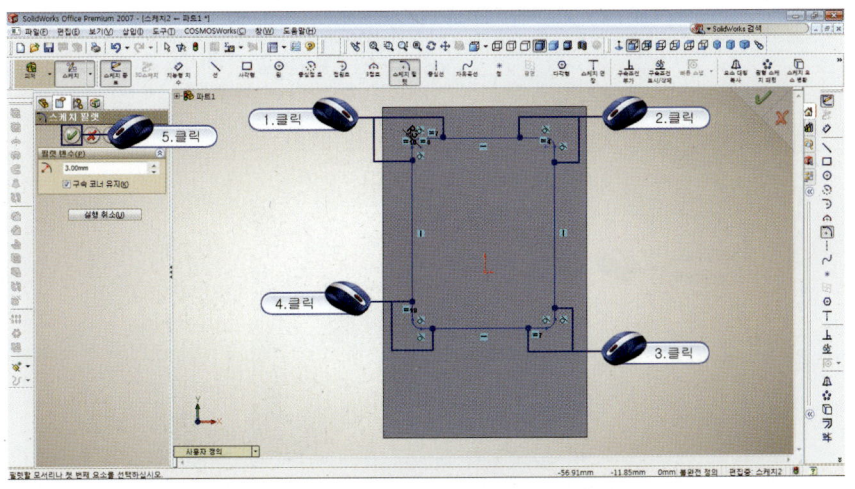

그림1-47 스케치 필렛하기

[그림 1-48]에서 그림과 같이 치수를 기입하여보자. 모든 치수기입과 구속조건을 끝마쳤다. 스케치를 종료하기 위해 sketch(스케치) 아이콘을 클릭한다. 등각 화면으로 보기 위해 Isometric(등각보기)아이콘을 클릭한다.

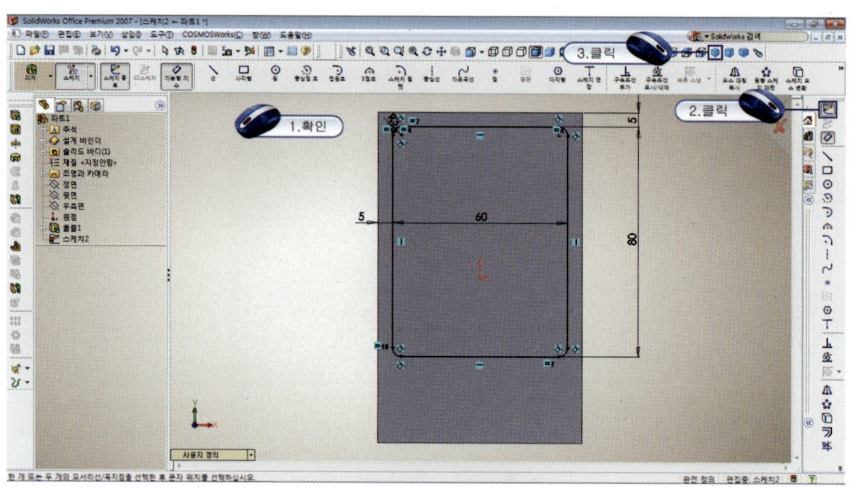

그림1-48 치수 기입하기

[그림 1-49]에서 스케치에 방향을 지정해서 피처를 잘라내기 위해 Extruded Cut(돌출 컷) 아이콘을 클릭한 다음 스케치 대상물을 클릭한다. 거리값에 3을 입력한 다음 체크버튼을 클릭한다.

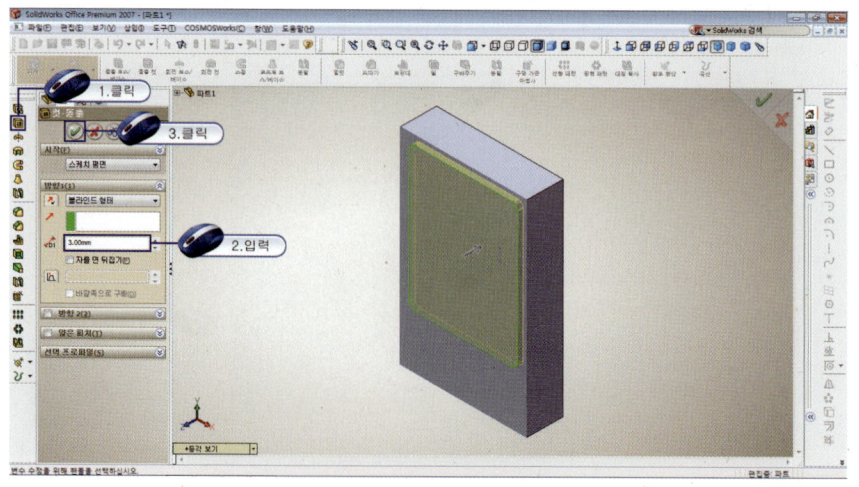

그림1-49 돌출 컷하기

[그림 1-50]에서 새로운 스케치를 하기 위해 🖉 sketch(스케치) 아이콘을 클릭한 다음 정면을 클릭한다. 작업평면을 수직으로 보기 위해 ↥ Normal To(면에 수직으로 보기) 아이콘을 클릭한다.

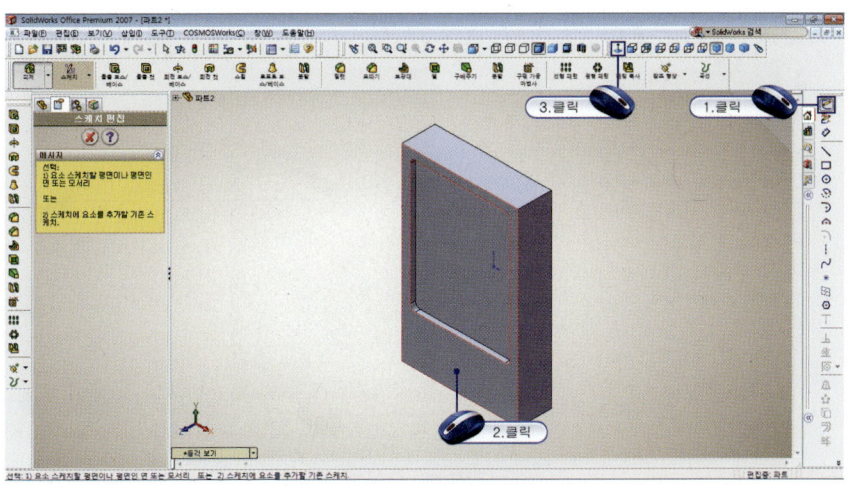

그림1-50 스케치 시작하기

[그림 1-51]에서 두 점을 지정하여 사각형을 그리기 위해 ▭ Rectangle(사각형) 아이콘을 클릭한 다음 그림과 같이 사각형 3개를 그려보자.

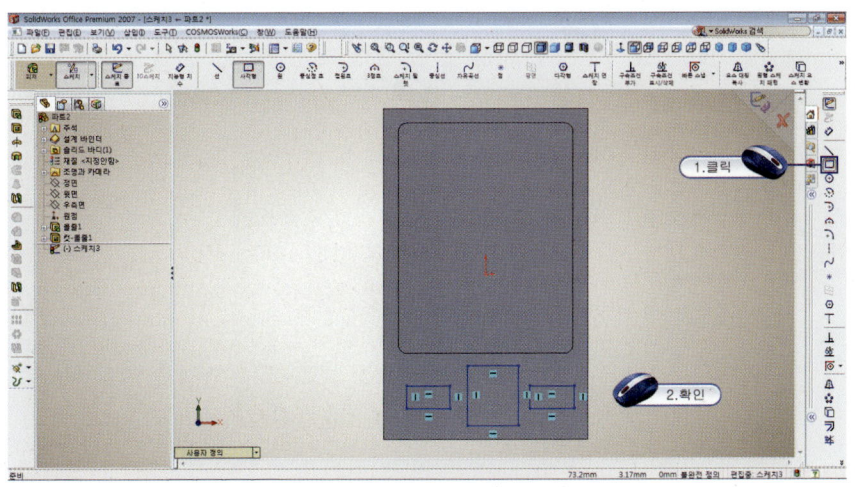

그림1-51 사각형 그리기

[그림 1-52]에서 중심선을 그리기 위해 ┊ Centerline(중심선) 아이콘을 클릭한 다음 대상물의 중심점과 원점을 클릭한다.

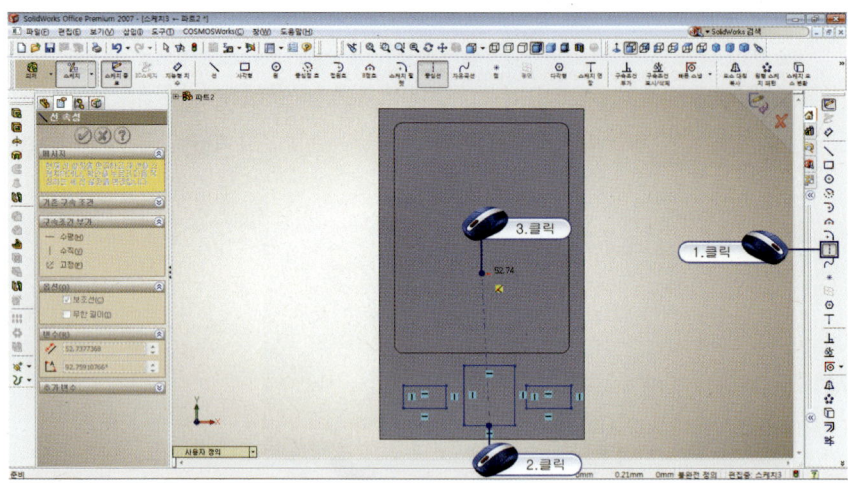

그림1-52 중심선 그리기

[그림 1-53]에서 중심선 아이콘을 종료하기 위해 마우스 오른쪽 버튼을 클릭하고 선택을 클릭한다.

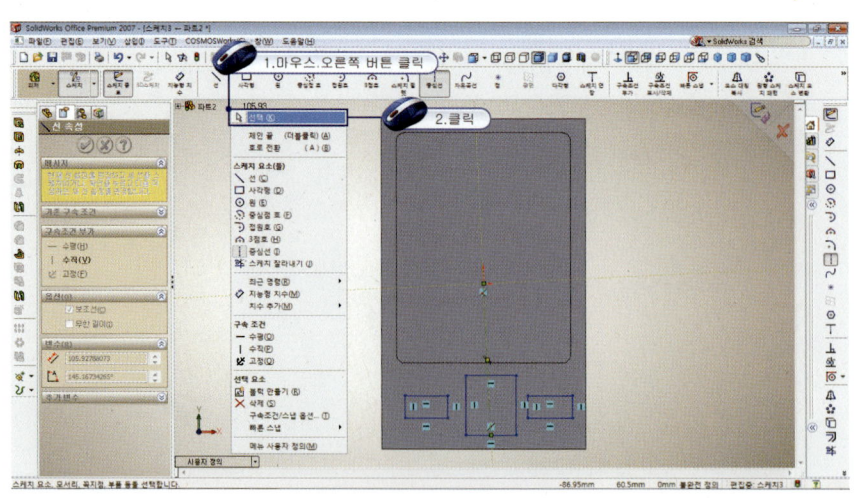

그림1-53 중심선 종료하기

[그림 1-54]에서 경사선 또는 직선을 수직구속을 주기 위해 ⊥ Add Relations(구속조건 부가) 아이콘을 클릭한다. 그림과 같이 대상물을 클릭한 다음 | Vertical(수직) 아이콘을 클릭한다.

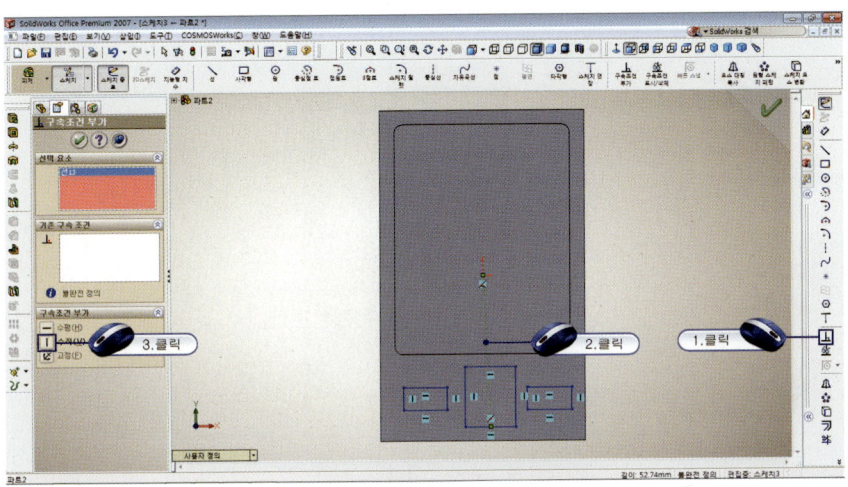

그림1-54 수직 구속조건 주기

[그림 1-55]에서 그림과 같이 대상물을 클릭한 다음 ✎ Collinear(동일선상) 아이콘을 클릭한다. 계속해서 = Equal(동등) 아이콘을 클릭한다.

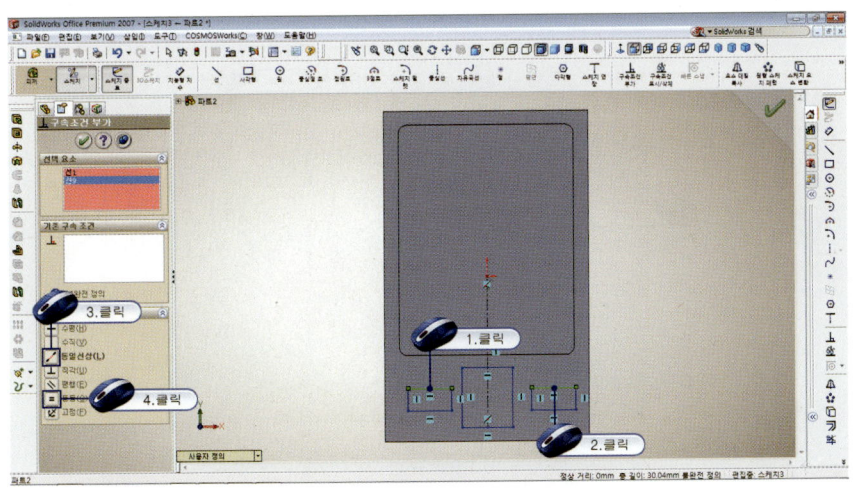

그림1-55 동일선상과 동등 구속조건 주기

[그림 1-56]에서 2개의 선을 동일한 선상에 위치하도록 하기 위해 대상물을 클릭한 다음
Collinear(동일선상) 아이콘을 클릭한 후 체크버튼을 클릭한다.

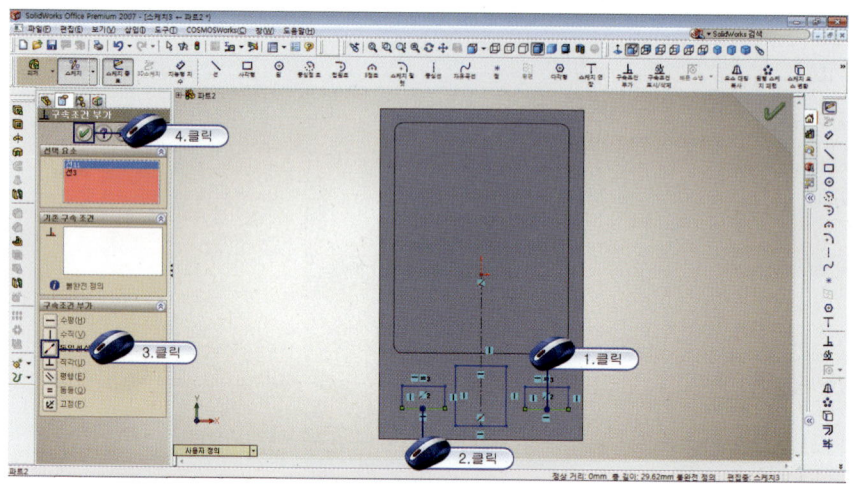

그림1-56 동일선상 구속조건 주기

[그림 1-57]에서 그림과 같이 치수를 기입하여 보자. 모든 치수기입과 구속조건을 끝마쳤다.
스케치를 종료하기 위해 sketch(스케치) 아이콘을 클릭한다. 등각 화면으로 보기 위해
Isometric(등각보기) 아이콘을 클릭한다.

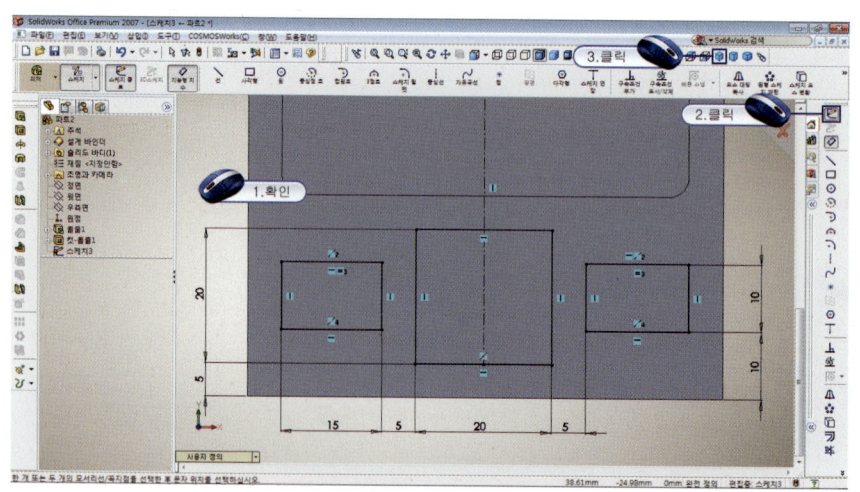

그림1-57 치수 기입하기

[그림 1-58]에서 스케치에 방향을 지정하고 두께값을 부여하여 Feature(피처)를 생성하기 위해 Features(피처) 도구모음에서 Extruded Boss/Base(돌출 보스/베이스) 아이콘을 클릭한 다음 스케치를 클릭한다. 거리값에 3을 입력한 다음 체크버튼을 클릭한다.

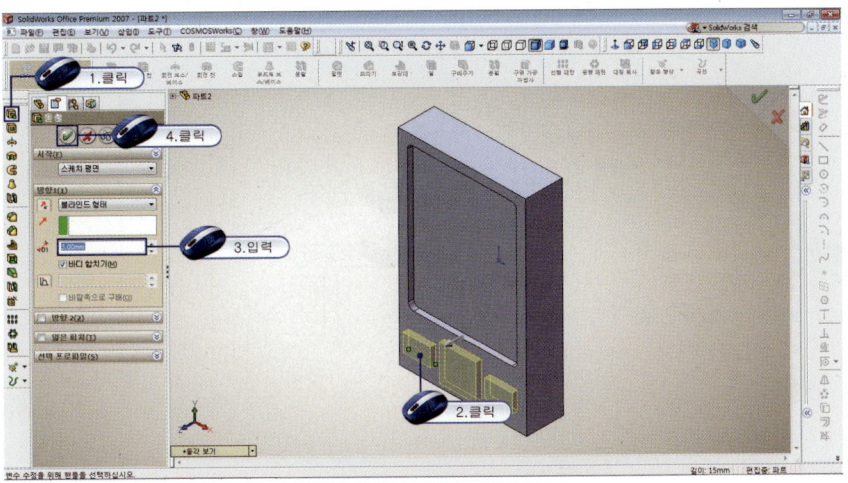

그림1-58 돌출하기

[그림 1-59]에서 숨은 모서리선을 표시하기 위해 Hidden Lines Visible(은선 표시) 아이콘을 클릭한다. 상자를 그려 부분을 확대하기 위해 영역확대 아이콘을 클릭한 다음 그림과 같이 사각형을 그려보자.

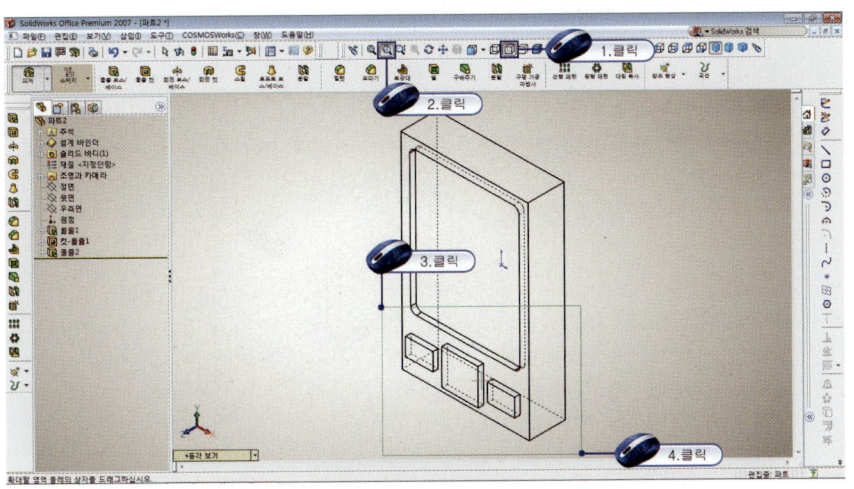

그림1-59 영역 확대하기

[그림 1-60]에서 모서리를 따라 안쪽면이나 바깥쪽면에 둥근 필렛을 생성하기 위해 Fillet(필렛) 아이콘을 클릭한다. 필렛값 2를 입력한 다음 그림과 같이 모서리를 클릭한다.

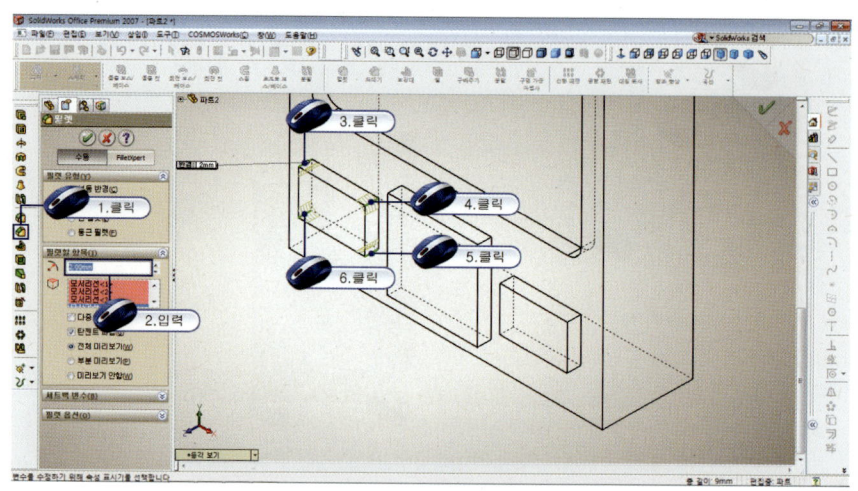

그림1-60 필렛값 입력하기

[그림 1-61]에서 동일한 방법으로 그림과 같이 필렛할 대상물을 모두 클릭한 다음 체크버튼을 클릭한다.

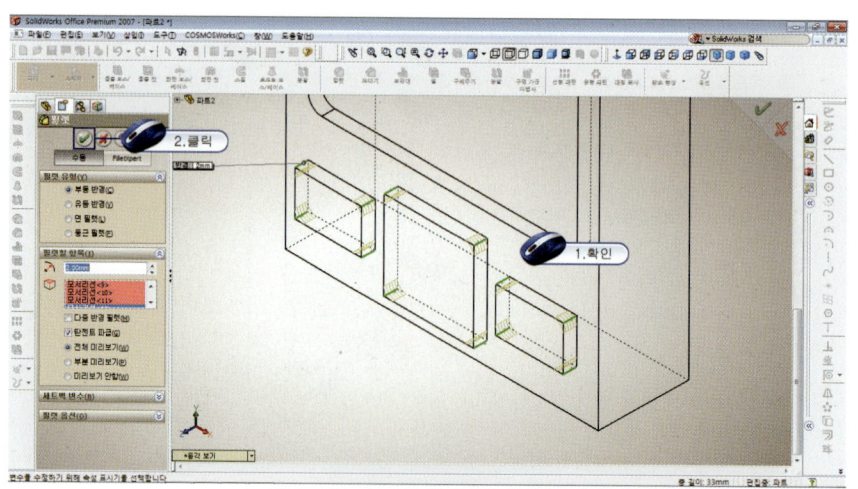

그림1-61 필렛하기

[그림 1-62]에서 모서리나 인접해 있는 모서리 또는 꼭짓점을 떼어내기 위해 Chamfer(모따기) 아이콘을 클릭한 다음 모따기값 3을 입력한다. 그림과 같이 모따기할 대상물의 모서리를 클릭한 다음 체크버튼을 클릭한다.

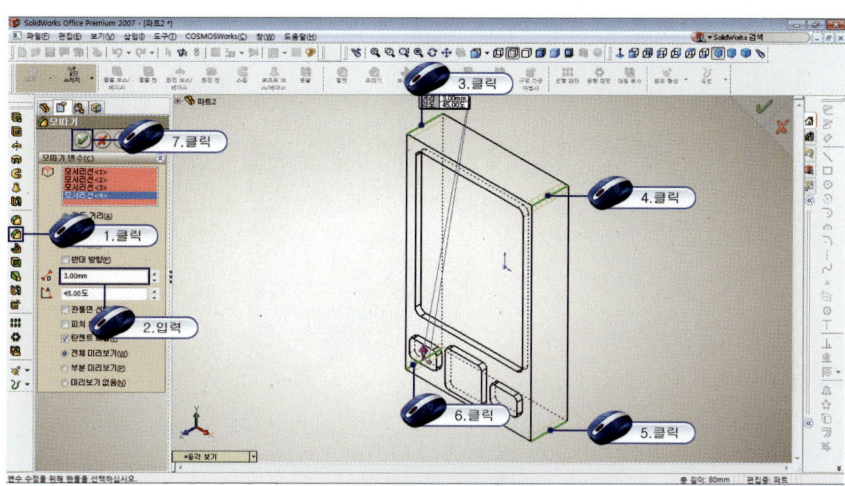

그림1-62 모따기하기

[그림 1-63]에서 모서리를 따라 안쪽면이나 바깥쪽면에 둥근 필렛을 생성하기 위해 Fillet(필렛) 아이콘을 클릭한다. 필렛값 1을 입력한 다음 그림과 같이 모서리를 클릭한 후 체크버튼을 클릭한다.

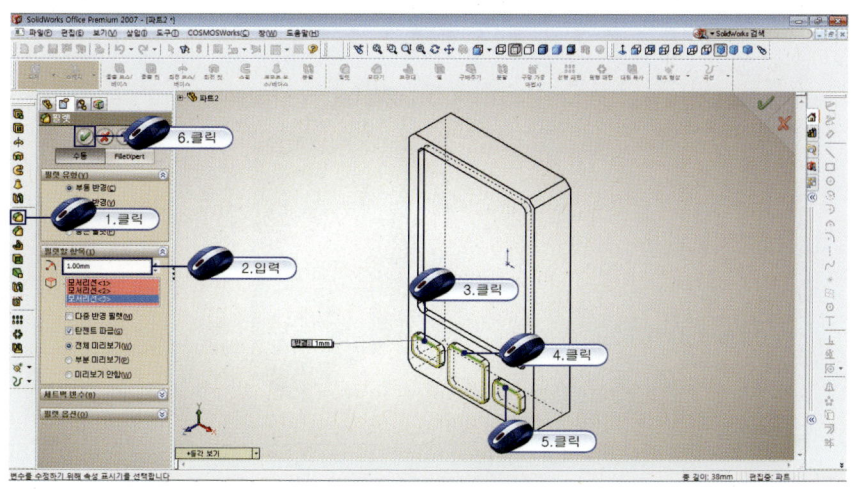

그림1-63 필렛하기

[그림 1-64]에서 모델을 모서리선 표시 상태로 음영 뷰로 표시하기 위해 모서리 표시 음영 아이콘을 클릭한다.

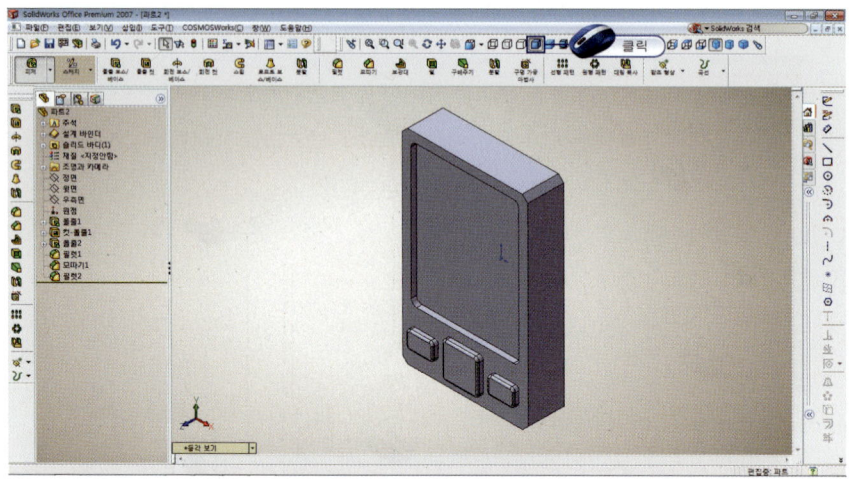

그림1-64 모서리 표시 음영 실행

[그림 1-65]에서 액정 시계 제품모형을 완성하였다.

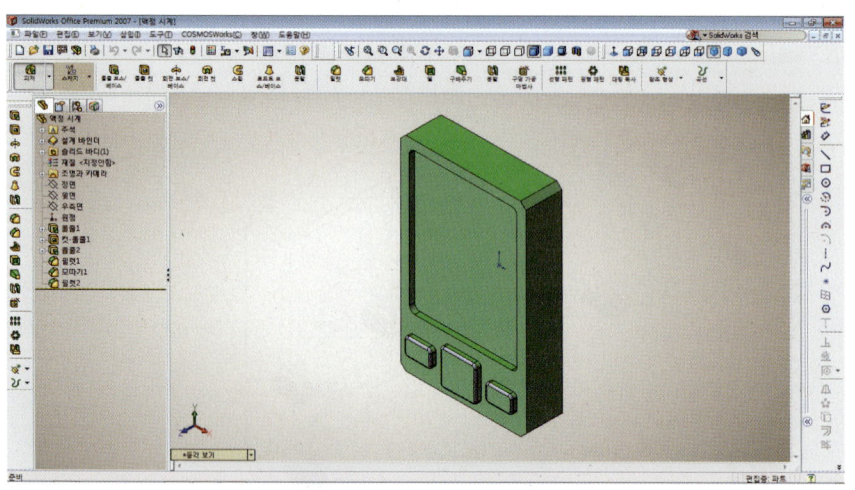

그림1-65 액정 시계 제품모형 완성

04 전자레인지 제품모형 실기 따라하기

SolidWorks를 사용하여 전자레인지 제품모형을 모델링하면서 기본적으로 어떤 과정을 거쳐 모델이 완성되는지 알아보자.

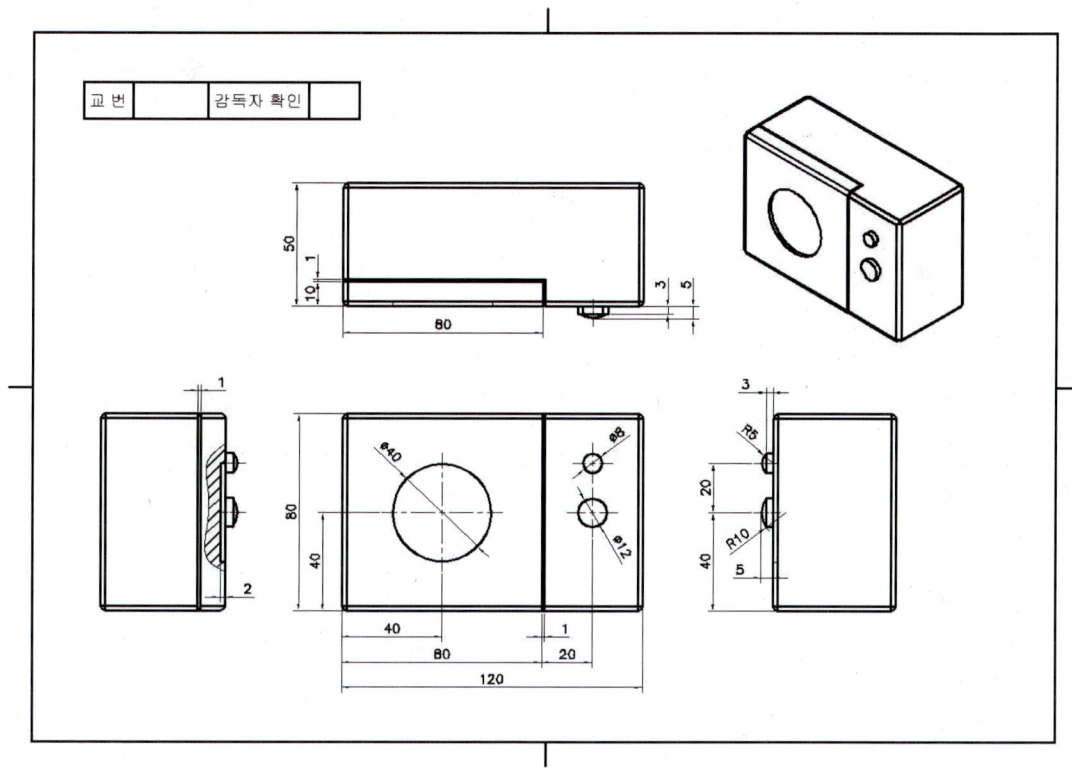

그림1-66 전자레인지 제품모형 도면

[그림 1-67]에서 새로운 모델링을 하기 위해 메뉴 표시줄의 File(파일) → New(새 문서)...를 클릭하거나 단축키로 키보드의 Ctrl+N을 누른다. 또는 Standard(표준) 도구모음의 New 아이콘을 클릭한다. 하나의 부품을 만들 것이므로 SolidWorks 새 문서 대화상자의 Part(파트)를 선택하고 확인버튼을 클릭한다. 새로운 스케치를 하기 위해 sketch(스케치) 아이콘을 클릭한 다음 윗면을 클릭 후 면에 수직으로 보기를 클릭한다.

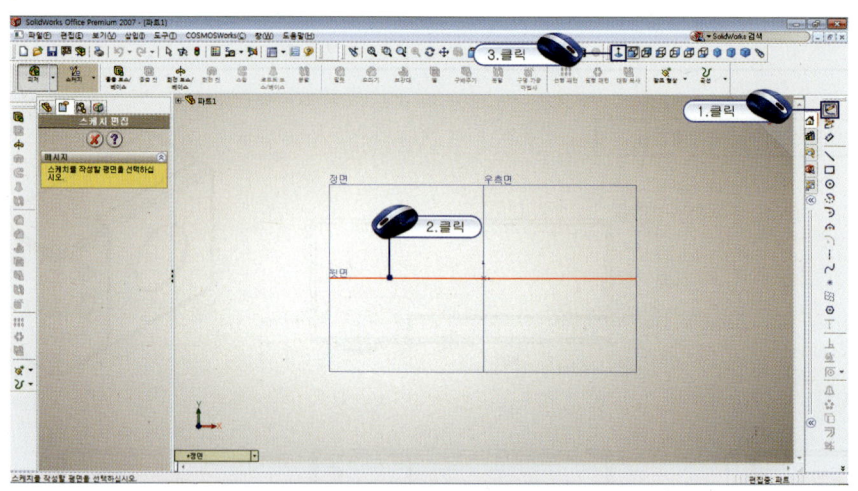

그림1-67 스케치 시작하기

[그림 1-68]에서 두 점을 지정하여 사각형을 그리기 위해 Rectangle(사각형) 아이콘을 클릭한 다음 사각형의 첫 번째 구석을 클릭한 후 대각선 방향으로 두 번째 구석을 클릭한다. 계속해서 동일한 방법으로 두 점을 지정하여 사각형을 그린다.

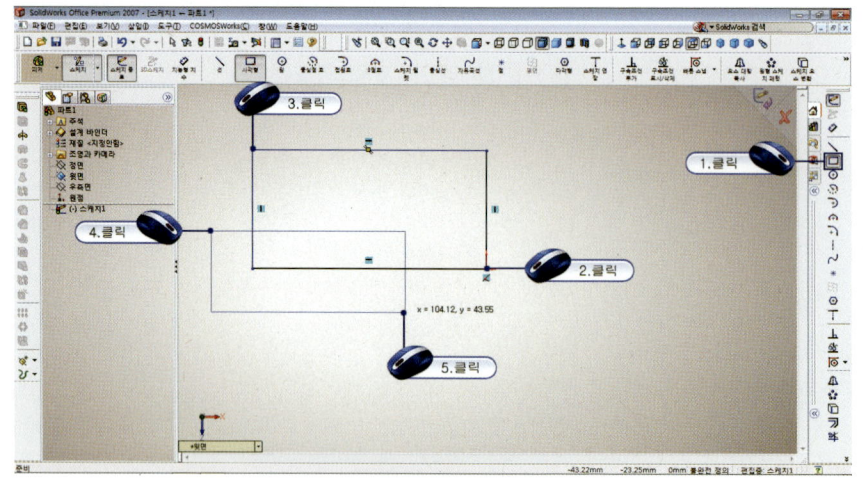

그림1-68 사각형 그리기

[그림 1-69]에서 스케치 대상물의 일부분을 자르기 위해 Trim(잘라내기) 아이콘을 클릭하고 자를 대상물을 드래그한 다음 그림과 같이 자른 후 체크버튼을 클릭한다.

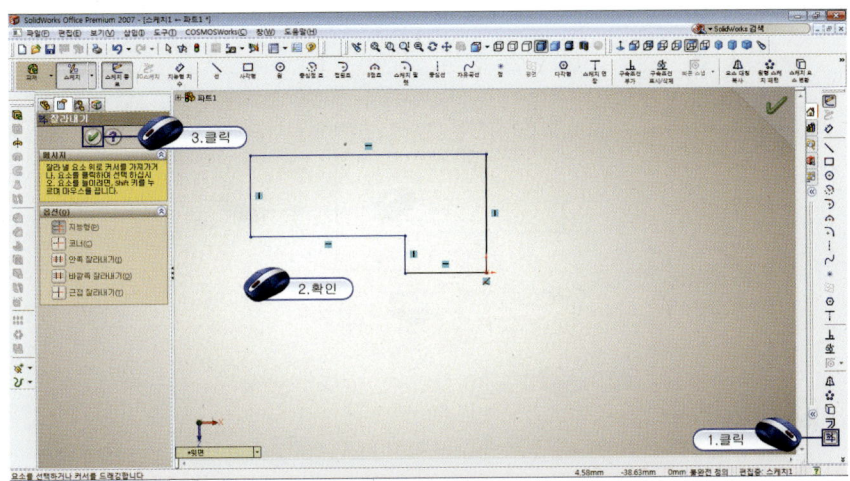

그림1-69 대상물 일부분 자르기

[그림 1-70]에서 스케치에 치수 구속조건을 적용하기 위해 Smart Dimension(지능형 치수) 을 클릭하고 대상물을 클릭한 다음 치수를 배치한다. 수정창이 생성되면 120을 입력하고 체크버튼을 클릭한다.

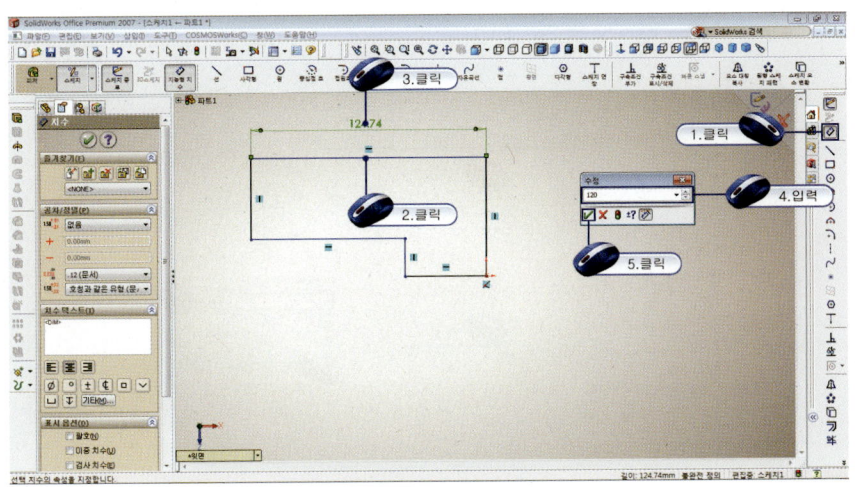

그림1-70 치수 기입하기

PART 01 3D 모델링

[그림 1-71]에서 위와 동일한 방법으로 대상물을 클릭한 다음 치수를 배치한다. 수정창이 생성되면 50을 입력하고 체크버튼을 클릭한다.

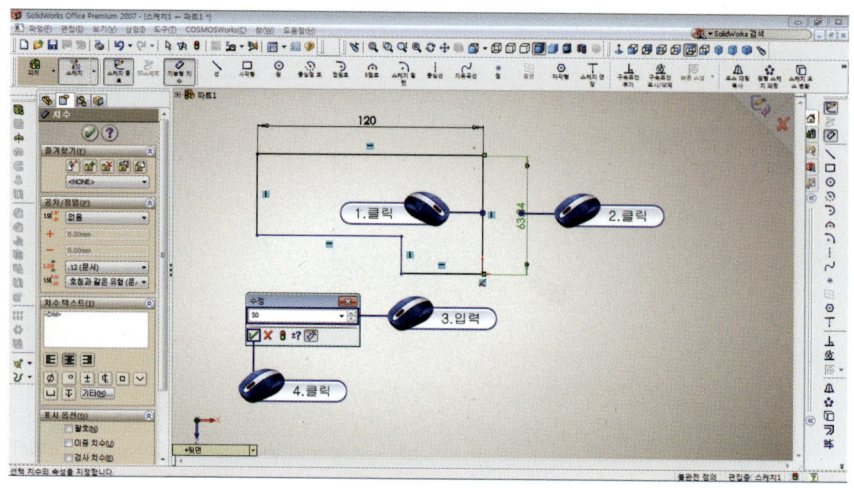

그림1-71 치수 기입하기

[그림 1-72]에서 동일한 방법으로 대상물을 클릭한 다음 치수를 배치한다. 수정 창이 생성되면 81을 입력하고 체크버튼을 클릭한다.

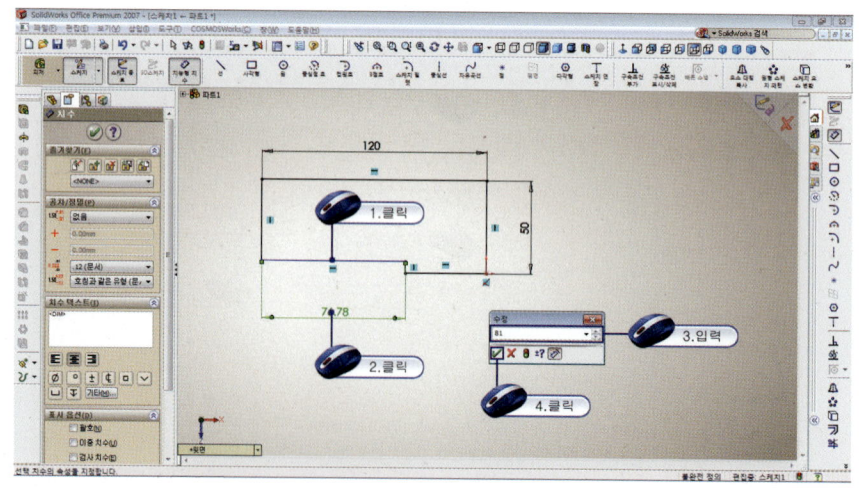

그림1-72 치수 기입하기

[그림 1-73]에서 동일한 방법으로 대상물을 클릭한 다음 치수를 배치한다. 수정창이 생성되면 11을 입력하고 체크버튼을 클릭한다.

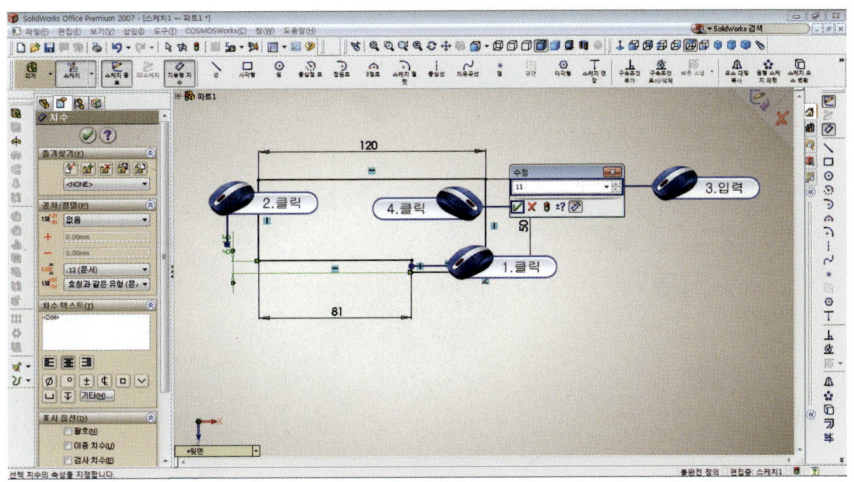

그림1-73 치수 기입하기

[그림 1-74]에서 스케치를 종료하기 위해 sketch(스케치) 아이콘을 클릭하지 않아도 바로 Extruded Boss/Base(돌출 보스/베이스) 아이콘을 클릭하면 스케치는 자동으로 종료된다. 지능형 치수 체크 해제한 후 등각 화면으로 보기 위해 Isometric(등각보기) 아이콘을 클릭한다.

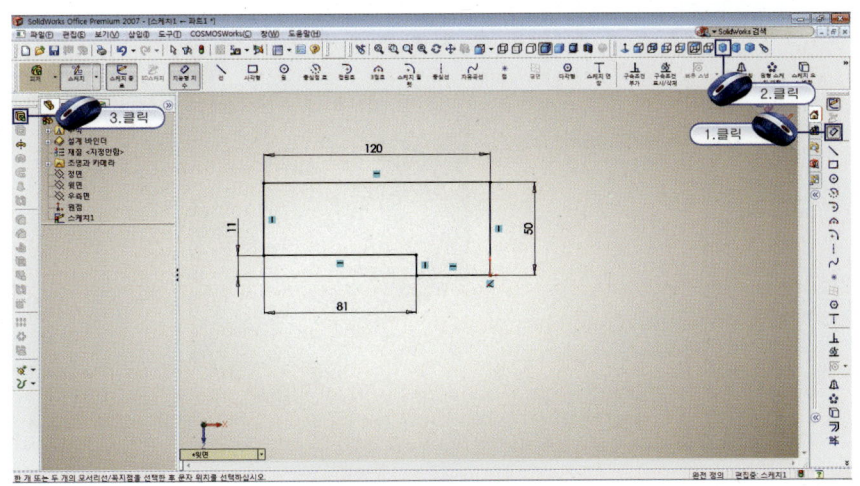

그림1-74 스케치 종료하기

PART 01 3D 모델링

[그림 1-75]에서 스케치 대상물을 클릭한 다음 방향 2를 체크한다. 방향 1 거리값에 40을 입력한 다음 동일한 방법으로 방향 2 거리값 40을 입력한 후 체크버튼을 클릭한다.

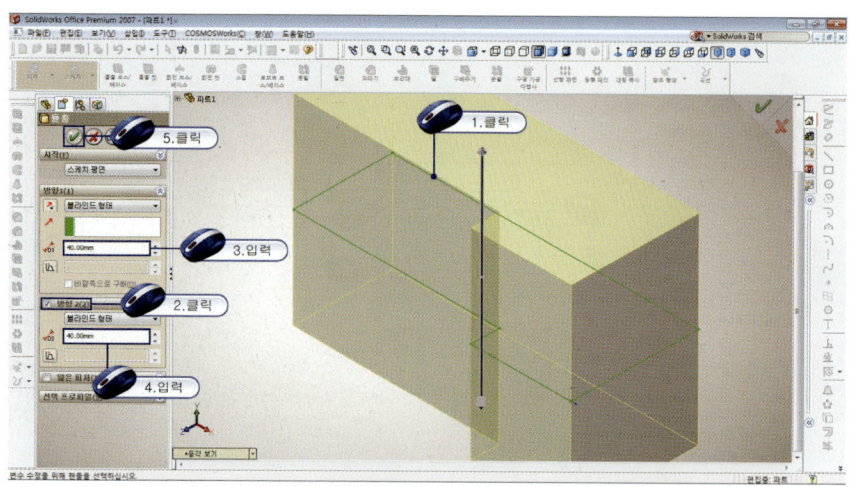

그림1-75 돌출하기

[그림 1-76]에서 새로운 스케치를 하기 위해 sketch(스케치) 아이콘을 클릭한 다음 정면을 클릭한다. 작업평면을 수직으로 보기 위해 Normal To(면에 수직으로 보기) 아이콘을 클릭한다.

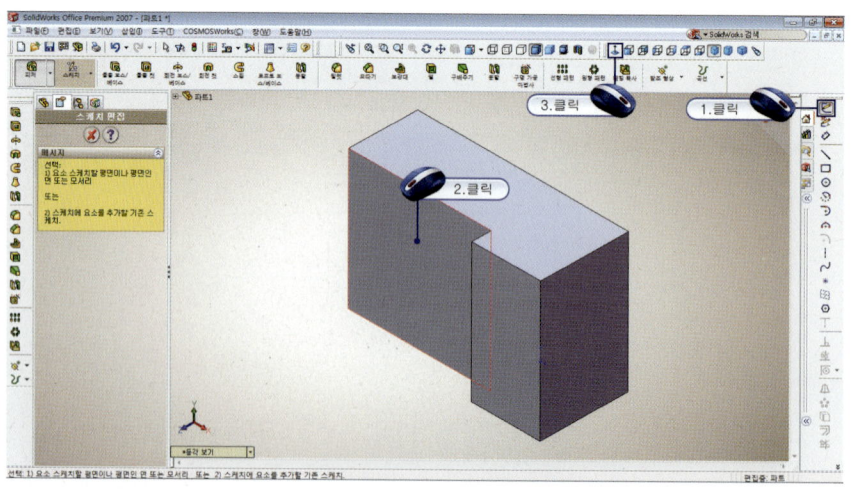

그림1-76 스케치 시작하기

[그림 1-77]에서 두 점을 지정하여 사각형을 그리기 위해 ▭ Rectangle(사각형) 아이콘을 클릭한 다음 사각형의 첫 번째 구석을 클릭한 후 대각선 방향으로 두 번째 구석을 클릭한다.

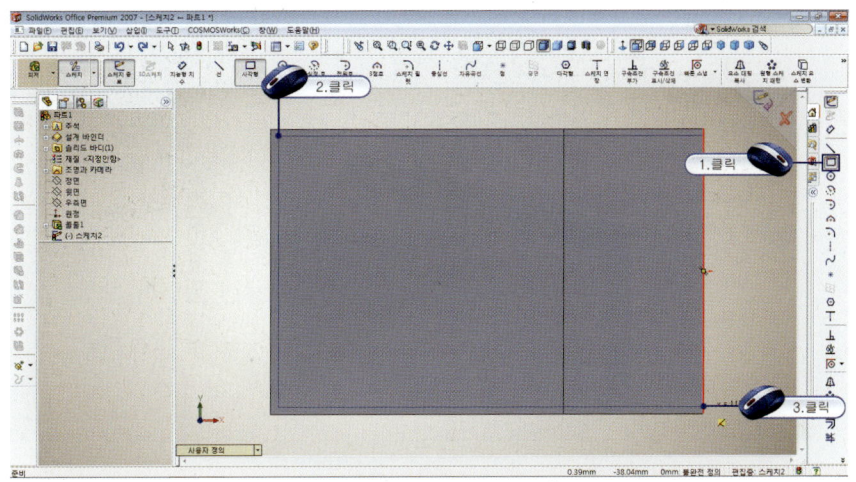

그림1-77 사각형 그리기

[그림 1-78]에서 스케치에 치수 구속조건을 적용하기 위해 Smart Dimension(지능형 치수)을 클릭하고 대상물을 클릭한 다음 치수를 배치한다. 수정창이 생성되면 1을 입력하고 체크버튼을 클릭한다. 동일한 방법으로 그림과 같이 치수를 기입하여 보자. 스케치를 종료하기 위해 sketch(스케치) 아이콘을 클릭하지 않아도 바로 Extruded Boss/Base(돌출 보스/베이스) 아이콘을 클릭하면 스케치는 자동으로 종료된다. 등각 화면으로 보기 위해 Isometric(등각보기) 아이콘을 클릭한다.

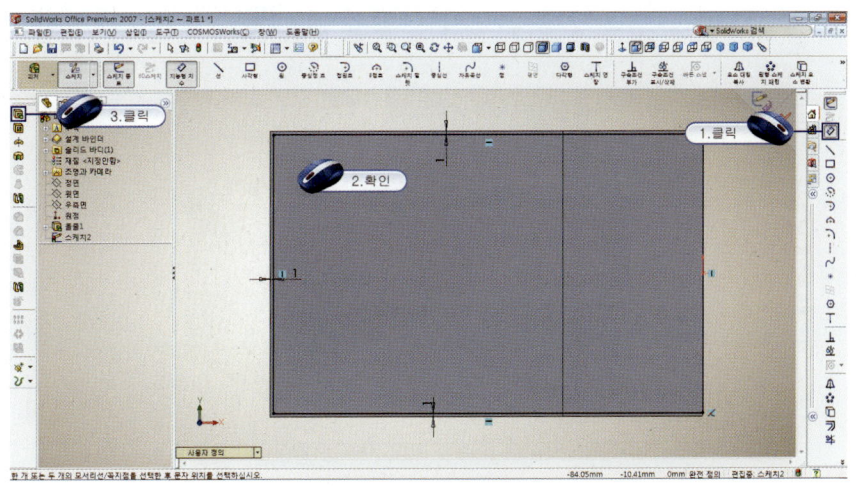

그림1-78 치수 기입하기

PART 01 3D 모델링 81

[그림 1-79]에서 거리값에 10을 입력한 다음 체크버튼을 클릭한다.

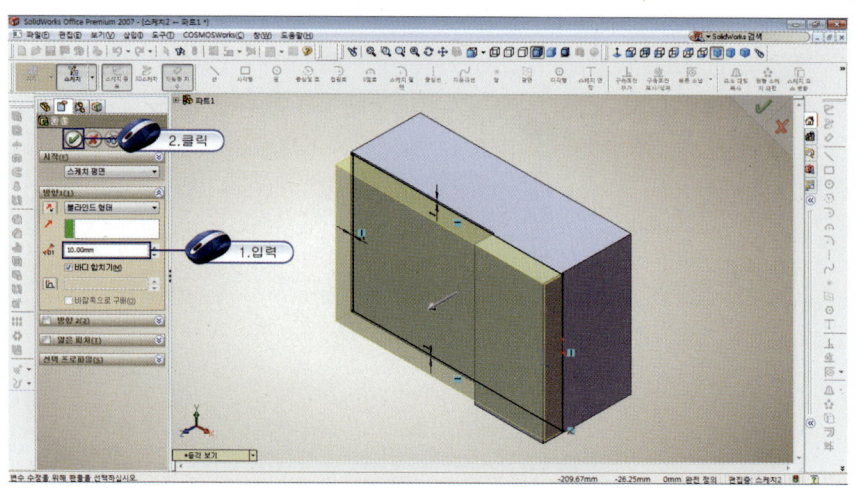

그림1-79 돌출하기

[그림 1-80]에서 새로운 스케치를 하기 위해 sketch(스케치) 아이콘을 클릭한 다음 정면을 클릭한다. 작업평면을 수직으로 보기 위해 Normal To(면에 수직으로 보기) 아이콘을 클릭한다.

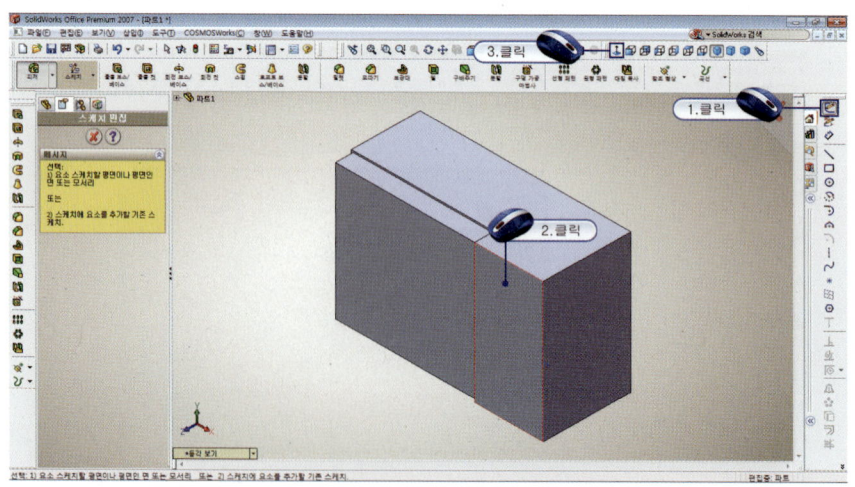

그림1-80 스케치 시작하기

[그림 1-81]에서 두 점을 지정하여 사각형을 그리기 위해 ☐ Rectangle(사각형) 아이콘을 클릭한 다음 사각형의 첫 번째 구석을 클릭한 후 대각선 방향으로 두 번째 구석을 클릭한다.

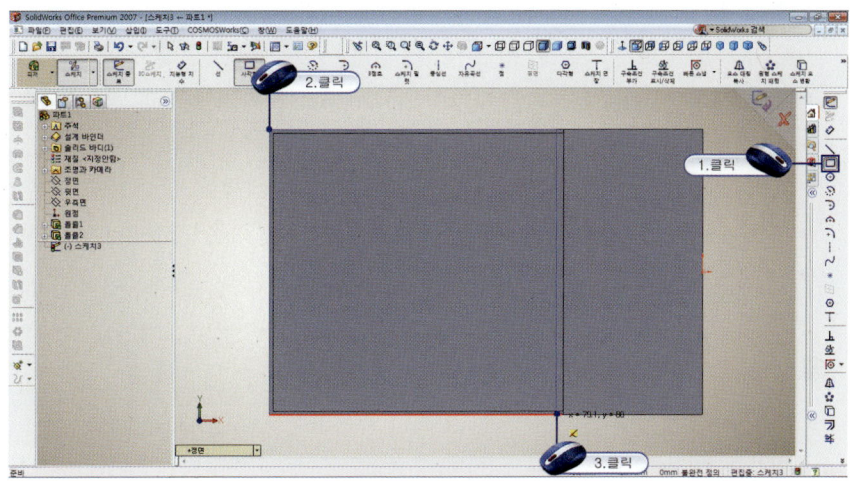

그림1-81 사각형 그리기

[그림 1-82]에서 스케치에 치수 구속조건을 적용하기 위해 ◆ Smart Dimension(지능형 치수)을 클릭하고 대상물을 클릭한 다음 치수를 배치한다. 수정창이 생성되면 1을 입력하고 체크 버튼을 클릭한다.

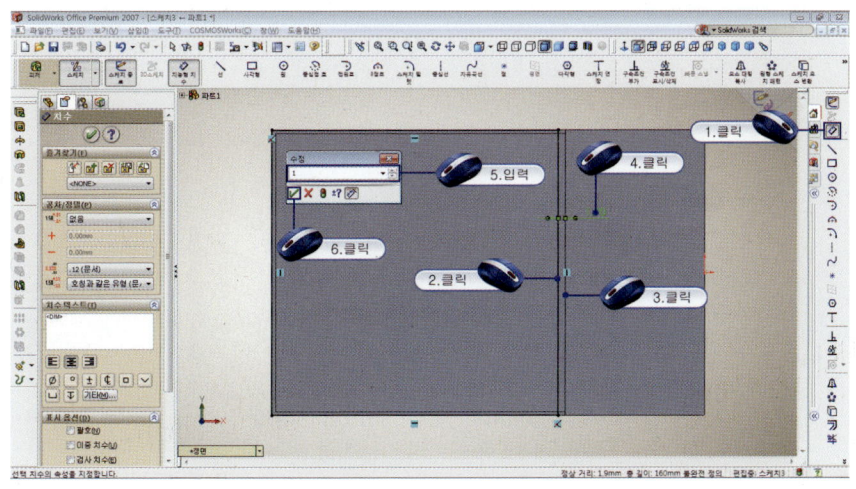

그림1-82 치수 기입하기

[그림 1-83]에서 스케치를 종료하기 위해 sketch(스케치) 아이콘을 클릭하지 않아도 바로 Extruded Boss/Base(돌출 보스/베이스) 아이콘을 클릭하면 스케치는 자동으로 종료된다. 등각 화면으로 보기 위해 Isometric(등각보기) 아이콘을 클릭한다.

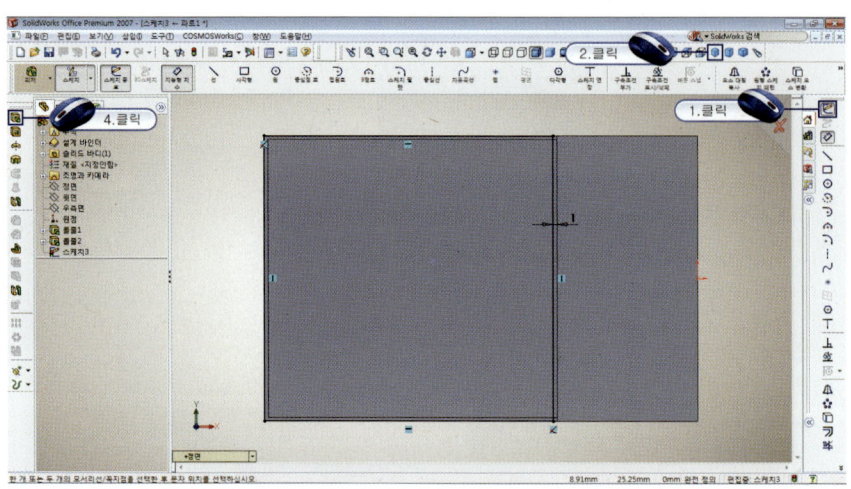

그림1-83 스케치 종료하기

[그림 1-84]에서 스케치 대상물을 클릭한 다음 거리값에 10을 입력한다. 돌출 방향을 반대로 돌출하기 위해 반대 방향 아이콘을 클릭한 다음 체크버튼을 클릭한다.

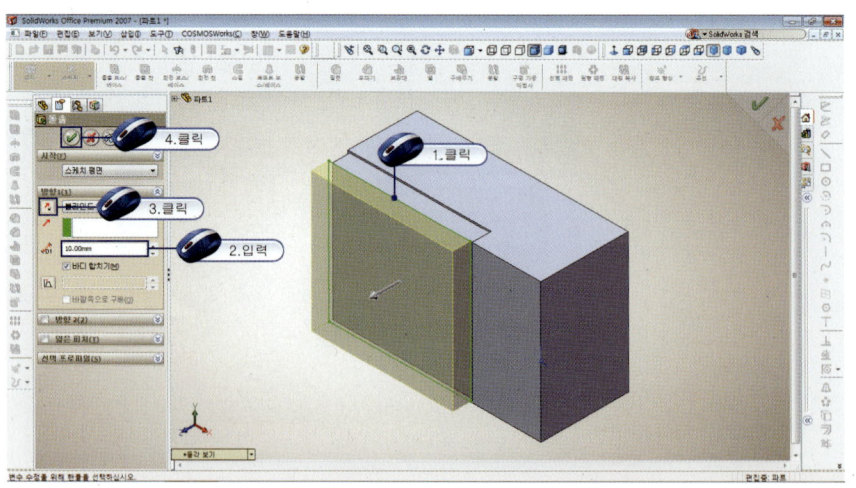

그림1-84 돌출하기

[그림 1-85]에서 새로운 스케치를 하기 위해 sketch(스케치) 아이콘을 클릭한 다음 정면을 클릭한다. 작업 평면을 수직으로 보기 위해 Normal To(면에 수직으로 보기) 아이콘을 클릭한다.

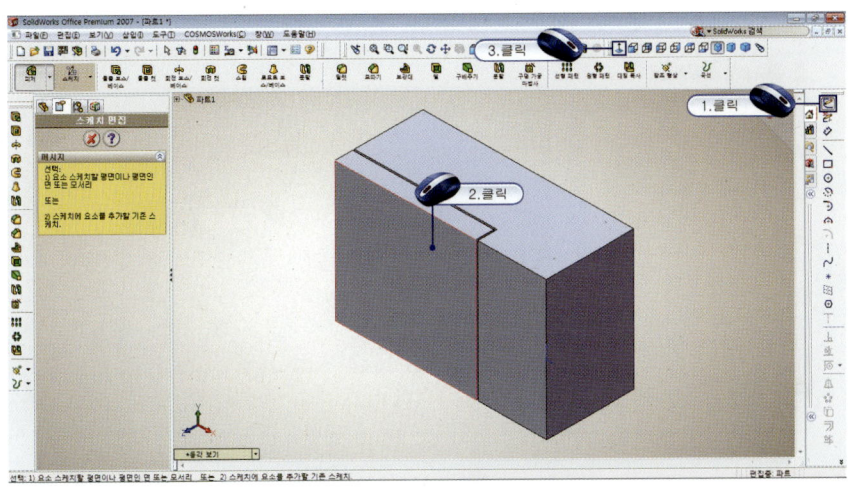

그림1-85 스케치 시작하기

[그림 1-86]에서 중심선을 그리기 위해 Centerline(중심선) 아이콘을 클릭한 다음 대상물 두 지점을 클릭한다.

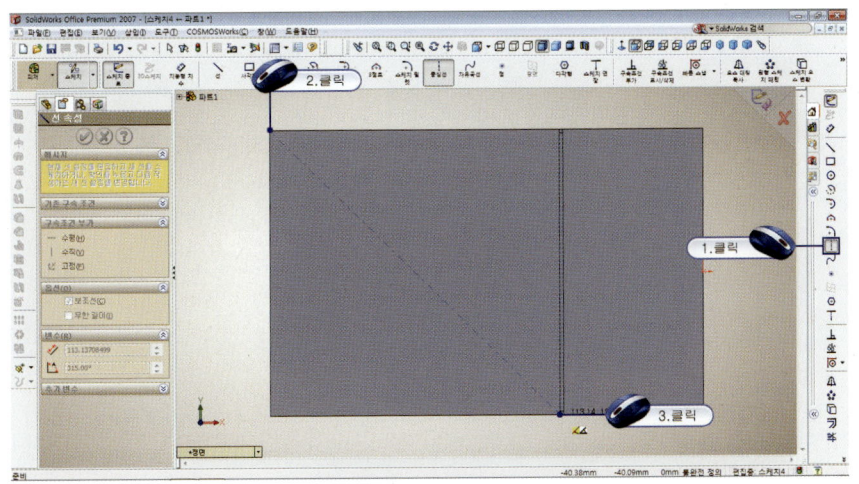

그림1-86 중심선 그리기

[그림 1-87]에서 중심점과 반지름값으로 원을 그리기 위해 ⊕ Circle(원) 아이콘을 클릭한 다음 중심선의 중심점을 클릭한 후 임의의 지점을 클릭한다.

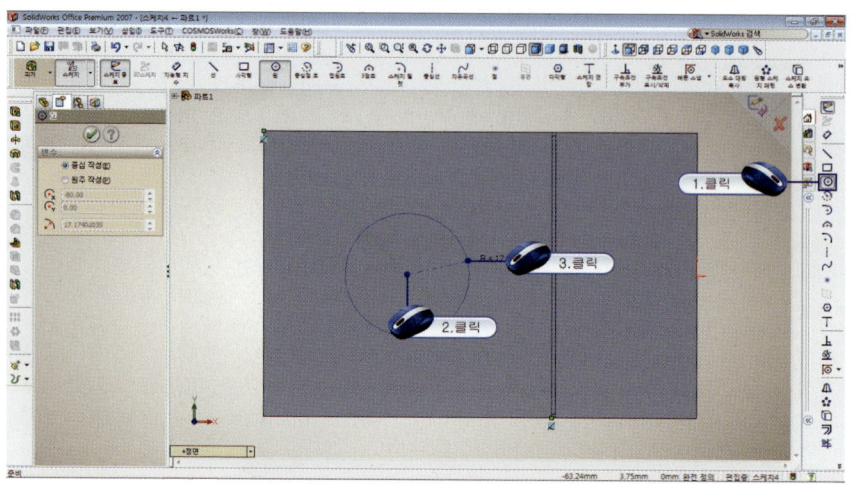

그림1-87 스케치 시작하기

[그림 1-88]에서 스케치에 치수 구속조건을 적용하기 위해 Smart Dimension(지능형 치수)을 클릭하고 대상물을 클릭한 다음 치수를 배치한다. 수정창이 생성되면 40을 입력하고 체크 버튼을 클릭한다. 스케치에 방향을 지정해서 피처를 잘라내기 위해 Extruded Cut(돌출 컷) 아이콘을 클릭한다. 등각 화면으로 보기 위해 Isometric(등각보기) 아이콘을 클릭한다.

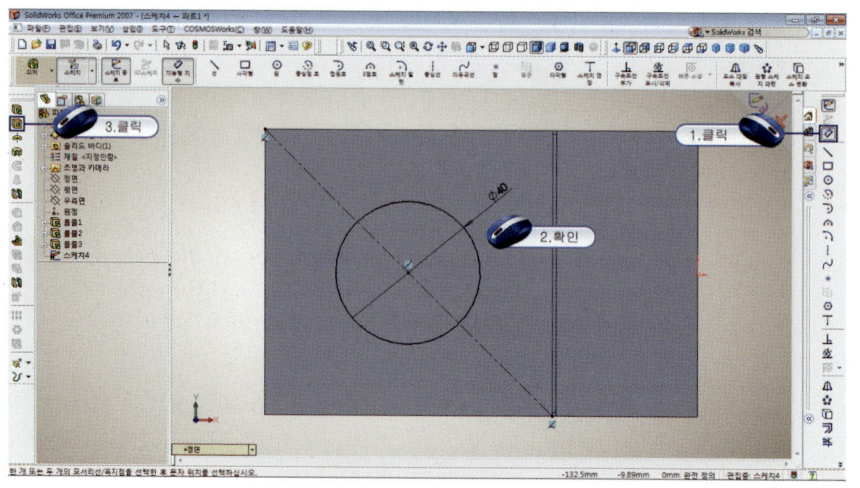

그림1-88 치수 기입하기

[그림 1-89]에서 거리값에 2를 입력한 다음 체크버튼을 클릭한다.

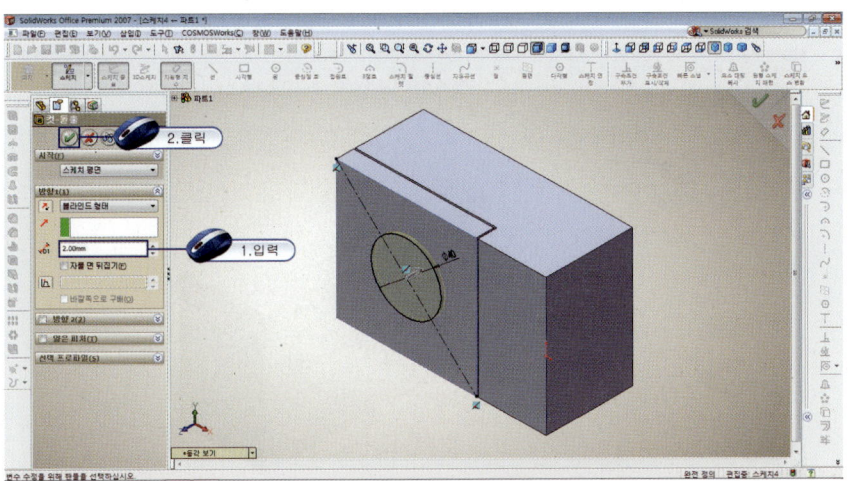

그림1-89 돌출 컷하기

[그림 1-90]에서 새로운 평면을 만들기 위해 Features 도구모음에서 ◈ Reference Geometry(참조 형상) 아이콘을 클릭하고 오프셋할 면을 클릭한다.

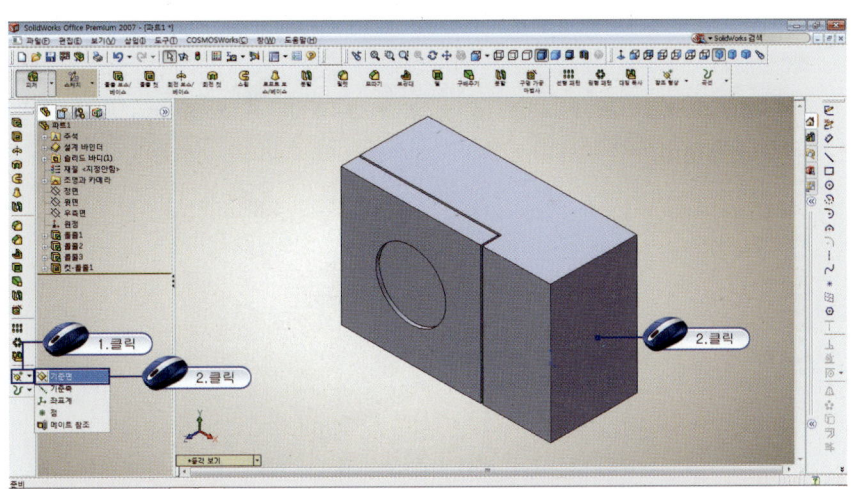

그림1-90 참조 형상 만들기

[그림 1-91]에서 Plane PropertyManager의 Distance(거리)값 20을 입력하고 Reverse direction(반대 방향)을 체크한다. 설정값을 모두 완료하였으면 체크버튼을 클릭한다.

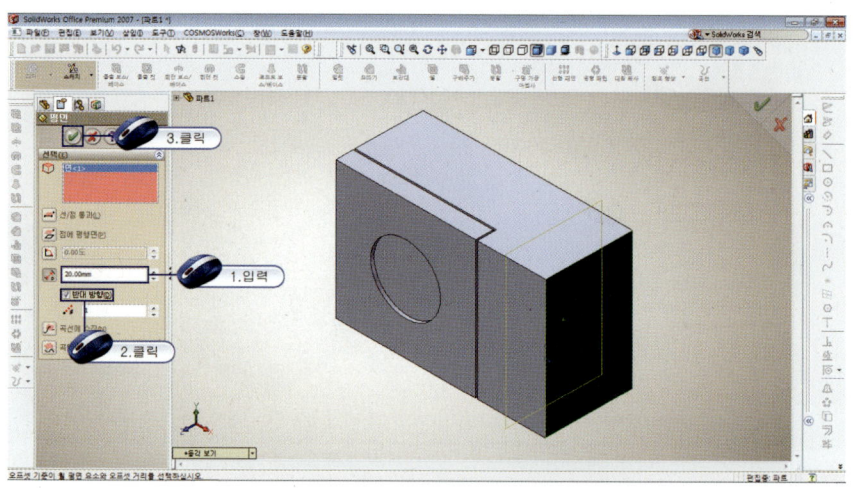

그림1-91 거리값 입력하여 참조면 만들기

[그림 1-92]에서 새로운 스케치를 하기 위해 sketch(스케치) 아이콘을 클릭한 다음 정면을 클릭한다. 작업 평면을 수직으로 보기 위해 Normal To(면에 수직으로 보기) 아이콘을 클릭한다.

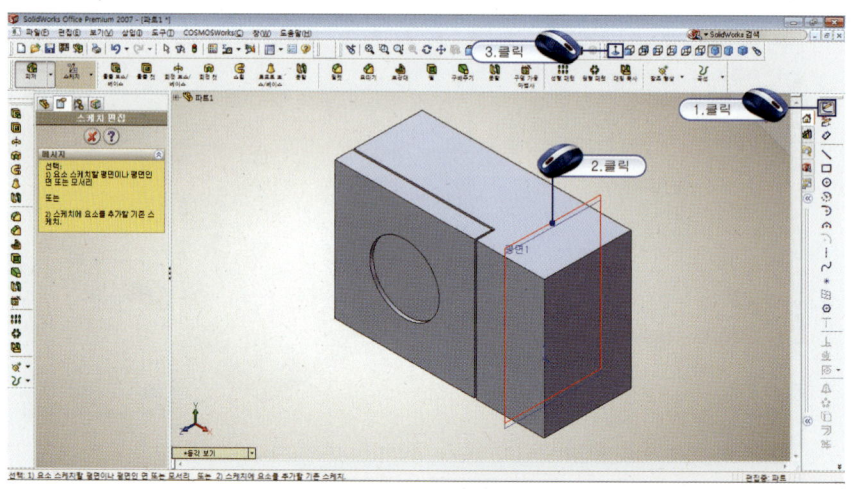

그림1-92 스케치 시작하기

[그림 1-93]에서 ▢ Rectangle(사각형) 아이콘, ⌒ 3 Point Arc(3점 호) 아이콘, ╲ Line(선) 아이콘을 사용하여 그림과 같이 스케치하여 보자. 스케치를 완료하였으면 그림과 같이 ◈ Smart Dimension(지능형 치수) 아이콘으로 치수를 기입하여 보자. 스케치한 것을 회전하기 위해 CommmandManager의 ⚙ Revolved Boss/Base(회전 보스/베이스) 아이콘을 클릭한다.

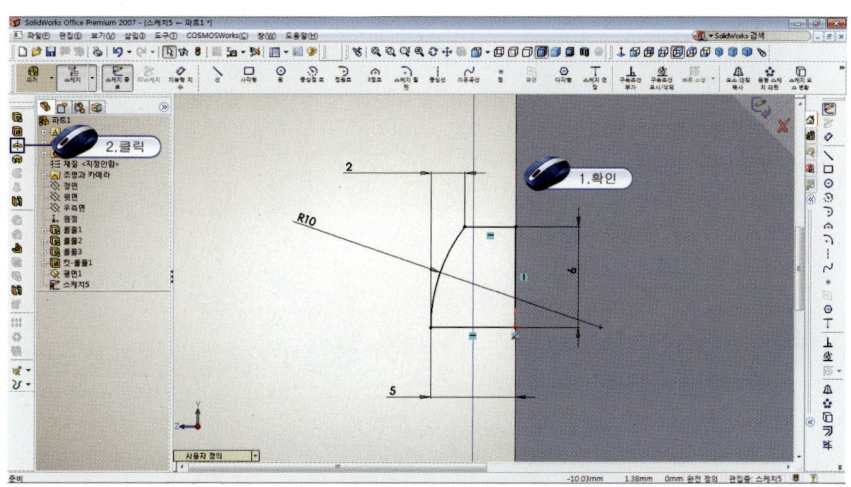

그림1-93 스케치하기

[그림 1-94]에서 회전 변수값을 확인한 다음 회전시킬 축을 클릭한 후 체크버튼을 클릭한다. 등각 화면으로 보기 위해 🟦 Isometric(등각보기) 아이콘을 클릭한다.

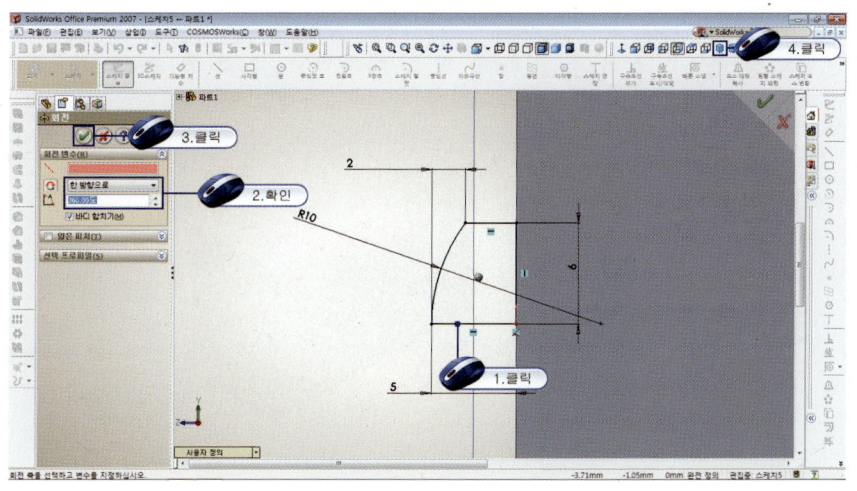

그림1-94 회전 보스/베이스하기

PART 01 3D 모델링

[그림 1-95]에서 위와 같이 동일한 방법으로 스케치 형상을 만들고 치수 기입을 완료하여 Revolved Boss/Base(회전 보스/베이스)하여 보자.

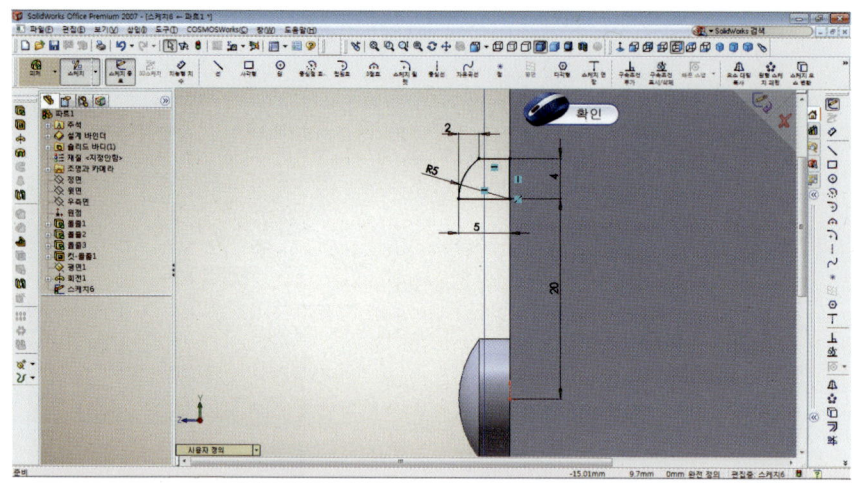

그림1-95 회전 보스/베이스하기

[그림 1-96]에서 참조 형상을 숨기기 위해 그림과 같이 참조1을 마우스 오른쪽 버튼을 클릭한 다음 숨기기를 클릭한다. 모서리를 따라 안쪽면이나 바깥쪽면에 둥근 필렛을 생성하기 위해 Fillet(필렛) 아이콘을 클릭한다.

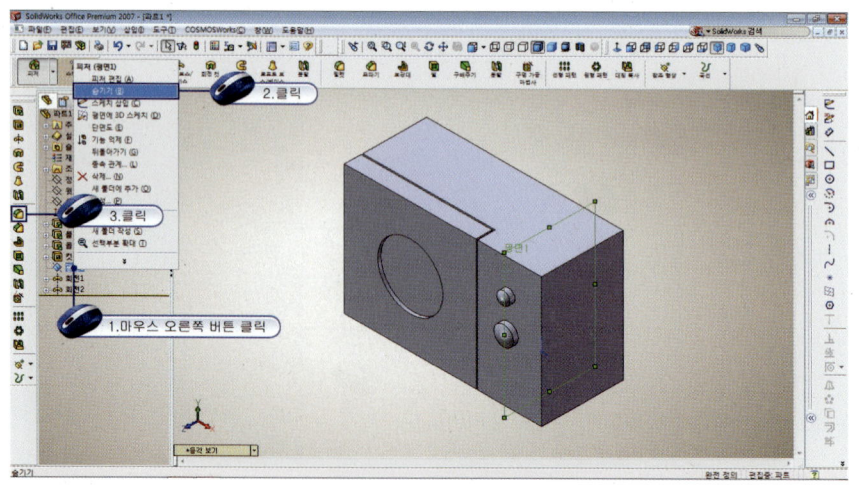

그림1-96 참조 형상 숨기기

[그림 1-97]에서 숨은 모서리 선을 표시하기 위해 🔲 Hidden Lines Visible 아이콘을 클릭한다. 필렛 값 2를 입력한 다음 그림과 같이 모서리를 클릭한 후 체크버튼을 클릭한다.

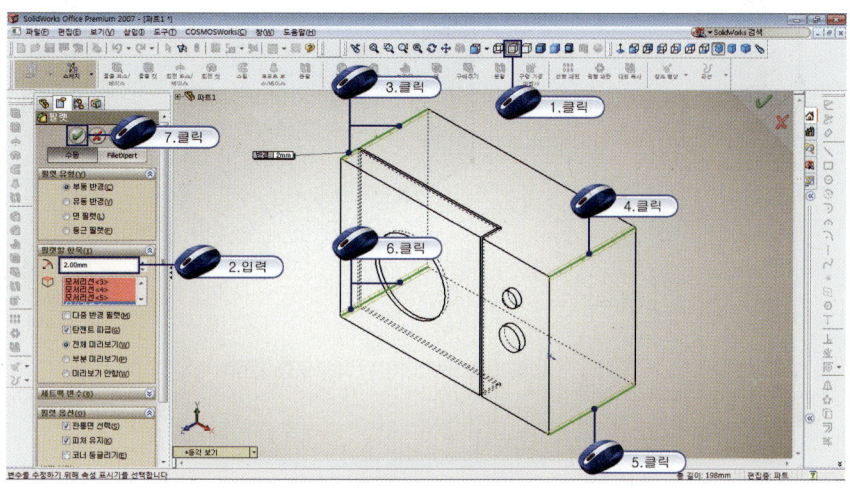

그림1-97 필렛하기

[그림 1-98]에서 위와 동일한 방법으로 모서리를 따라 안쪽면이나 바깥쪽면에 둥근 필렛을 생성하기 위해 🔘 Fillet(필렛) 아이콘을 클릭한다. 필렛값 2를 입력한 다음 그림과 같이 모서리를 클릭한 후 체크버튼을 클릭한다.

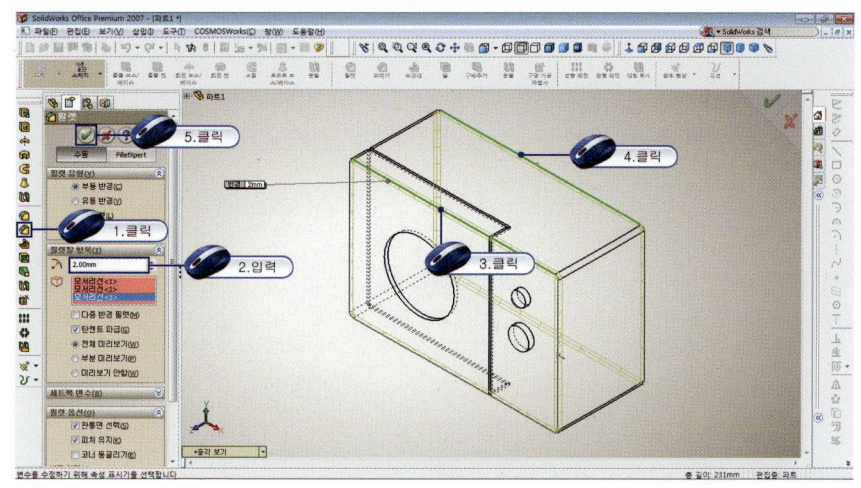

그림1-98 필렛하기

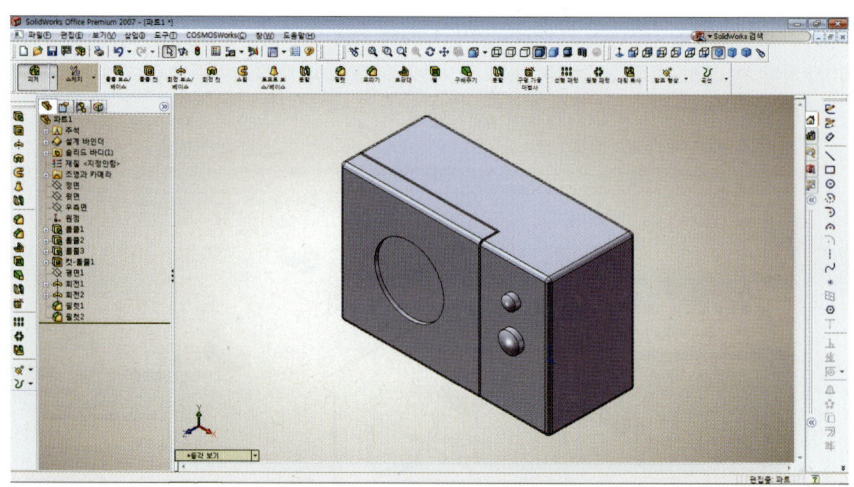

그림1-99 전자레인지 제품모형 완성

05 MP3 제품모형 실기 따라하기

SolidWorks를 사용하여 MP3 제품모형을 모델링하면서 기본적으로 어떤 과정을 거쳐 모델이 완성되는지 알아보자.

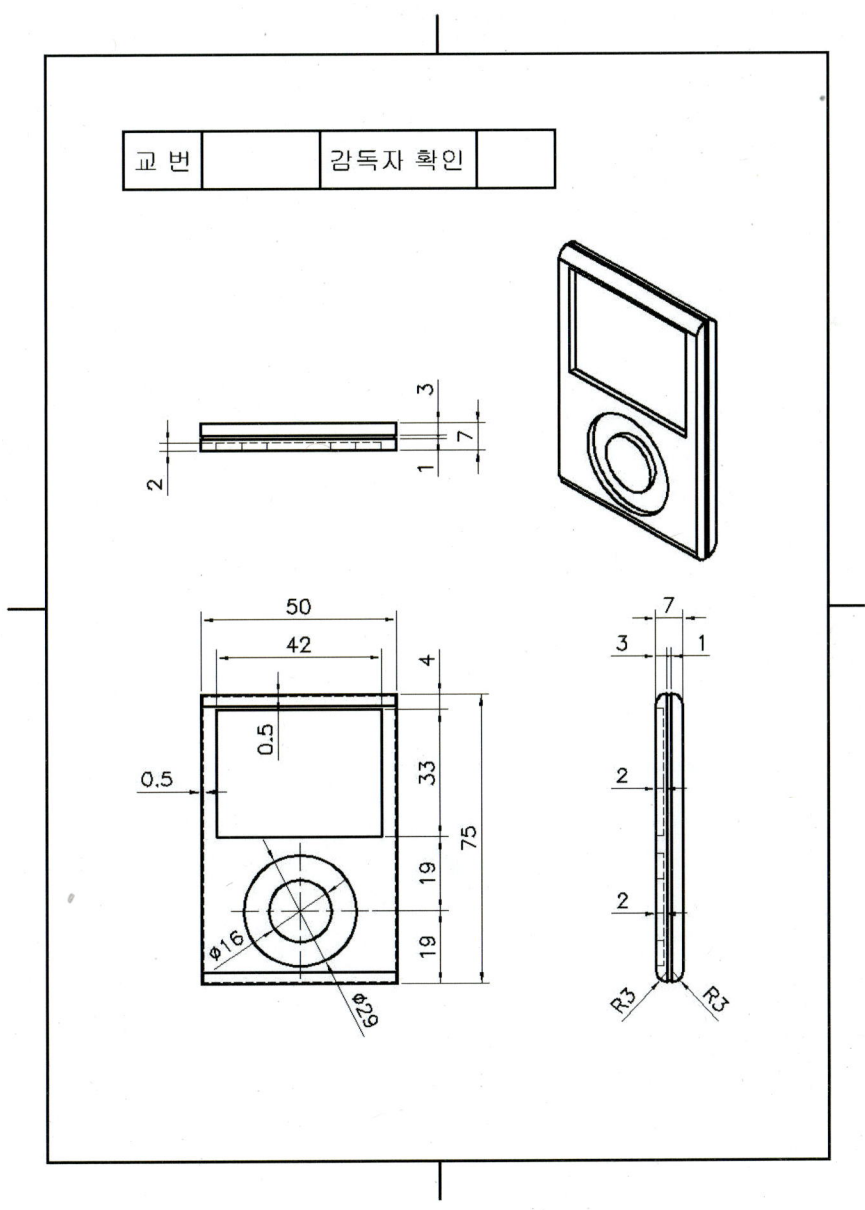

그림1-100 MP3 제품모형 도면

PART 01 3D 모델링

[그림 1-101]에서 새로운 모델링을 하기 위해 메뉴 표시줄의 File(파일) → New(새 문서)...를 클릭하거나 단축키로 키보드의 Ctrl+N을 누른다. 또는 Standard(표준) 도구모음의 New 아이콘을 클릭한다. 하나의 부품을 만들 것이므로 SolidWorks 새 문서 대화상자의 Part(파트)를 선택하고 확인버튼을 클릭한다. 새로운 스케치를 하기 위해 sketch(스케치) 아이콘을 클릭한 다음 정면을 클릭한다.

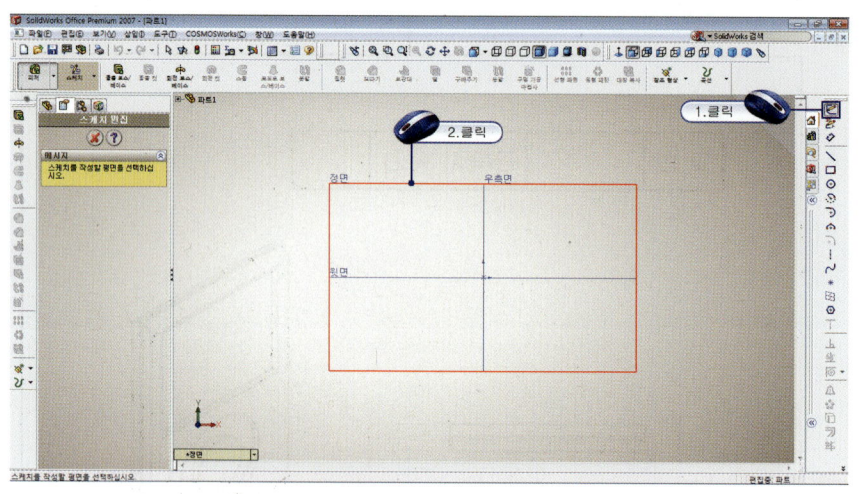

그림1-101 스케치 시작하기

[그림1-102]에서 두 점을 지정하여 사각형을 그리기 위해 Rectangle(사각형) 아이콘을 클릭한 다음 사각형의 첫 번째 구석을 클릭한 후 대각선 방향으로 두 번째 구석을 클릭한다.

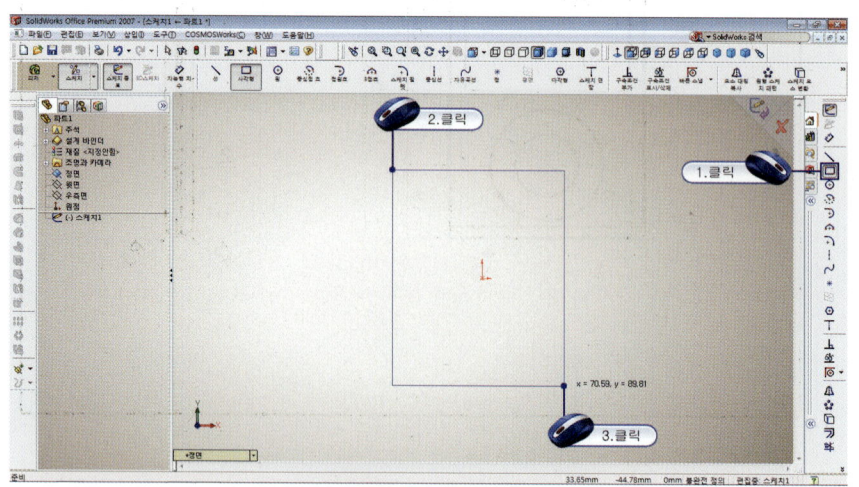

그림1-102 사각형 그리기

[그림 1-103]에서 중심선을 그리기 위해 Centerline(중심선) 아이콘을 클릭한 다음 대상물의 끝점과 원점을 클릭한다.

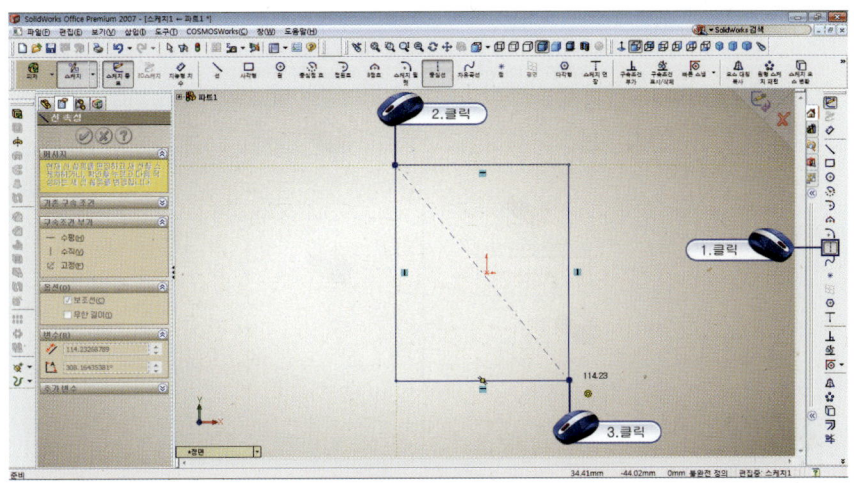

그림1-103 중심선 그리기

[그림 1-104]에서 2개의 선 또는 선과 점이 중간점에 위치하도록 하기 위해 Add Relations(구속조건 부가) 아이콘을 클릭한다. 그림과 같이 대상물을 클릭한 다음 Midpoint(중간점) 아이콘을 클릭한 다음 체크버튼을 클릭한다.

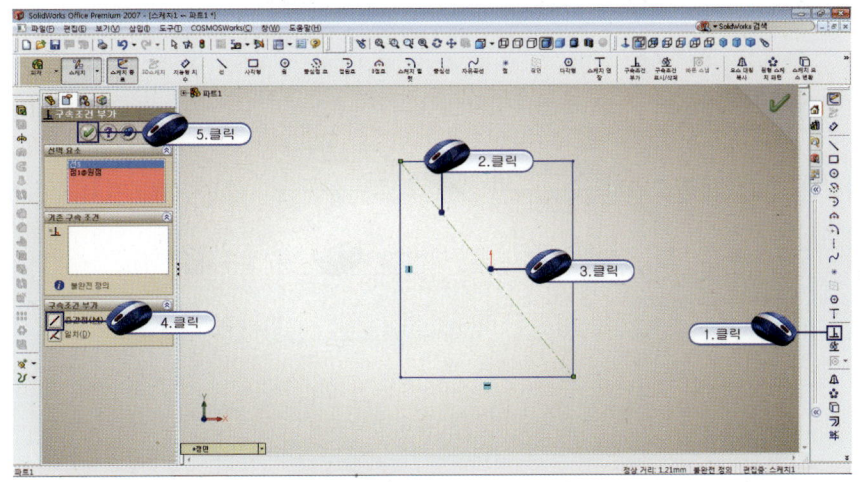

그림1-104 중간점 구속조건 주기

[그림 1-105]에서 스케치에 치수 구속조건을 적용하기 위해 ◆ Smart Dimension(지능형 치수)을 클릭하고 대상물을 클릭한 다음 치수를 배치한다. 수정창이 생성되면 49를 입력하고 체크버튼을 클릭한다.

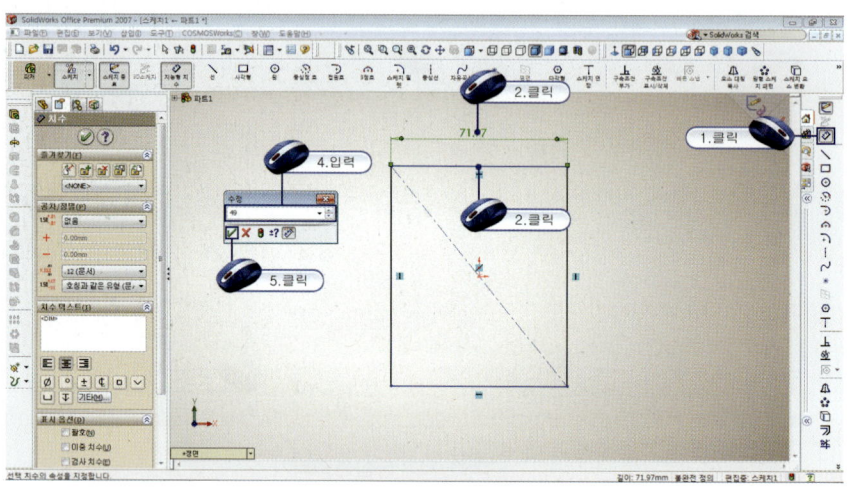

그림1-105 치수 기입하기

[그림 1-106]에서 위와 동일한 방법으로 대상물을 클릭한 다음 치수를 배치한다. 수정창이 생성되면 74를 입력하고 체크버튼을 클릭한다.

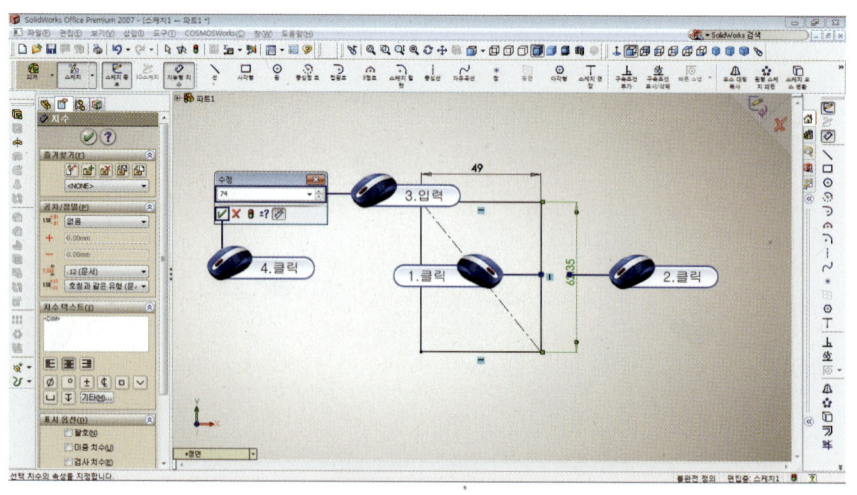

그림1-106 치수 기입하기

[그림 1-107]에서 스케치를 종료하기 위해 sketch(스케치) 아이콘을 클릭한다. 등각 화면으로 보기 위해 Isometric(등각보기) 아이콘을 클릭한다. 스케치에 방향을 지정하고 두께값을 부여하여 Feature(피처)를 생성하기 위해 Features(피처) 도구모음에서 Extruded Boss/Base(돌출 보스/베이스) 아이콘을 클릭한다.

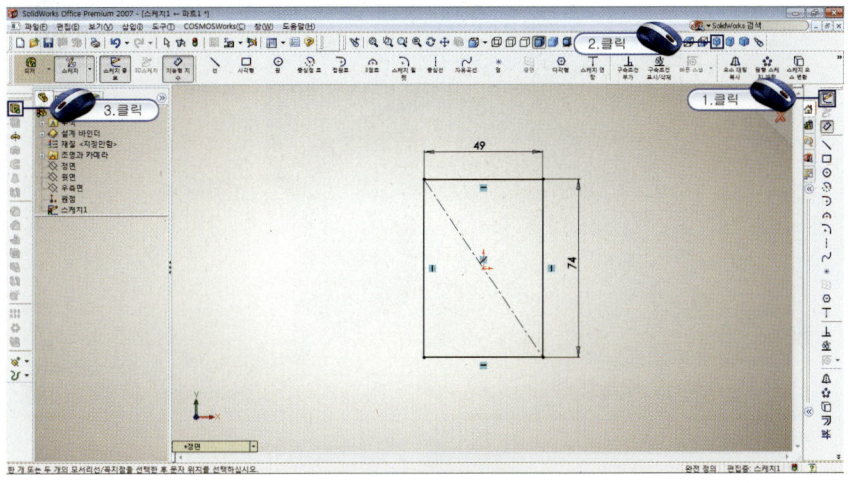

그림1-107 스케치 종료하기

[그림 1-108]에서 스케치 대상물을 클릭한 다음 방향 2를 체크한다. 방향 1 거리값에 0.5를 입력한 다음 동일한 방법으로 방향 2 거리값 0.5를 입력한 후 체크버튼을 클릭한다.

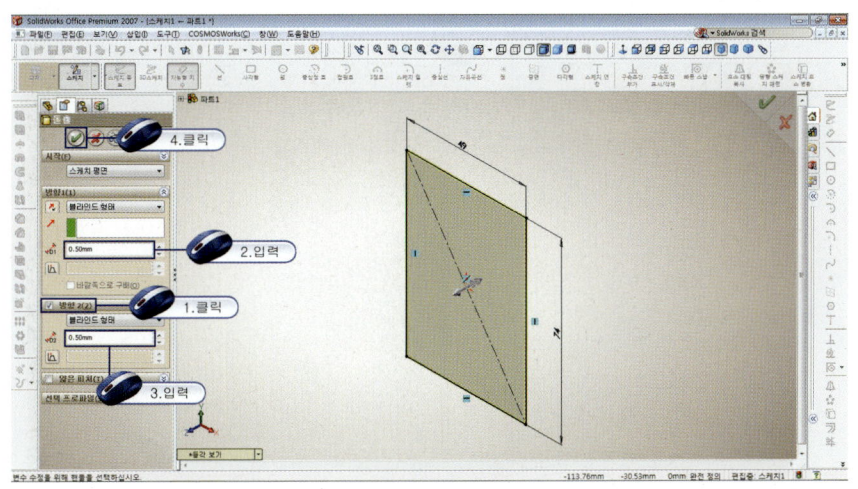

그림1-108 돌출하기

PART 01 3D 모델링

[그림 1-109]에서 새로운 스케치를 하기 위해 sketch(스케치) 아이콘을 클릭한 다음 정면을 클릭한다. 작업 평면을 수직으로 보기 위해 Normal To(면에 수직으로 보기) 아이콘을 클릭한다.

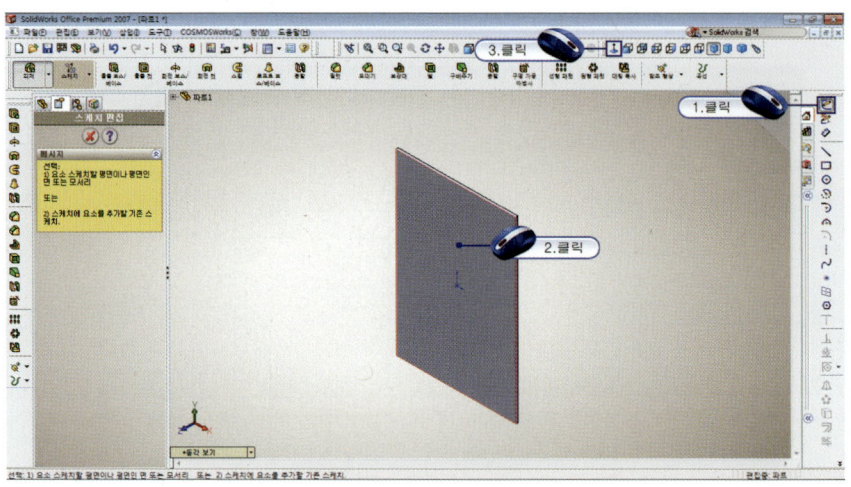

그림1-109 스케치 시작하기

[그림 1-110]에서 두 점을 지정하여 사각형을 그리기 위해 Rectangle(사각형) 아이콘을 클릭한 다음 사각형의 첫 번째 구석을 클릭한 후 대각선 방향으로 두 번째 구석을 클릭한다.

그림1-110 사각형 그리기

[그림 1-111]에서 중심선을 그리기 위해 Centerline(중심선) 아이콘을 클릭한 다음 대상물의 끝점과 원점을 클릭한다.

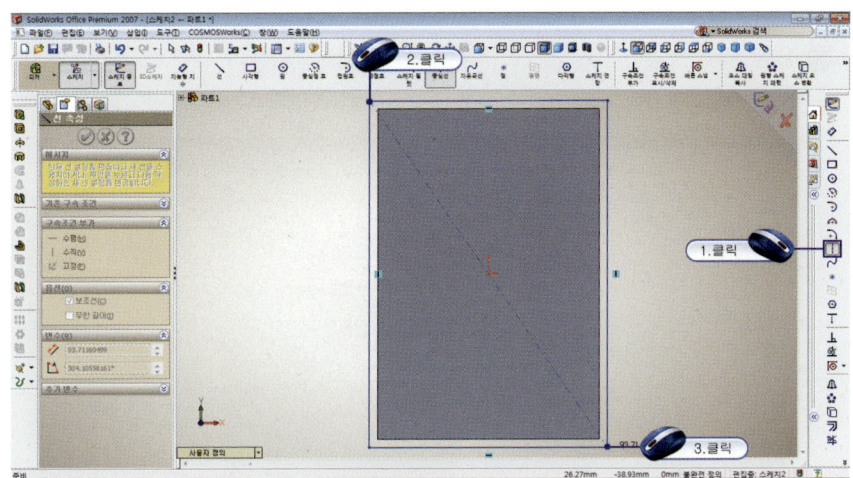

그림1-111 중심선 그리기

[그림 1-112]에서 2개의 선 또는 선과 점이 중간점에 위치하도록 하기 위해 Add Relations(구속조건 부가) 아이콘을 클릭한다. 그림과 같이 대상물을 클릭하고 Midpoint(중간점) 아이콘을 클릭한 다음 체크버튼을 클릭한다.

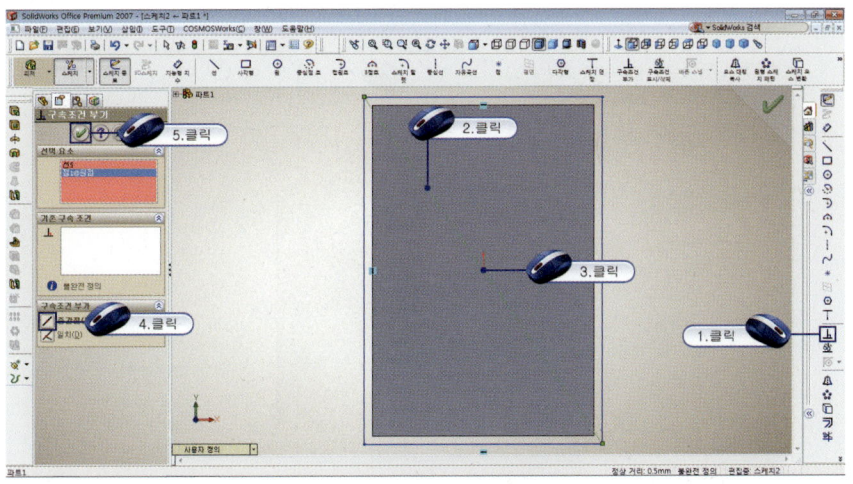

그림1-112 중간점 구속조건 주기

[그림 1-113]에서 그림과 같이 스케치에 치수 구속조건을 적용하기 위해 Smart Dimension(지능형 치수)을 클릭하고 대상물을 클릭한 다음 치수를 배치한다. 수정창이 생성되면 0.5를 입력하고 체크버튼을 클릭한다. 등각 화면으로 보기 위해 Isometric(등각보기) 아이콘을 클릭한다. 스케치에 방향을 지정하고 두께값을 부여하여 Feature(피처)를 생성하기 위해 Features(피처) 도구모음에서 Extruded Boss/Base(돌출 보스/베이스) 아이콘을 클릭한다.

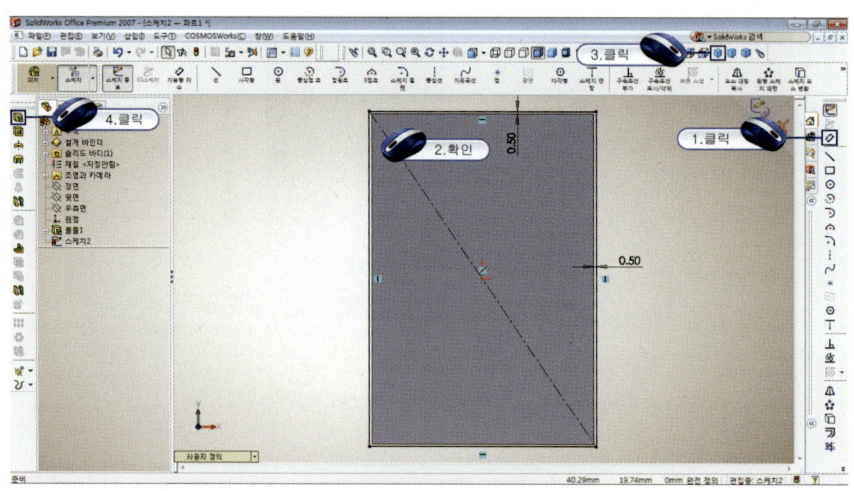

그림1-113 치수 기입하기

[그림 1-114]에서 스케치 대상물을 클릭한 다음 거리값에 3을 입력한 후 체크버튼을 클릭한다.

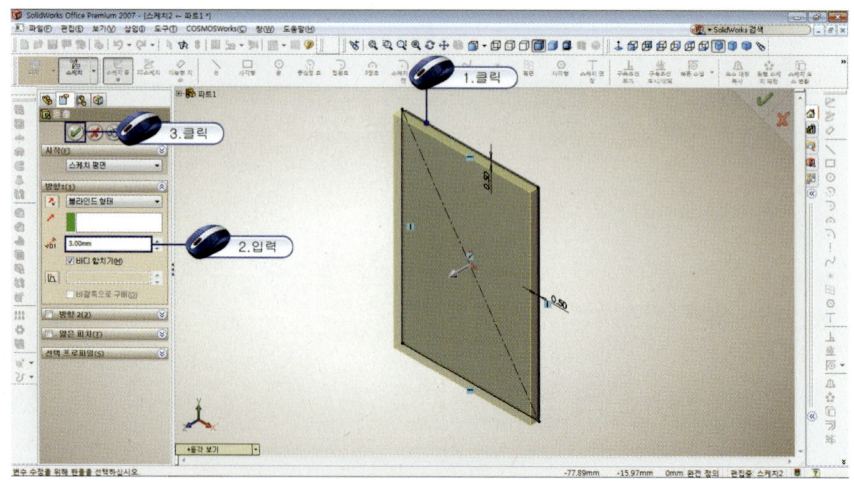

그림1-114 돌출하기

[그림 1-115]에서 모서리를 따라 안쪽면이나 바깥쪽면에 둥근 필렛을 생성하기 위해 Fillet(필렛) 아이콘을 클릭한다. 필렛값 3을 입력한 다음 그림과 같이 모서리를 클릭한 후 체크버튼을 클릭한다.

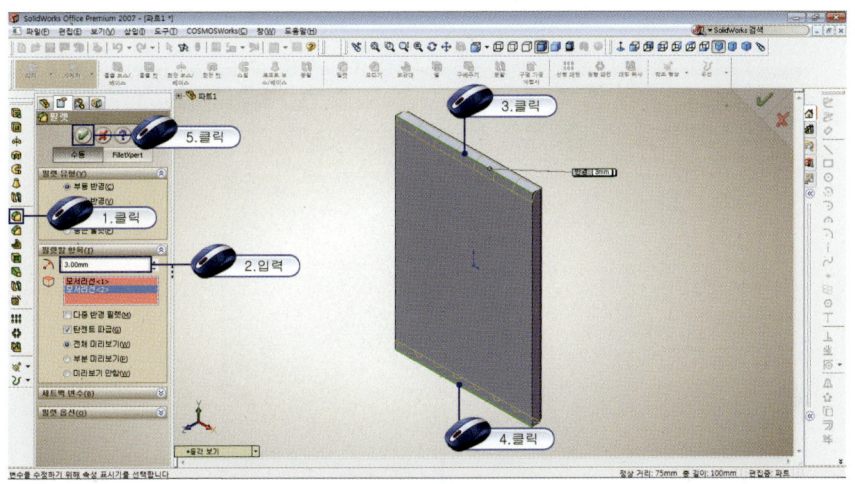

그림1-115 필렛하기

[그림 1-116]에서 면이나 기준면을 중심으로 피처를 대칭 복사하기 위해 Mirror(대칭 복사)아이콘을 클릭한다. 기준면을 선택하기 위해 그림과 같이 파트1 아이콘을 클릭한 다음 정면을 클릭한다. 대칭복사 피처를 선택하기 위해 그림과 같이 위에 작업한 돌출2와 필렛1을 선택한 다음 체크버튼을 클릭한다.(돌출1에서 사용자가 Undo를 한 다음 다시 돌출하였다면 돌출2가 될 수 있고 돌출3 이상이 될 수 있다).

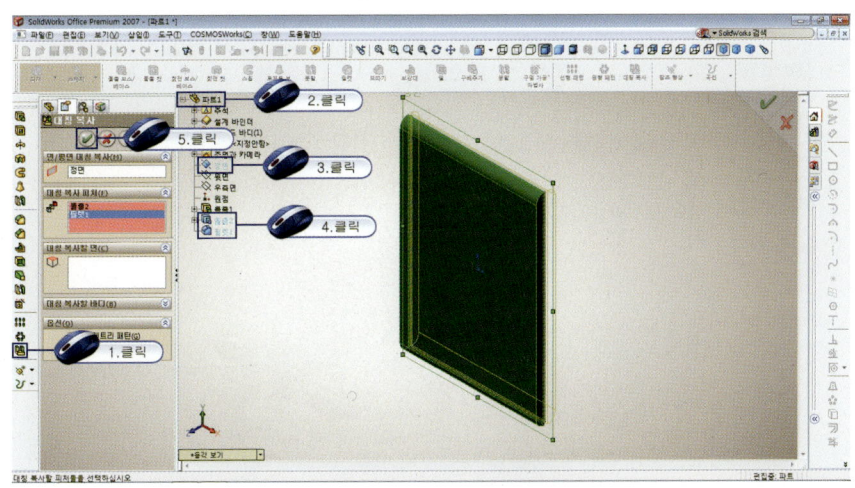

그림1-116 대칭복사하기

[그림 1-117]에서 새로운 스케치를 하기 위해 sketch(스케치) 아이콘을 클릭한 다음 정면을 클릭한다. 작업평면을 수직으로 보기 위해 Normal To(면에 수직으로 보기) 아이콘을 클릭한다. 두 점을 지정하여 사각형을 그리기 위해 Rectangle(사각형) 아이콘을 클릭한 다음 사각형의 첫 번째 구석을 클릭한 후 대각선 방향으로 두 번째 구석을 클릭한다.

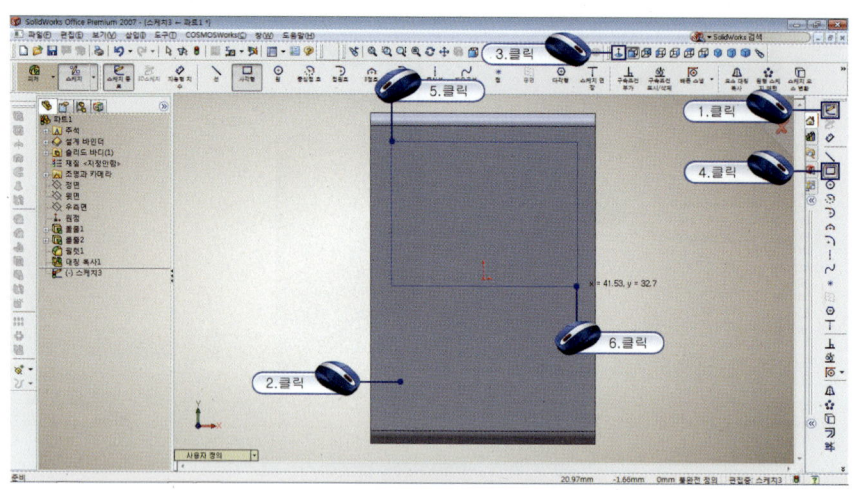

그림1-117 사각형 그리기

[그림 1-118]에서 중심점과 반지름값으로 원을 그리기 위해 Circle(원) 아이콘을 클릭한 다음 중심선의 중심점을 클릭한 후 임의의 지점을 클릭한다.

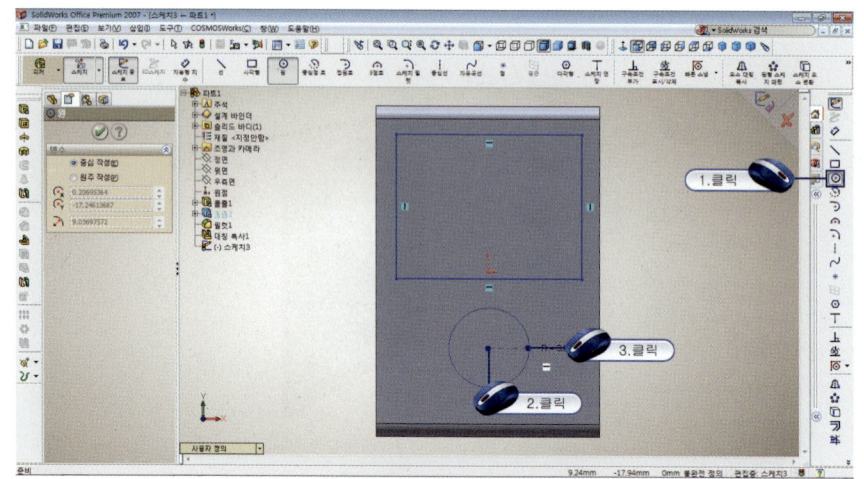

그림1-118 원 그리기

[그림 1-119]에서 경사선 또는 직선에 수직구속을 주기 위해 ⊥ Add Relations(구속조건 부가) 아이콘을 클릭한다. 그림과 같이 대상물(원점과 원의 원점)을 클릭한 다음 | Vertical(수직) 아이콘을 클릭한다.

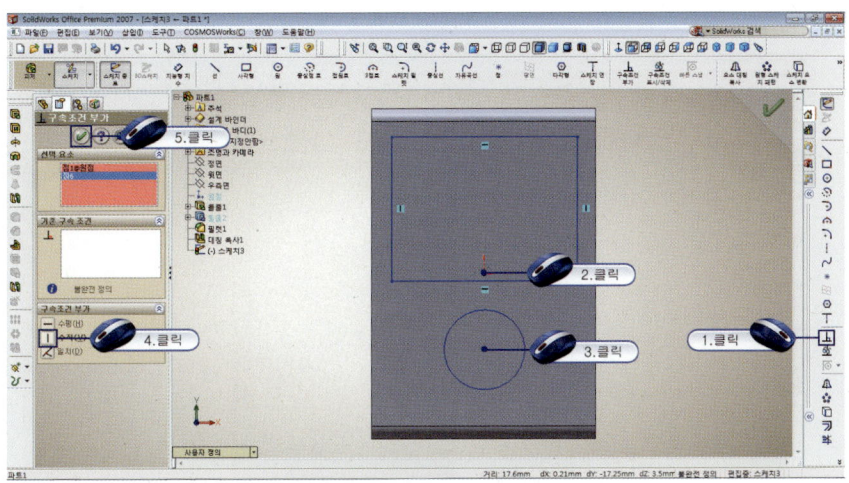

그림1-119 수직 구속조건 주기

[그림 1-120]에서 중심점과 반지름값으로 원을 그리기 위해 ⊙ Circle(원) 아이콘을 클릭한 다음 중심선의 중심점을 클릭한 후 임의의 지점을 클릭한다.

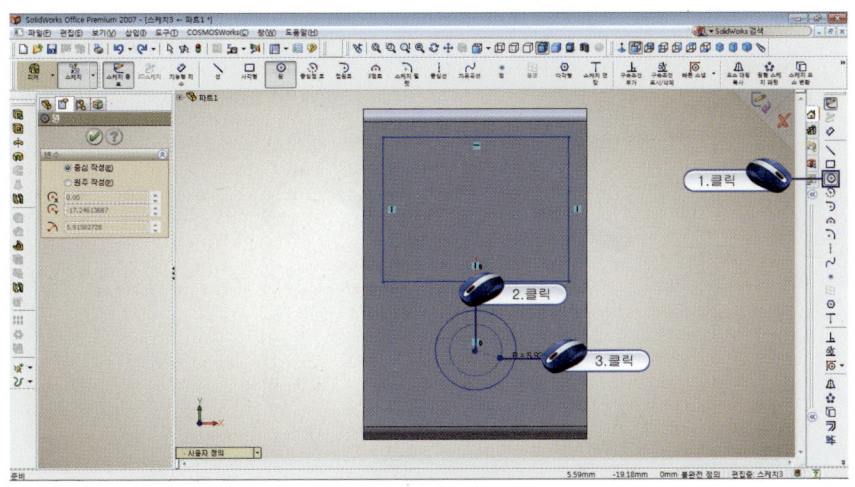

그림1-120 원 그리기

PART 01 3D 모델링

[그림 1-121]에서 스케치에 치수 구속조건을 적용하기 위해 Smart Dimension(지능형 치수)을 클릭하고 그림과 같이 치수를 기입하여 보자. 스케치에 방향을 지정해서 피처를 잘라내기 위해 Extruded Cut(돌출 컷) 아이콘을 클릭한다. 등각 화면으로 보기 위해 Isometric(등각보기) 아이콘을 클릭한다.

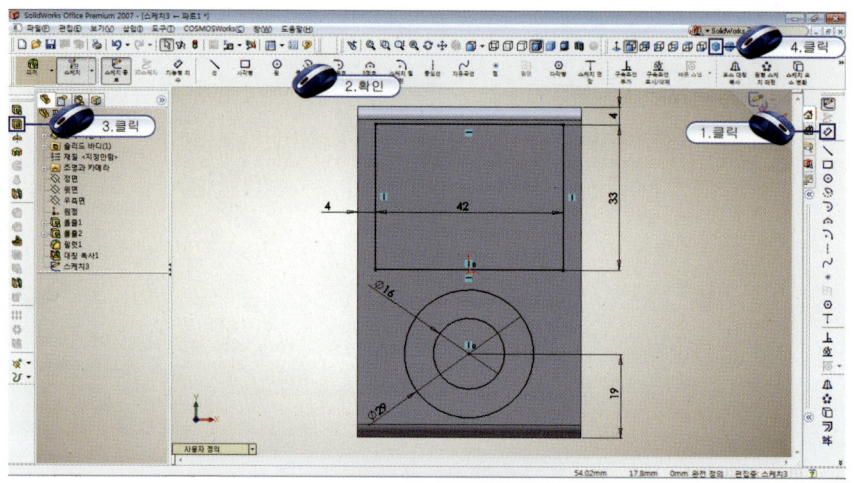

그림1-121 치수 기입하기

[그림 1-122]에서 거리값에 2를 입력한 다음 체크버튼을 클릭한다.

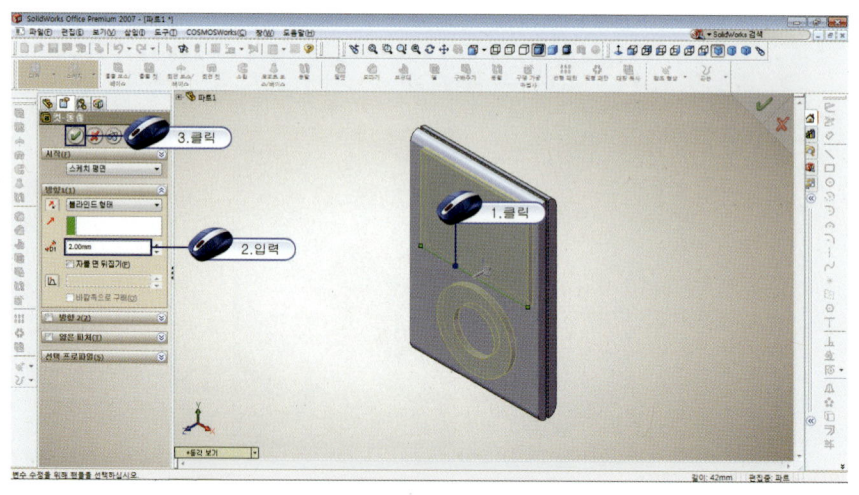

그림1-122 돌출 컷하기

[그림 1-123]에서 MP3 제품모형을 완성하였다.

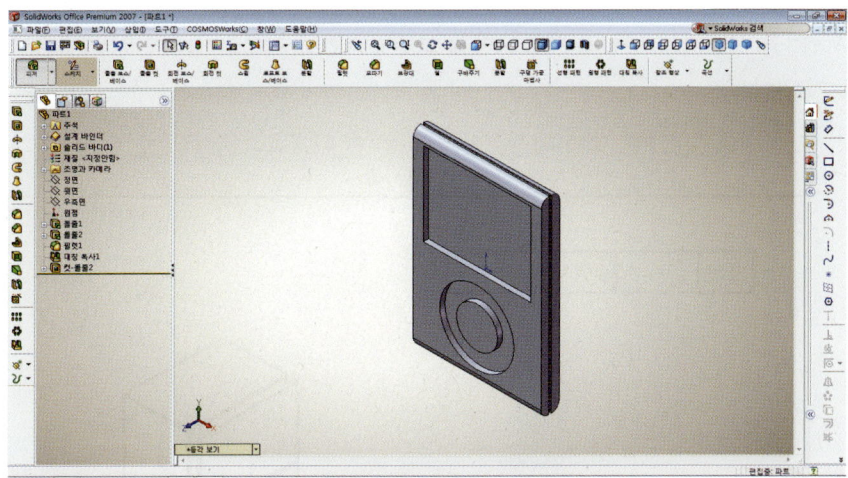

그림1-123 MP3 제품모형 완성

06 냉장고 제품모형 실기 따라하기

SolidWorks를 사용하여 냉장고 제품모형을 모델링하면서 기본적으로 어떤 과정을 거쳐 모델이 완성되는지 알아보자.

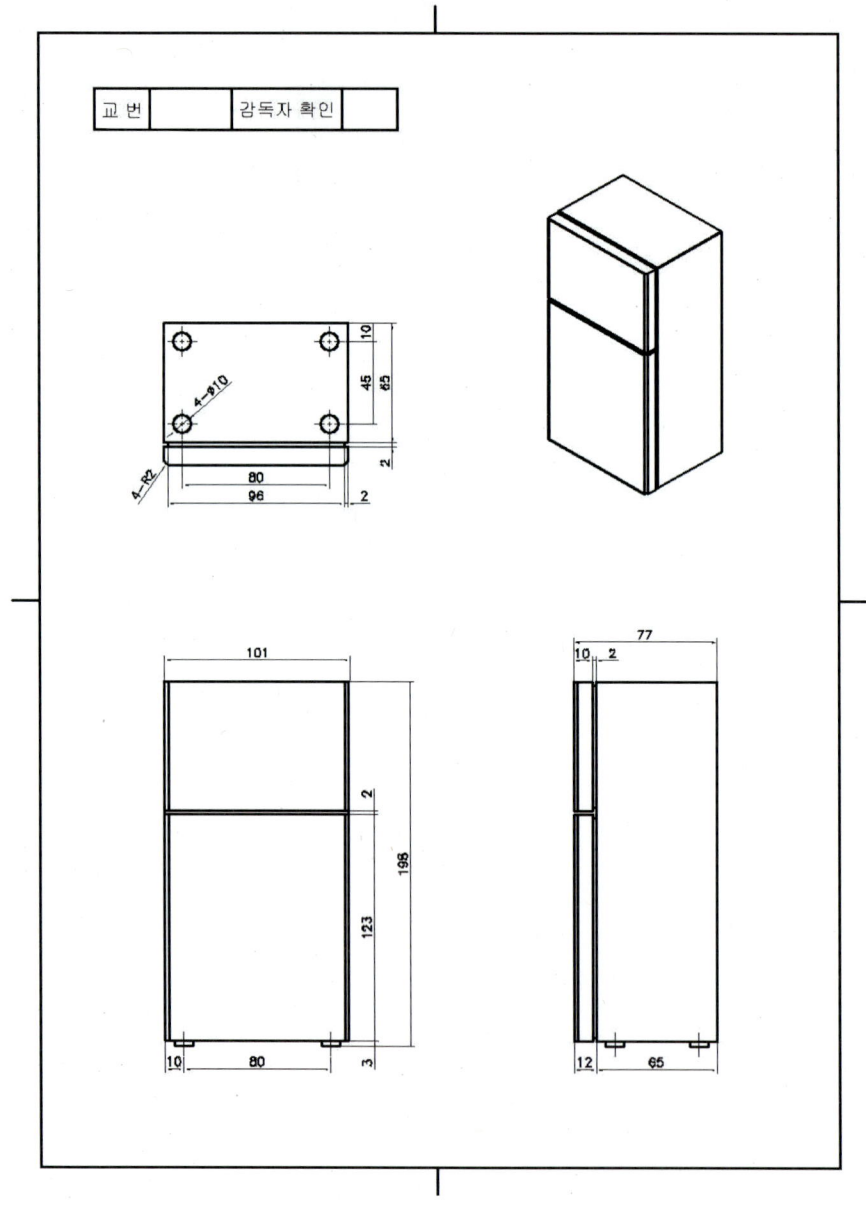

그림1-124 냉장고 제품모형 도면

[그림 1-125]에서 새로운 모델링을 하기 위해 메뉴 표시줄의 File(파일) → New(새 문서)...를 클릭하거나 단축키로 키보드의 Ctrl+N을 누른다. 또는 Standard(표준) 도구모음의 New 아이콘을 클릭한다. 하나의 부품을 만들 것이므로 SolidWorks 새 문서 대화상자의 Part(파트)를 선택하고 확인버튼을 클릭한다. 새로운 스케치를 하기 위해 sketch(스케치) 아이콘을 클릭한 다음 정면을 클릭한다.

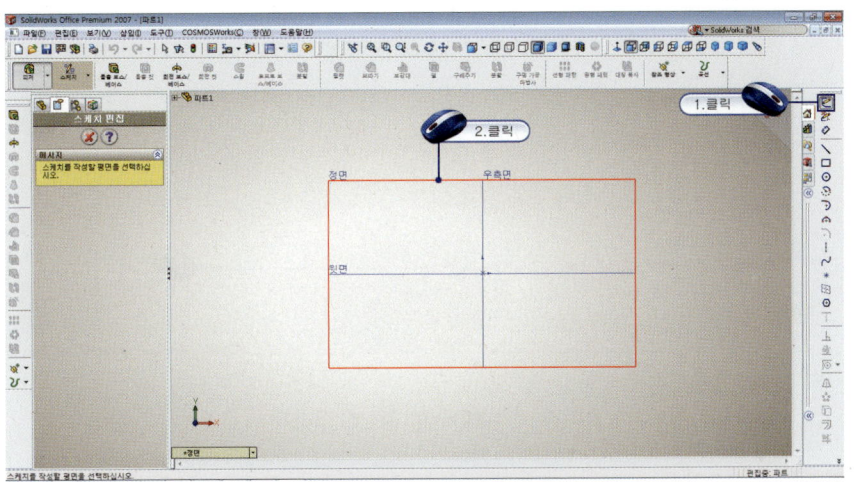

그림1-125 스케치 시작하기

[그림 1-126]에서 두 점을 지정하여 사각형을 그리기 위해 Rectangle(사각형) 아이콘을 클릭한 다음 사각형의 첫 번째 구석을 클릭한 후 대각선 방향으로 두 번째 구석을 클릭한다.

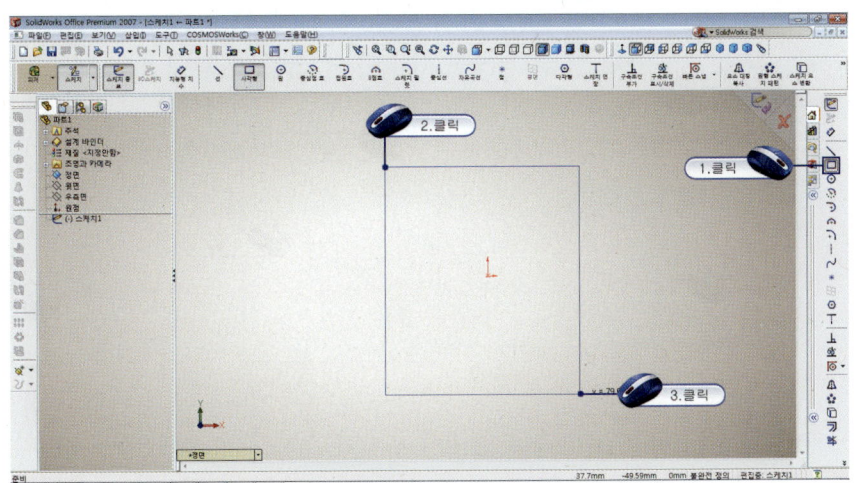

그림1-126 사각형 그리기

PART 01 3D 모델링 **107**

[그림 1-127]에서 중심선을 그리기 위해 ┊ Centerline(중심선) 아이콘을 클릭한 다음 대상물의 끝점과 원점을 클릭한다.

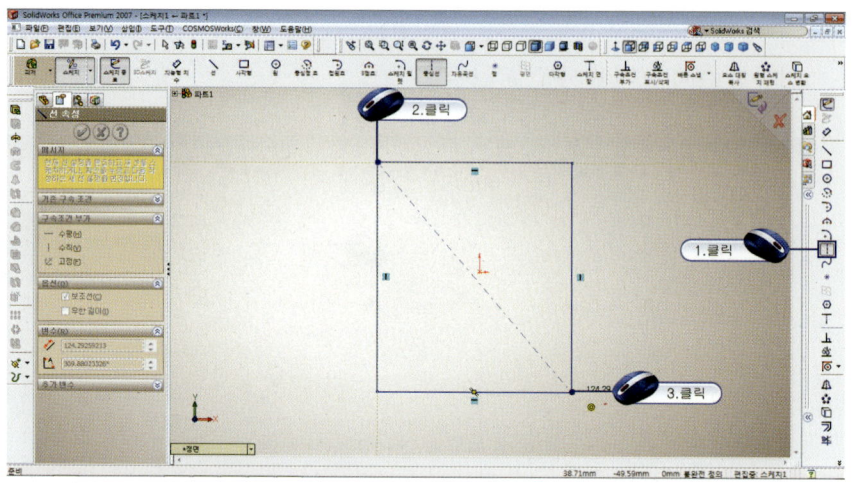

그림1-127 중심선 그리기

[그림 1-128]에서 2개의 선 또는 선과 점이 중간점에 위치하도록 하기 위해 ┻ Add Relations(구속조건 부가) 아이콘을 클릭한다. 그림과 같이 대상물을 클릭하고 ╱ Midpoint(중간점) 아이콘을 클릭한 다음 체크버튼을 클릭한다.

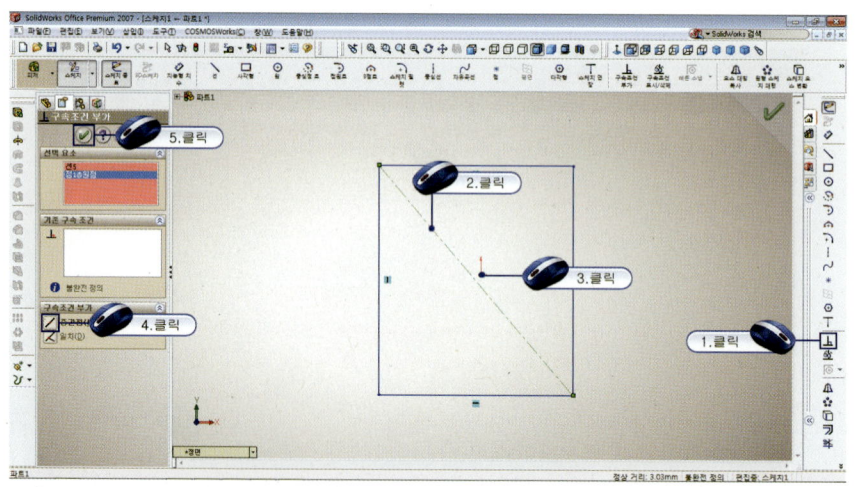

그림1-128 중간점 구속조건 주기

[그림 1-129]에서 스케치에 치수 구속조건을 적용하기 위해 ◈ Smart Dimension(지능형 치수)을 클릭하고 대상물을 클릭한 다음 치수를 배치한다. 수정창이 생성되면 100을 입력하고 체크버튼을 클릭한다.

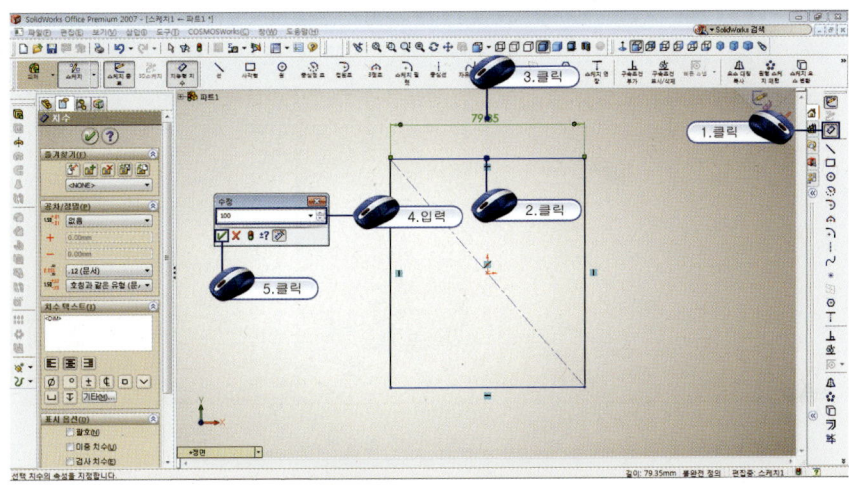

그림1-129 치수 기입하기

[그림 1-130]에서 위와 동일한 방법으로 대상물을 클릭한 다음 치수를 배치한다. 수정창이 생성되면 195를 입력하고 체크버튼을 클릭한다.

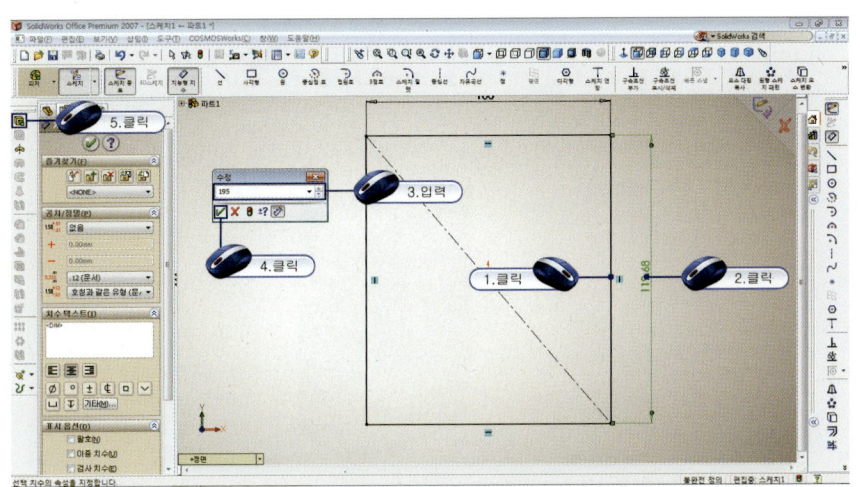

그림1-130 치수 기입하기

PART 01 3D 모델링   109

[그림 1-131]에서 스케치 대상물을 클릭한 다음 65를 입력한 후 체크버튼을 클릭한다.

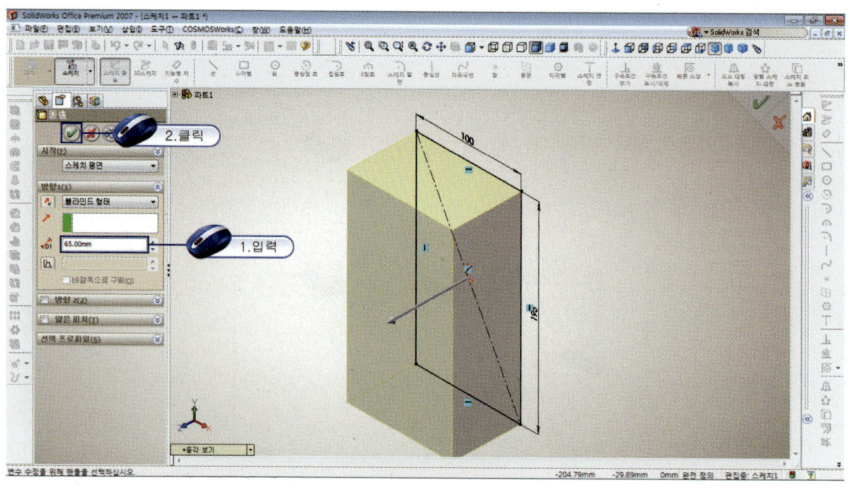

그림1-131 돌출하기

[그림 1-132]에서 새로운 스케치를 하기 위해 sketch(스케치) 아이콘을 클릭한 다음 정면을 클릭한다. 작업평면을 수직으로 보기 위해 Normal To(면에 수직으로 보기) 아이콘을 클릭한다.

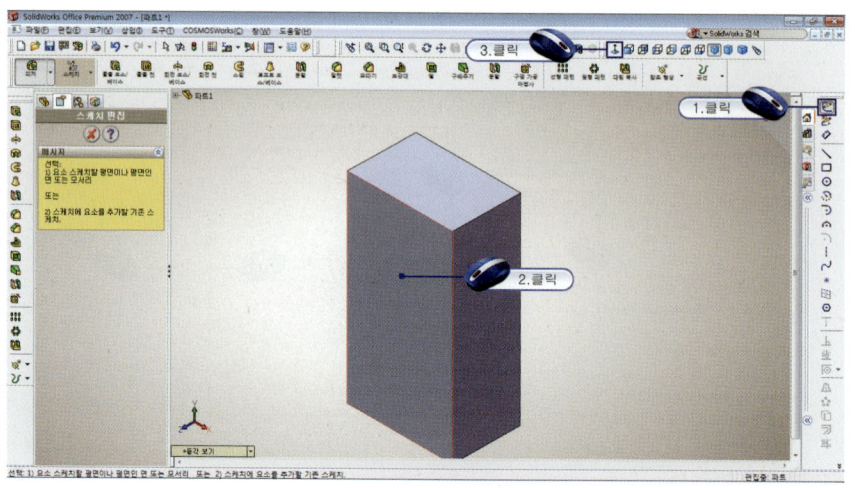

그림1-132 스케치 시작하기

[그림 1-133]에서 두 점을 지정하여 사각형을 그리기 위해 ▢ Rectangle(사각형) 아이콘을 클릭한 다음 사각형의 첫 번째 구석을 클릭한 후 대각선 방향으로 두 번째 구석을 클릭한다. 동일한 방법으로 사각형을 그림과 같이 그려 보자.

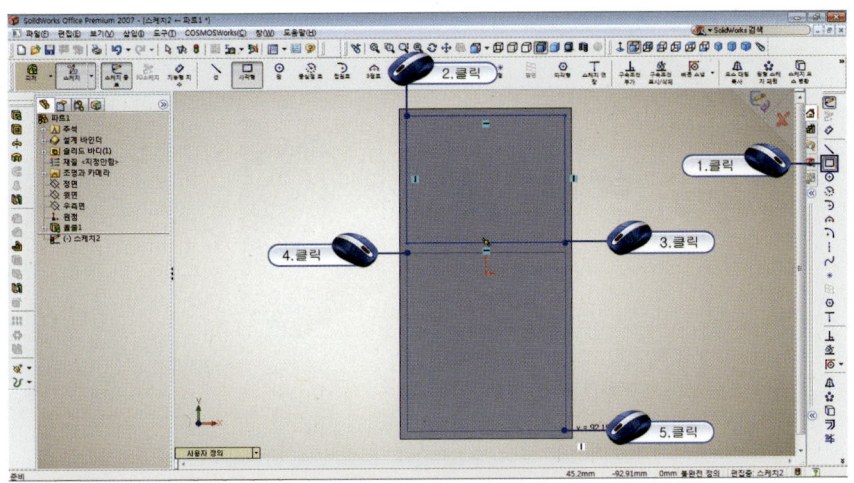

그림1-133 사각형 그리기

[그림 1-134]에서 스케치에 치수 구속조건을 적용하기 위해 ◈ Smart Dimension(지능형 치수)을 클릭하고 그림과 같이 치수를 기입하여 보자. 등각 화면으로 보기 위해 ▧ Isometric(등각보기) 아이콘을 클릭한다. Feature(피처)를 생성하기 위해 Features(피처) 도구모음에서 ▣ Extruded Boss/Base(돌출 보스/베이스) 아이콘을 클릭한다.

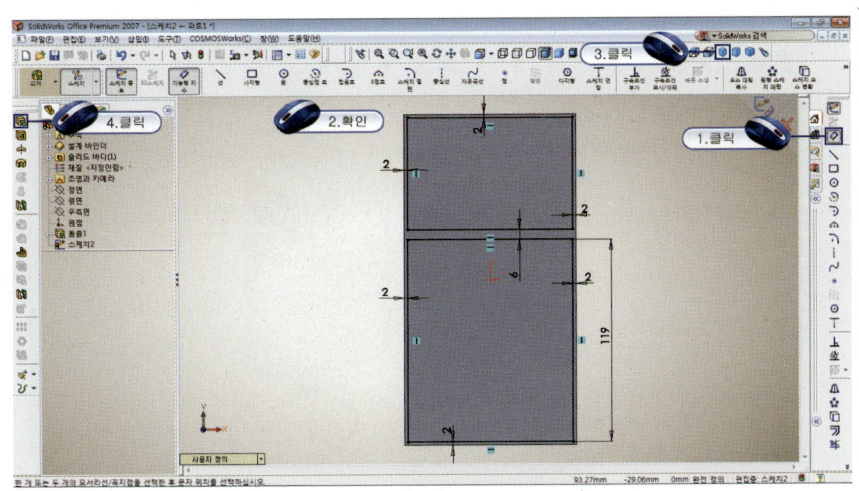

그림1-134 치수 기입하기

[그림 1-135]에서 스케치 대상물을 클릭한 다음 2를 입력한 후 체크버튼을 클릭한다.

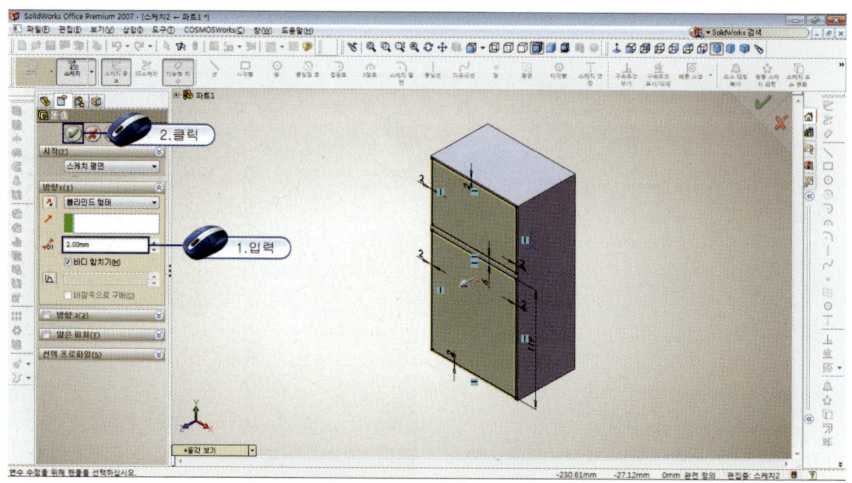

그림1-135 돌출하기

[그림 1-136]에서 새로운 스케치를 하기 위해 sketch(스케치) 아이콘을 클릭한 다음 정면을 클릭한다. 작업평면을 수직으로 보기 위해 Normal To(면에 수직으로 보기) 아이콘을 클릭한다.

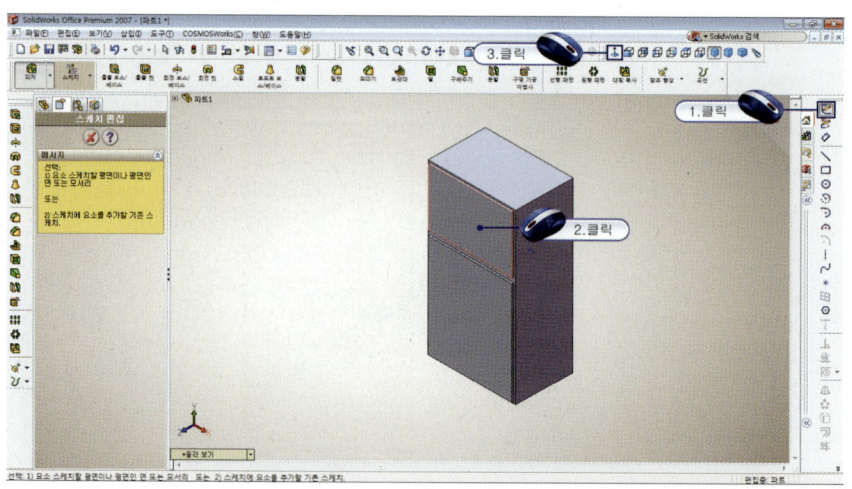

그림1-136 스케치 시작하기

[그림 1-137]에서 두 점을 지정하여 사각형을 그리기 위해 ☐ Rectangle(사각형) 아이콘을 클릭한 다음 사각형의 첫 번째 구석을 클릭한 후 대각선 방향으로 두 번째 구석을 클릭한다. 동일한 방법으로 사각형을 그림과 같이 그려 보자.

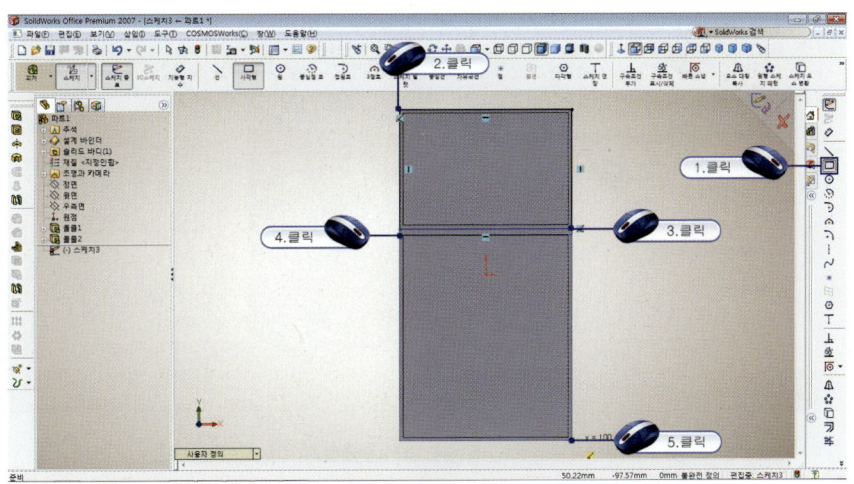

그림1-137 사각형 그리기

[그림 1-138]에서 스케치에 치수 구속조건을 적용하기 위해 ◈ Smart Dimension(지능형 치수)을 클릭하고 그림과 같이 치수를 기입하여 보자. 등각 화면으로 보기 위해 ▣ Isometric(등각보기) 아이콘을 클릭한다. Feature(피처)를 생성하기 위해 Features(피처) 도구모음에서 ▣ Extruded Boss/Base(돌출 보스/베이스) 아이콘을 클릭한다.

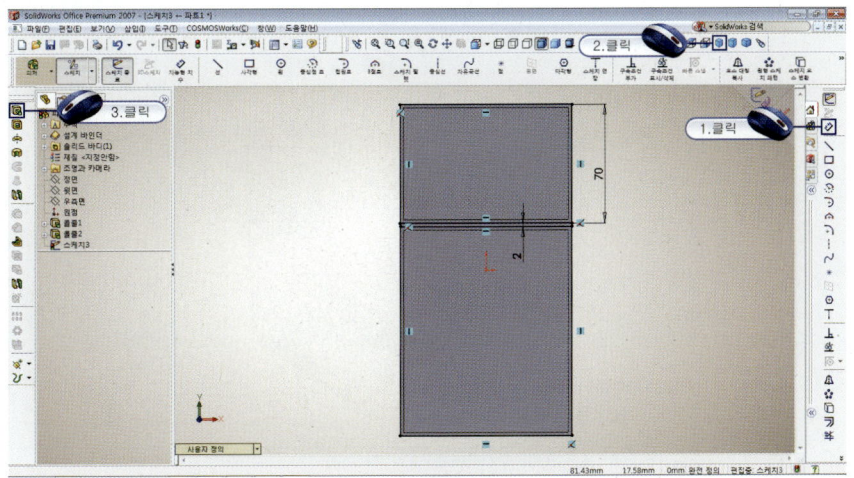

그림1-138 치수 기입하기

[그림 1-139]에서 스케치 대상물을 클릭한 다음 10을 입력한 후 체크버튼을 클릭한다.

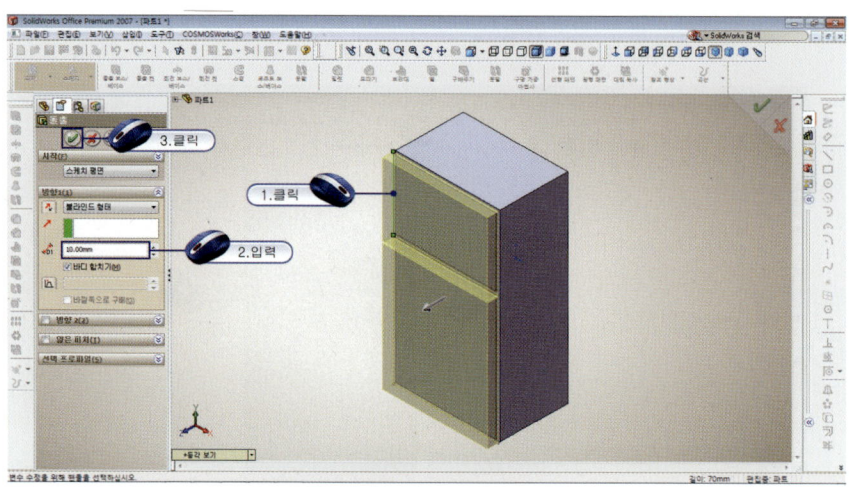

그림1-139 돌출하기

[그림 1-140]에서 모델을 회전시키기 위해 View Rotate(뷰 회전) 아이콘을 클릭한 다음 임의의 위치에서 마우스 왼쪽 버튼을 누른 채 화살표 방향으로 드래그한다.

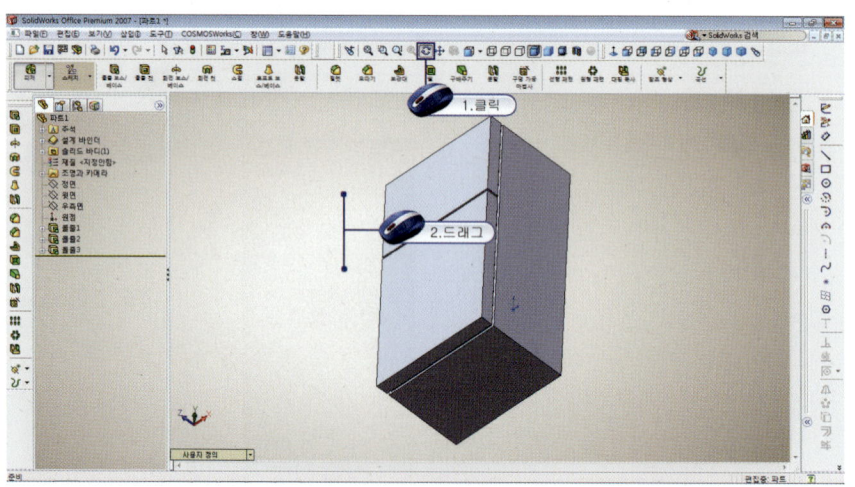

그림1-140 모델 회전시키기

[그림 1-141]에서 새로운 스케치를 하기 위해 sketch(스케치) 아이콘을 클릭한 다음 정면을 클릭한다. 작업 평면을 수직으로 보기 위해 Normal To(면에 수직으로 보기) 아이콘을 클릭한다.

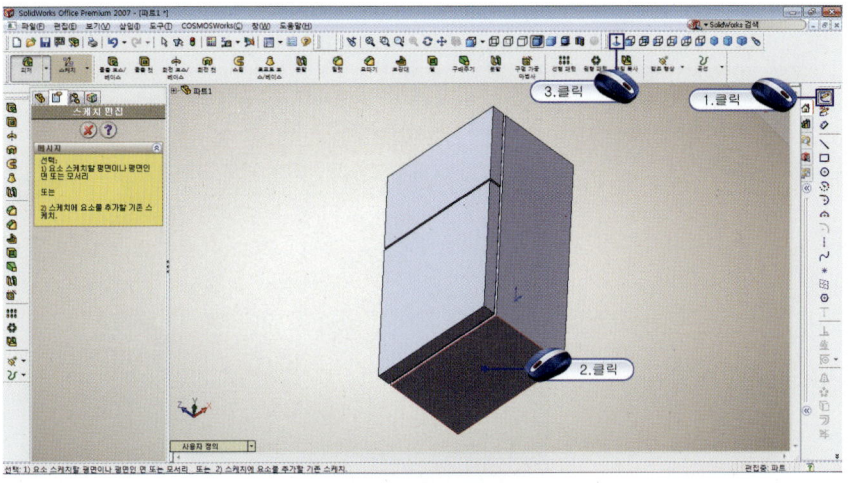

그림1-141 스케치 시작하기

[그림 1-142]에서 중심점과 반지름값으로 원을 그리기 위해 Circle(원) 아이콘을 클릭한 다음 중심선의 중심점을 클릭한 후 임의의 지점을 클릭한다.

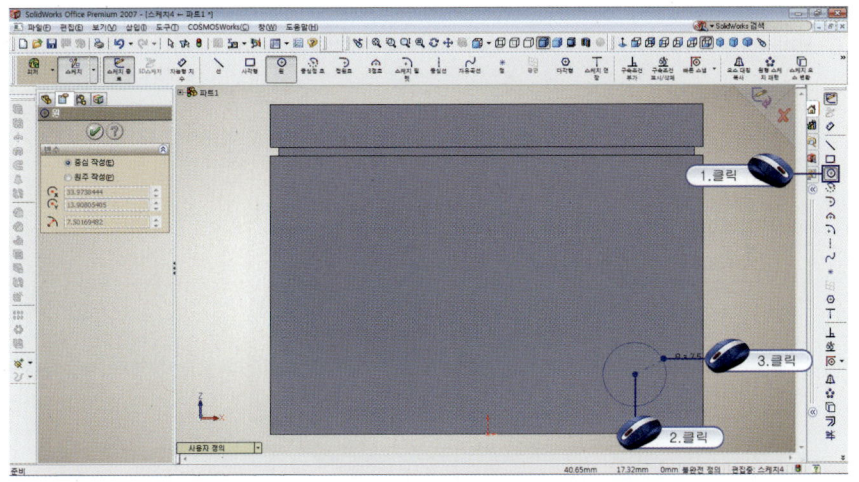

그림1-142 원 그리기

PART 01 3D 모델링 115

[그림 1-143]에서 스케치에 치수 구속조건을 적용하기 위해 Smart Dimension(지능형 치수)을 클릭하고 그림과 같이 치수를 기입하여 보자. 등각 화면으로 보기 위해 Isometric(등각보기) 아이콘을 클릭한다. Feature(피처)를 생성하기 위해 Features(피처) 도구모음에서 Extruded Boss/Base(돌출 보스/베이스) 아이콘을 클릭한다.

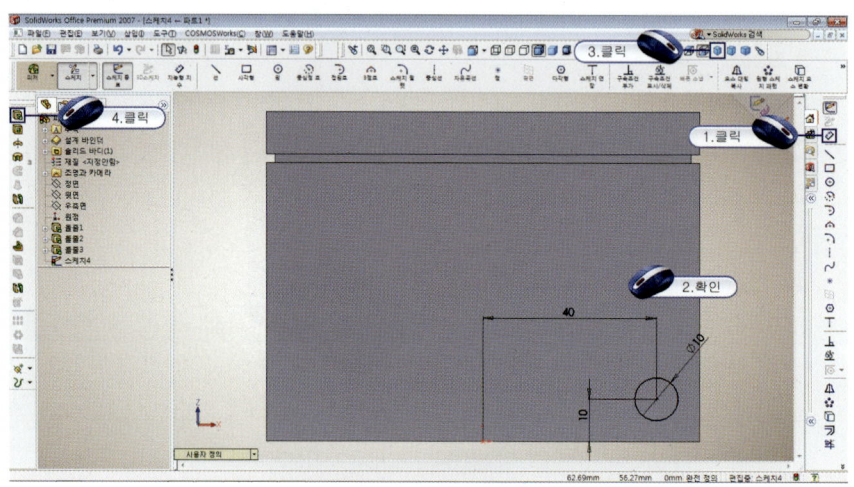

그림1-143 치수 기입하기

[그림 1-144]에서 스케치 대상물을 클릭한 다음 3을 입력한 후 체크버튼을 클릭한다.

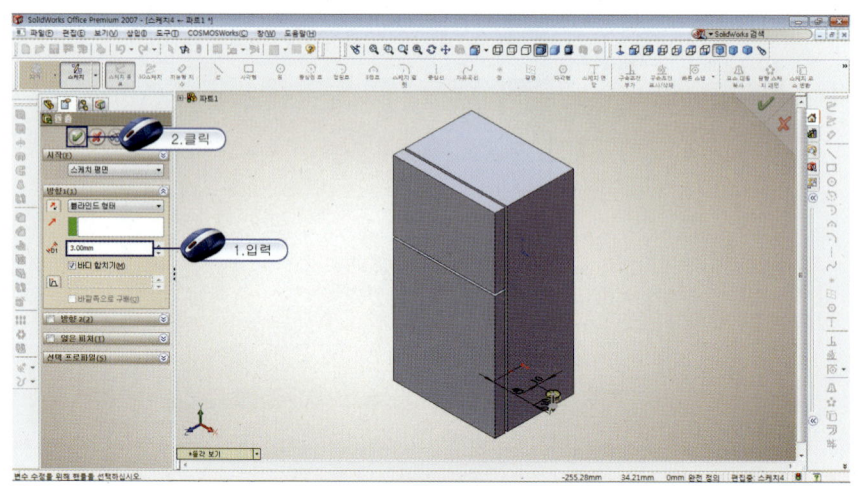

그림1-144 돌출하기

[그림 1-145]에서 숨은 모서리선을 표시하기 위해 Hidden Lines Visible(은선 표시) 아이콘을 클릭한다. 선택 피처, 면, 바디를 이용하여 선형 패턴을 작성하기 위해 Linear Pattern(선형 패턴) 아이콘을 클릭한다.

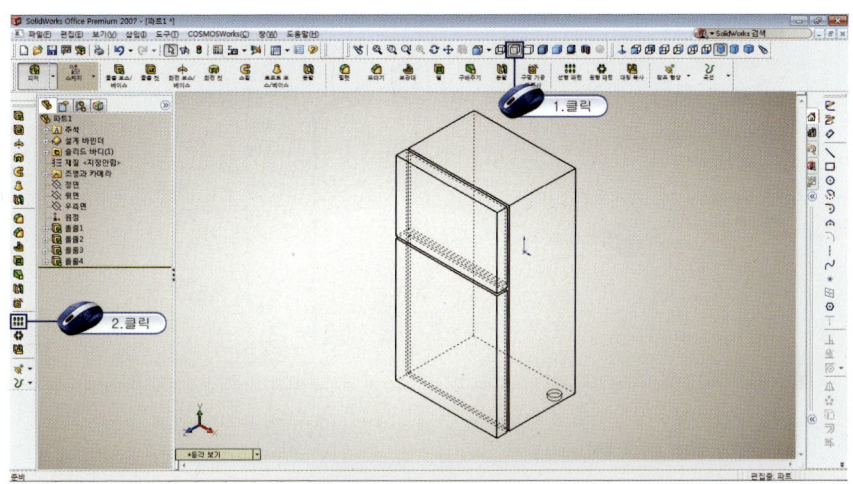

그림1-145 은선 표기하기

[그림 1-146]에서 그림과 같이 패턴할 모서리를 클릭한다. 방향 1과 2에 패턴계수값 2를 입력한다.

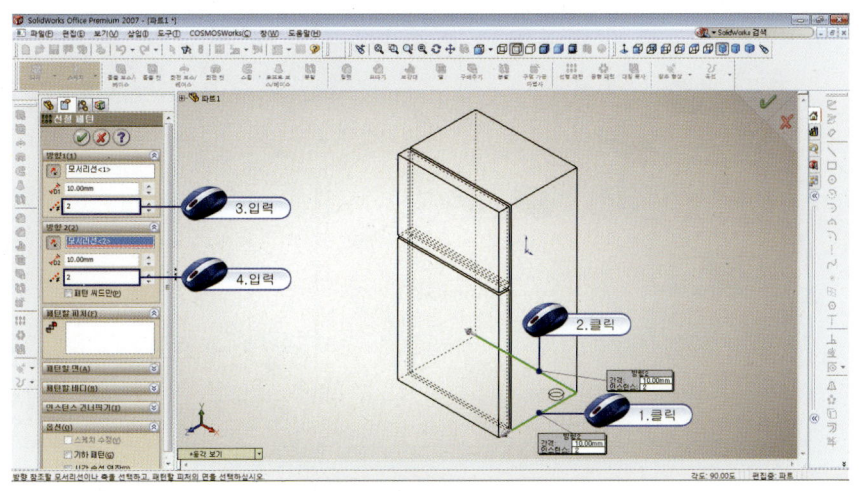

그림1-146 패턴할 모서리 선정하기

[그림 1-147]에서 패턴할 피처를 선택하기 위해 그림과 같이 파트1을 클릭한다.

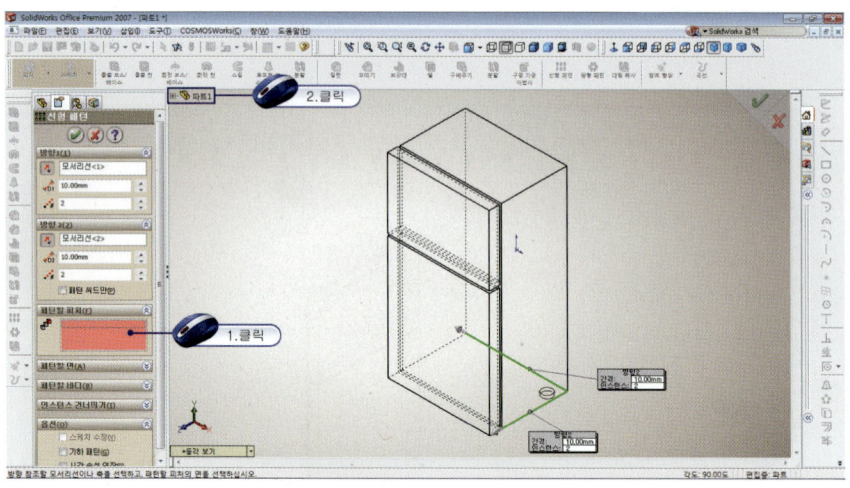

그림1-147 패턴할 피처 선정하기

[그림 1-148]에서 돌출4를 클릭하고 방향1의 패턴 거리값 45를 입력한 다음 방향2 거리값 80을 입력한 후 체크버튼을 클릭한다.

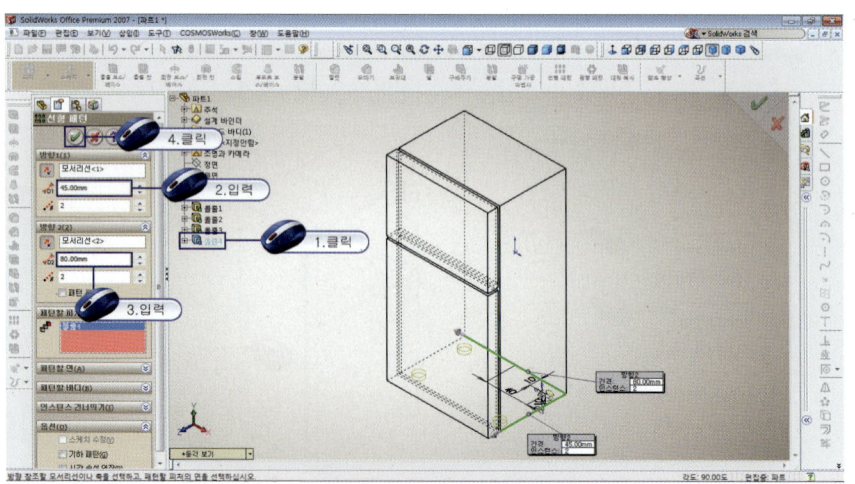

그림1-148 패턴하기

[그림 1-149]에서 모델을 모서리선 표시 상태로 음영 뷰로 표시하기 위해 모서리 표시 음영 아이콘을 클릭한다. 모서리를 따라 안쪽면이나 바깥쪽 면에 둥근 필렛을 생성하기 위해 Fillet(필렛) 아이콘을 클릭한다.

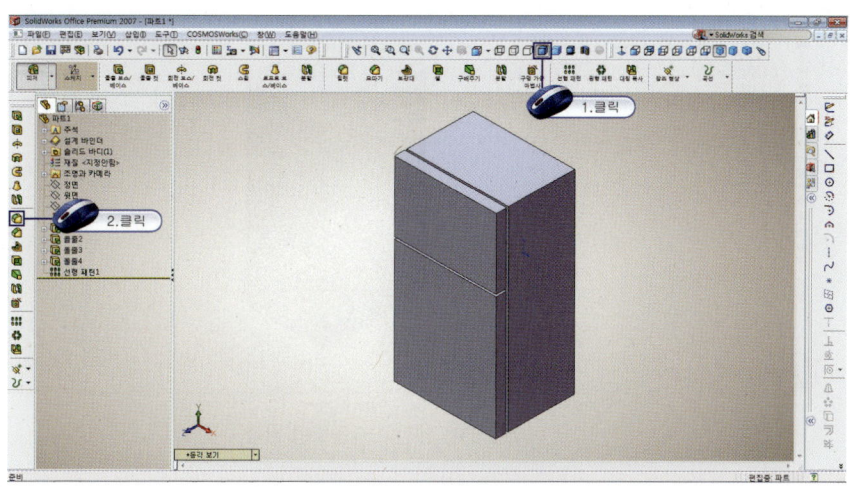

그림1-149 모서리 표시 음영 실행

[그림 1-150]에서 필렛값 2를 입력한 다음 그림과 같이 모서리를 클릭한 후 체크버튼을 클릭한다.

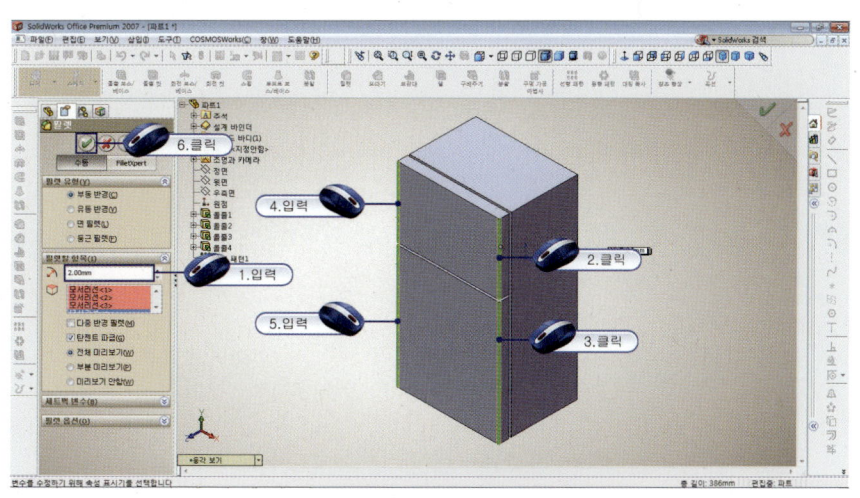

그림1-150 필렛하기

PART 01 3D 모델링

[그림 1-151]에서 냉장고 제품모형을 완성하였다.

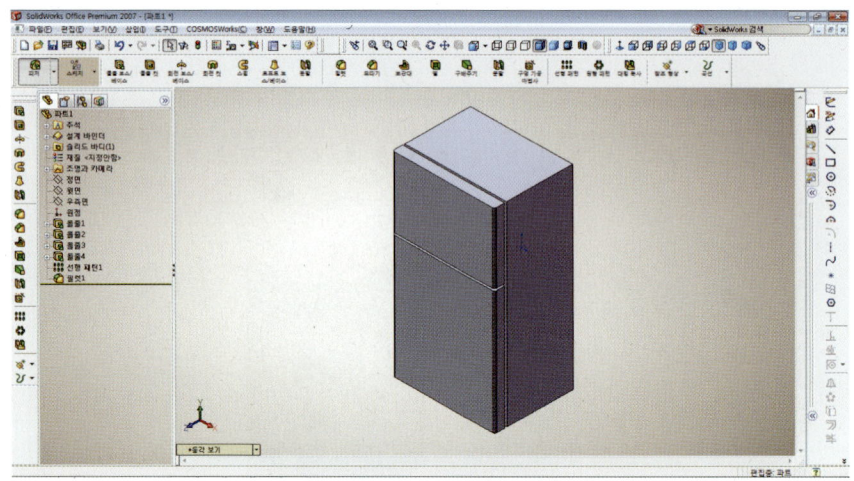

그림1-151 냉장고 제품모형 완성

memo.

3D프린터 운용기능사

PART 02

2D 도면
(SolidWorks Drawing)

- CHAPTER 01 도면 시작하기
- CHAPTER 02 도면 시트 설정하기
- CHAPTER 03 도면 윤곽선 만들기
- CHAPTER 04 표제란 만들기
- CHAPTER 05 중심마크 그리기
- CHAPTER 06 불필요한 요소 제거
- CHAPTER 07 완성된 도면 템플릿
- CHAPTER 08 완성된 도면 템플릿 저장
- CHAPTER 09 도면 불러오기
- CHAPTER 10 치수 기입하기
- CHAPTER 11 치수 텍스트 편집하기
- CHAPTER 12 모서리 선 숨기기/표시 및 은선 제거 설정
- CHAPTER 13 과제 제출하기

01 도면 시작하기

❶ File(파일)→(새 파일) 또는 ▯ (새 문서) 아이콘을 선택한다.
❷ 템플릿 탭에서 도면을 선택한다.
❸ [시트 형식/크기]→[사용자 정의 시트] 클릭→A3도면 크기로 설정
❹ 확인 버튼을 클릭한다.

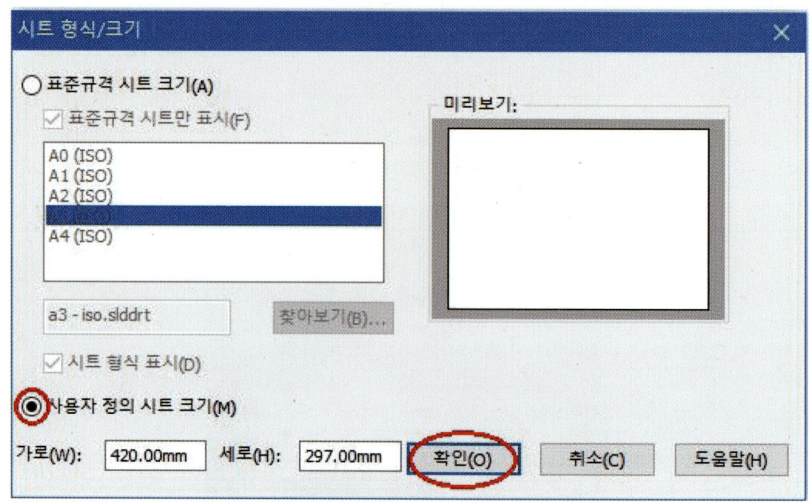

그림2-1 시트 형식/크기 설정

02 도면 시트 설정하기

❶ 투상법 유형에서 제1각법으로 지정되어 있으면 3각법으로 변경해 주어야 한다.
❷ 속성→제3각법 클릭한다.

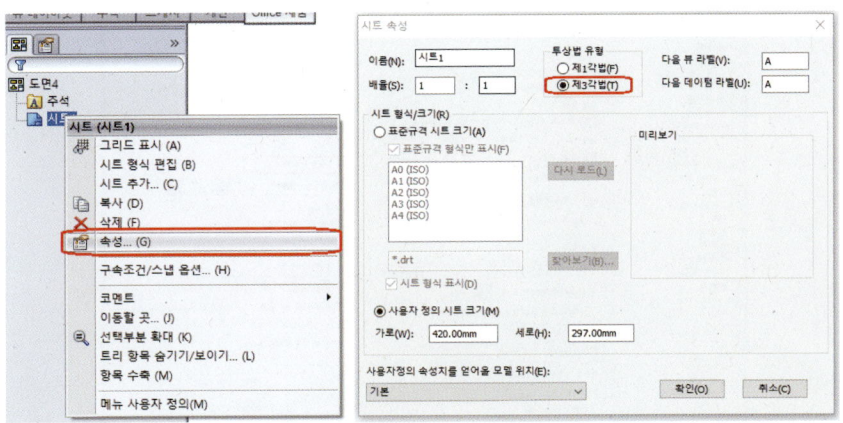

그림2-2 도면 시트 설정하기

❸ 구속조건/스냅 옵션 지정하기
❹ 문서속성→치수→유형을 클릭한다.

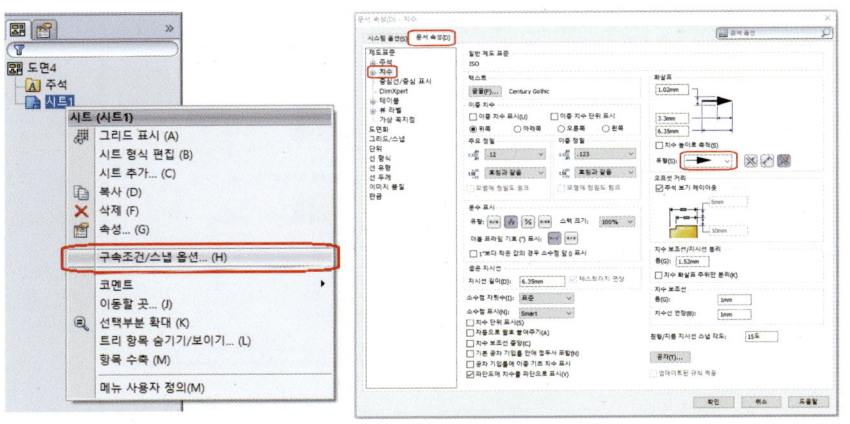

그림2-3 문서 속성

PART 02 2D 도면

❺ 화살표를 클릭한다.

❻ 치수 높이로 축척을 체크한다.

❼ 뷰 라벨→단면도→단면도 화살표 문자 높이로 축척을 체크한다.

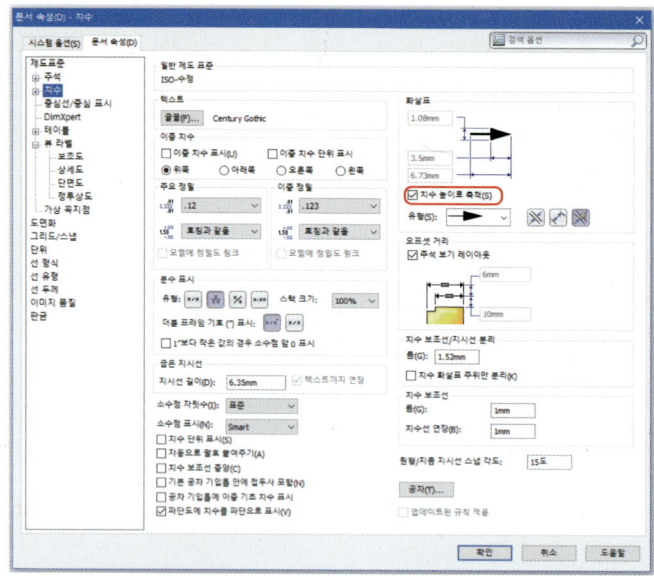

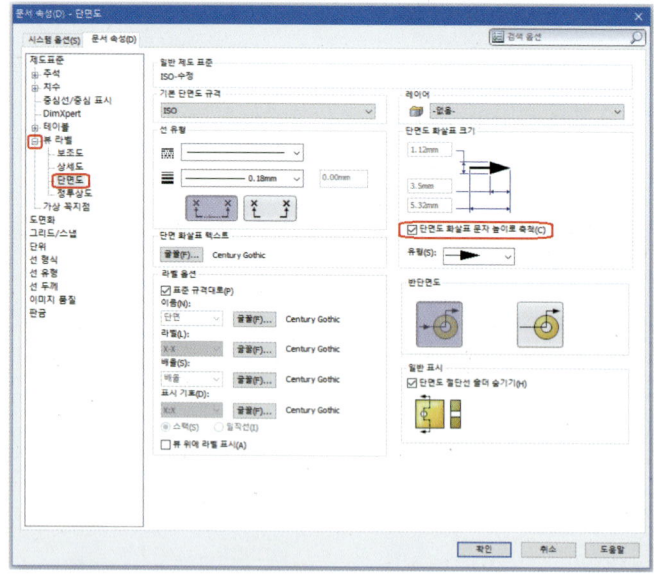

그림2-4 화살표

❽ 문서속성을 선택 클릭한다.

❾ 치수→지름→지름 치수 텍스트 설정을 클릭한다.

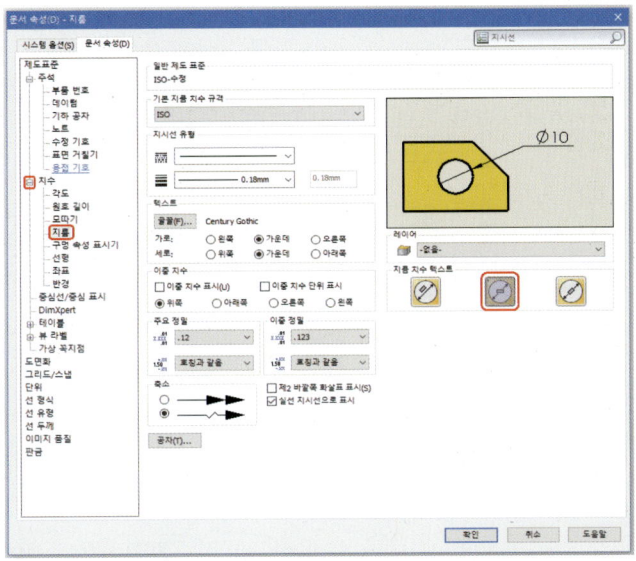

그림2-5 지름

❿ 치수→구멍 속성 표시기 설정 클릭한다.

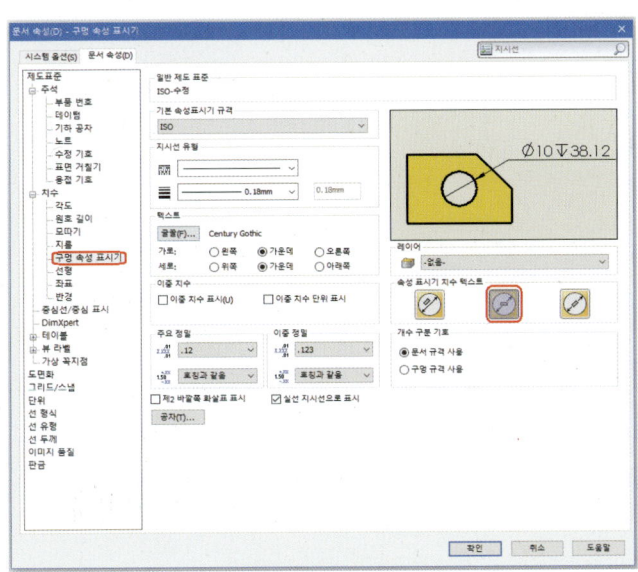

그림2-6 구멍 속성 표시기

PART 02 2D 도면

⑪ 치수→반경 설정 클릭한다.

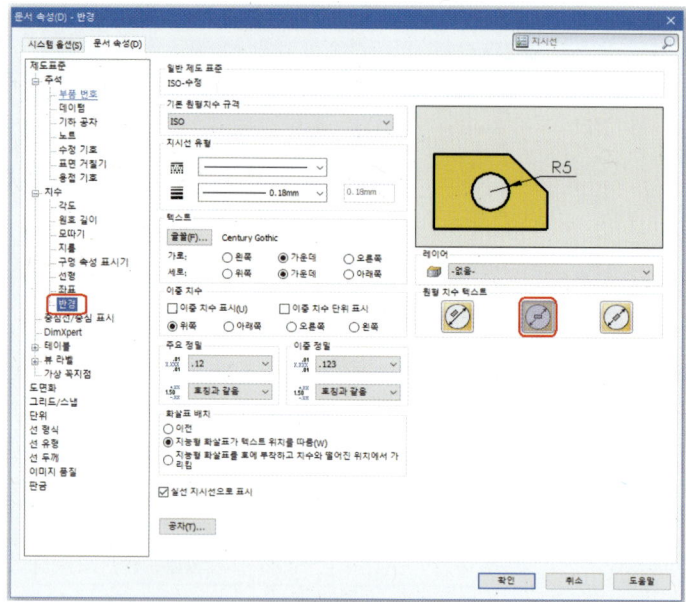

그림2-7 반경

03 도면 윤곽선 만들기

❶ 도면 레이어가 설정되면 시트 형식 편집 준비를 한다.
❷ 시트 작업창의 오른쪽 마우스 버튼을 클릭해 시트 형식 편집을 한다.

 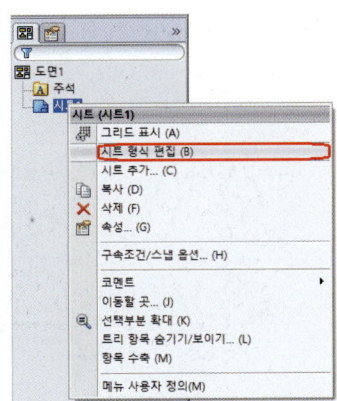

그림2-8 시트 형식 편집

❸ 스케치창의 Rectangle(직사각형)을 선택한다.
❹ 파라미터 도면의 윤곽선을 A3크기 X420×Y297으로 입력한다.

 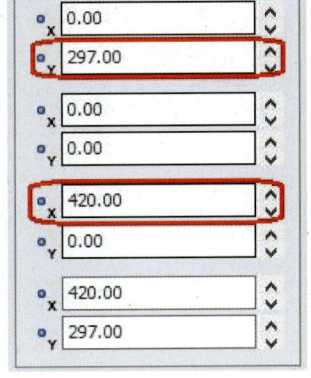

그림2-9 시트 파라미터 편집

PART 02 2D 도면

❺ 도면의 윤곽선이 나타나면 오프셋 명령을 이용해서 변수값을 10으로 설정한다.
❻ 치수 부가, 반대 방향, 체인 선택에 체크한다.

그림2-10 오프셋

❼ 오프셋을 명령 후 도면 가장자리의 선들을 지정하고 요소 잘라내기를 한다.

그림2-11 요소 잘라내기

❽ 윤곽선 굵기 선정하기

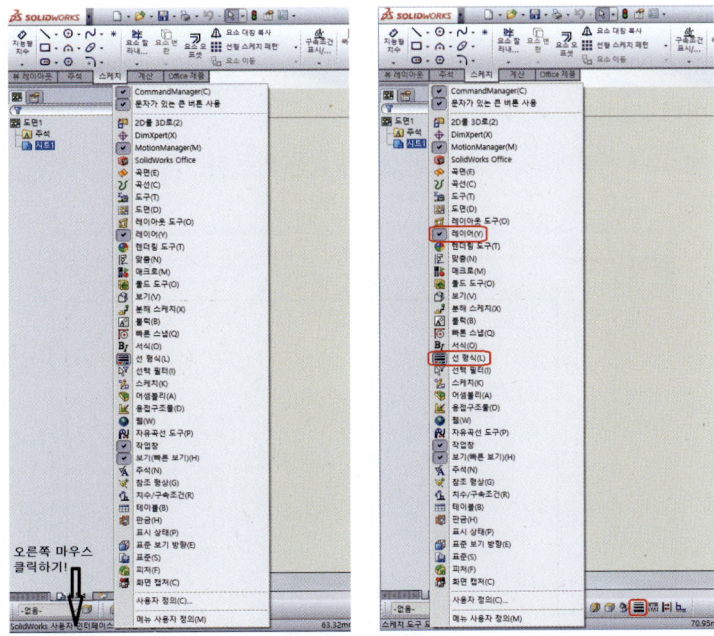

그림2-12 레이어

❾ 레이어를 굵은선(0.5mm)으로 지정한다.

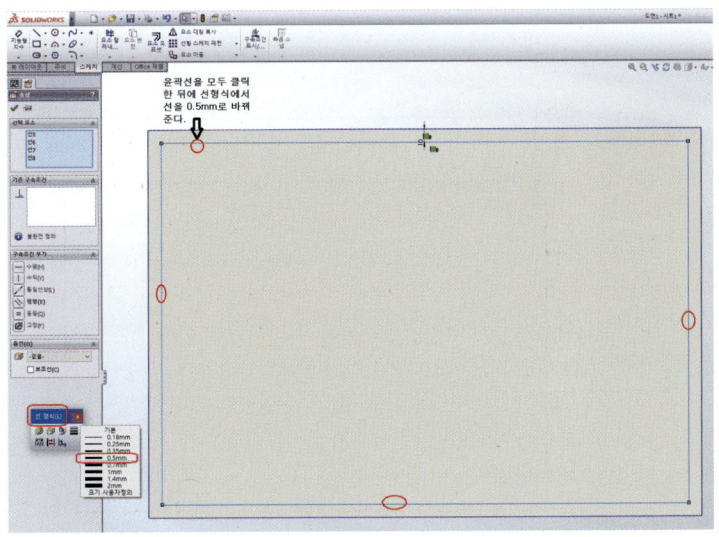

그림2-13 선 형식

PART 02 2D 도면

04 표제란 만들기

❶ 스케치창의 Line(라인)을 클릭한다.
❷ 윤곽선 우측 아래 코너 부분에 표제란을 만든다.
❸ 윤곽선 좌측 윗 코너 부분에 도면에서 제시된 내용을 만든다.

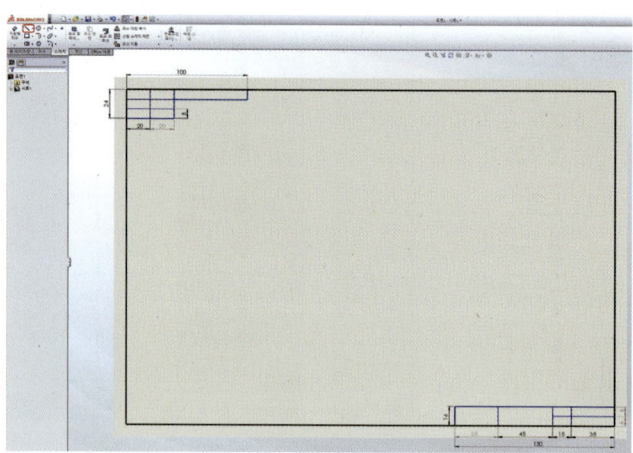

그림2-14 표제란 만들기

❹ 주석도구에 노트A를 선택 클릭한다.
❺ 서식 툴바가 생성되면 기입할 내용들의 명칭을 입력한다.
❻ 글씨체를 한글 서체로 변환시켜야 한다.

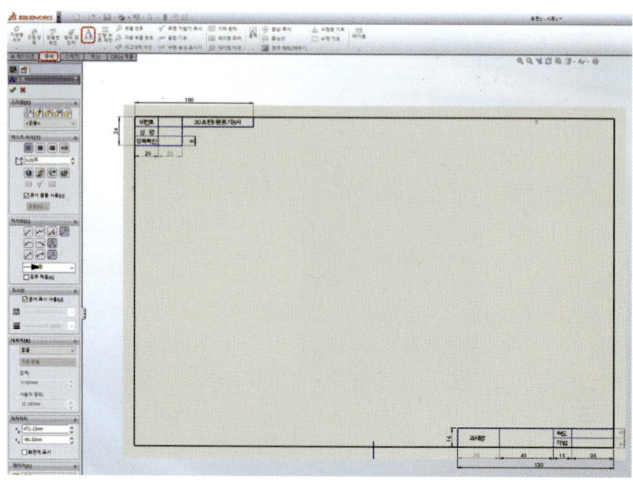

그림2-15 주석 달기

05 중심마크 그리기

❶ 스케치창의 Line(라인)을 클릭한다.
❷ 윤곽선 중심마크 라인을 그린다.
❸ 윤곽선 테두리의 각 중심의 변수값을 5mm로 설정한다.

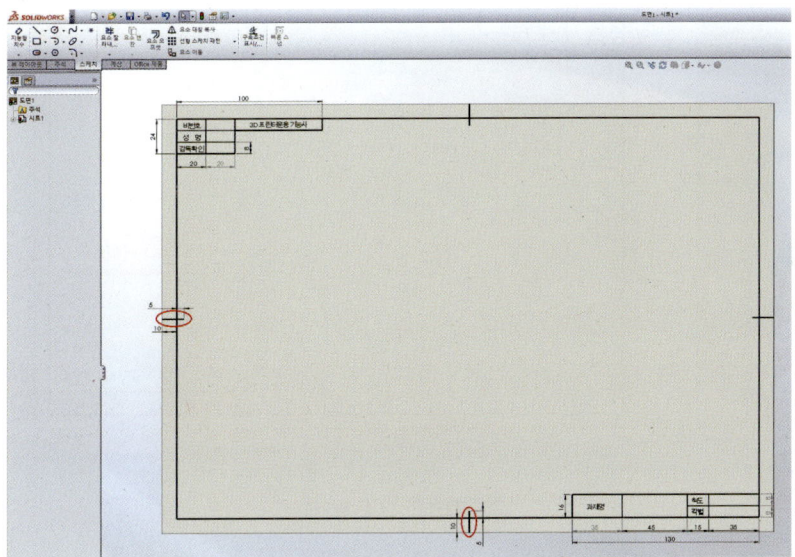

그림2-16 중심마크 그리기

06 불필요한 요소 제거

❶ 스케치→요소 잘라내기→지능형 클릭

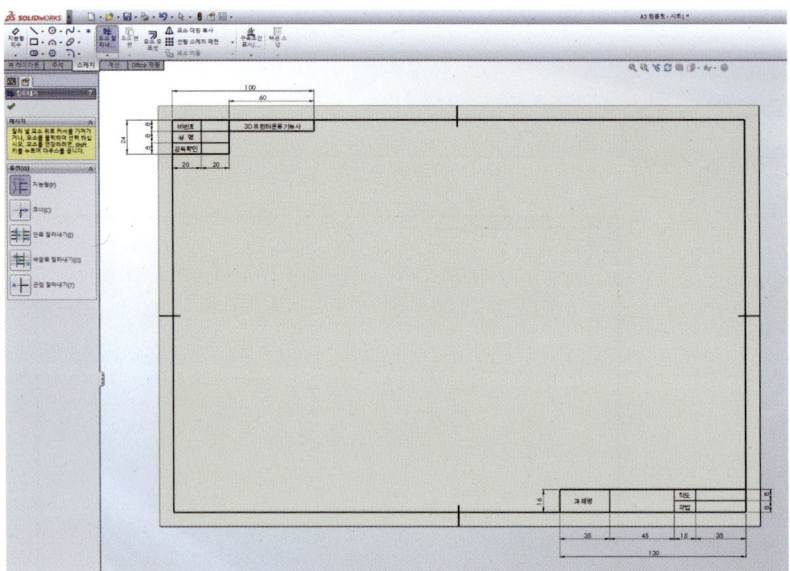

그림2-17　요소 제거1

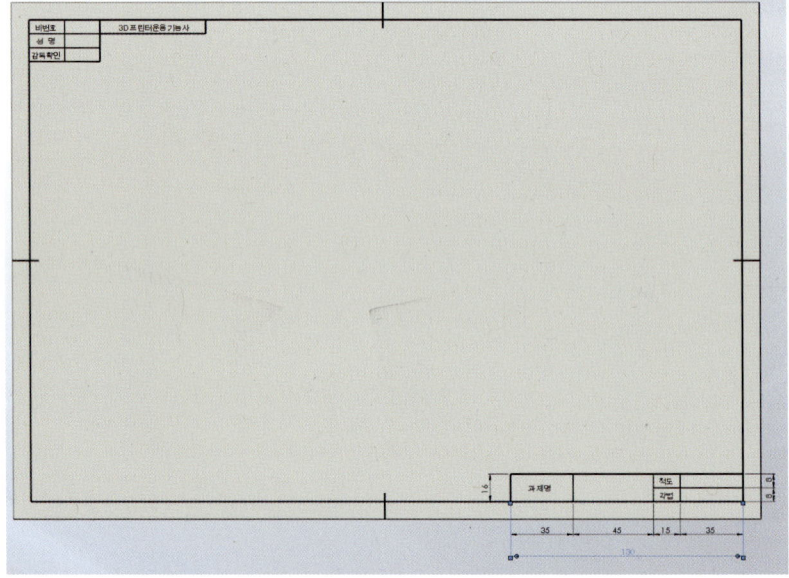

그림2-18　요소 제거2

07 완성된 도면 템플릿

❶ 3D프린터운용기능사의 도면 템플릿 완성

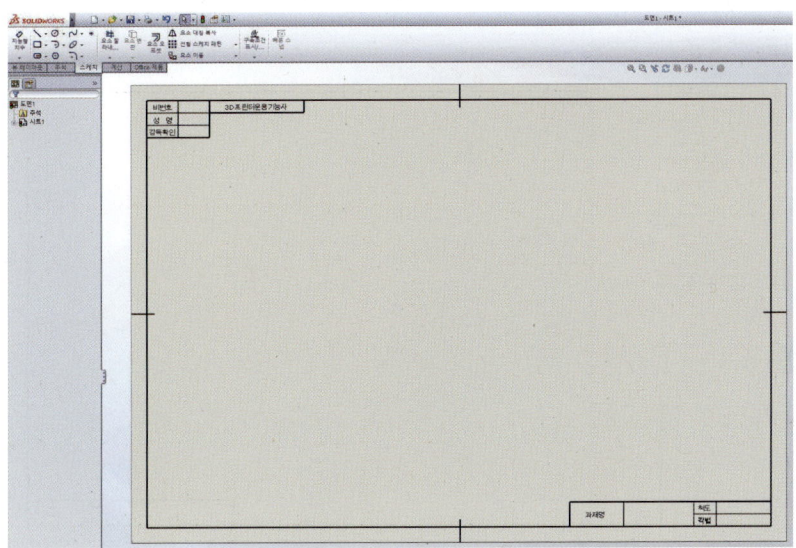

그림2-19 완성된 도면 템플릿

08 완성된 도면 템플릿 저장

❶ 파일→시트 형식 저장

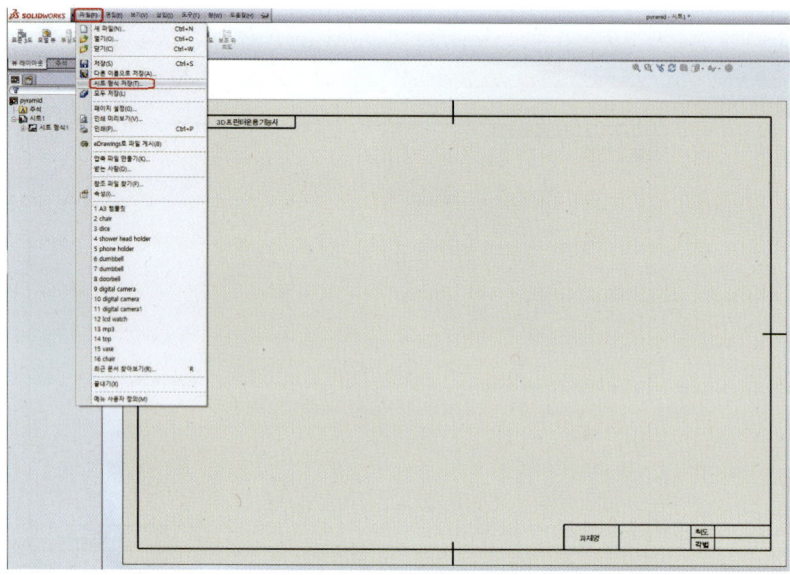

그림2-20 시트 형식 저장

❷ 저장하고자 하는 폴더 지정→파일 이름(A3 템플릿 완성)→파일 형식(도면 템플릿 (*.drwdot))

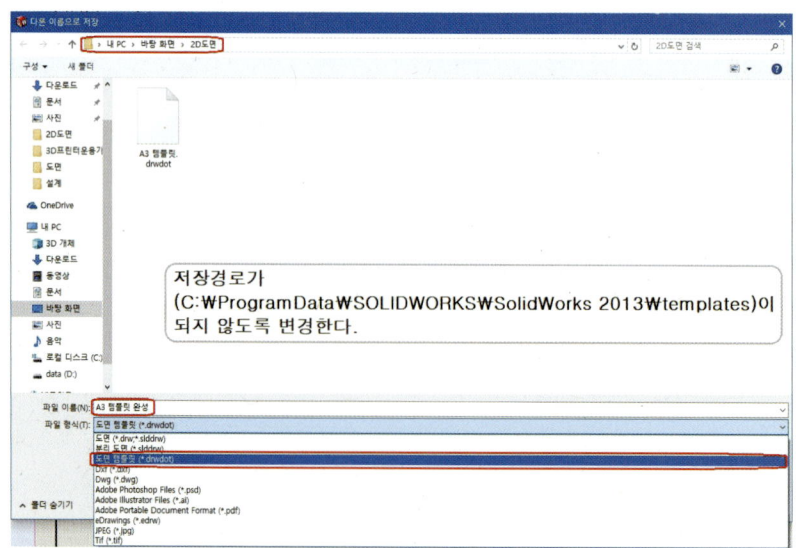

그림2-21 A3도면 템플릿 저장

09 도면 불러오기

❶ 2D도면→A3템플릿.drwdot→열기

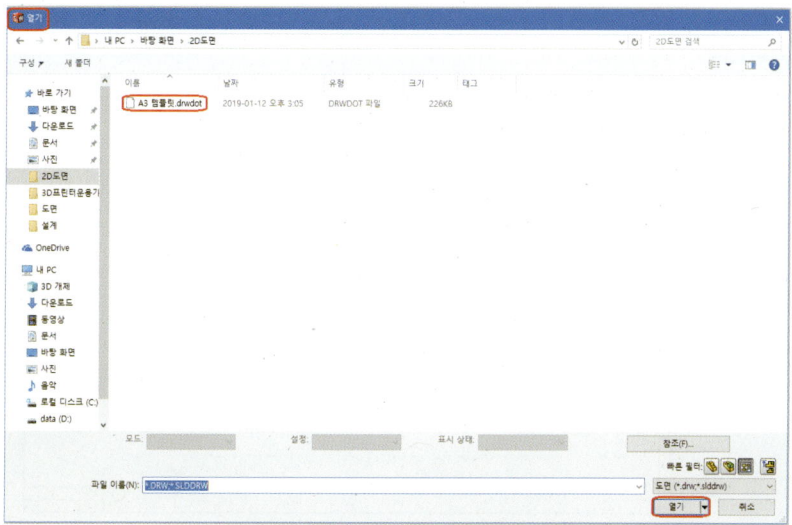

그림2-22 새로 만든 A3도면 템플릿 열기

❷ 모델 뷰를 클릭한다.

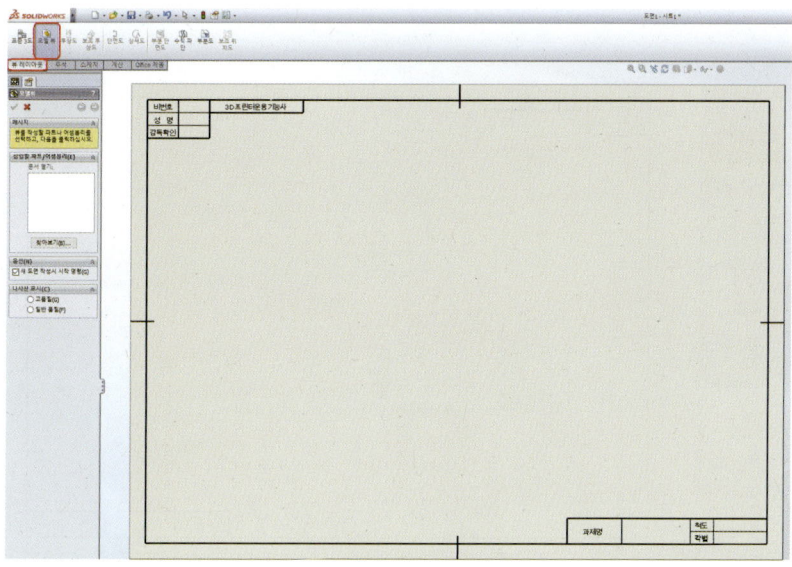

그림2-23 모델 뷰

❸ 찾아보기를 클릭하여 3D 모델링 작업한 제품모델을 찾는다.
❹ 폴더에 저장된 도면을 클릭한다.
❺ 열기를 클릭한다.

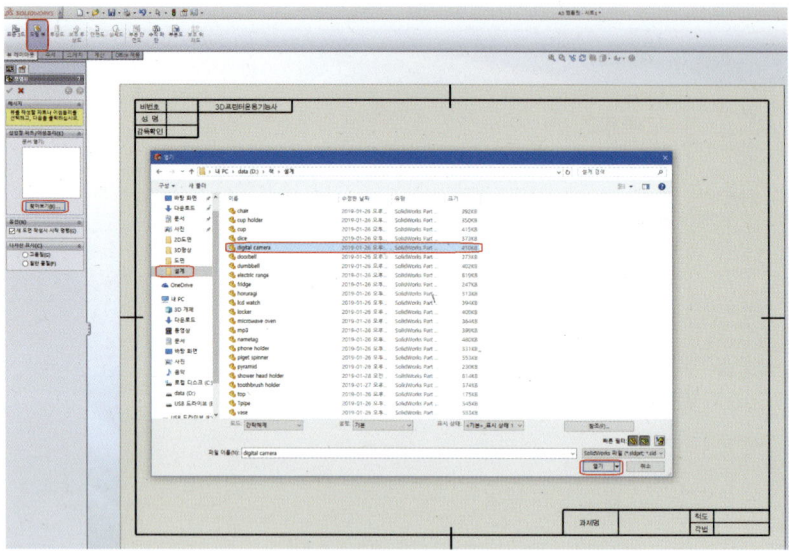

그림2-24 모델 뷰 열기

❻ 모델 뷰→정면→은선 제거를 설정한다.

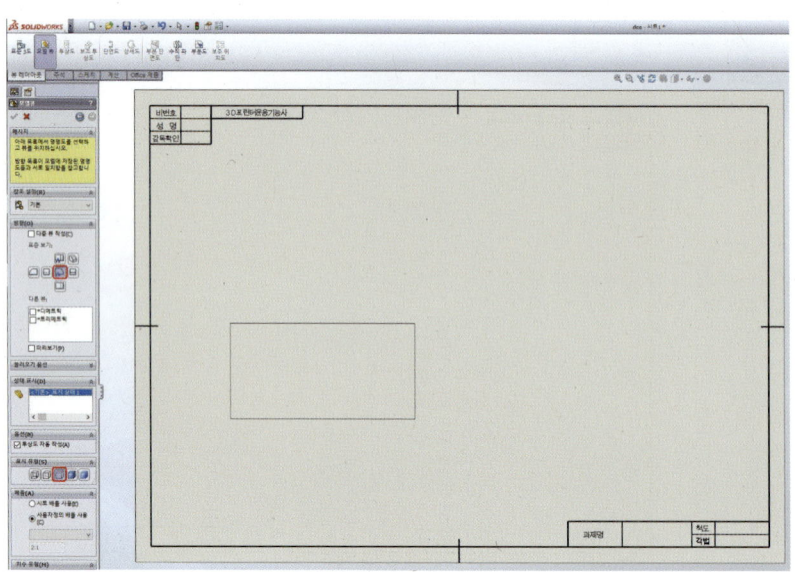

그림2-25 정면보기

❼ 도면창에 모델 뷰를 3각법에 의거 적절하게 배치한다.

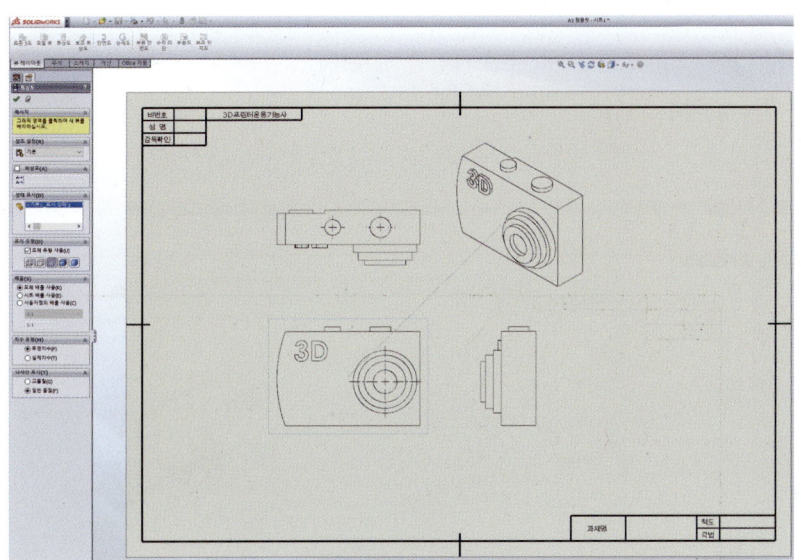

그림2-26 모델 뷰 배치

❽ 배치된 도면을 확인할 수 있다.

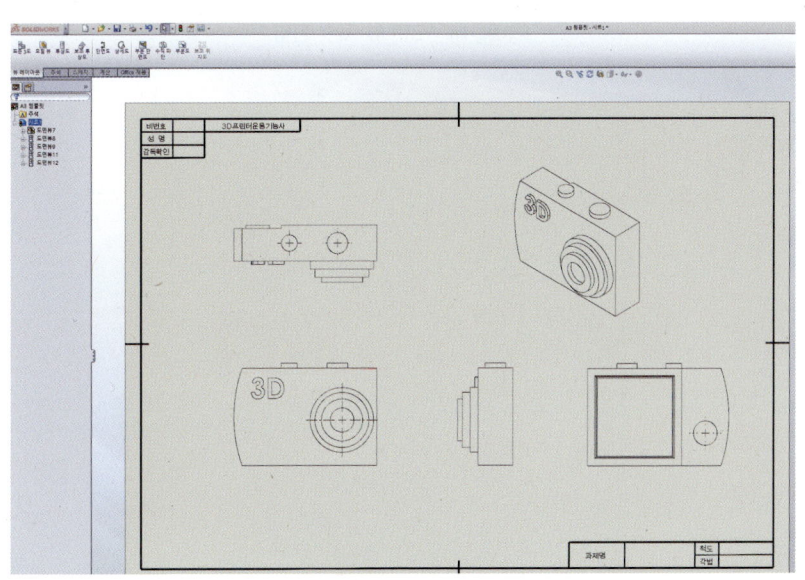

그림2-27 도면 배치

10 치수 기입하기

❶ 도면의 치수값을 보고 도면 뷰에 치수 기입을 해준다.
❷ 스케치 → 지능형 치수 기입

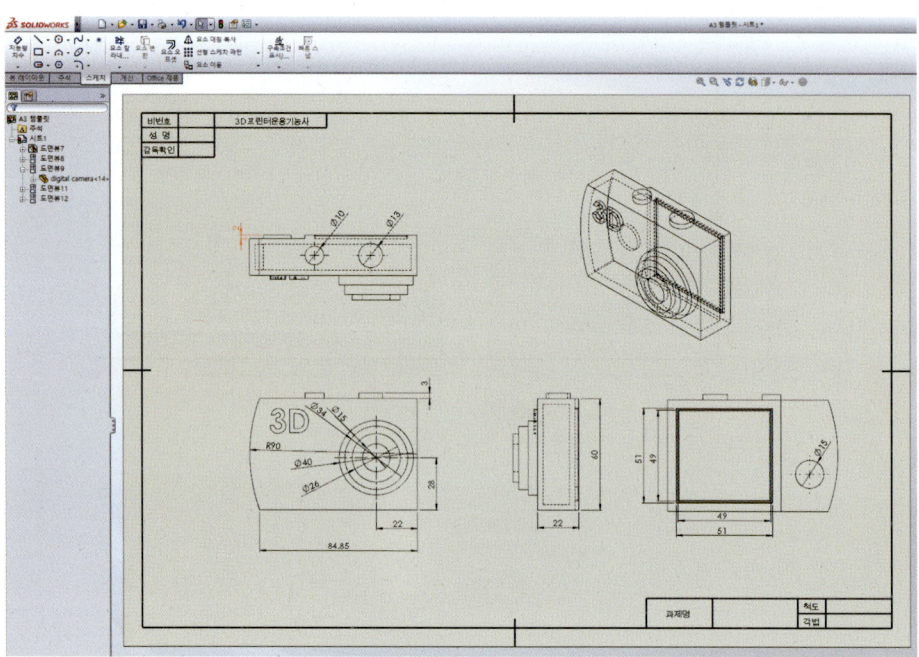

그림2-28 도면 뷰 치수 기입

11 치수 텍스트 편집하기

❶ 변경해야 할 치수 텍스트를 선정한다.
❷ 치수 텍스트에서 변경시킨다.

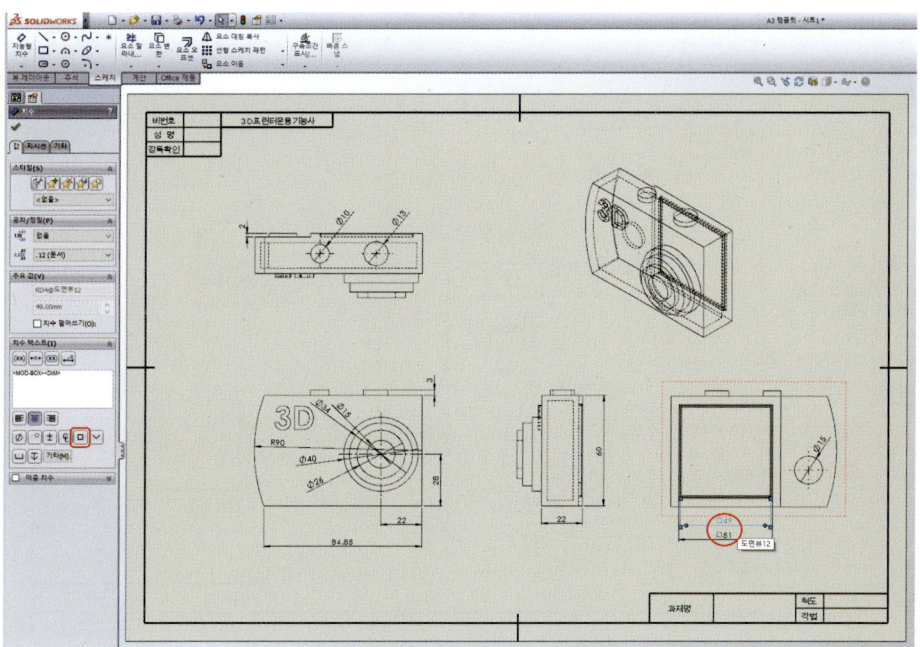

그림2-29 치수 텍스트 수정

12 모서리 선 숨기기/표시 및 은선제거 설정

❶ 도면의 불필요한 선들을 숨기기 위해 선형을 클릭→모서리 숨기기/표시를 클릭한다.
❷ 은선 표시가 나왔을 때 은선 제거를 설정한다.

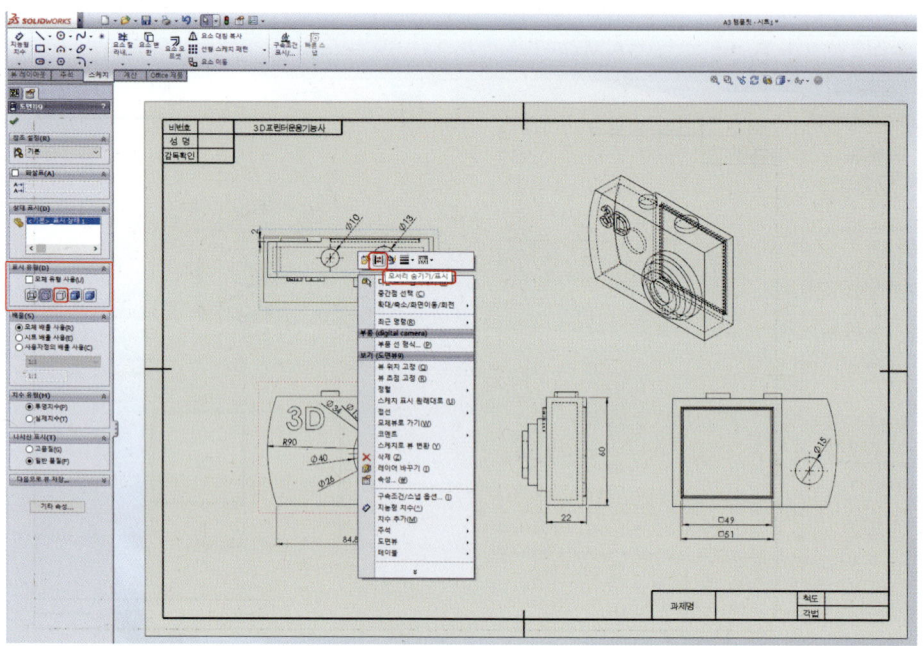

그림2-30 모서리 숨기기

13 과제 제출하기(완성된 제품 도면 및 3D 모델링)

❶ 완성된 제품 도면

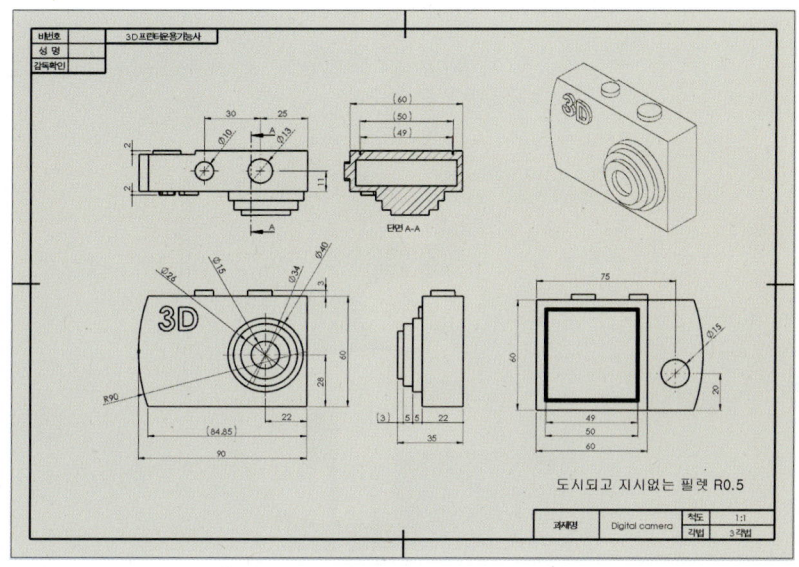

그림2-31 2D 도면

❷ 완성된 제품 3D 모델링

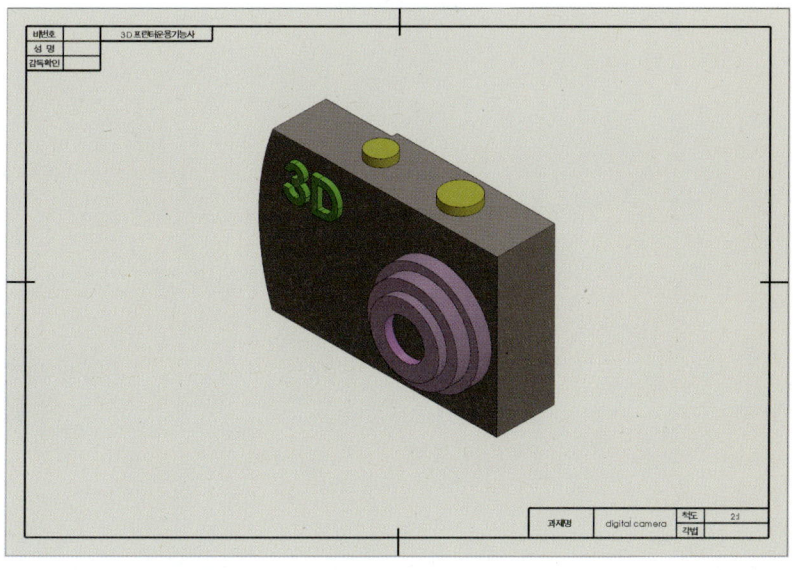

그림2-32 3D 모델링

PART 03
제품스캐닝

✧ **CHAPTER 01** 3D스캐너 구성과 준비
✧ **CHAPTER 02** 모델제품 스캔하기
✧ **CHAPTER 03** 스캔데이터 보정하기
✧ **CHAPTER 04** 스캔(Scan) 시 주의해야 할 사항

01 3D 스캐너 구성과 준비

- 3D 스캐너의 구성과 준비에 필요한 장비사양과 명칭을 알고 이해할 수 있다.
- 장비의 구성품을 알고 장비설치와 기본테스트를 할 수 있어야 한다.

3D스캐너란 모델제품의 3차원적인 형상과 치수를 측정할 수 있는 장비이다. 그 종류에는 접촉식 스캐너와 비접촉식 방식의 레이저 스캐너로 구분되며 각 범용 CAD들과의 호환으로 인하여 리버스 엔지니어링에 하나의 솔루션을 제공한다. 장비의 사용으로 인하여 디자인 부분, 지그 제작 등에 높은 효율성을 자랑하고 있다.

접촉식 스캐너는 3축 형상의 입력으로 탁월한 기능을 가지고 있지만 느린 속도와 언더 컷 부분은 스캐닝 입력이 왜곡되는 부분이 제품의 한계성이 있다. 레이저 스캐너는 정밀한 표면 스캔 능력을 가지고 있으나 모델제품의 형태에 따라 편차가 나타나며 장비 사용자의 그래픽 프로그램 수준이 요구된다.

그림3-1 레이저 스캐너(LPX-60모델)

01 장비 사양

사용자에게 친근하게 접할 수 있는 소프트웨어가 포함되어 있으며, 하나의 버튼으로 통제가 가능하다. 고품질의 높은 정밀도의 디지털 데이터를 다양한 모델 조형으로부터 넓은 스캔 영역의 스캔데이터를 얻을 수 있는 이점이 있다.

스캔 방식	Spot-beam triangulation(지점 - 광선 삼각측량)
스캐닝 이송 속도	원형 테이블 : 10.06rpm, Head - 회전 4.98rpm, 이송 속도 50mm/sec
스캔 최대 영역	직경 : 203.2mm , 높이 : 304.8mm, 평면 : 길이 203.2mm
스캔 단위	높이 : 0.2~304.8mm, 평면 : 길이 0.2~203.3mm, 회전 : 3.6도에 원주 0.2mm
연결 방식	USB 케이블
외형 치수 및 무게	500mm(W) X 382mm(D) X 619mm(H) / 32kg
반복 정밀도	±0.05mm
테이블 사이즈	직경 203.2mm
테이블 적재 무게	5kg
센서	비접촉 레이저 방식
레이저 모듈	Wavelength : 645~660nm 최대 출력 : 0.39µW 이하
전원 공급	전용 AC Adapter (DC +19V 2.1A)
전력 소모량	약 20W
적정 온도 및 습도	10~40℃ / 35~80%(무응결 상태에서)

표3-1 장비 사양

운영체제	Windows® 2000/XP/2000/Me/98 SE
메모리	512MB 이상 권장
CPU	Pentium 4 이상 권장
모니터	800 X 600 해상도, 16Bit 컬러(high color) 이상, OpenGL 호환 그래픽카드
하드웨어 용량	Dr.PICZA : 20MB 이상, LPX EZ Studio : 100MB or more

표3-2 장비 S/W 및 H/W

02 장비의 명칭

그림3-2 정면

그림3-3 뒷면

03 기본 구성품

그림3-4 3D스캐너와 노트북

그림3-5 참조 안내서

그림3-6 전원 케이블

그림3-7 USB 케이블

04 장비 설치 및 기본 테스트

❶ 작업 테이블에 스캐너와 노트북 설치(견고히 잘 고정된 테이블 준비)

그림3-8 3D스캐너와 노트북

❷ 장비 전원 코드 · USB 케이블 연결 및 전원 켜기

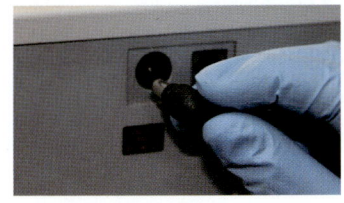  

그림3-9 전원 코드 연결   그림3-10 USB 케이블 연결   그림3-11 장비 전원 켜기

❸ 스캔 테스트를 실행한다.

 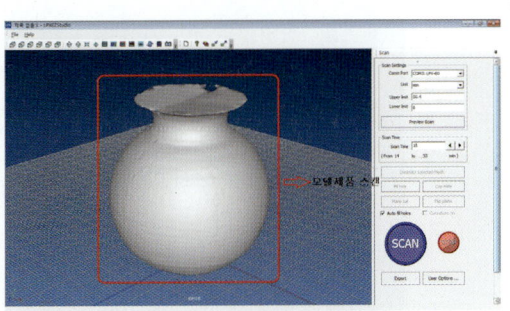

그림3-12 시험용 모델제품 준비   그림3-13 시험용 모델제품 스캐닝

02 모델제품 스캔하기

모델제품 형상을 스캔 및 저장할 수 있어야 한다.

1 스캔 받을 모델제품 형상을 테이블 위에 고정시킨다.

SolidWorks도 다른 3D CAD와 같이 실행 파일을 찾아 클릭하거나 더블클릭하여 시작한다.

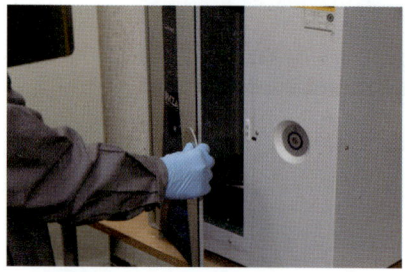

그림3-14 스캐너의 문을 연다.(LPX-60)

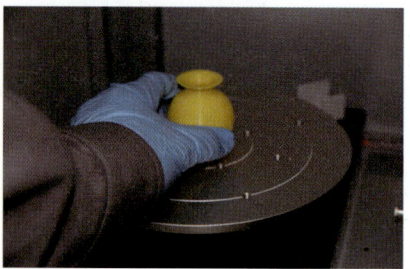

그림3-15 모델제품 형상을 테이블 중앙에 배치 고정

2 Roland LPX EZ Studio를 실행 한다.

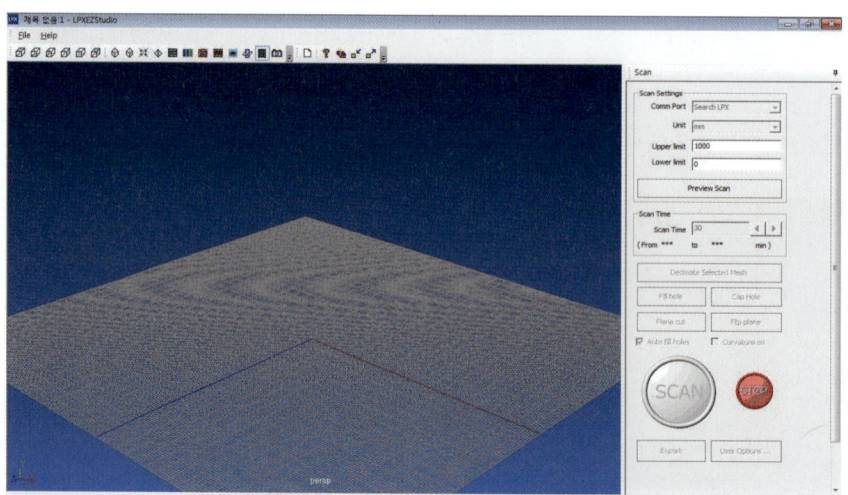

그림3-16 Roland LPX EZ Studio 실행창

3 장비의 전원을 켠다.

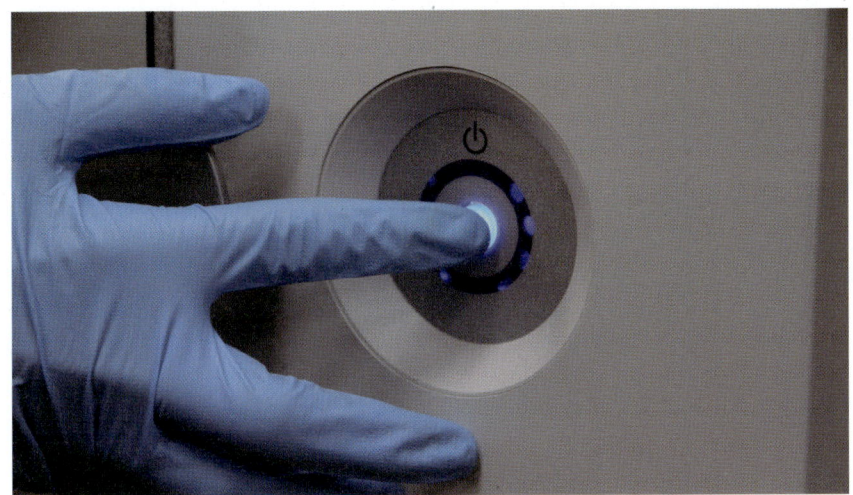

그림3-17 장비 전면 단추 버튼을 누른다.

4 미리보기 스캔(Preview Scan)을 클릭한다.

(※주의! 이 시점부터는 절대로 장비의 문을 열지 말아야 하며, 전원스위치를 눌러서도 안 된다. 모델제품의 미리보기 형상을 스캔 시작한다.)

❶ 기본 Search LPX가 연결된 포트를 선택한다.
❷ 미리보기가 시작된다.

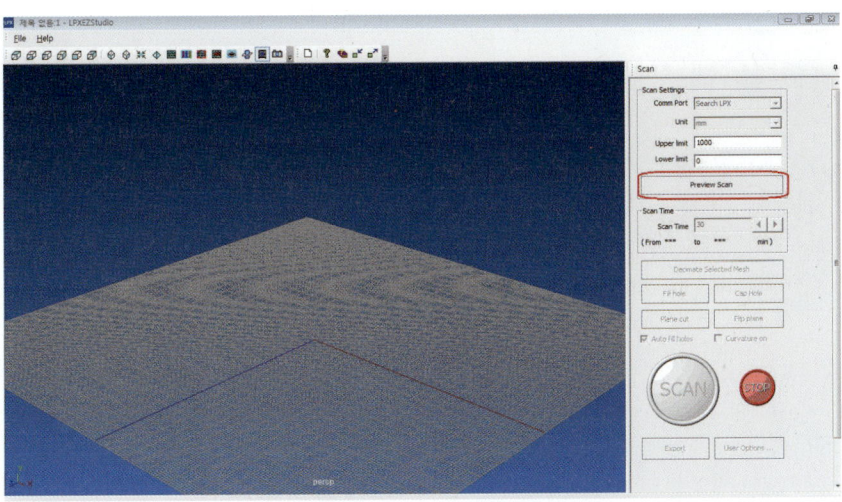

그림3-18 Preview Scan 클릭

5 **미리보기 스캔(Preview Scan) 기본 값(와이어 모델)이 화면에 나타난다.**

❶ 스캔 Settings를 COM3:LPX-60가 연결된 포트로 선택한다.
❷ 사용자는 물체 외형을 와이어 모델로 볼 수 있고, 자동으로 스캔높이와 스캔넓이가 설정된다.
❸ Scan Time은 자동으로 기본 시간이 설정된다.

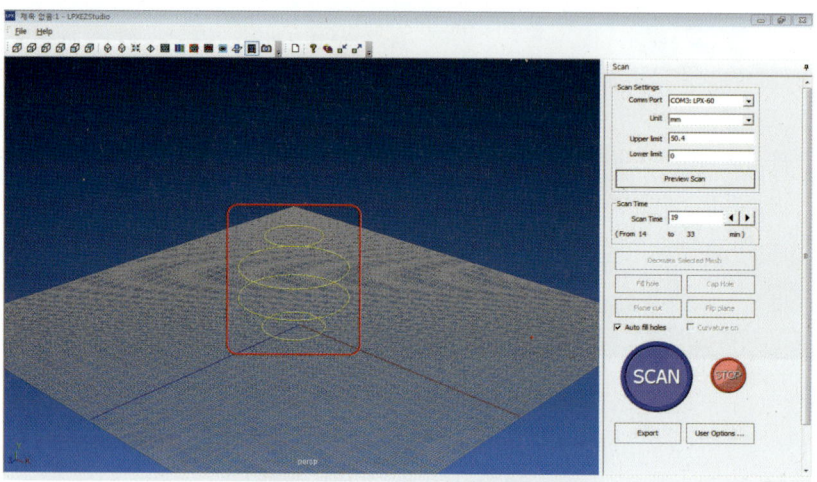

그림3-19 Preview Scan 기본창

6 **스캔 항목 설정 값을 정한다.**

❶ Unit 단위 설정 inch를 mm로 변경한다.
❷ 모델제품의 정보로부터 스캔 시간이 계산되므로 높은 품질의 스캔 데이터를 얻고자 하면 시간을 추가하면 된다.

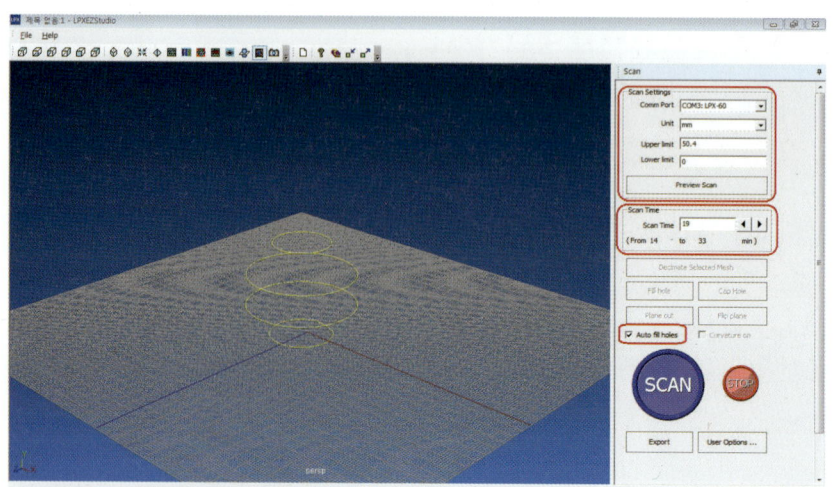

그림3-20 Preview Scan 설정 후 창

7 스캔 버튼이 활성화 되면 버튼을 클릭한다.

SCAN 버튼을 누르면 스캔이 시작된다.

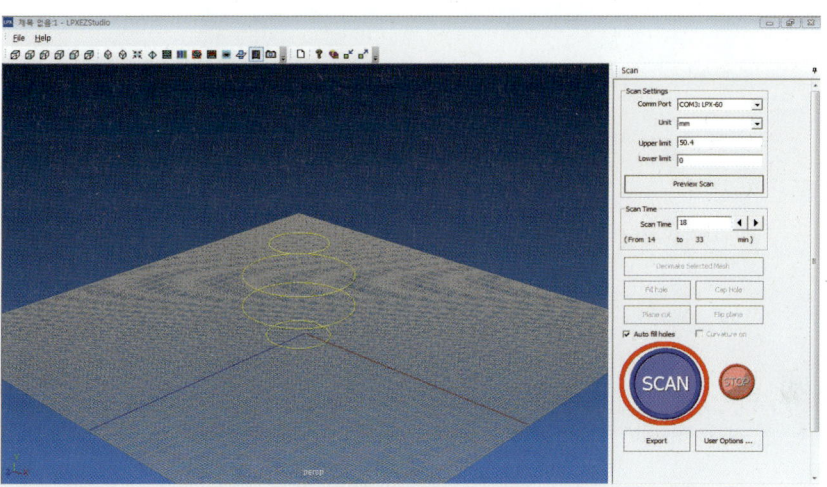

그림3-21 스캔 시작

8 모델제품 스캔 완료

스캐닝이 완료되면 자동으로 여러 면을 Auto Merge하고, 필요 없는 부분을 자동으로 삭제해 준다.

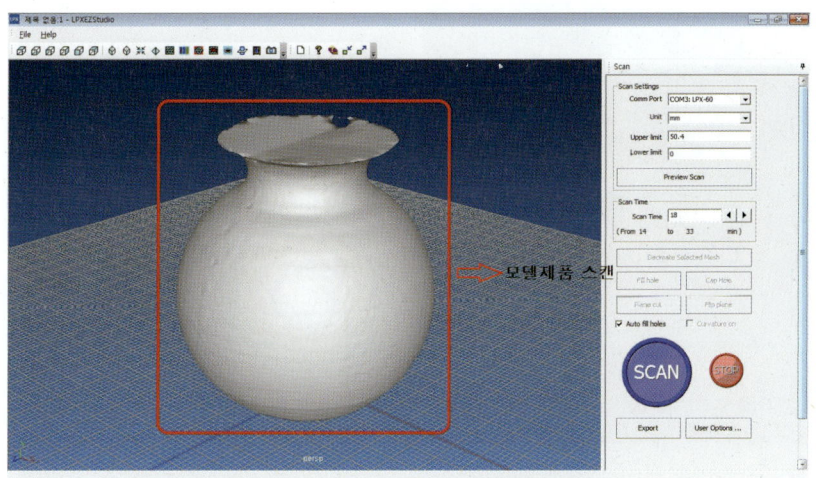

그림3-22 모델제품 스캔 완료

9 File→Export를 클릭한다.

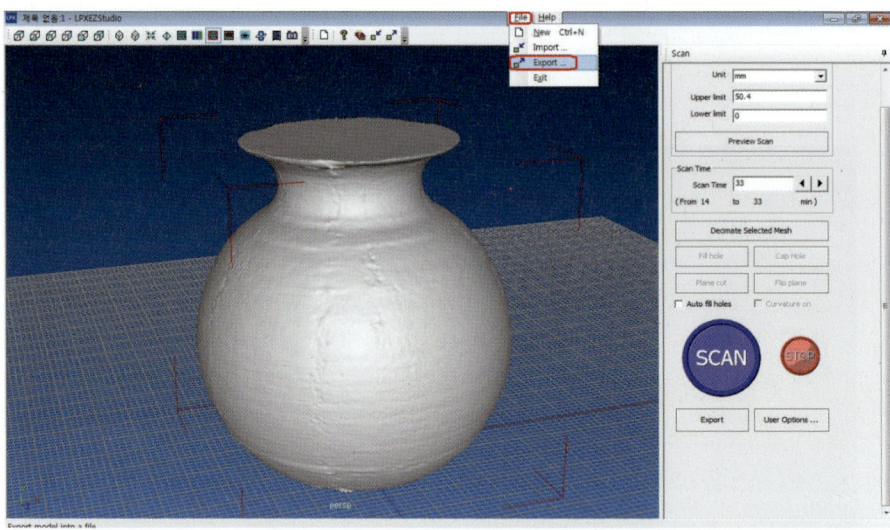

그림3-23 File→Export

10 저장할 폴더에 저장한다.

파일형식은 GSF Files(*.gsf), STL Files(*.stl), Point Cloud Files(*.xyz), *.3dm으로 저장

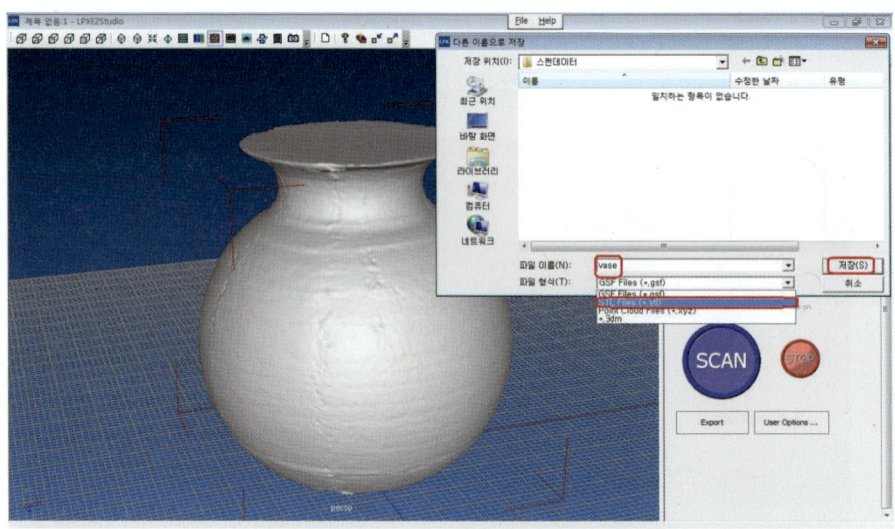

그림3-24 스캔데이터 저장

03 스캔데이터 보정하기

SolidWorks를 활용하여 스캔데이터를 보정할 수 있다.

1 SolidWorks를 실행한다.

그림3-25 SolidWorks 실행 창

2 새문서 단일 설계 파트의 3D 재현을 클릭하고 확인을 누른다.

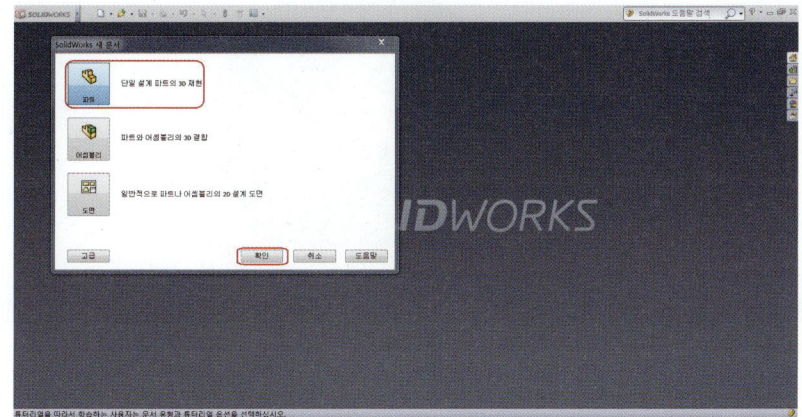

그림3-26 새문서 파트 열기

PART 03 제품스캐닝 155

3 스캔데이터 불러오기

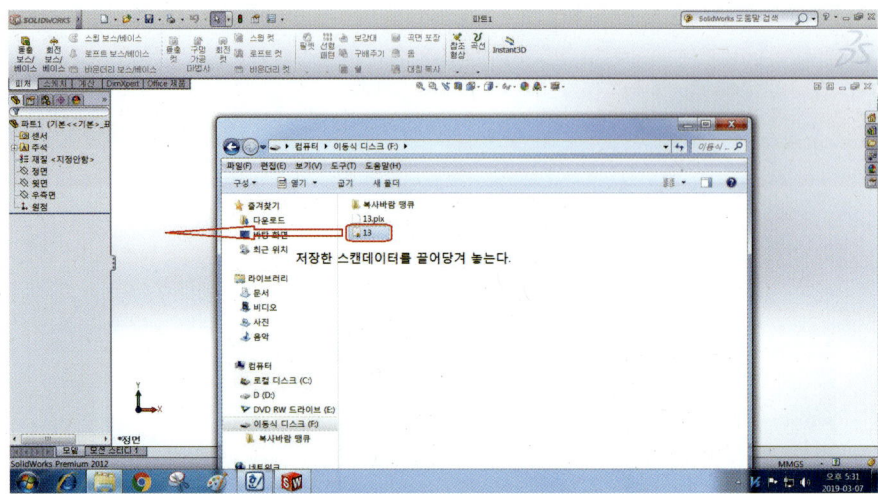

그림3-27 스캔데이터 불러오기

4 보정해야 할 스캔모델

그림3-28 스캔모델

5 보정할 면(정면)을 선택하고 중심선을 클릭한다.

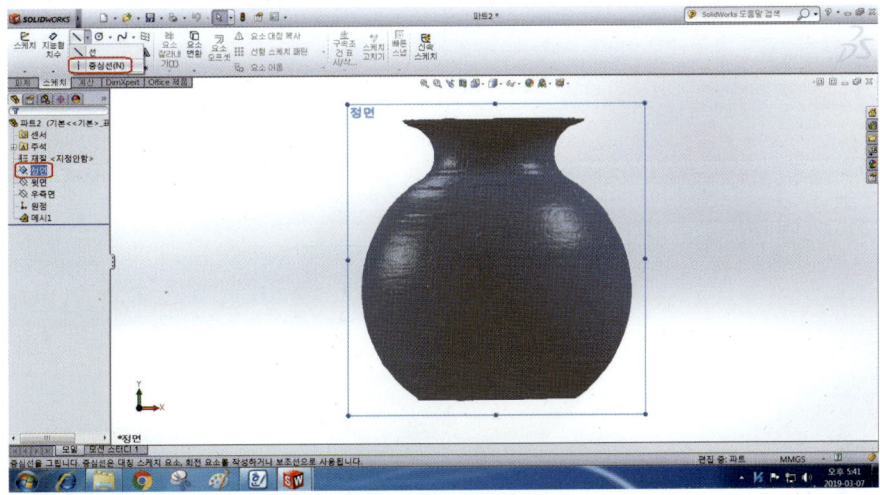

그림3-29 면과 중심선 선택

6 중심선을 스케치한다.

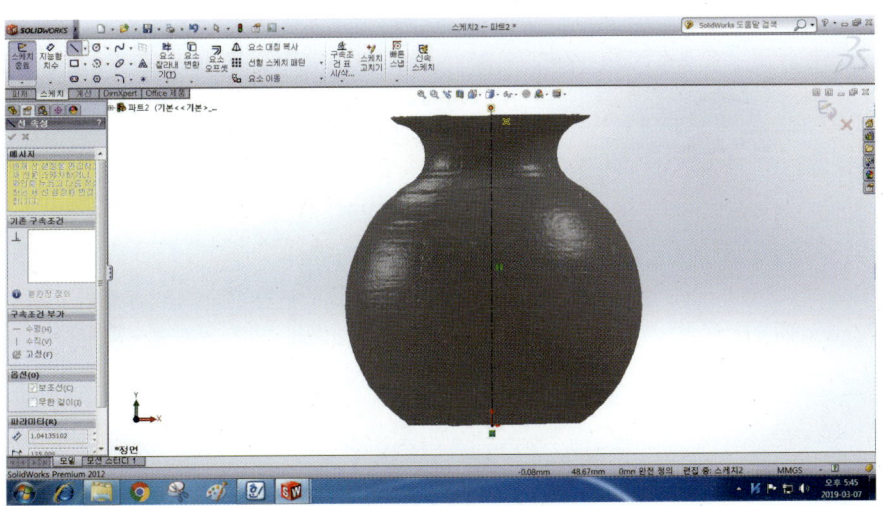

그림3-30 모델면의 중심선 스케치

7 보정해야 할 모델의 형상을 따라 선과 자유곡선을 이용하여 스케치한다.

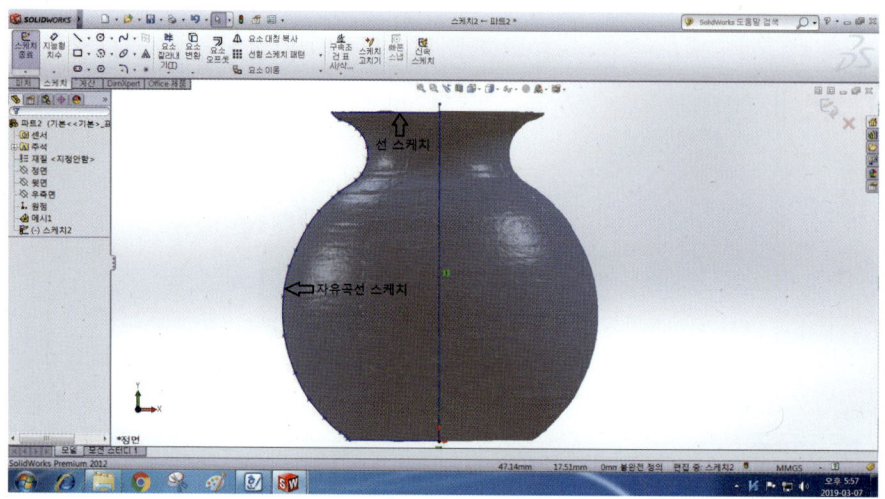

그림3-31 모델면의 선과 자유곡선 스케치

8 피처→회전 보스/베이스를 클릭한다.

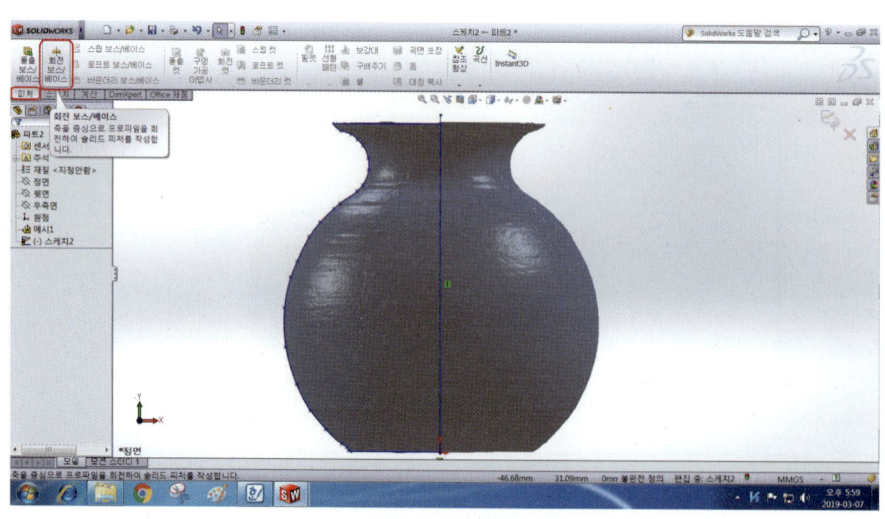

그림3-32 회전 보스/베이스 선택

9 선과 방향 각도값을 설정하고 확인을 클릭한다.

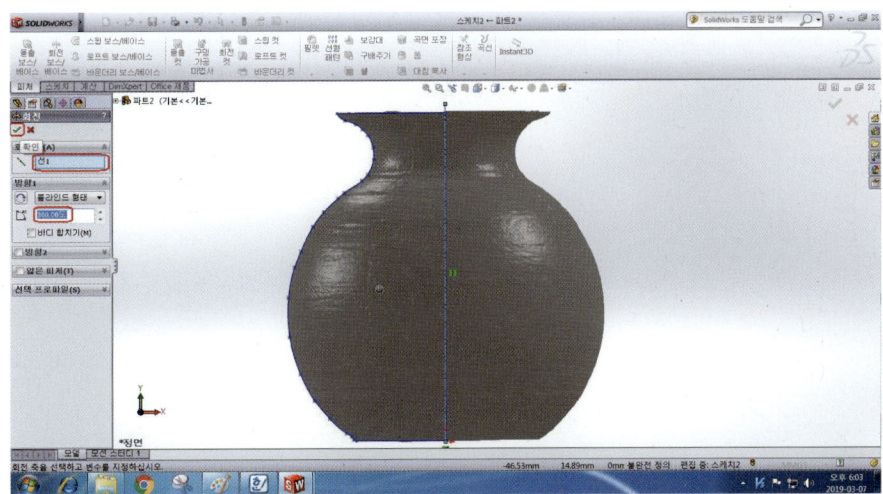

그림3-33 선과 방향을 선택

10 메시 숨기기를 한다.

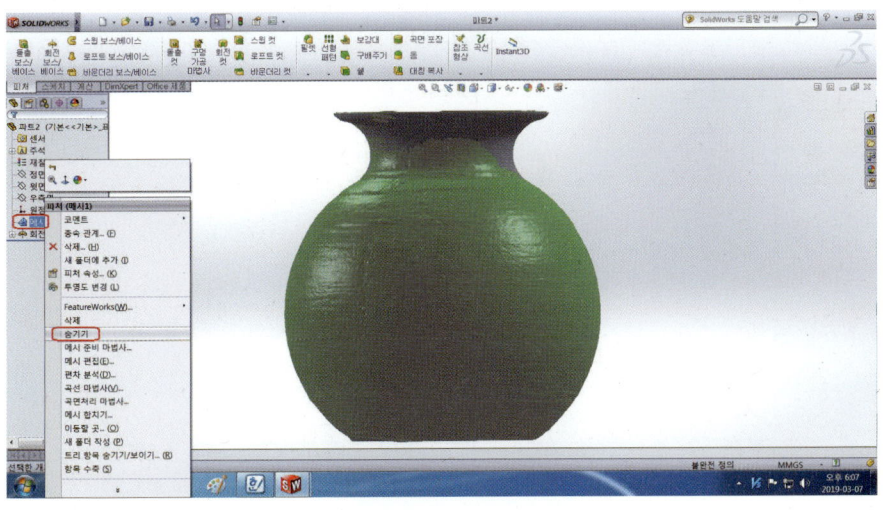

그림3-34 메시 숨기기

PART 03 제품스캐닝

⑪ 피처→보정할 3D모델에 쉘을 선택한다.

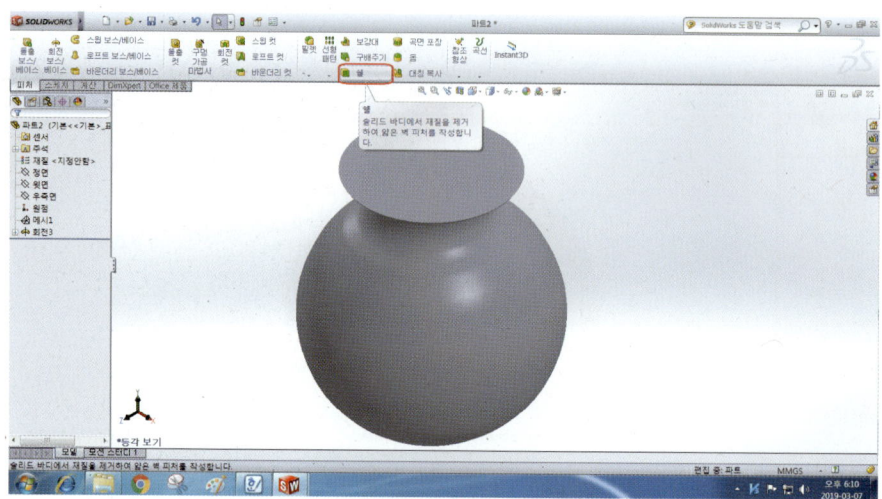

그림3-35 쉘 선택

⑫ 보정할 3D모델에 두께값을 주고 면을 선택한다.

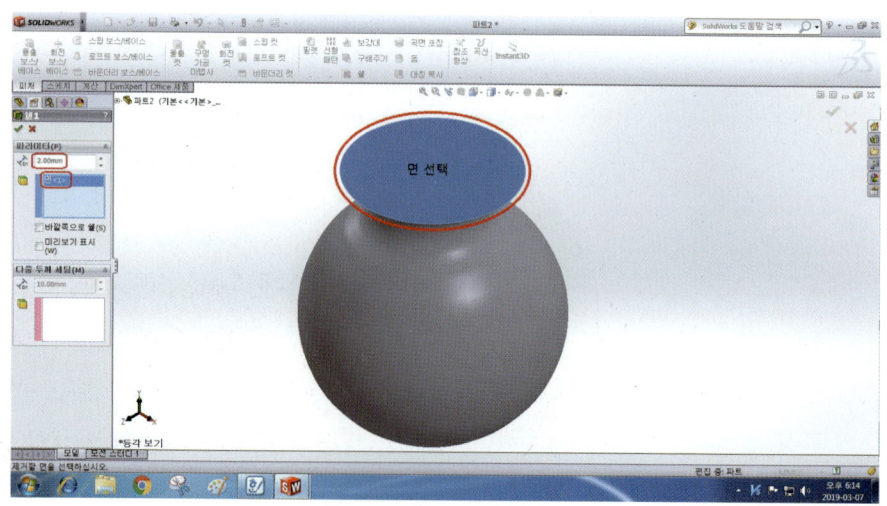

그림3-36 두께 값과 면 선택

13 피처→꽃병 3D모델의 상부 모서리선 필렛을 선택한다.

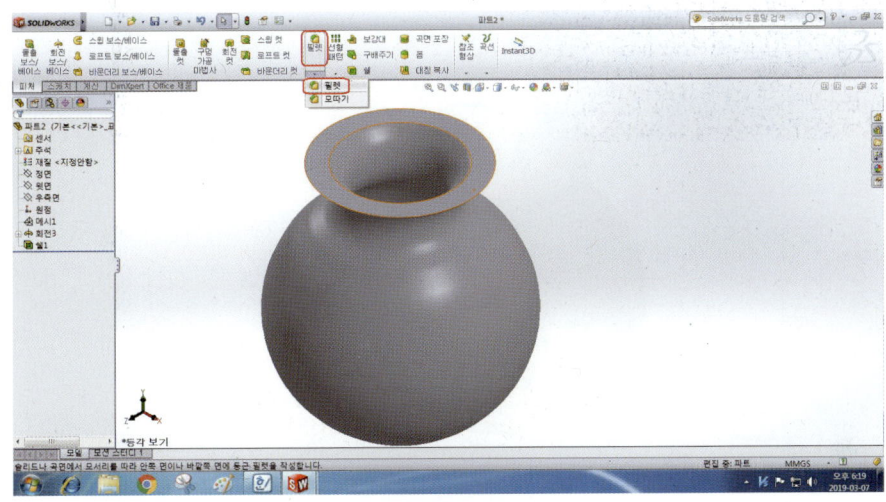

그림3-37 필렛 선택

14 꽃병 3D모델의 상부 모서리선 필렛값을 0.5mm로 준다.

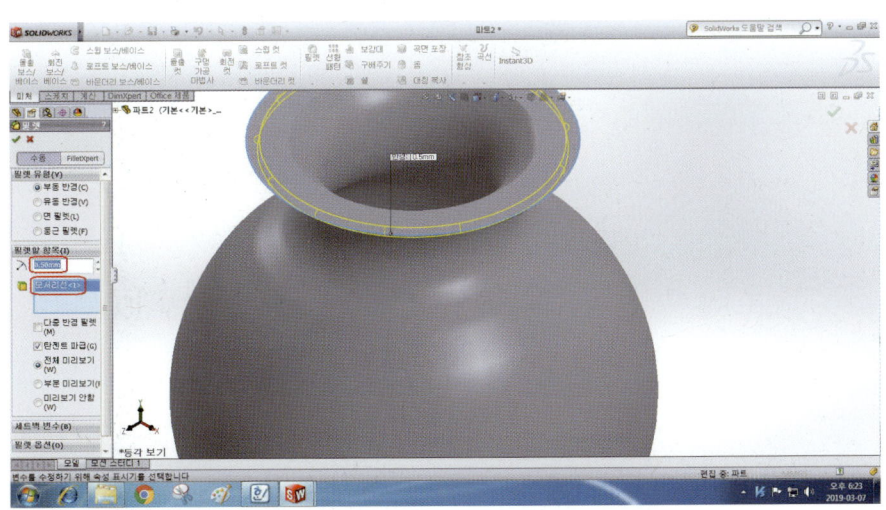

그림3-38 모서리선 선택과 필렛값 지정

⑮ 표현 편집과 보정이 완성된 3D모델제품

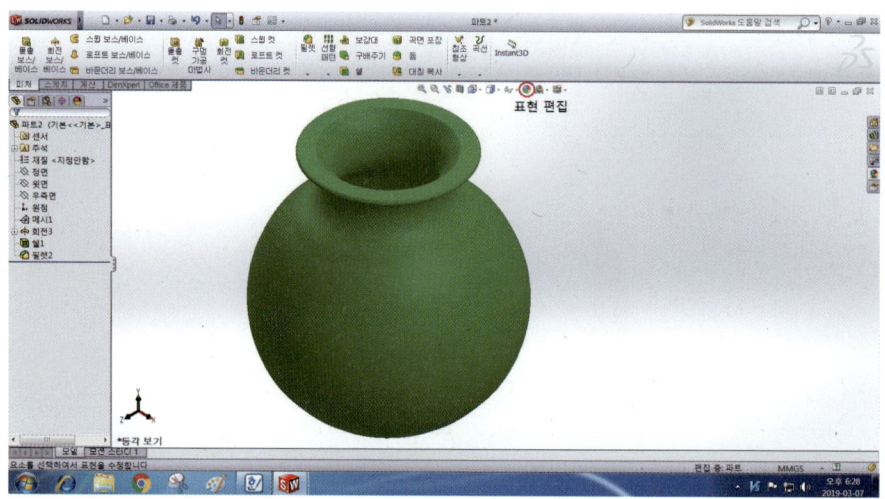

그림3-39 표현 편집과 보정이 완료된 모델제품

04 스캔(Scan) 시 주의해야 할 사항

모델제품의 크기 및 재료 선정과 소재에 따른 예를 알아보고 스캔 시 주의해야 할 사항을 숙지한다.

1 스캔해야 할 모델제품의 크기

제품의 크기가 스캔 가능 공간(203.2㎜×304.8㎜)보다 클 경우 스캔할 수 없다. 스캔 가능 공간 이상의 제품은 부분적으로 구분하여 스캔해야 한다. 크기가 큰 제품들은 [그림 3-40]처럼 스캔 가능한 공간 밖으로 나오지 않아야 한다.

그림3-40 스캔 가능 공간

❷ 스캔 대상의 형태(모양)

레이저 빔이 얕은 각도로 부딪히는 부위는 스캔되지 않는다.

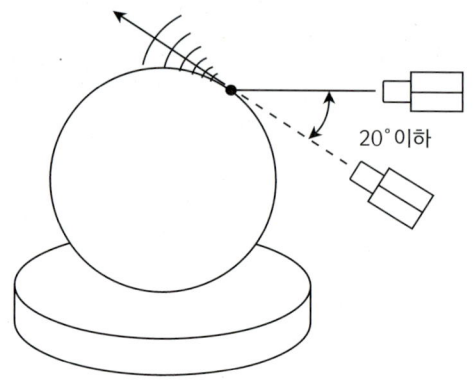

❸ 스캔 대상의 재료 선정

❶ 비교적 매끄럽거나 부드러운 표면의 물체가 스캔에 적합하다.
❷ 천이나 물체에 거친 털과 보풀이 나 있는 경우는 스캔되지 않는다.

그림3-41 매끄러운 표면을 가진 물체 스캔 전

그림3-42 스캔 결과 형상(보정 전)

그림3-43 보풀이 있는 물체(스캔 전)

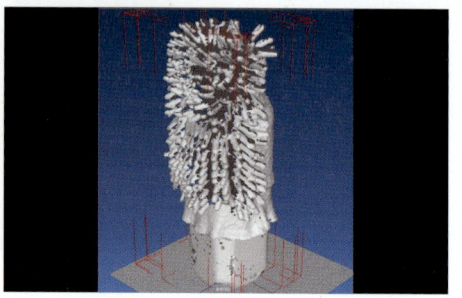

그림3-44 스캔 결과 형상(보정 전)

◎ **다음 그림의 내용은 여러 소재의 예를 나타낸 것이다.**

제품이 만들어진 재료의 종류, 특성, 색깔 때문에 스캔하기 어렵다.

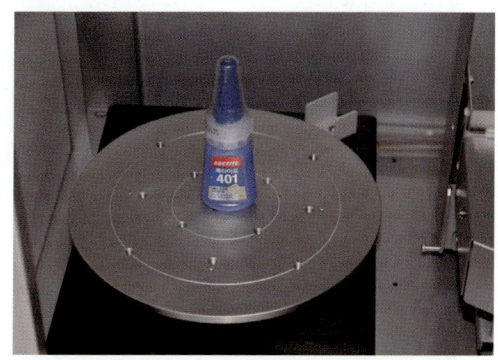

그림3-45 빛을 투과하지 못하는 제품 스캔 적합 〈예 강력접착제〉

그림3-46 스캔 결과 형상(보정 전)

그림3-47 빛이 투과되거나 투명한 제품 스캔 부적합 〈예 유리컵〉

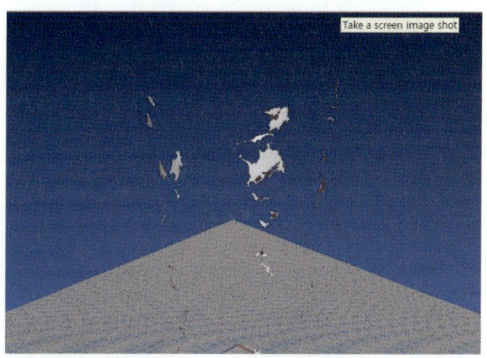

그림3-48 스캔 결과 형상(보정 전)

그림3-49 밝은 색상의 제품(노란색, 빨간색, 흰색 등) 스캔 적합 〈예 팽이 모델제품〉

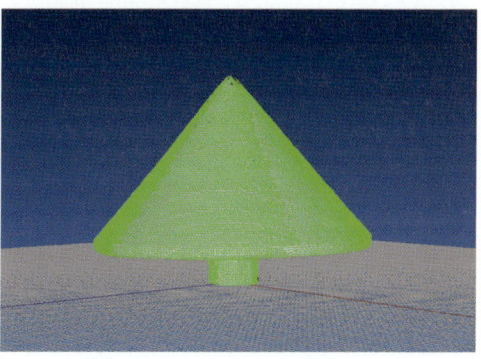

그림3-50 스캔 결과 형상(보정 전)

그림3-51 어둡고 짙은 색상의 제품(파란색, 검정색) 부적합 〈예〉흡착기

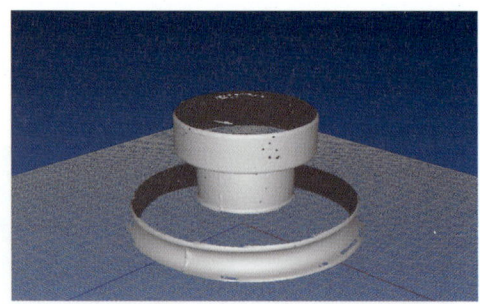
그림3-52 스캔 결과 형상(보정 전)

그림3-53 광택이 나지 않는 소재로 된 제품(나무, 석고, 모델링 점토 등)스캔 적합〈예〉공룡 3D퍼즐

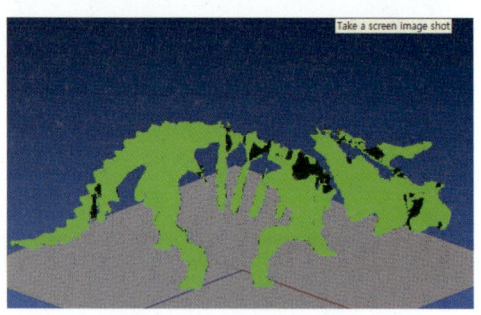
그림3-54 스캔 결과 형상(보정 전)

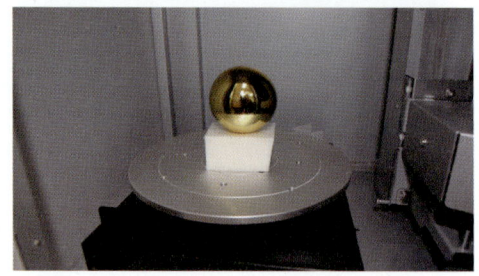
그림3-55 반사력이 강하고 광택이 나는 제품(거울·금속류 등) 스캔 부적합

그림3-56 스캔 결과 형상(보정 전)

❶ 스캔을 위해서는 제품표면에 코팅을 입혀준다
❷ 눈의 부상 방지를 위해서는 반사율이 강한 제품은 피하도록 한다.
❸ 레이저 스캐너는 검정색의 형상, 빛이 투과되거나 투명한 제품, 빛의 반사를 일으키는 제품 등은 스캔 시 적합하지 않다.
❹ 검정색의 제품들은 레이저의 빛을 흡수하기 때문에 실제 거리를 측정하는데 어려움이 뒤따른다.
❺ 빛의 산란을 유도하고 반사를 발생시키는 제품은 거리와 깊이 값을 측정하기 곤란한 점이 있다.

❹ 스캐닝 도중에 스캔장비의 손잡이를 잡거나 문을 함부로 열면 안된다.

❶ 장비가 멈추기 때문에 처음부터 다시 스캐닝을 해야 한다.

그림3-57 도어를 열었을 때 현상

❷ 스캔받을 제품모델의 형상이 언더컷이 있으면 다른 방향으로 스캔시간을 재설정하고 한 번 더 스캐닝한다.

❸ 또 다른 방법은 제품모델 형상의 위치를 바꾸어 스캐닝하는 것이다.

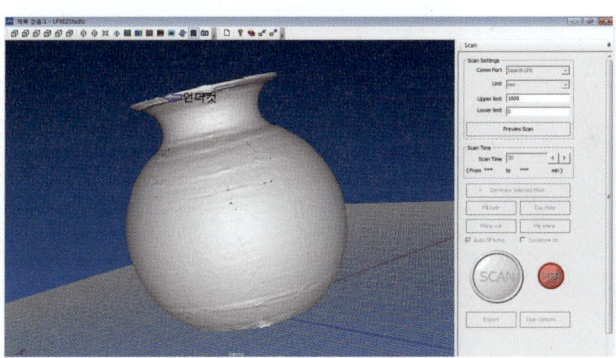

그림3-58 언더컷 부분이 나타난 모델 형상

❹ [그림 3-59]의 언더컷 부분의 모델형상은 역설계 소프트웨어 프로그램을 응용해서 수정을 한다.

그림3-59 역설계 프로그램을 응용 수정해 보정이 완료된 모델 형상

3D프린터 운용기능사

PART 04
3D프린터 SW 설정

04

- ◆ CHAPTER 01 큐라(Cura)의 설치
- ◆ CHAPTER 02 큐라(Cura) 창의 설정과 기본
- ◆ CHAPTER 03 큐라(Cura)의 기본메뉴
- ◆ CHAPTER 04 메이커봇 프린트(makerbot print)의 설치
- ◆ CHAPTER 05 메이커봇 프린트(makerbot print)의 설정
- ◆ CHAPTER 06 메이커봇 프린트(makerbot print)의 기본
- ◆ CHAPTER 07 출력용 데이터 생성(G-Code)

01 큐라(Cura)의 설치

큐라(Cura) 소프트웨어 프로그램을 설치할 수 있다.

Cura는 Ultimaker사에서 배포하는 대표적인 G-Code 변환 슬라이서이다.

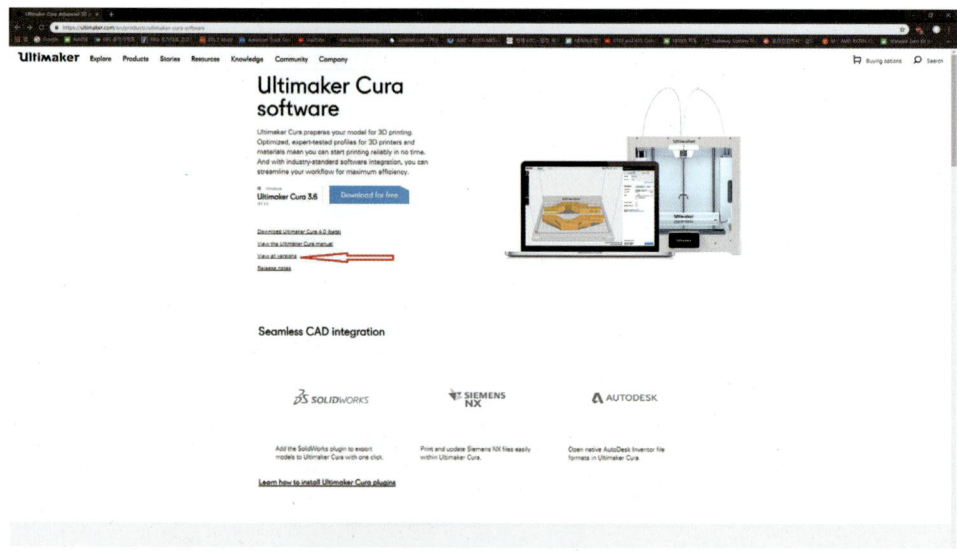

그림4-1 큐라 홈페이지

❶ 이 책에서는 신버전인 3.6버전이 아닌 구버전 15.04.2버전을 기준으로 설명할 것이므로 view all versions를 눌러 현재까지의 모든 버전을 띄운다. 스크롤을 내려 15.04.2버전을 선택한다.

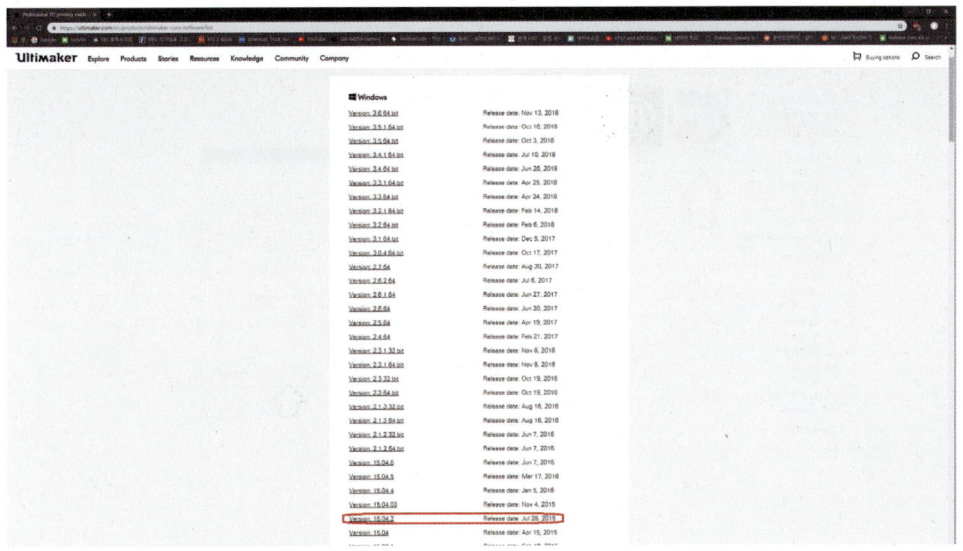

그림4-2 버전 확인

❷ 선택 후 현재 선택한 버전의 OS와 버전을 확인시키며 큐라의 사용 용도를 묻는다. 위에서부터 교육용, 개인사용, 전문작업용, 정보제공 안 함으로 나뉘어지는데, 맨 밑을 선택하는 것을 추천한다.

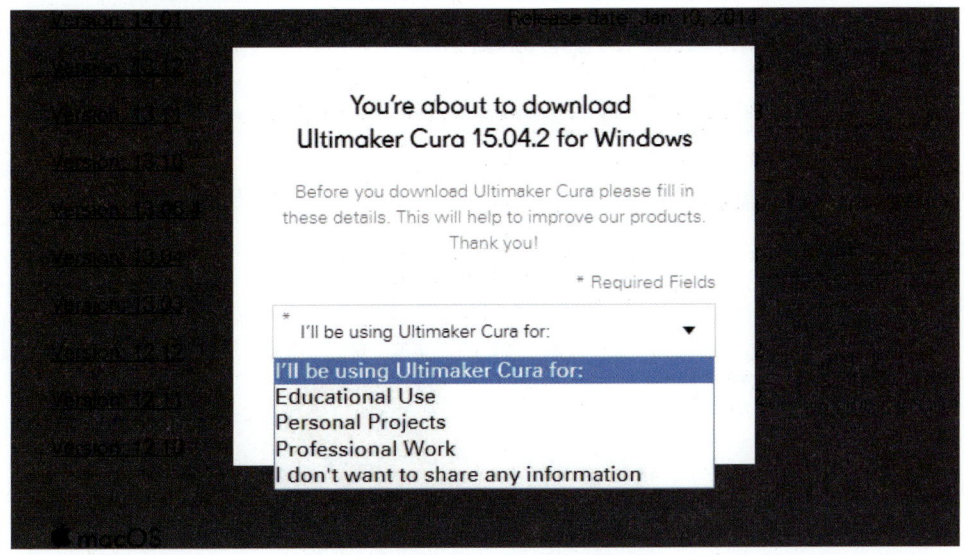

그림4-3 정보 제공창

PART 04 3D프린터 SW 설정

❸ 다운로드된 파일을 열어 설치를 시작한다. 설치될 폴더 위치를 확인한 후, 다음으로 진행한다.

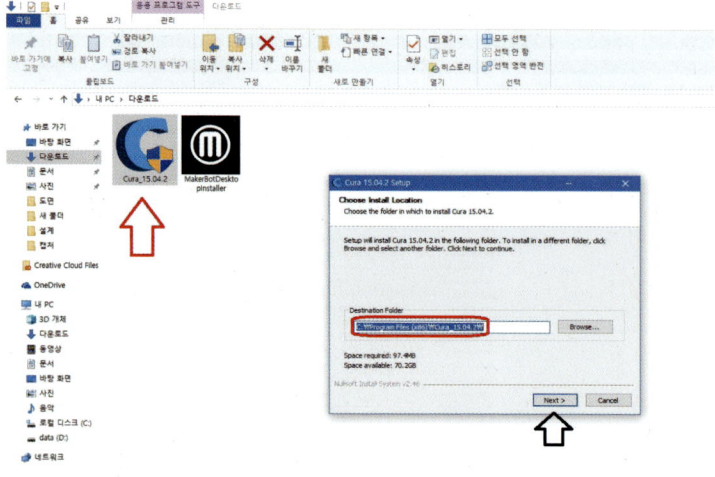

그림4-4 설치

❹ 아두이노 드라이버의 설치와 어떤 확장자명을 열 것인지 묻는다. 최대한 많은 파일을 여는 것이 좋으므로, *.STL, *.OBJ, *.AMF와 아두이노 드라이버의 체크박스를 모두 체크한다.

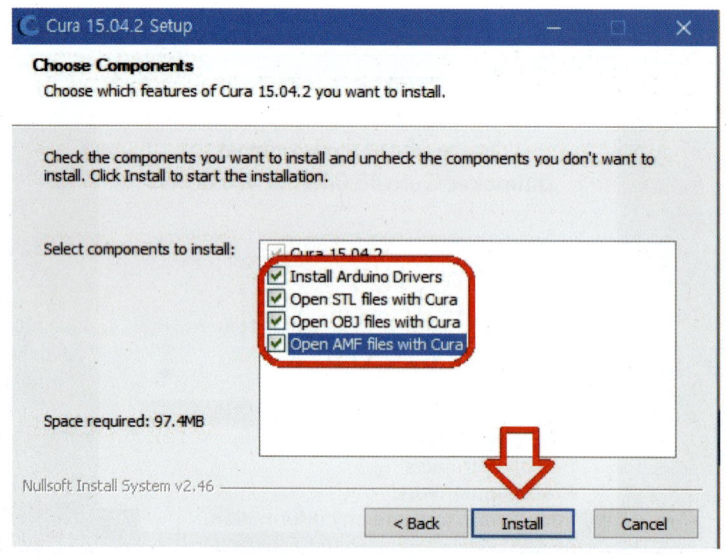

그림4-5 아두이노 드라이버와 확장자명

❺ 설치가 진행되면 진행도가 시각적으로 표시된다.

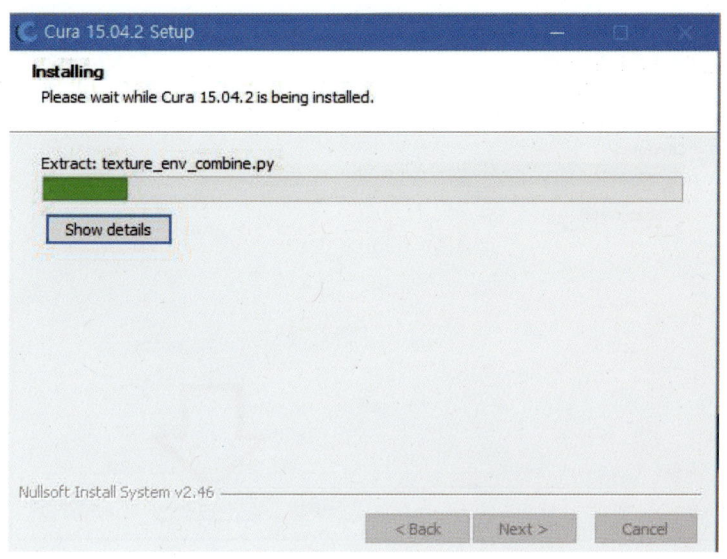

그림4-6 설치 진행

❻ 설치가 대부분 진행되어 아두이노 드라이버의 설치 창이 나타나면 다음을 눌러 진행을 한다.

그림4-7 아두이노 드라이버 창

❼ 설치가 완료된다. 다음을 눌러 진행한다.

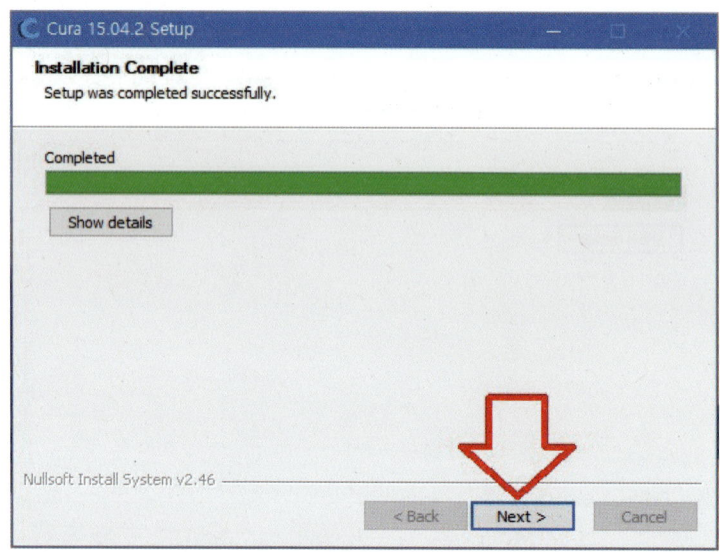

그림4-8 설치 완료

❽ 설치가 마무리되면 큐라를 켤 것인지에 대한 체크박스가 나타난다. 체크박스를 체크한 후 끝을 눌러 큐라창으로 진입한다.

그림4-9 마무리

❾ 새 버전을 설치해 사용할 것인지 묻는다. 15.14.2버전을 사용할 것이므로 "아니요"를 누른다.

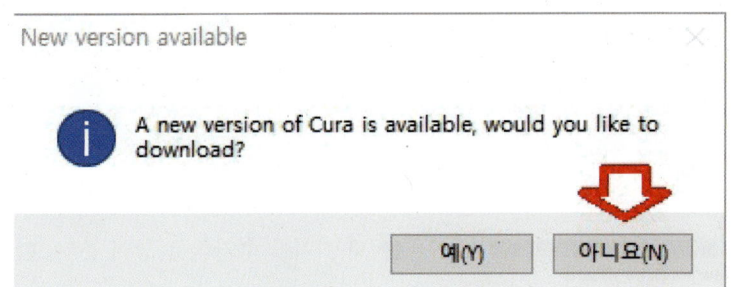

그림4-10 새 버전 설치 여부

02 큐라(Cura) 창의 설정과 기본

큐라(Cura)의 설정과 적용기기를 선택할 수 있다.

❶ 새 기기를 추가하는 창이 뜬다. 다음을 눌러 진행한다.

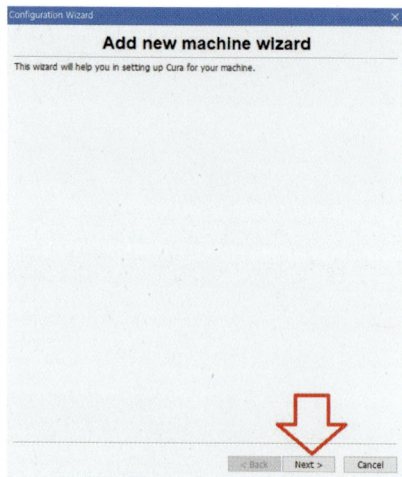

그림4-11 새 기기 추가

(*만약 창이 뜨지 않고 바로 큐라 화면으로 진입할 경우, 다음의 과정을 거치길 바란다.)

❷ machine탭의 add new machine을 눌러 창을 연다.

그림4-12 add new machine

❸ 자신이 사용할 3D 프린터를 선택한다.

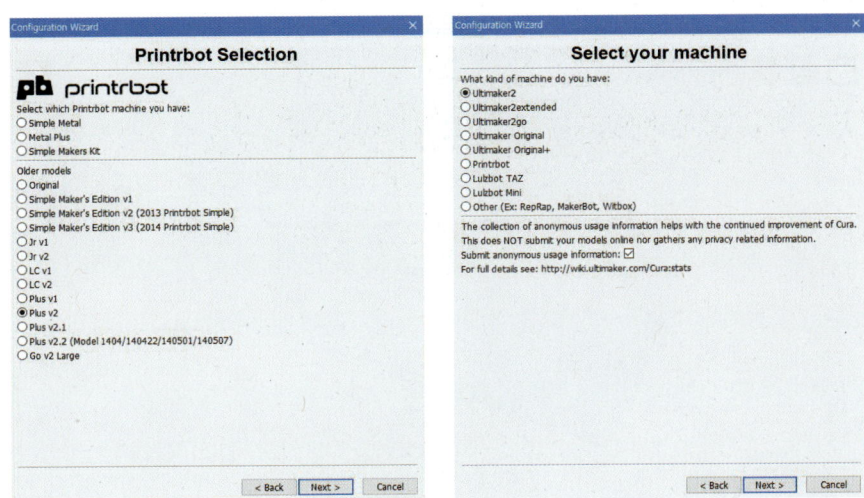

그림4-13 기기 선택

❹ 큐라의 사용 준비를 마쳤다.

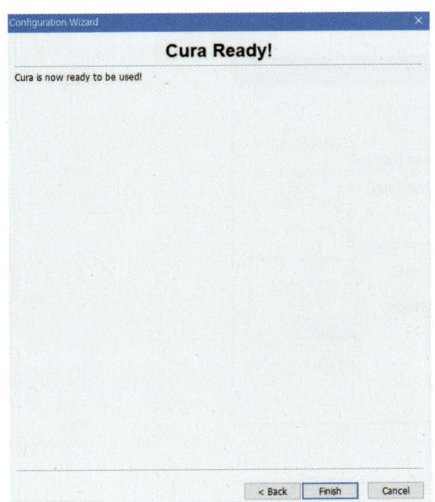

그림4-14 완료

*machine settings창의 사용

㉠ machine-machine settings에 들어간다.

그림4-15 기기 설정

㉡ 기기의 사양에 따라 설정하여 준다.

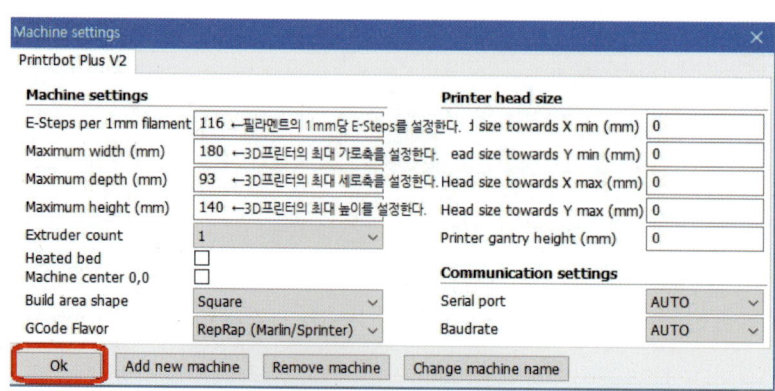

그림4-16 기기 설정의 설명

03 큐라(Cura)의 기본메뉴

큐라(Cura)의 기본메뉴들을 알아보고 활용할 수 있다.

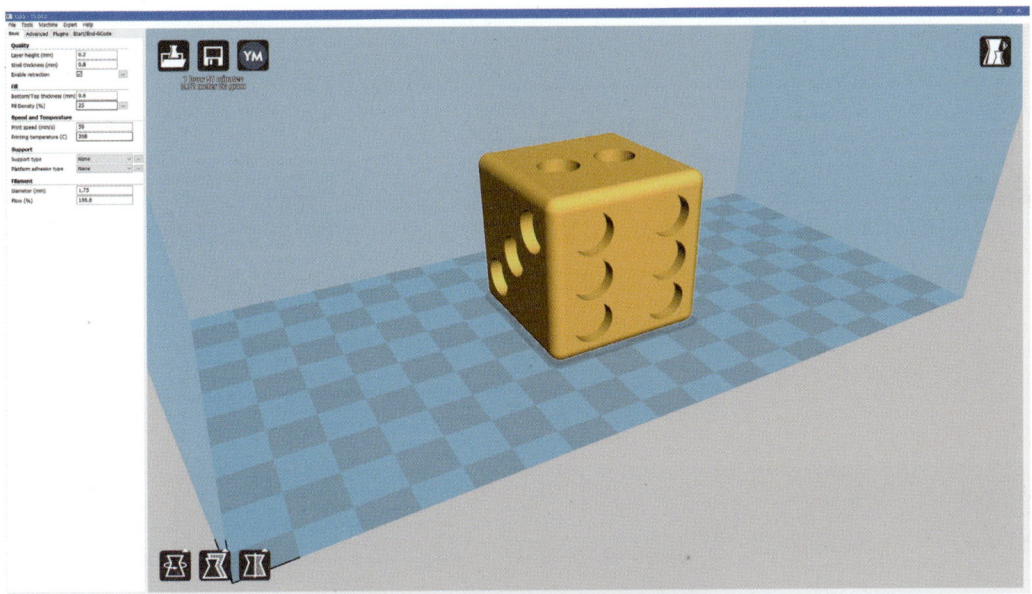

그림4-17 기본화면

우상단의 메뉴 구성이다. 앞의 버튼부터 불러오기, 저장, YouMagine 공유버튼이며, 현재 불러온 모델은 1시간 51분이 소요되고 8.72미터와 26그램의 필라멘트를 사용한다는 것을 알려준다.

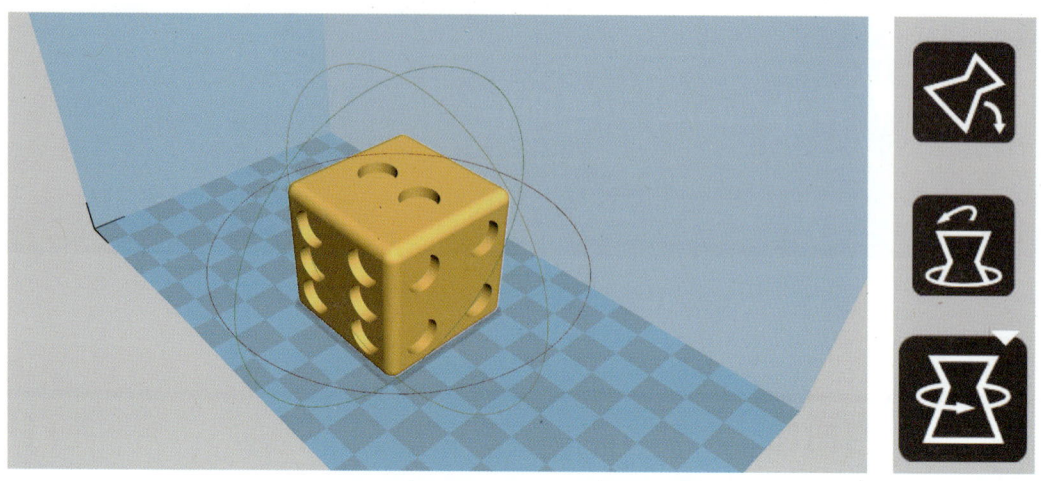

그림4-18 회전   그림4-19 회전버튼

좌하단의 회전메뉴를 클릭하면 [그림 4-18]와 같이 3개의 원이 표시되는데, 색깔별로 X, Y, Z축을 회전할 수 있다. 또한 [그림 4-19]의 버튼들은 위에서부터 회전메뉴 바닥면 눕히기, 리셋, 토글이다.

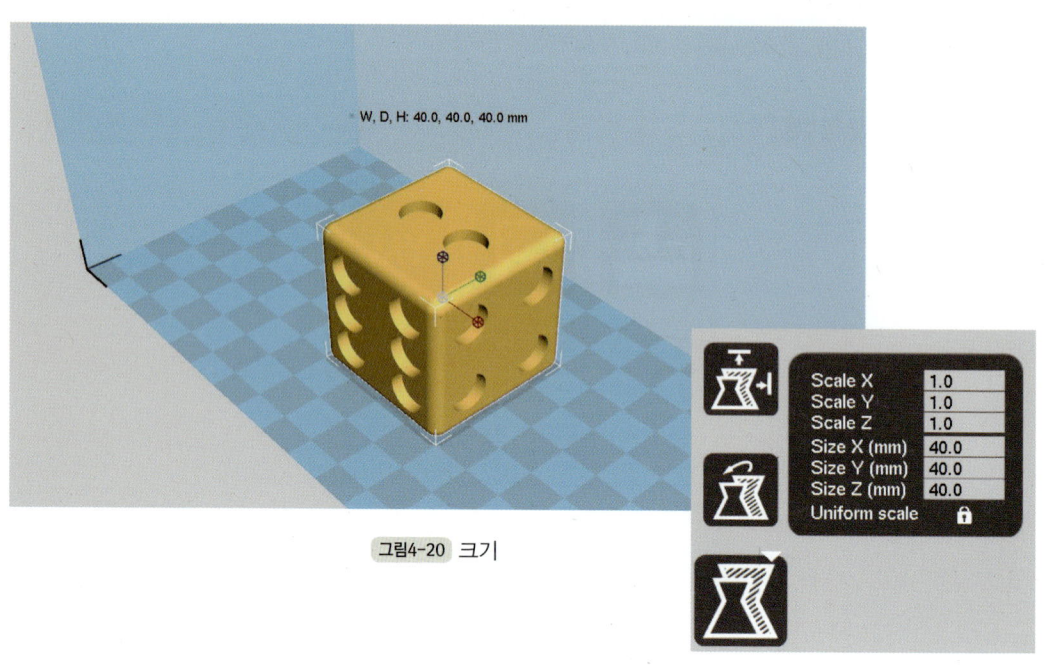

그림4-20 크기   그림4-21 크기버튼

좌하단의 두 번째 버튼인 크기메뉴를 클릭하면 [그림 4-20]과 같이 3개의 축과 3색의 정육각형, 가운데로 흰색의 정육각형이 나타난다. 각각의 정육각형을 이용해 크기를 조정할 수 있으며 위의 검은색 글씨로 각각 가로(width), 세로(depth), 높이(height)를 나타낸다. [그림 4-21]의 버튼들은 위에서부터 크기메뉴 최대크기로 맞추기, 리셋, 토글이다. Scale X,Y,Z는 X, Y, Z축의 크기를 비율로, Size X,Y,Z는 X, Y, Z축의 크기를 mm의 길이로 설정할 수 있다. 맨 밑의 자물쇠를 클릭하면 X, Y, Z축의 크기 비율 고정이 해제되고, 한 번 더 클릭하면 비율이 고정된다.

좌하단의 마지막 버튼인 반전메뉴를 클릭하면 [그림 4-22]과 같이 네 개의 버튼이 나타나는데, 위에서부터 반전메뉴 Z축 반전, Y축 반전, X축 반전, 토글이다.

아래의 [그림 4-23]의 뷰 모드 버튼을 클릭하면 5개의 모드가 있는데, 첫 번째로 기본(normal), 서포트가 필요한 떠있는 부분을 빨갛게 나타내는 오버행(overhang), 모델을 투명하게 보여주는 투명(transparent), 보라색으로 바뀌며 모델의 출력 시 오류가 날 수 있는 부분을 빨갛게 표시하는 엑스레이(X-ray), 한 층씩 레이어를 나누어 볼 수 있는 레이어(layers) 모드이다. 레이어 모드를 선택하면 레이어가 나뉘며 오른쪽에 스크롤바와 버튼이 나타나는데, 스크롤바를 조정해 원하는 층을 볼 수 있으며 아래의 버튼을 눌러 단일 층 모드와 다중 층 모드를 오갈 수 있다.

그림4-22 반전버튼

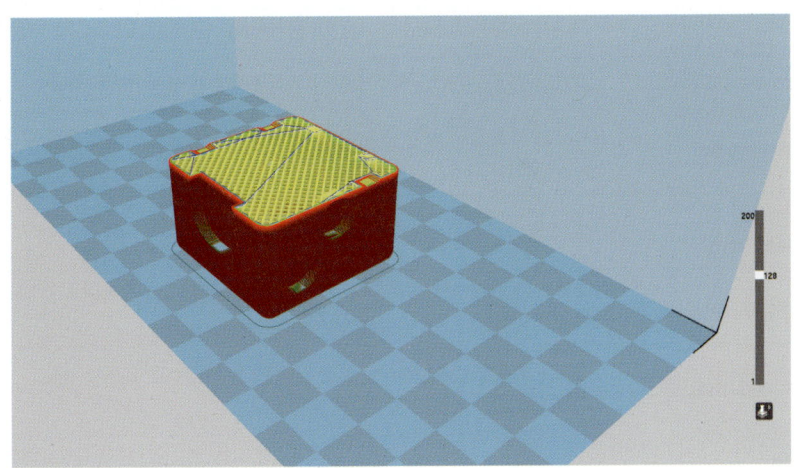

그림4-23 뷰 모드

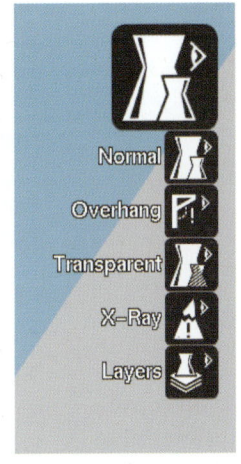

그림4-24 레이어

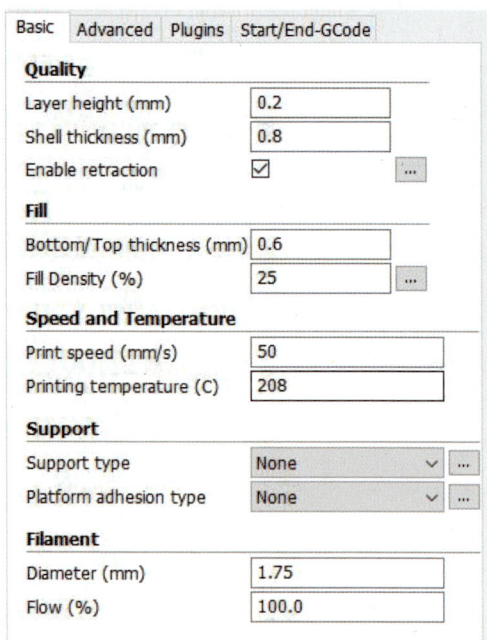

1. Basic 탭

Quality	Layer height (mm)	레이어 한 층의 높이를 mm 단위로 설정한다. 작을수록 제품의 퀄리티가 상승하지만 프린팅 시간이 증가한다.
	Shell thickness (mm)	벽면의 두께를 mm 단위로 설정한다. 두꺼울수록 벽면이 단단하다.
	Enable retraction	체크할 시 노즐의 이동 중 녹아 나와 모델에 붙는 스트링의 양을 줄일 수 있다.
Fill	Bottom/Top thickness (mm)	상/하단의 두께를 설정한다. 두꺼울수록 단단하다.
	Fill Density (%)	내부의 채움 정도를 설정한다. 높일수록 견고해지지만 프린팅 시간이 증가한다.
Speed and Temperature	Print speed (mm/s)	프린팅 속도를 초당 mm 단위로 설정한다. 높일수록 프린팅 속도가 빨라지지만 제품의 퀄리티가 떨어진다.
	Printing temperature (C)	노즐의 온도를 ℃ 단위로 설정한다. *bed temperature : 기기마다 다르나, 베드 히팅이 필요한 경우 베드의 온도를 설정한다.

Support	Support type	touching buildplate와 everywhere의 두 가지가 있는데, touching buildplate는 바닥면에서부터 처음 닿는 부분에만 서포트를 만들고, everywhere는 바닥면에서부터 모든 부분에 서포트를 형성한다.
	Platform adhesion type	brim과 raft 두가지가 있는데, brim은 얇은 지지판을, raft는 상대적으로 두꺼운 판 모양의 지지판을 만든다.
Filament	Diameter (mm)	필라멘트의 직경을 입력한다.
	Low (%)	필라멘트의 압출량을 조절한다.

표4-1 Basic

2. Advanced 탭

Machine	Nozzle size (mm)	노즐의 크기를 입력한다.
Retraction	Speed (mm/s)	필라멘트 철회속도 설정
	Distance (mm)	필라멘트 철회길이 설정
Quality	Initial layer thickness (mm)	첫 레이어의 두께를 mm 단위로 설정
	Initial layer line width (%)	첫 레이어의 선 두께를 % 단위로 설정
	Cut off object bottom (mm)	모델이 베드와 닿는 면적이 적어 모델이 함몰되는 것을 막아준다.
	Dual extrusion overlap (mm)	이중 프린팅에서 서로를 붙여준다.
Speed	Travel speed (mm/s)	노즐의 이송속도를 설정한다.
	Bottom layer speed (mm/s)	제일 밑의 레이어를 출력하는 속도를 설정한다.
	Infill speed (mm/s)	출력 시 채우는 속도를 설정한다.
	Top/bottom speed (mm/s)	맨위/맨아래 출력속도. 0일 시 print speed를 따른다.
	Outer shell speed (mm/s)	외벽 출력속도. 0일 시 print speed를 따른다.
	Inner shell speed (mm/s)	내벽 출력속도. 0일 시 print speed를 따른다.
Cool	Minimal layer time (sec)	한 층이 굳는 데 필요한 최소 시간
	Enable cooling fan	체크해야 쿨링 팬이 사용된다.

표4-2 Advanced

04 메이커봇 프린트(makerbot print)의 설치

메이커봇 프린트(makerbot print)의 소프트웨어 프로그램을 설치할 수 있다.

makerbot print는 makerbot industry사에서 배포하는 프린팅 소프트웨어이다.

❶ products-software&apps 창으로 이동한다.

그림4-25 makerbot 홈페이지

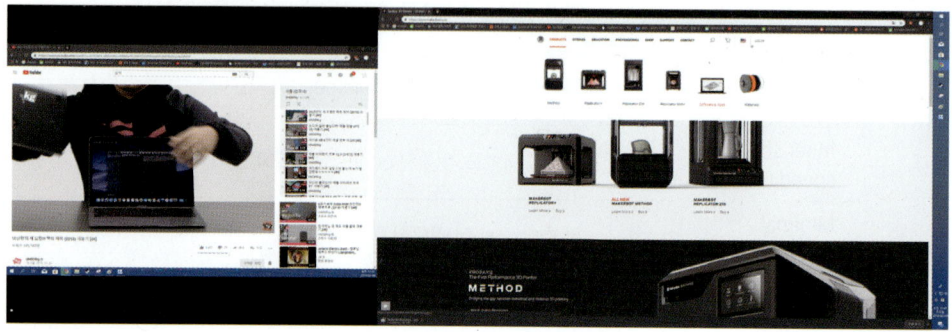

그림4-26 software & apps

❷ 버튼을 눌러 다운로드창으로 이동한다.

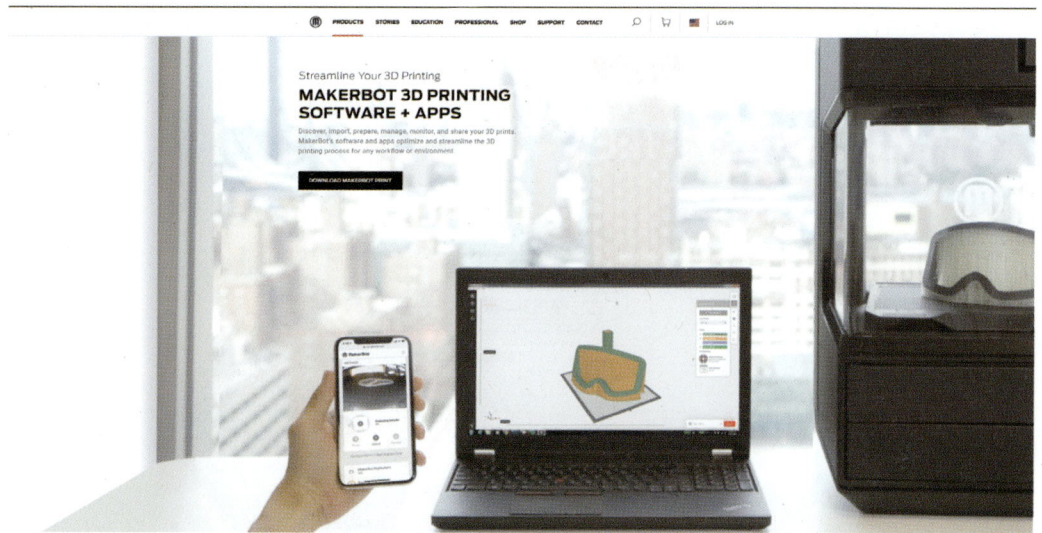

그림4-27 다운로드 이동

❸ 자신의 OS에 맞는 소프트웨어를 다운로드한다.

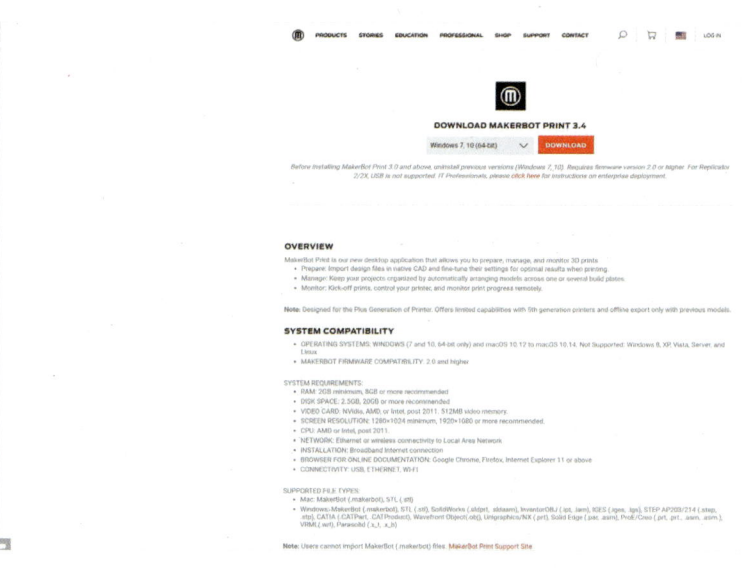

그림4-28 다운로드

❹ 다운로드된 파일을 클릭해 들어가면 사용자 약관 동의가 필요하다. 체크박스를 체크한 후 Install을 클릭해 설치한다.

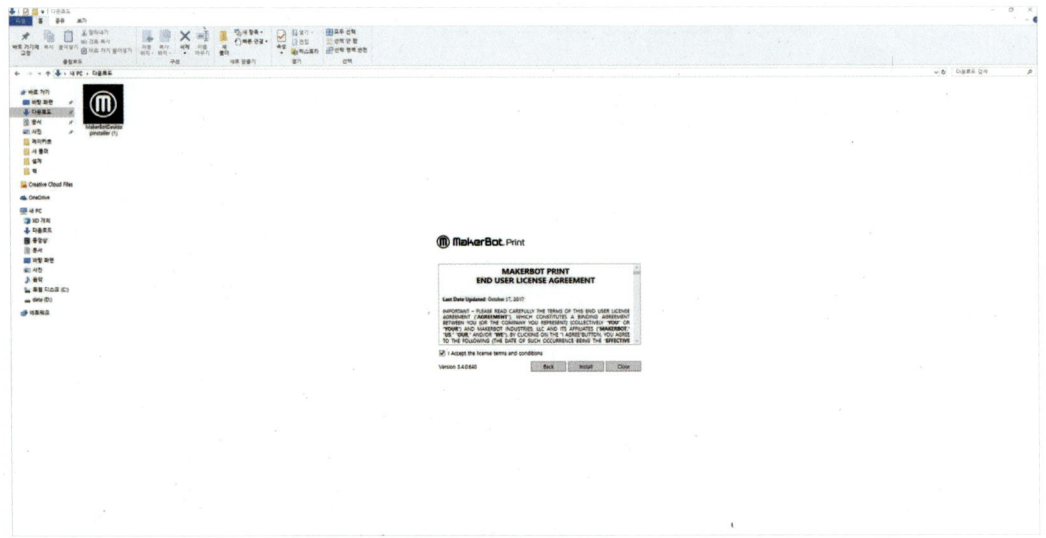

그림4-29 설치 동의

❺ 설치가 시작되면 진행도가 시각적으로 표시된다.

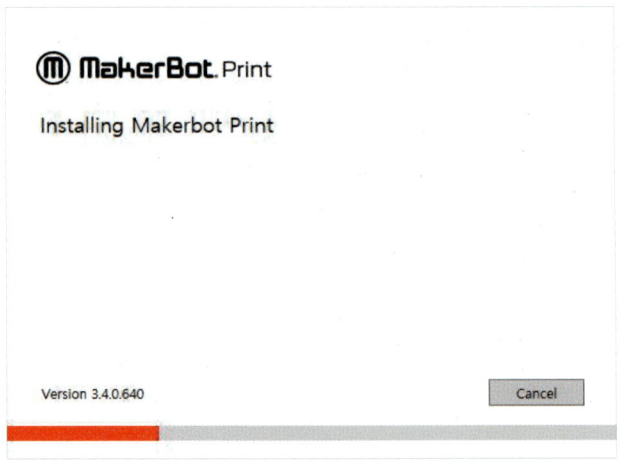

그림4-30 설치

❻ 설치가 완료되면 프로그램이 시작된다.

그림4-31 완료

❼ 프로그램을 사용하기 위해 로그인이 필요하다. 계정이 있다면 로그인하거나 Sign up을 통해 가입 가능하다.

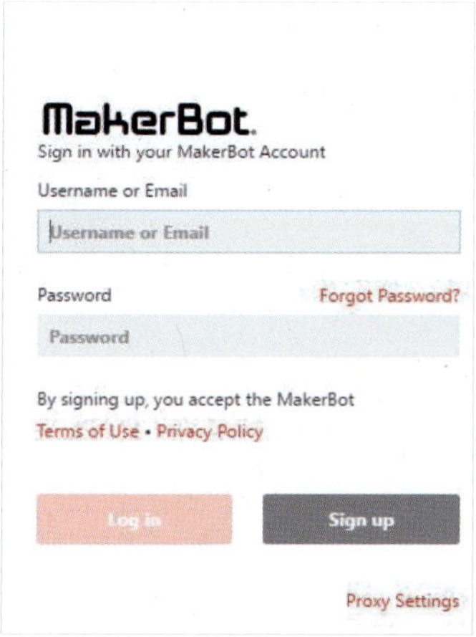

그림4-32 로그인

05 메이커봇 프린트(makerbot print)의 설정

메이커봇 프린트(makerbot print)의 기본 설정을 할 수 있다.

❶ 기본화면에 진입한다.

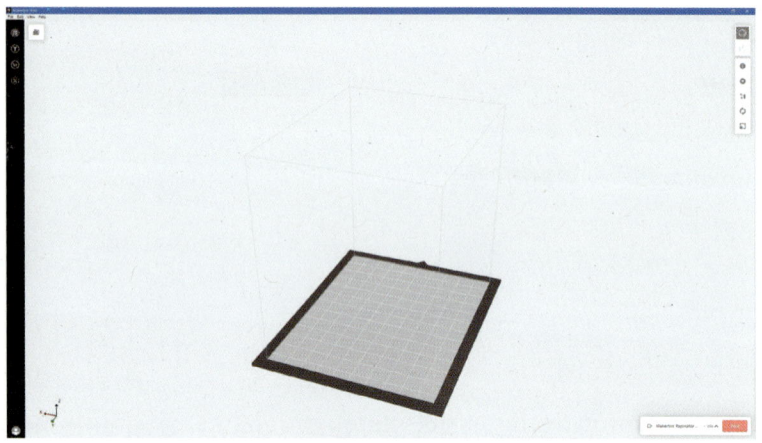

그림4-33 기본화면

❷ 우하단의 프린터 설정창에 들어간다.

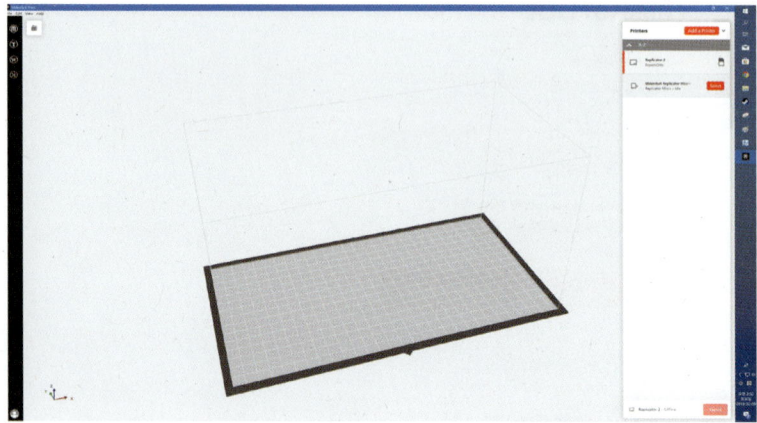

그림4-34 프린터

❸ Add a Printer 버튼을 통해 3가지의 옵션 중 선택할 수 있다. 순서대로 네트워크 내에서 검색해 추가, IP주소를 통해 추가, 연결되지 않은 프린터 추가이다. 또한 프린터를 미리 연결하였다면 자신의 프린터에 마우스를 가져다 대어 select 버튼을 통해 연결 가능하다.

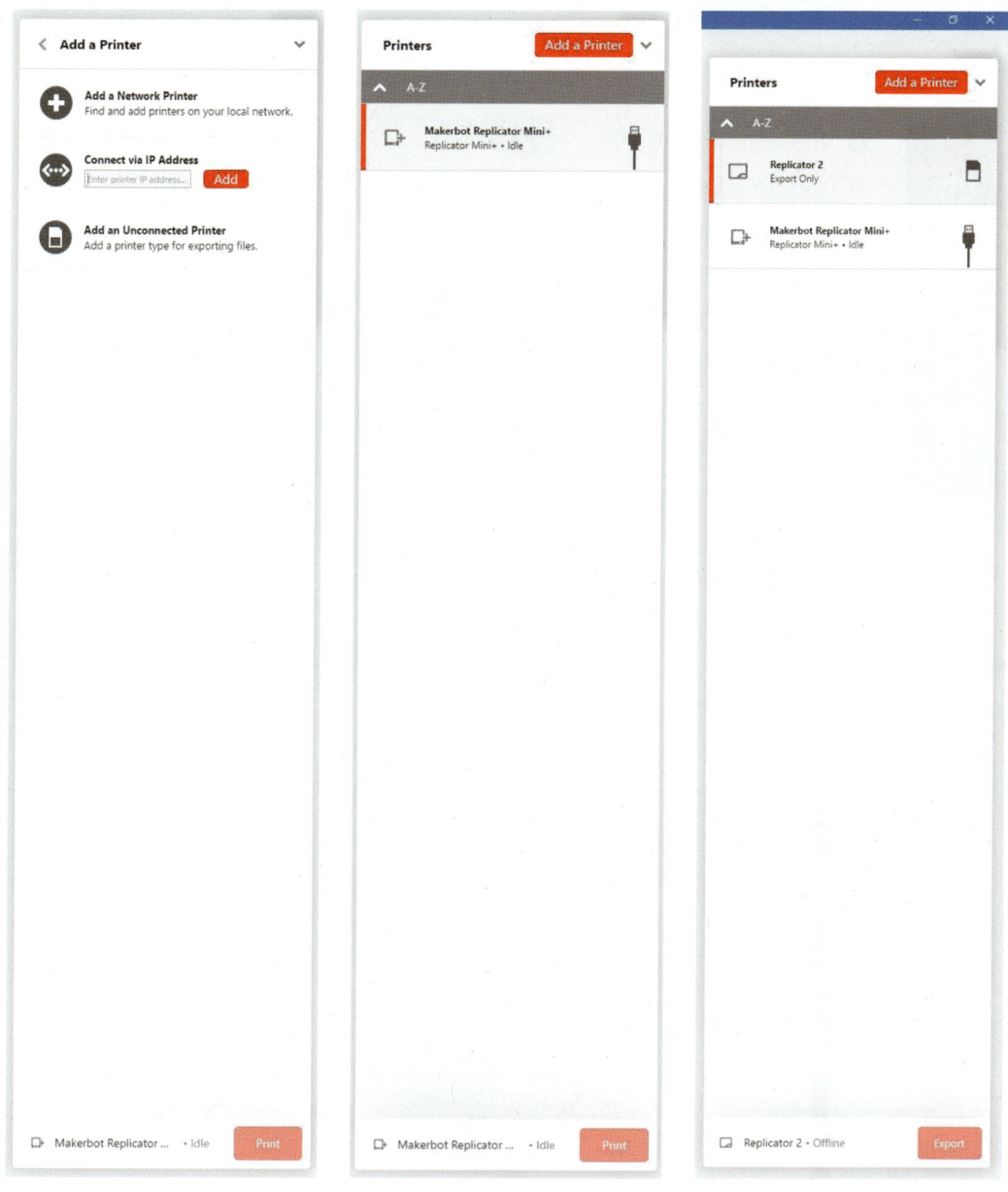

그림4-35 프린터 추가

06 메이커봇 프린트(makerbot print)의 기본

메이커봇 프린트(makerbot print) 화면의 메뉴들을 알 수 있다.

그림4-36
공유와 웹사이트

❶ **버튼**(좌상단) : 위에서부터 메이커봇 홈페이지 연결, 싱기버스 홈페이지 연결, 메이커봇 스토어 연결, 정보와 문제해결 연결 버튼으로 이루어진다.

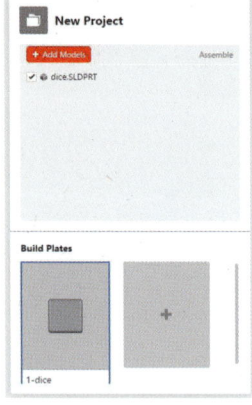

그림4-37 프로젝트 패널

❷ **프로젝트 패널**(좌상단) : Add Models 버튼으로 모델을 추가하고, 체크박스 해제로 모델을 제외시킬 수 있으며, Build Plates에서 공간을 추가하거나 삭제 가능하다.

❸ **패널**(우상단) : 첫 번째 버튼은 모델 뷰가 활성화되어 있음을 알려주며 두 번째 버튼은 미리보기로서 모델이 슬라이싱되고 있음을 알려준다.

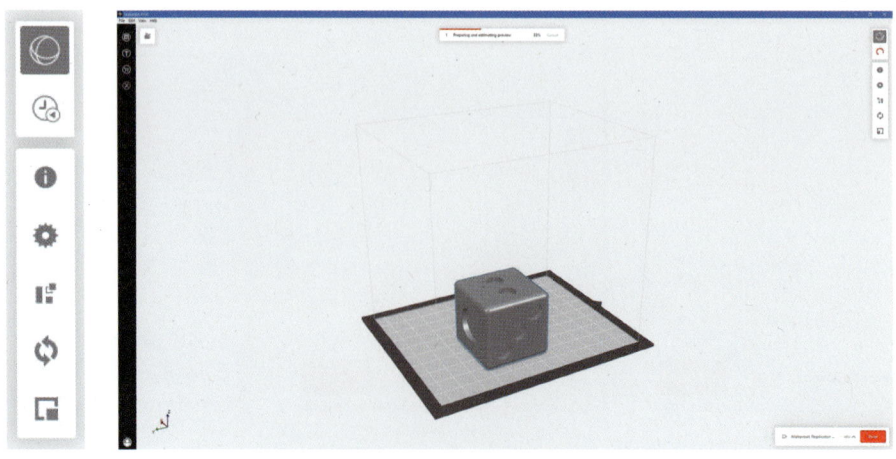

그림4-38 모델 뷰와 슬라이싱

❹ **미리보기 화면** : 좌측의 스크롤바로 보고자 하는 레이어를 선택할 수 있으며 하단의 스크롤바로 현재 레이어에서 노즐의 위치를 진행시키며 볼 수 있다. 진한 초록색은 모델을, 노란색은 서포트를, 보라색은 노즐의 이송을, 밝은 연두색은 현재 레이어를 나타낸다.

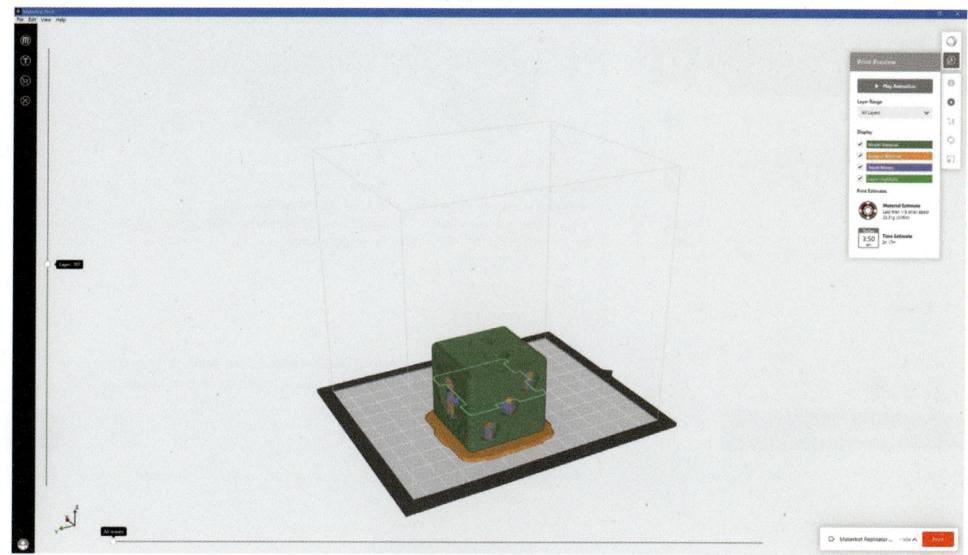

그림4-39 미리보기

❺ **모델 정보** : 단위 수정이 나타난다.

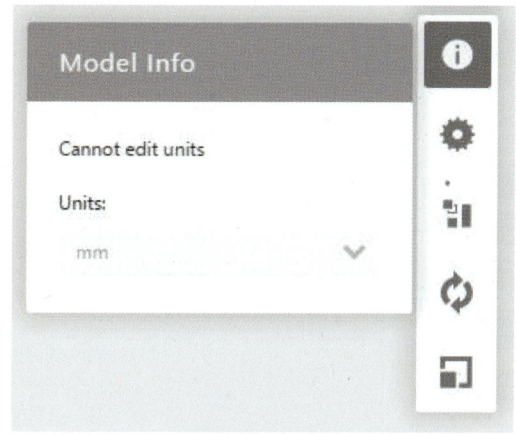

그림4-40 모델 정보

❻ **프린트 세팅** : 사용 중인 압출기 정보와 서포트 생성 여부, 채우기 정도를 세 가지 중 고를 수 있다. 밸런스(기본), 드래프트(빠른), 민필(최소한의) 중 고르면 된다.

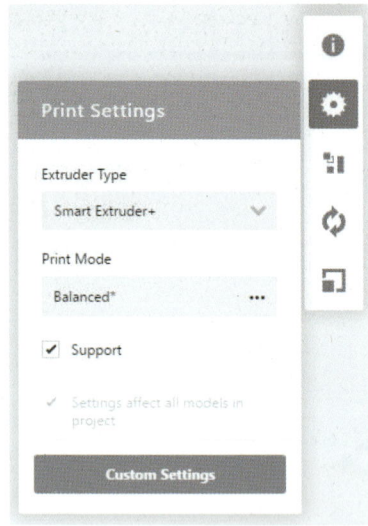
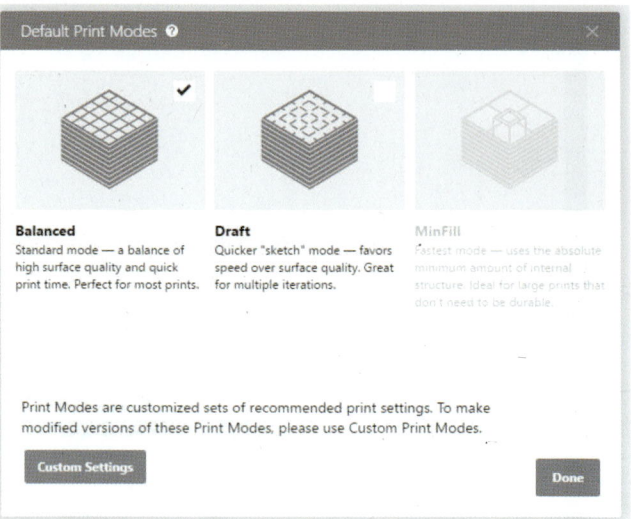

❼ **배열** : 위에서부터 X, Y, Z축 방향 이동, 판에 정렬, 모든 공간에서 판에 정렬순이다.

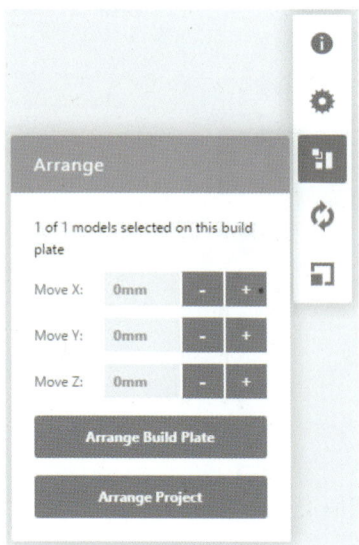

그림4-42 배열

❽ 회전 : X, Y, Z축 기준 회전과 평면회전으로 이루어지며, 평면회전 시에는 Place Face on Build Plates 버튼을 클릭한 후 원하는 기준면을 선택하고, 마지막으로 Done을 클릭해 완료하면 된다.

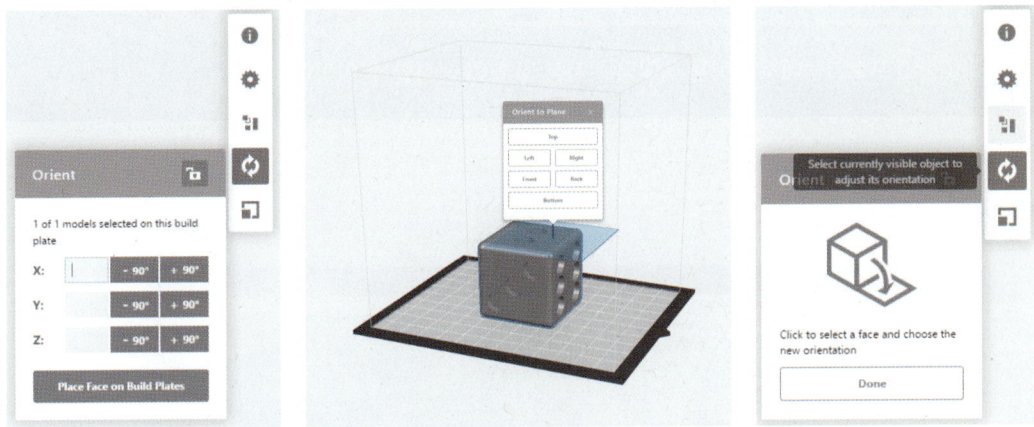

그림4-43 회전과 평면회전

❾ 크기 : Uniform scaling 체크박스를 체크해 X, Y, Z 비율을 고정할 수 있고 X, Y, Z 크기를 각각 %와 mm 단위로 변경할 수 있다. Scale To Max 버튼을 통해 공간에 맞는 최대한의 크기로 설정할 수 있다.

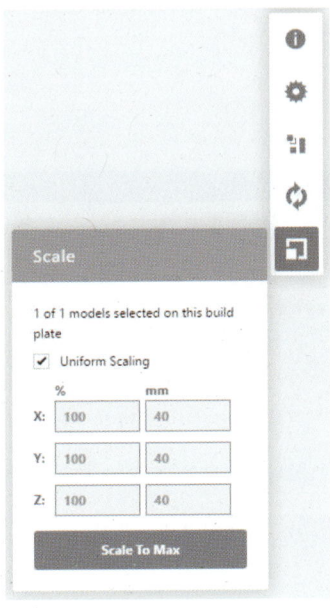

그림4-44 크기

07 출력용 데이터 생성(G-Code)

큐라(Cura) 프로그램에서 출력용 데이터를 저장 및 확인 생성할 수 있어야 한다.

❶ G-Code 저장

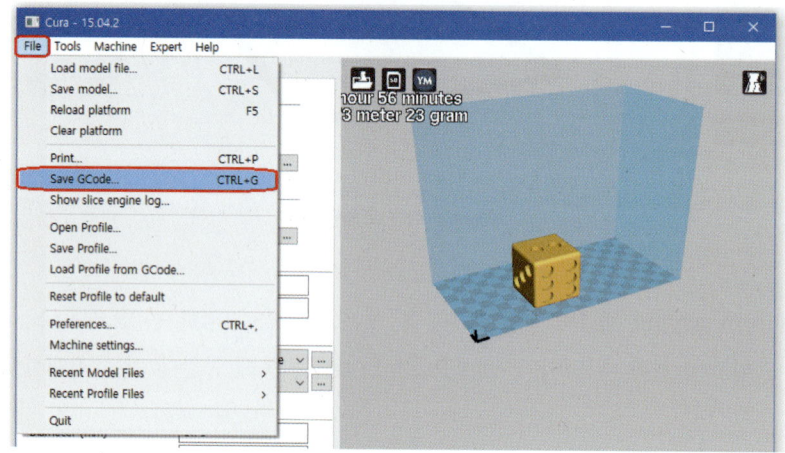

그림4-45 File→Save G-Code

❷ 파일 이름 지정 및 저장을 클릭한다.

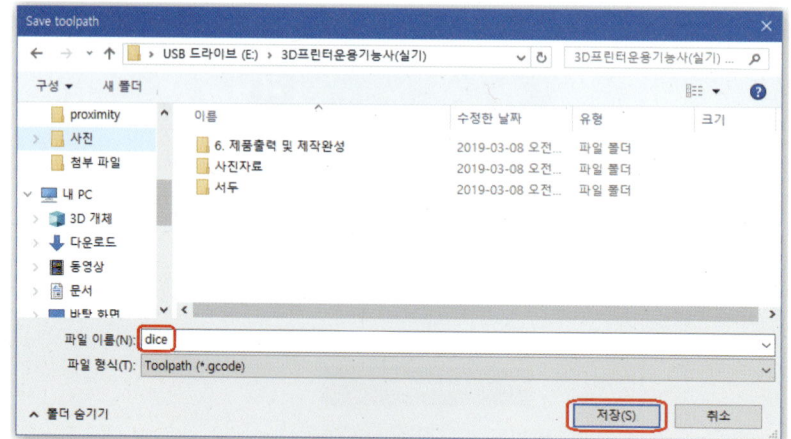

그림4-46 파일 저장

❸ 메모장에서 G-Code를 확인한다.

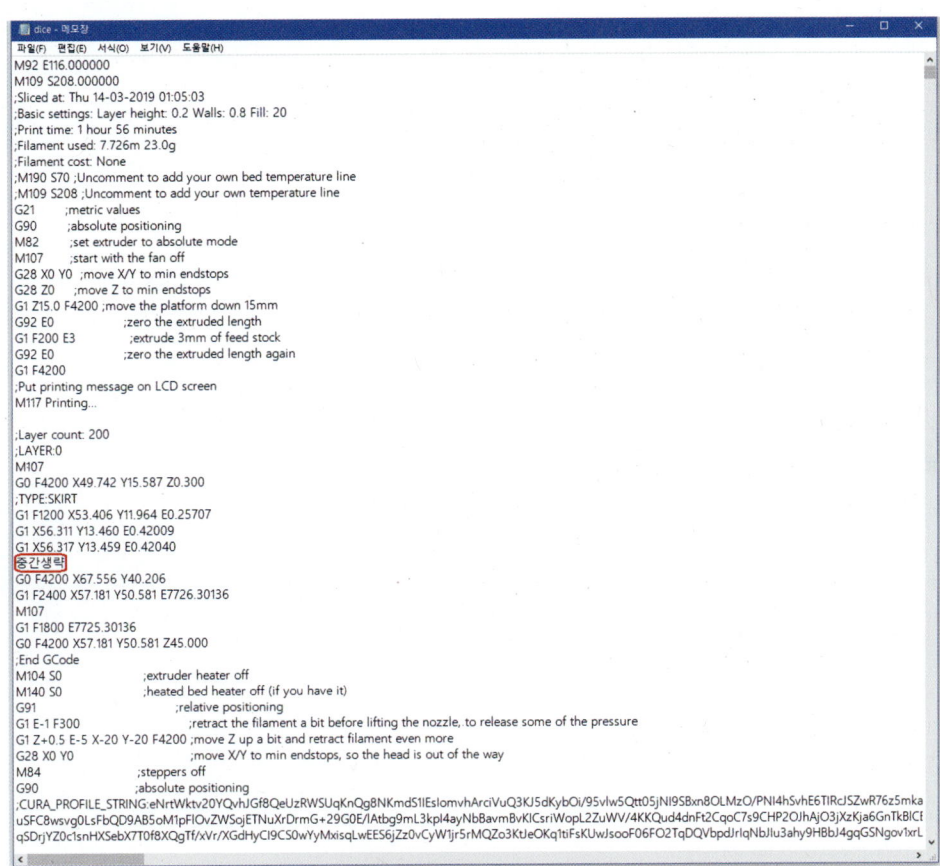

그림4-47 메모장 G-Code 내용

3D프린터 운용기능사

PART 05
3D프린터 HW 설정

- CHAPTER 01 장비 및 부품사양
- CHAPTER 02 장비의 명칭
- CHAPTER 03 기본 구성품
- CHAPTER 04 장비 개봉 및 설치
- CHAPTER 05 필라멘트 교체 및 출력 시험 테스트

01 장비 및 부품사양

메이커봇 프린트(makerbot print) 장비 및 부품에 관한 사양을 알 수 있다.

프린트 기술	FDM(Fused Deposition Modeling) 용융수지 압출 적층방식
프린터 크기 및 무게	L29.5×W34.9×H38.1 cm, 9.3kg
노즐 직경	0.4mm
필라멘트 호환성	소형 PLA 필라멘트 스풀 0.2kg
스풀 지름	15.0cm
스풀 너비	4cm
스풀 허브 구멍	5.08cm
필라멘트 지름	1.75mm
선적 중량	0.45kg
순중량	0.22kg
빌드 용량	L10.1×W12.6×H12.5cm
최소/최대 레이어 해상도	100미크론/400미크론
전원 사양	220V
보관 온도	0~38℃
주변 작동 온도	15~26℃
소프트웨어	MakerBot Print, MakerBot Mobile
지원 운영 체제(OS)	Mac Os X 10.9+ Windows 7, 10
파일 유형	(.stl)(.ipt, .iam)(.sldprt)(.ldasm)(.les, .igs) (.step, stp)(.catpart, .catproduct) (.obj)(.prt)(.par, .asm)(.prt)(.wrl)(.x_t, .x_b)

표5-1 장비 사양

02 장비의 명칭

○ 메이커봇 프린트(makerbot print) 장비의 명칭을 알고 이해할 수 있다.

그림5-1 정면

그림5-2 좌측면

03 기본 구성품

메이커봇 프린트(makerbot print) 장비의 기본 구성품을 알 수 있다.

그림5-3 3D 프린터

그림5-4 메이커봇 PLA 필라멘트 스풀(소형)

그림5-5 스마트 압출기

그림5-6 전원케이블

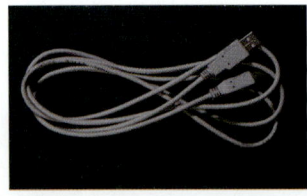

그림5-7 USB 케이블

그림5-8 참조 안내서

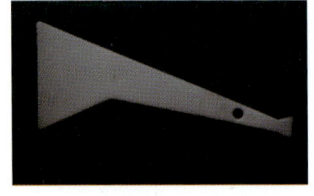

그림5-9 헤라

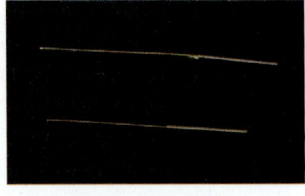

그림5-10 기타도구 (노즐 청소용 스프링)

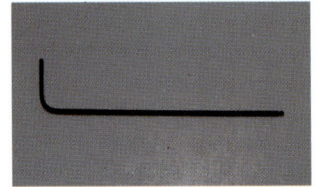

그림5-11 기타도구 (노즐 청소 도구)

※ 기타도구들은(위의 내용에 언급이 안된 품목포함 : 핀셋, 플러시 커터, 바늘코 플라이어, 셋트줄 등) 사용자가 직접 구입을 해서 사용해야 한다.(장비구입회사에 따라 다름)

04 장비 개봉 및 설치

메이커봇 프린트(makerbot print) 장비를 사용자가 직접 개봉하고 설치할 수 있다.

❶ 상자 개봉 후 3D프린터를 꺼낸다.

❷ 보호 테이프 및 제작 플랫폼 발포 포장대 제거

그림5-12 측면 보호 테이프 제거

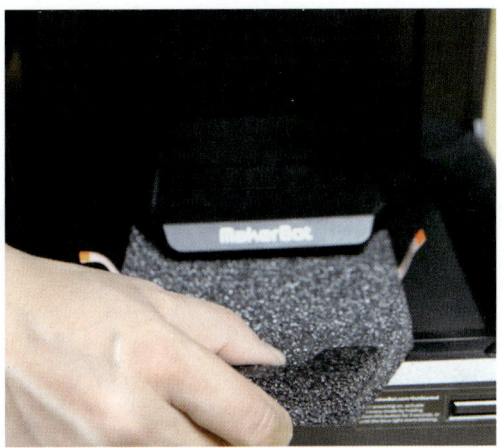

그림5-13 플랫폼 발포 포장대 제거

PART 05 3D프린터 HW 설정

❸ 운반용 클립 제거

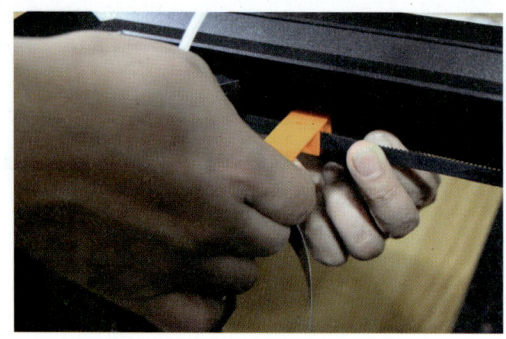

그림5-14 갠트리 벨트에 연결 고정된 클립 제거

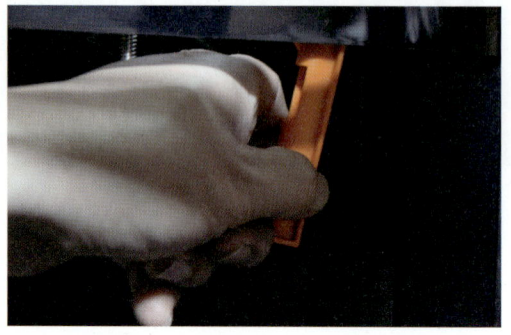

그림5-15 제작 플랫폼 고정용 클립 제거

❹ 제작 플랫폼 제작판 장착(자석식으로 슬라이드 형태로 고정이 이루어짐)

그림5-16 뒷면

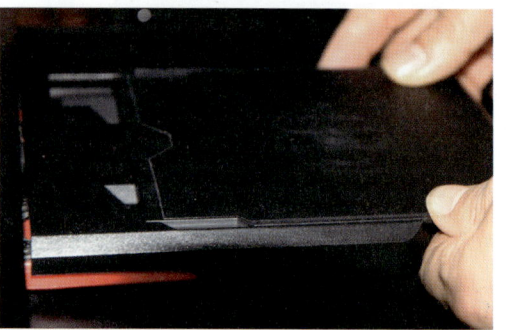

그림5-17 윗면

❺ 장비 전원 코드·USB케이블 연결 및 전원 켜기

그림5-18 전원 코드 연결

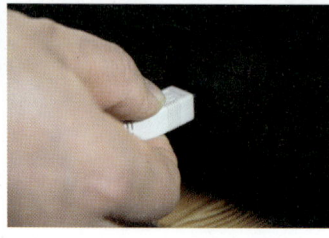

그림5-19 USB 케이블 연결

그림5-20 장비 전원 켜기

05 필라멘트 교체 및 출력 시험 테스트

출력 재료(Filament)를 교체할 수 있고 시험 테스트를 실행할 수 있다.

출력 재료(Filament)를 노즐로 녹여 밀어내기 위해서는 압출기(Extruder)에 필라멘트를 공급시켜야 하고, 필라멘트를 교체하기 위해서는 압출기에 꽂혀 있는 필라멘트를 제거해야 한다.

01 재료(Filament) 언로딩

❶ 재료(Filament)를 클릭한 후 언로드를 클릭한다.

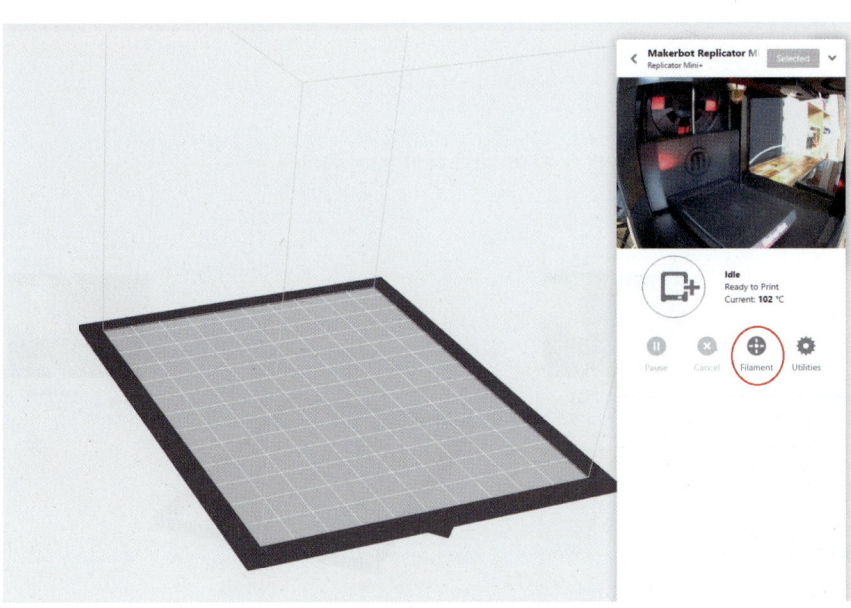

그림5-21 재료(Filament) 클릭

그림5-22 재료(Filament) 언로드 클릭

❷ 목표 설정온도까지 올라간 이후에 신호가 오면 언로드가 시작된다.

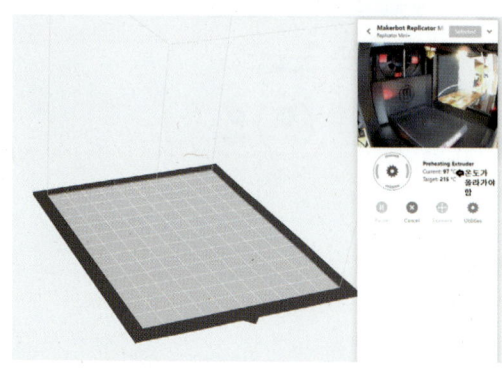

그림5-23 재료(Filament) 목표설정온도 상승

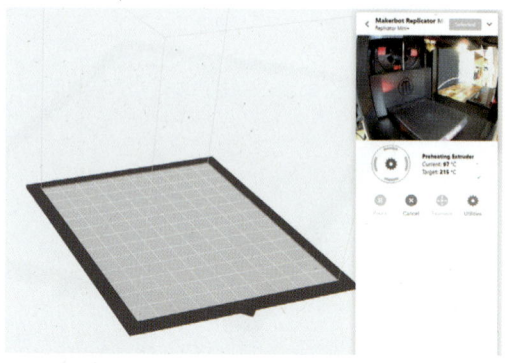

그림5-24 재료(Filament) 목표온도설정 후 언로드

❸ 재료(Filament)를 압출기에서 제거한다.

그림5-25 압출기에서 빼낸 재료(Filament) 형상

❹ 재료(Filament)를 가이드 튜브에서 빼낸다.

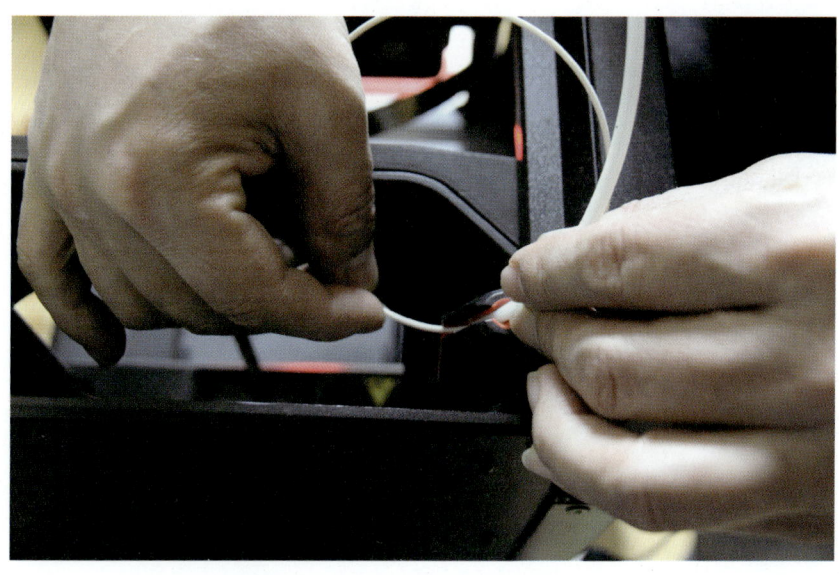

그림5-26 흰색 가이드 튜브에서 재료(Filament) 빼내기

02 재료(Filament) 로딩

❶ 새로운 재료(Filament)를 준비한다.

그림5-27 새로운 재료(Filament) 교환 준비하기

❷ 필라멘트 스풀을 필라멘트 스풀 포켓에 밀어 넣는다.

그림5-28 필라멘트 스풀을 필라멘트 스풀 포켓에 넣기

❸ 재료(Filament)의 끝부분을 플러시 커터 또는 칼이나 가위 사선 절단한다.

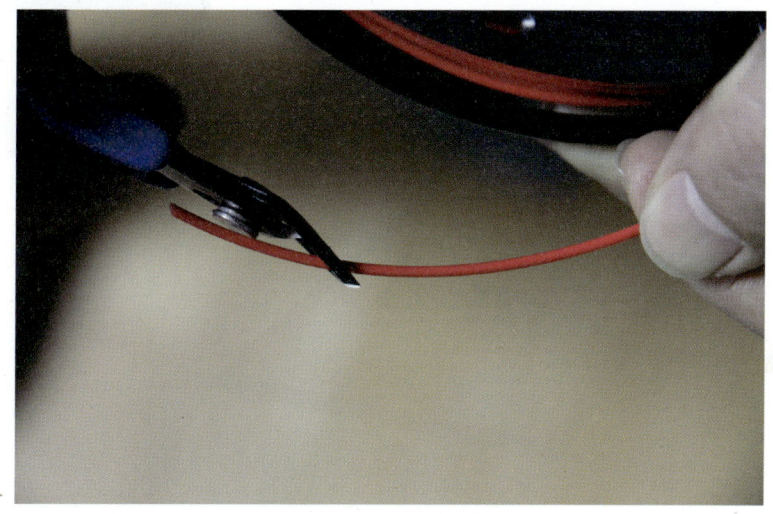

그림5-29 재료(Filament) 절단

❹ 재료(Filament)를 흰색 가이드 튜브 안으로 밀어 넣는다.

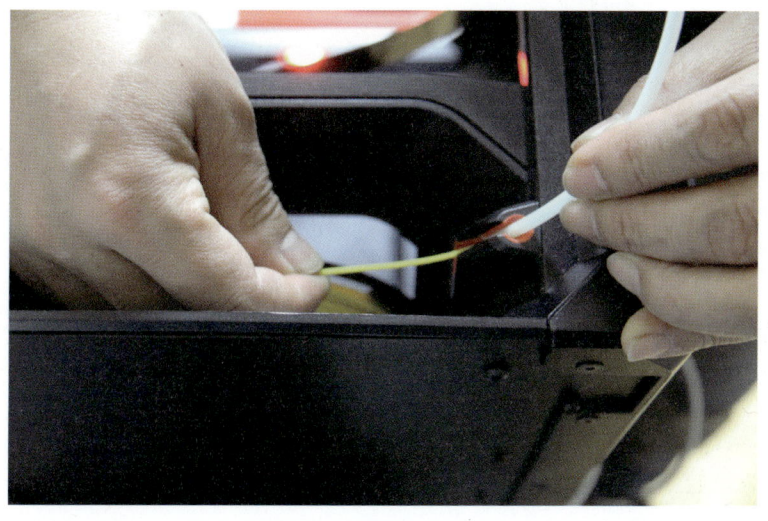

그림5-30 새로운 재료(Filament)를 흰색 가이드 튜브 안으로 밀어 넣기

❺ 재료(Filament)를 클릭한 후 로드를 클릭한다.

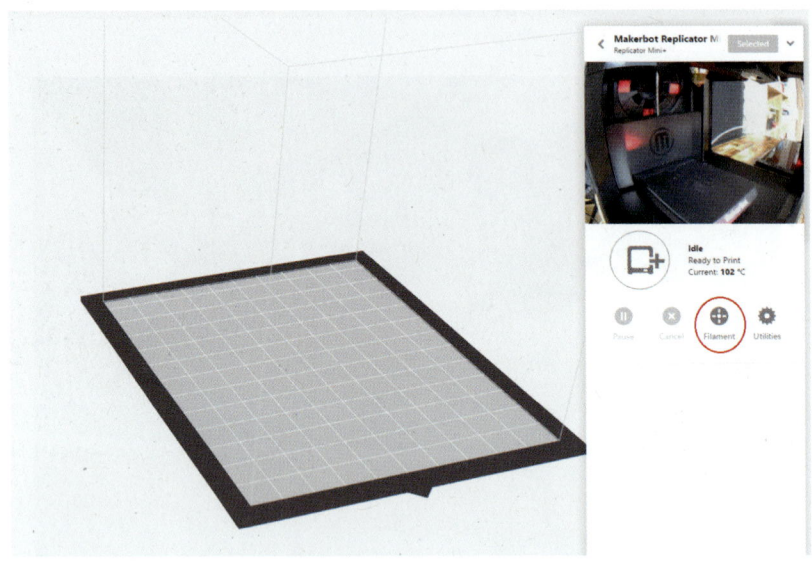

그림5-31 재료(Filament) 클릭

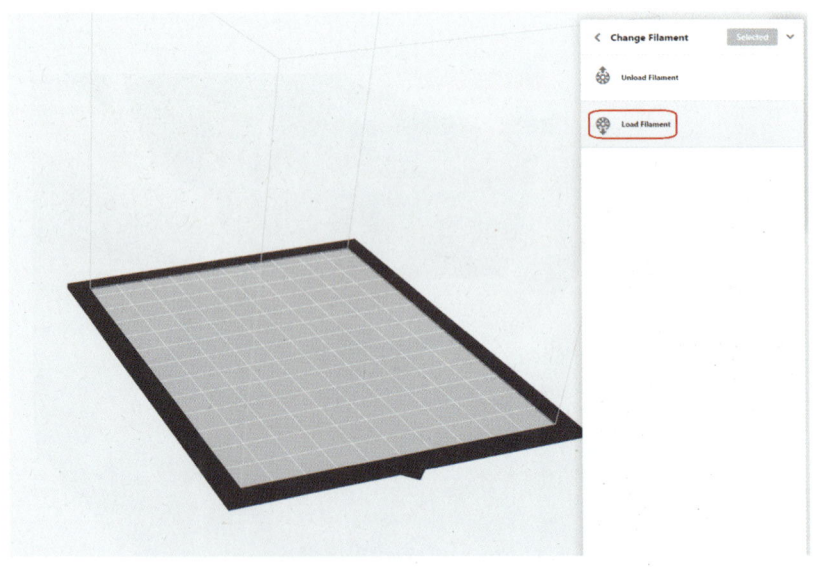

그림5-32 재료(Filament) 로드 클릭

❻ 목표설정온도까지 올라간 이후에 신호가 오면 로딩이 시작된다.

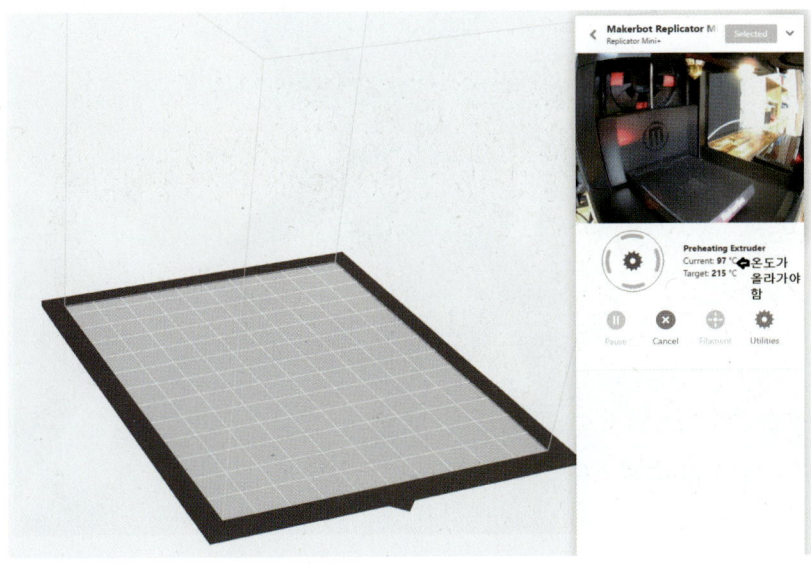

그림5-33 재료(Filament) 목표설정온도 상승

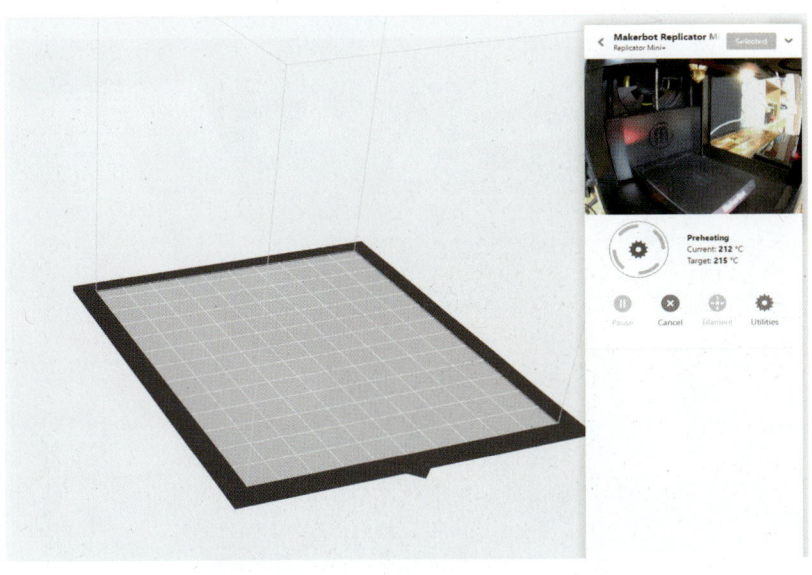

그림5-34 재료(Filament) 목표온도설정 후 로딩

❼ 압출기(Extruder)를 파킹 위치로 이송한 후 재료(Filament)를 유무 감지 센서에 통과시켜 입구까지 밀어 넣는다.

그림5-35 재료(Filament) 압출기에 밀어 넣기

❽ 재료(Filament)가 나오지 않으면 압출기 측면의 클립을 누르고 재료를 곧게 펴서 삽입시킨다.

그림5-36 압출기 측면 클립을 누르고 재료를 재삽입한다.

❾ 출력 시험 테스트를 실행한다. 재료(Filament)가 노즐을 통해 압출되는 것을 확인한다.

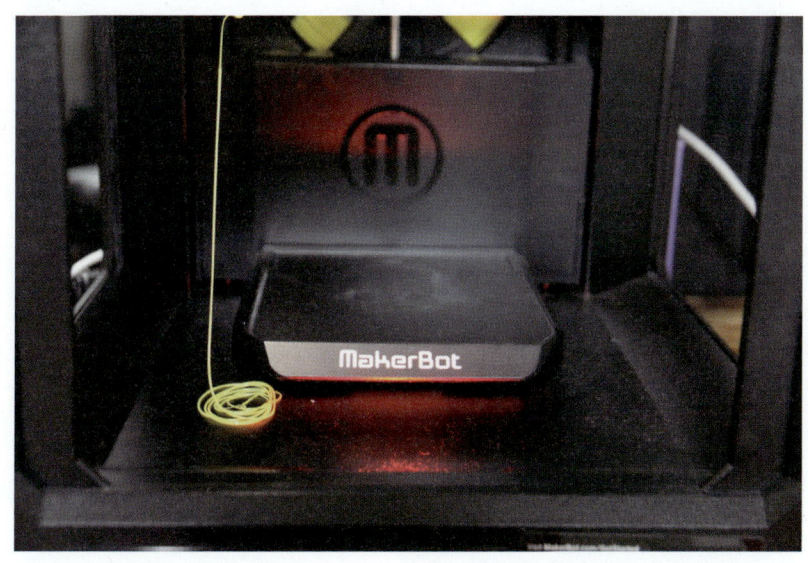

그림5-37 재료(Filament) 테스트 출력하기

3D프린터 운용기능사

PART 06
제품 출력 및 제작완성

◆ **CHAPTER 01** 3D프린터를 이용한 제품모형 출력 및 제작완성
◆ **CHAPTER 02** 출력오류 및 해결방법

01 3D프린터를 이용한 제품모형 출력 및 제작완성

· 도면과 3D 모델링을 보고 형상에 대한 이해와 소프트웨어에서의 설정과 장비 출력제어 기술을 익힌다.
· 제작이 완성된 모델제품을 참고해서 창의융복합적인 사고력과 응용력을 이끌어낸다.
· 후가공 및 측정기술에 대한 완성도를 높인다.

 **1** ❖ **디지털카메라** 제품모형 모델링 · 출력 제작완성

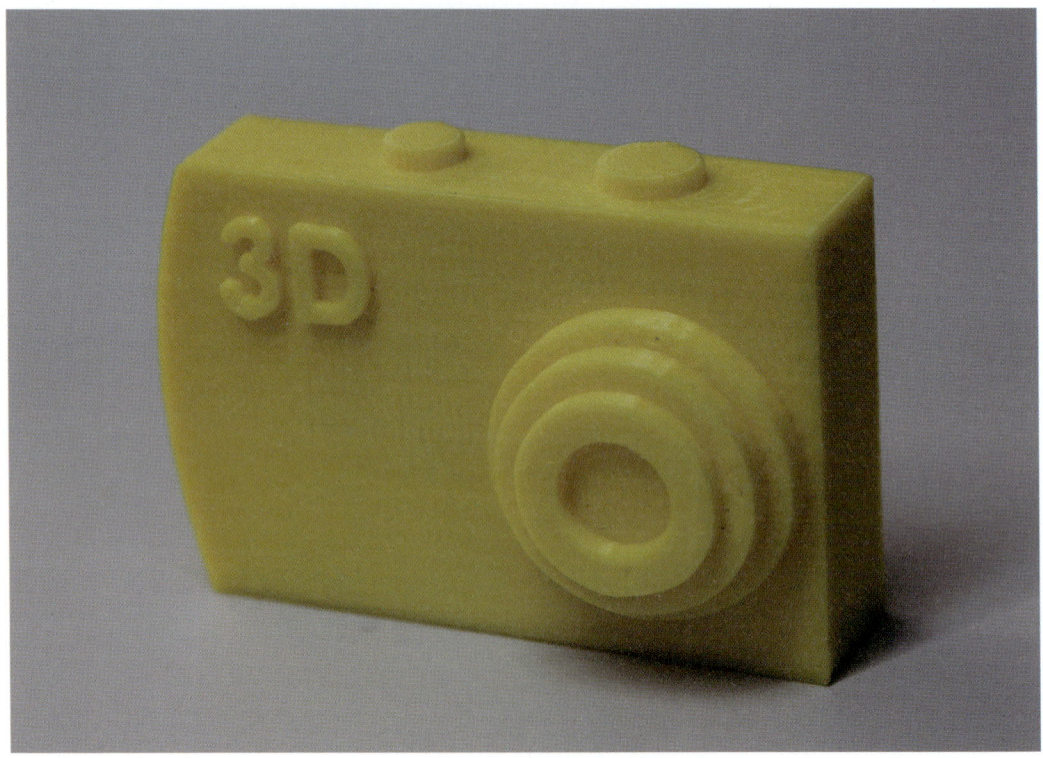

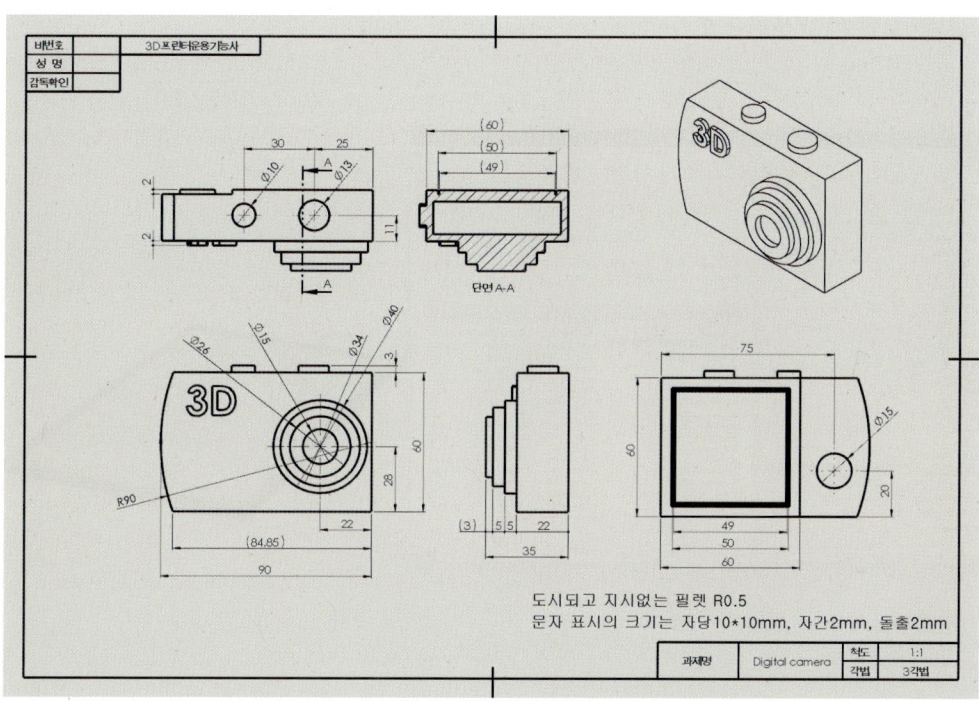
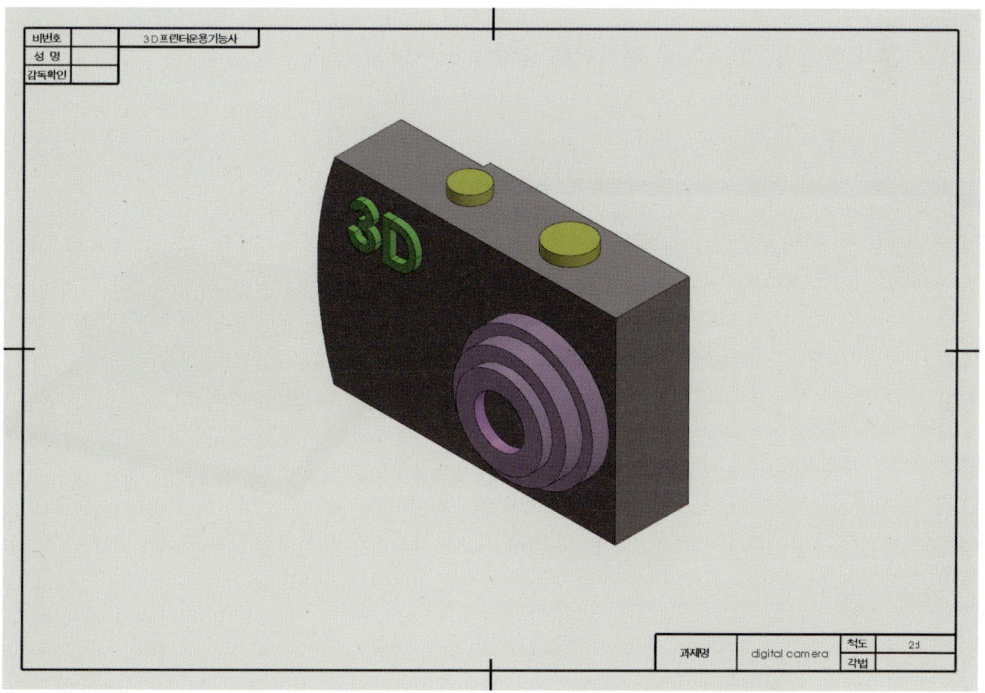

❶ 3차원 모델 파일 불러오기

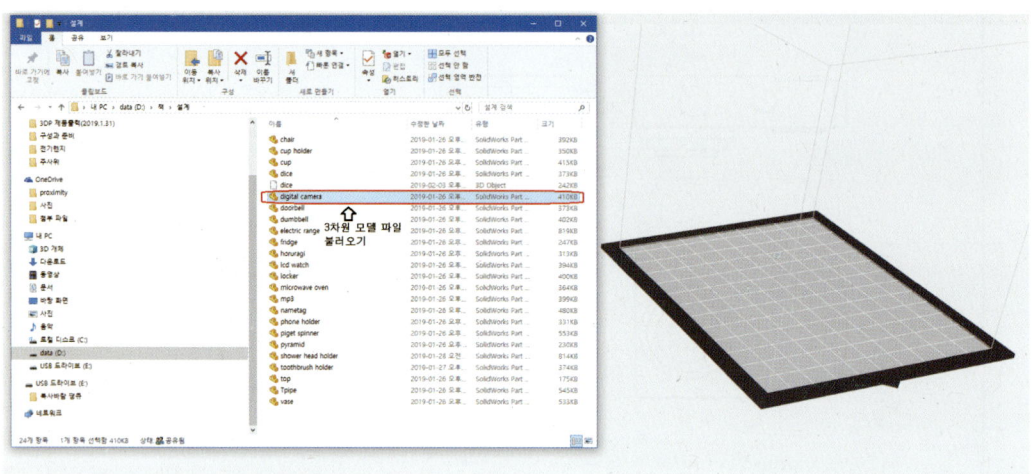

❷ 출력하고자 하는 3차원 모델을 제작판의 중앙에 끌어다 놓는다.

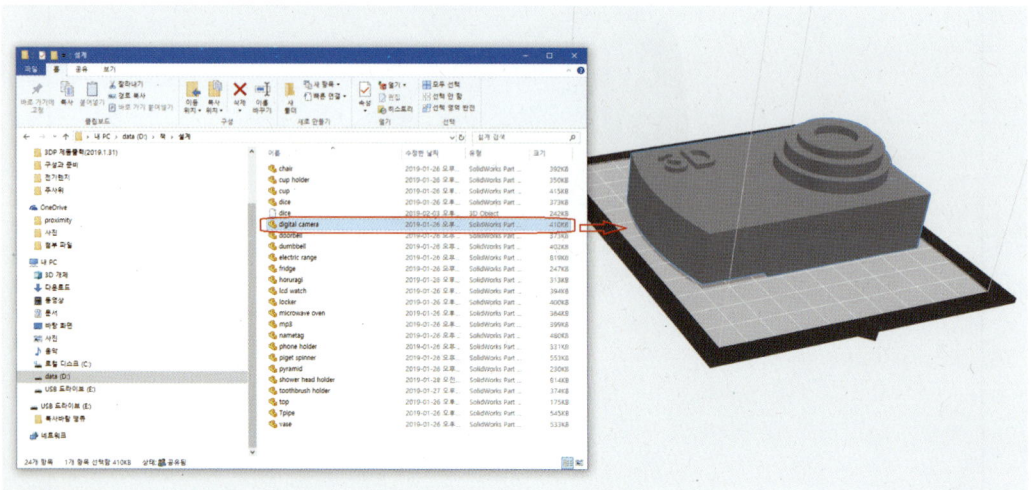

❸ 기본 파라미터 설정을 한다.
　가. Print Settings을 한다.
　나. Print Mode→Support 적용 여부를 결정한다.

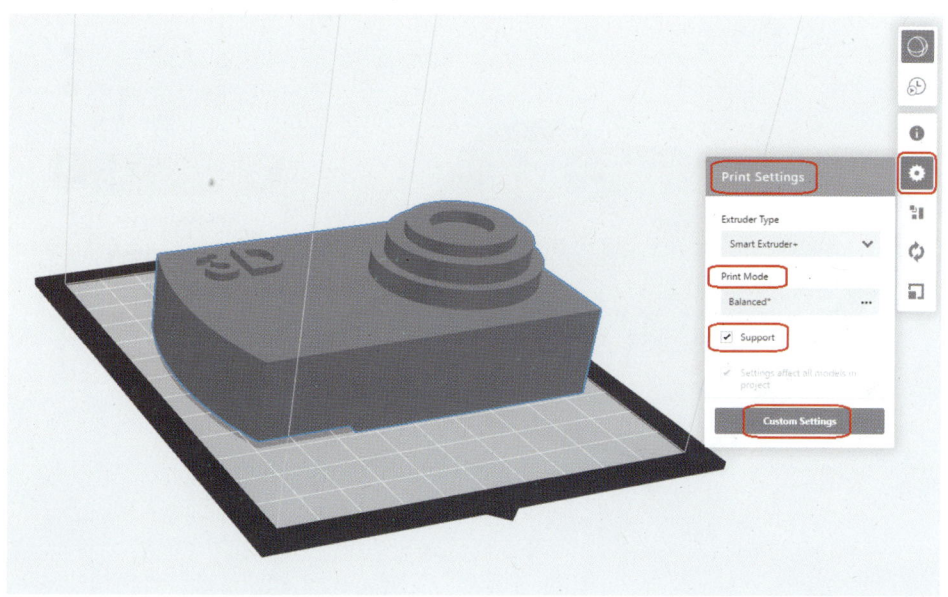

　다. 모델을 정렬(Arrange)시킨다.

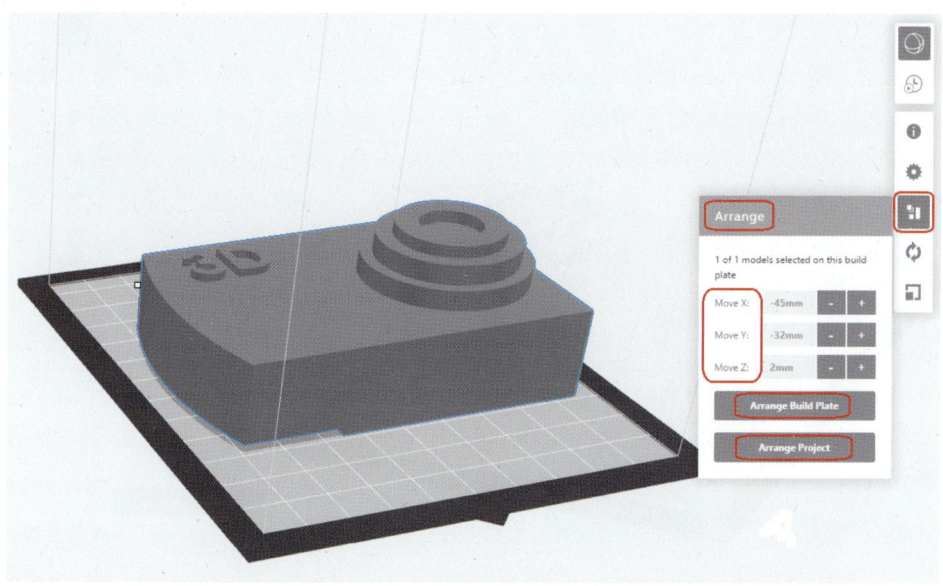

라. 방향 조정을 하고, 제작판에 모델의 면 배치를 선택한다.

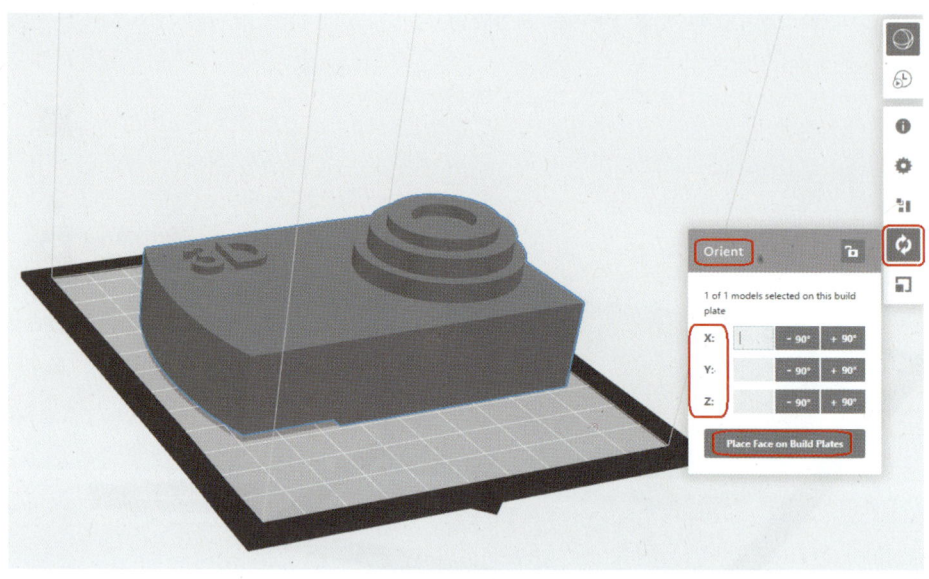

마. 배율을 조정한다.

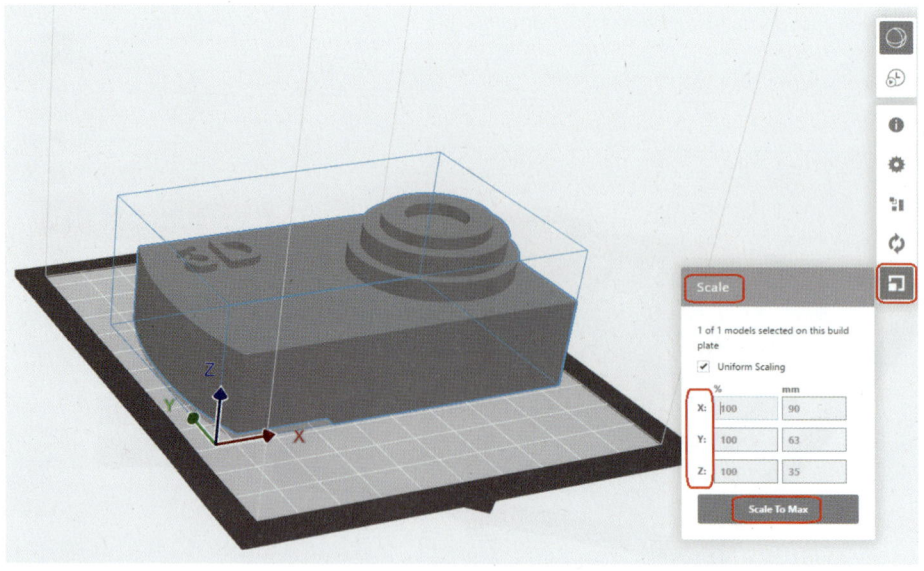

❹ 프린트 미리보기(Print Preview)

　가. 미리보기 재생(Play Animation)

　나. 레이어 확인

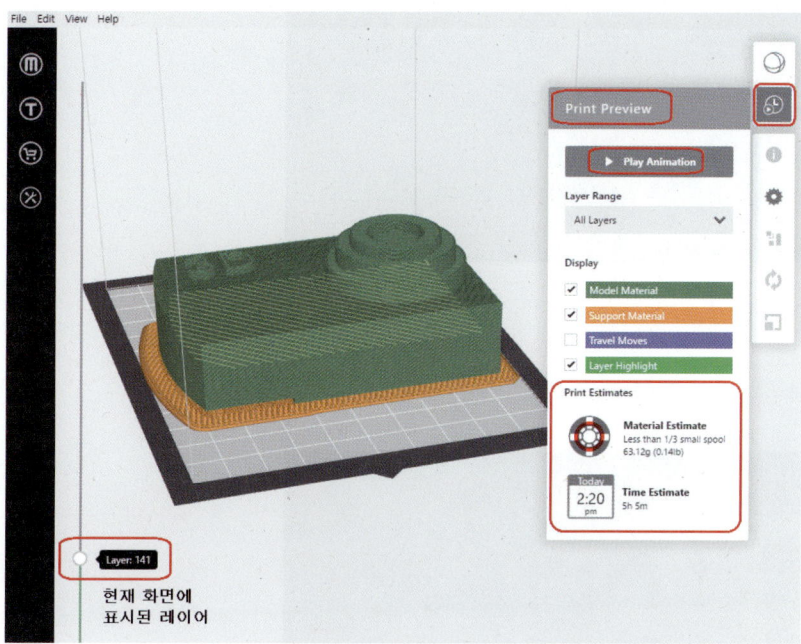

❺ 프린트 시작

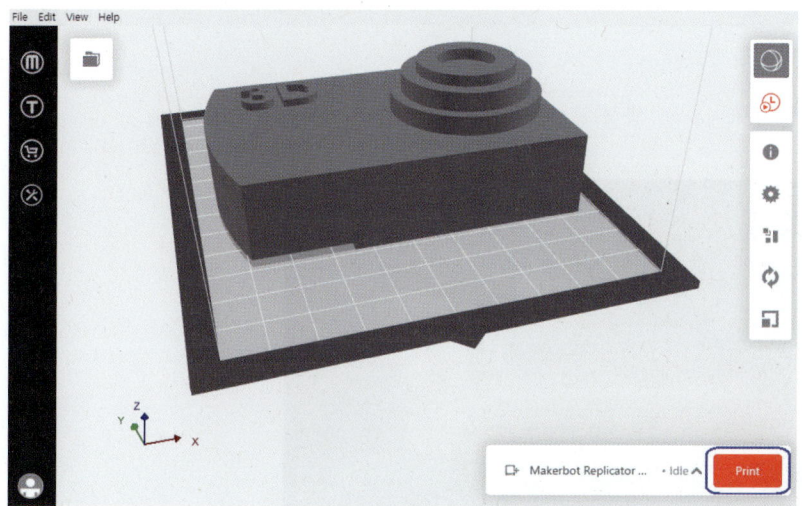

❻ 디지털카메라 스커트(Skirt) 생성

❼ 디지털카메라 래프트(Raft) 생성

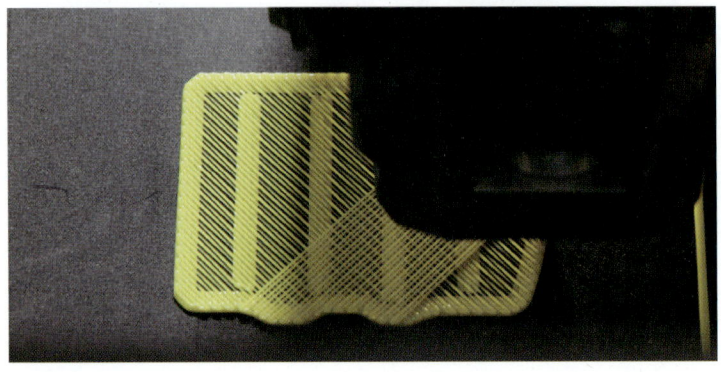

❽ 디지털카메라 서포트(Support) 생성

❾ 디지털카메라 출력 완성

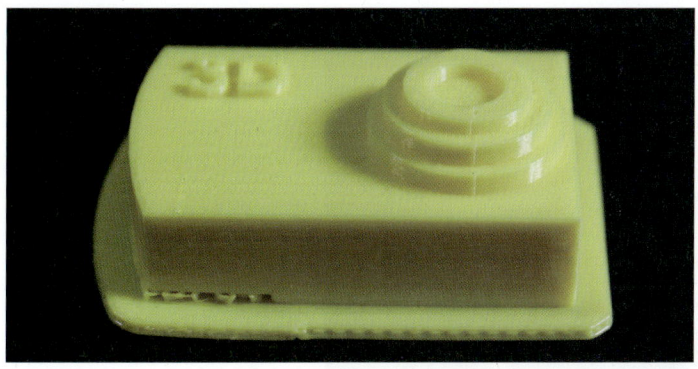

❿ 디지털카메라 모델작품의 출력물을 제작판에서 제거(전용 헤라 사용)

⓫ 불필요한 바닥 보조 출력물을 제거(플러시 커터)

그림6-1 래프트 제거 전

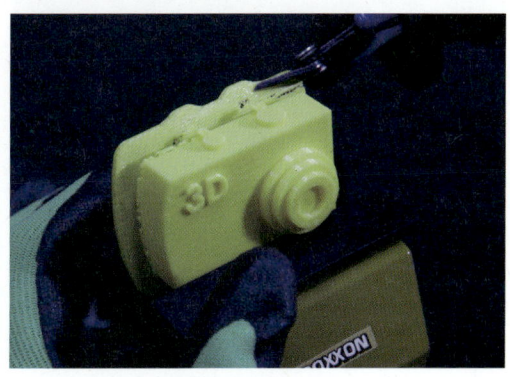
그림6-2 래프트 제거 중

⓬ 디지털카메라 서포트를 제거(바늘코 플라이어, 니퍼, 롱로우즈, 칼, 디자인 나이프 등)

그림6-3 모델제품 뒷면 서포트 제거

⓭ 1차 조줄(다이아몬드)을 사용하여 흠집이나 지저분한 모델작품의 표면을 다듬질한다.

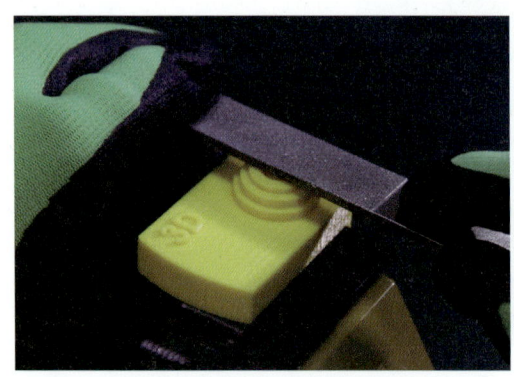

그림6-4 평줄(중목)로 다듬질 작업

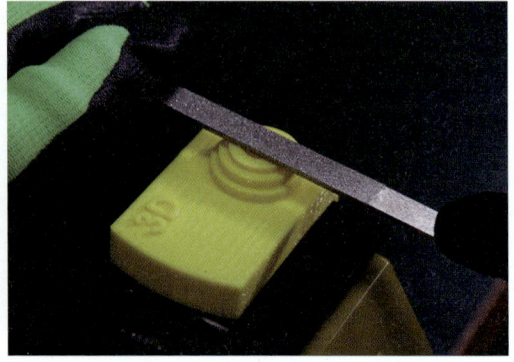

그림6-5 평줄(세목)로 다듬질 작업

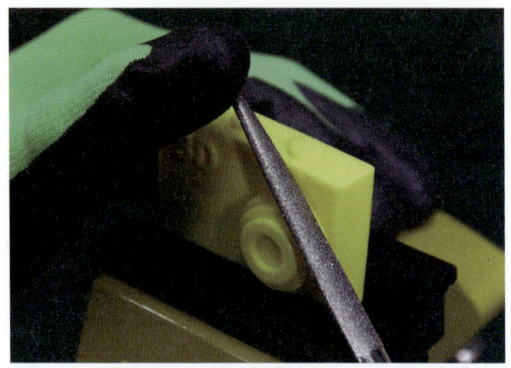

그림6-6 반원줄(세목)로 다듬질 작업

⓮ 2차 사포질을 한다. (종이 사포, 스틱 사포, 아이소핑크 사포대, MDF판 사포대 등)

그림6-7 종이 사포로 다듬질 작업

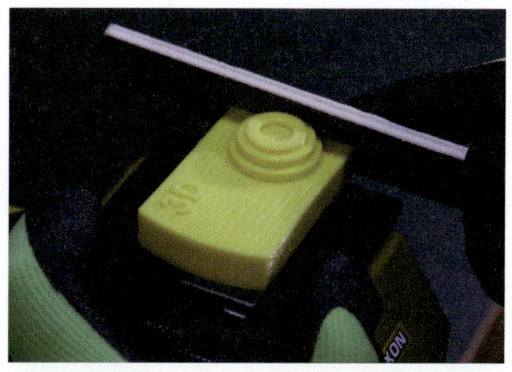
그림6-8 스틱 사포로 다듬질 작업

그림6-9 아이소핑크로 만든 사포대로 다듬질 작업

그림6-10 MDF판으로 만든 사포대로 다듬질 작업

15 검사한다.

　가. 완성된 디지털카메라 모델제품의 도면을 보고 정확하게 측정하고 검사할 수 있다.

　나. 제작판에 제거해야 할 보조 출력물 및 서포트가 있는지 확인한다.

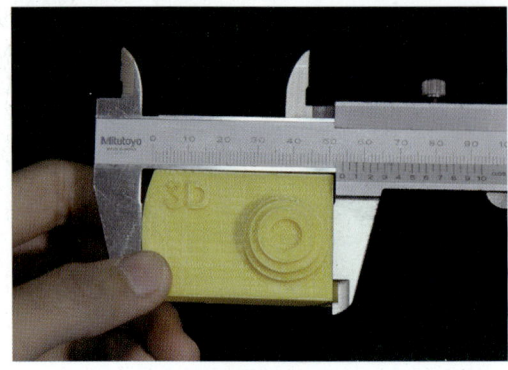

그림6-11 버니어캘리퍼스로 모델제품 길이 측정

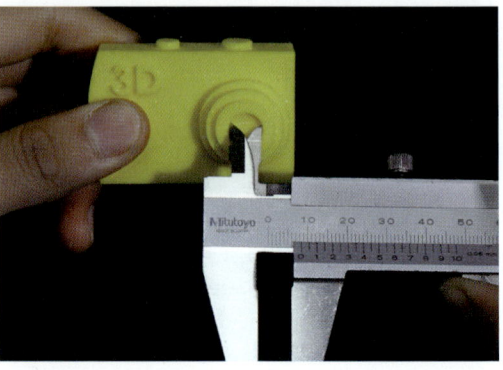

그림6-12 버니어캘리퍼스로 모델제품 렌즈대 내경 측정

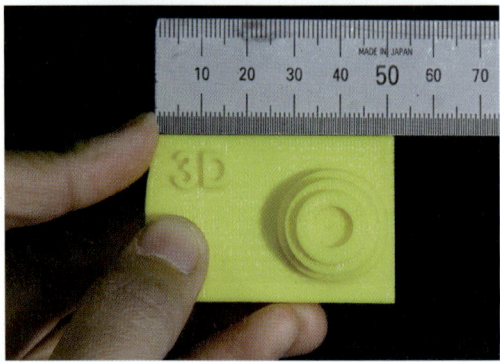

그림6-13 강철자로 모델제품 길이 측정

그림6-14 직각자로 모델제품 직각 측정

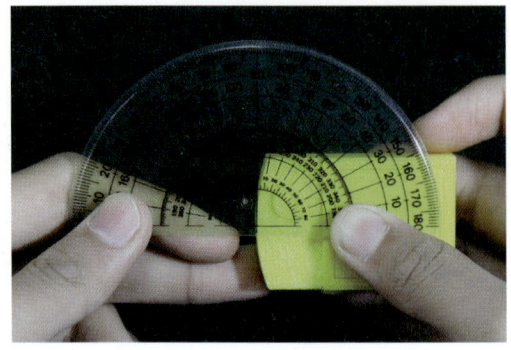

그림6-15 각도기로 모델제품 각도 측정

 완성된 모델작품 ❖ 디지털 카메라

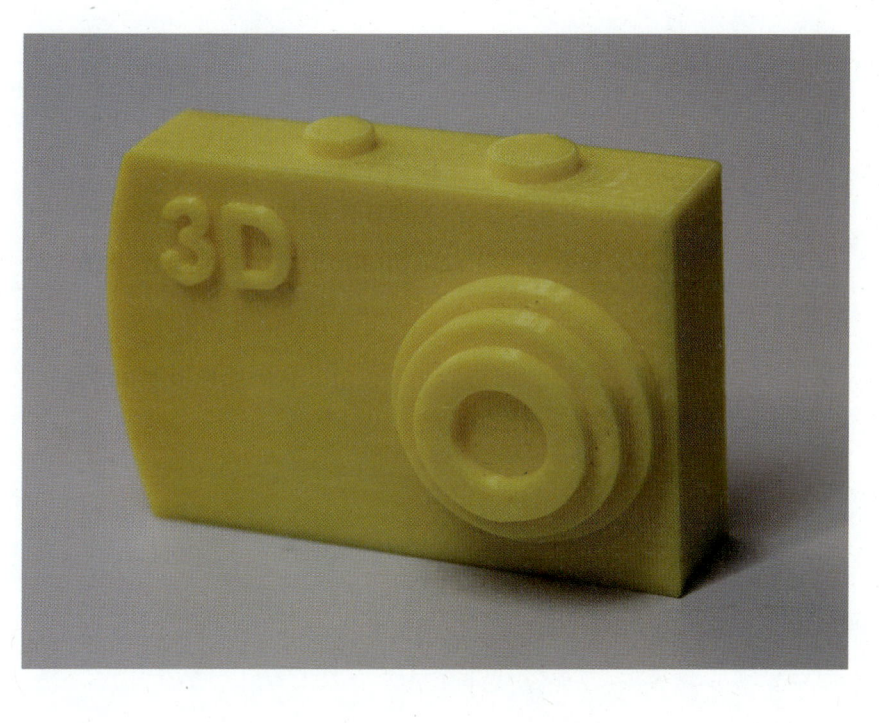

2. 주사위 제품모형 모델링 · 출력 제작완성

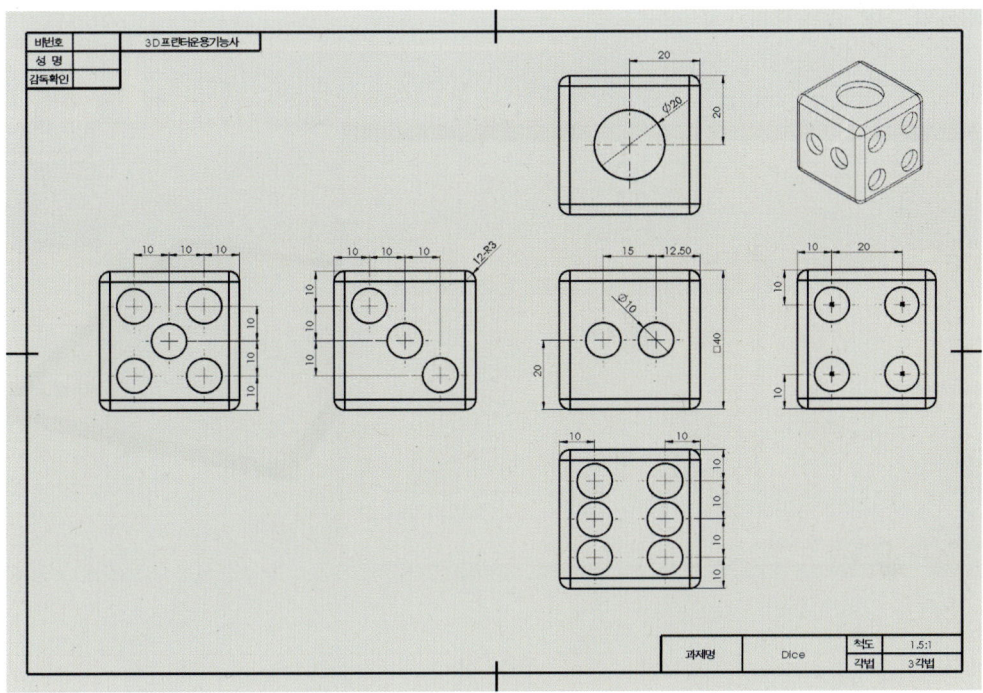

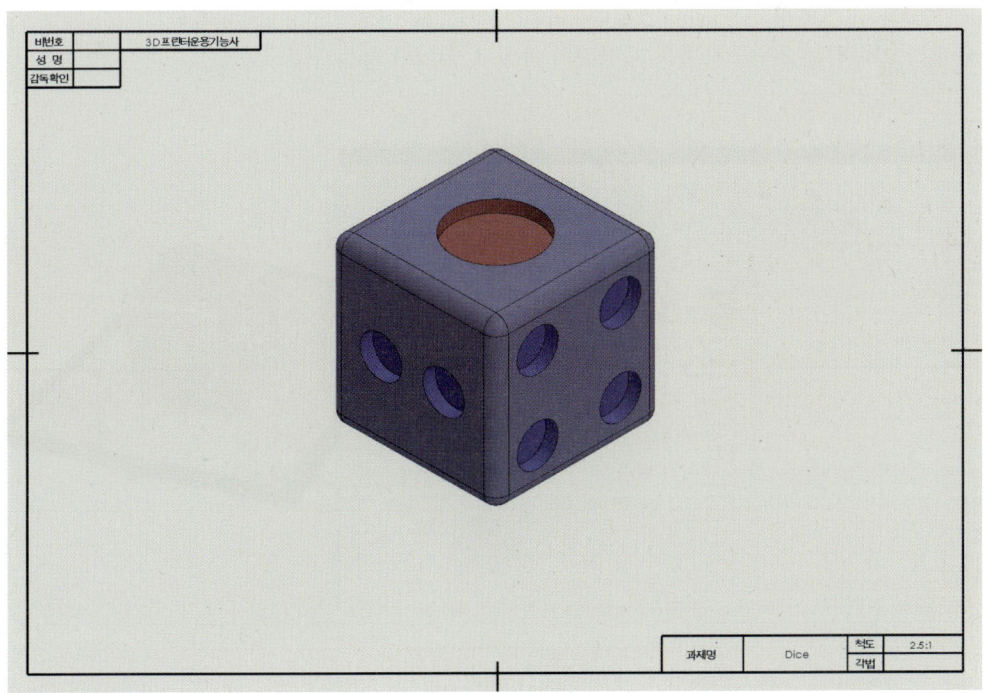

❶ 3차원 모델 파일 불러오기

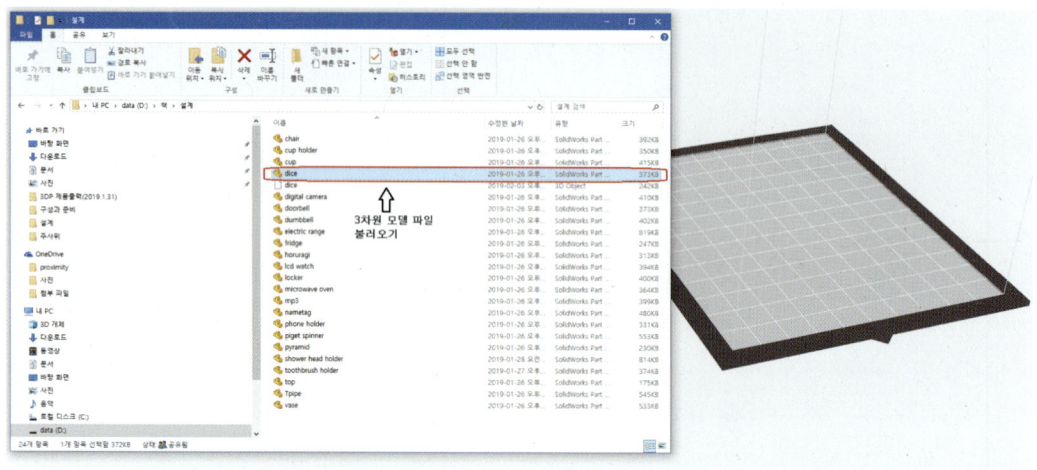

❷ 출력하고자 하는 3차원 모델을 제작판의 중앙에 끌어다 놓는다.

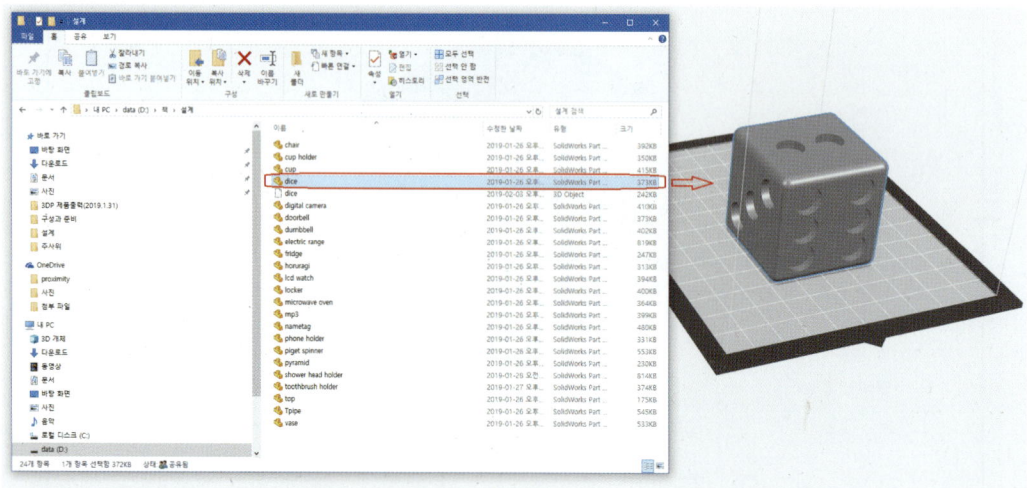

❸ 기본 파라미터 설정을 한다.

가. Print Settings을 한다.

나. Print Mode→Support 적용 여부를 결정한다.

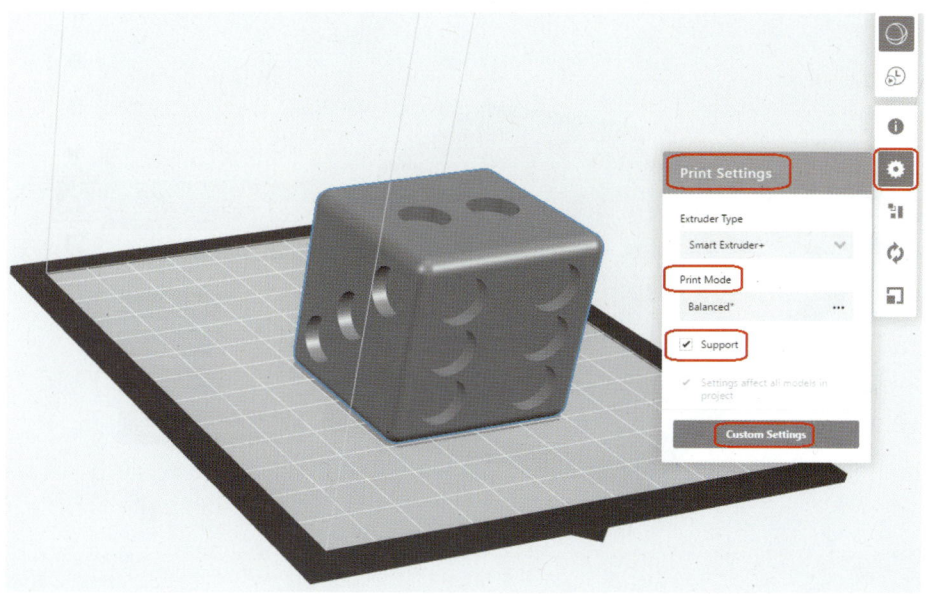

다. 모델을 정렬(Arrange)시킨다.

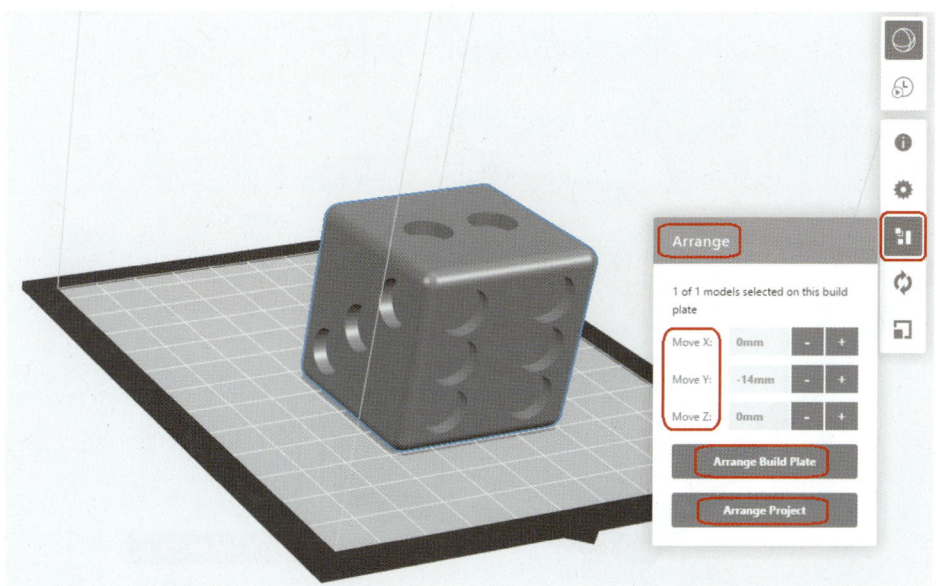

라. 방향 조정을 하고, 제작판에 모델의 면 배치를 선택한다.

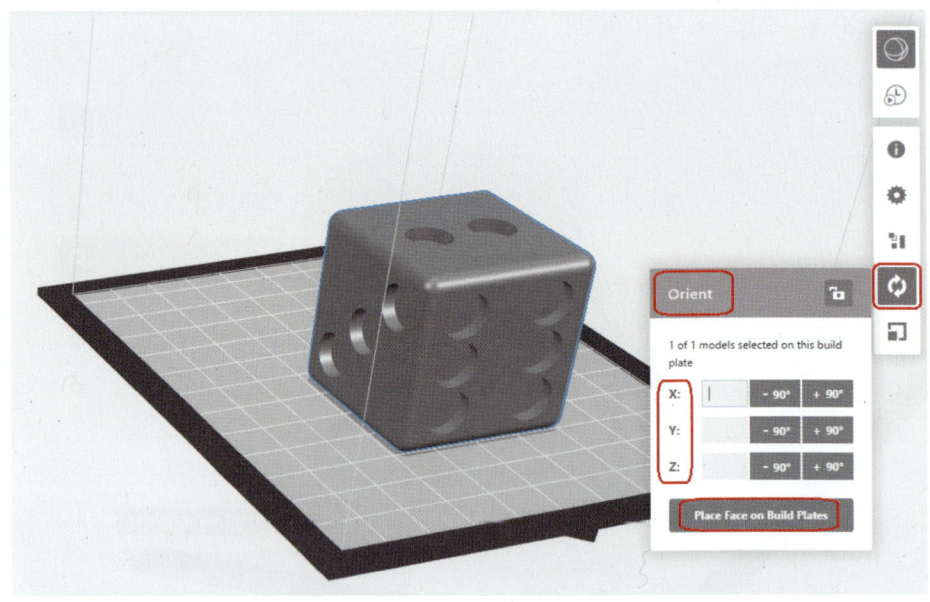

마. 배율을 조정한다.

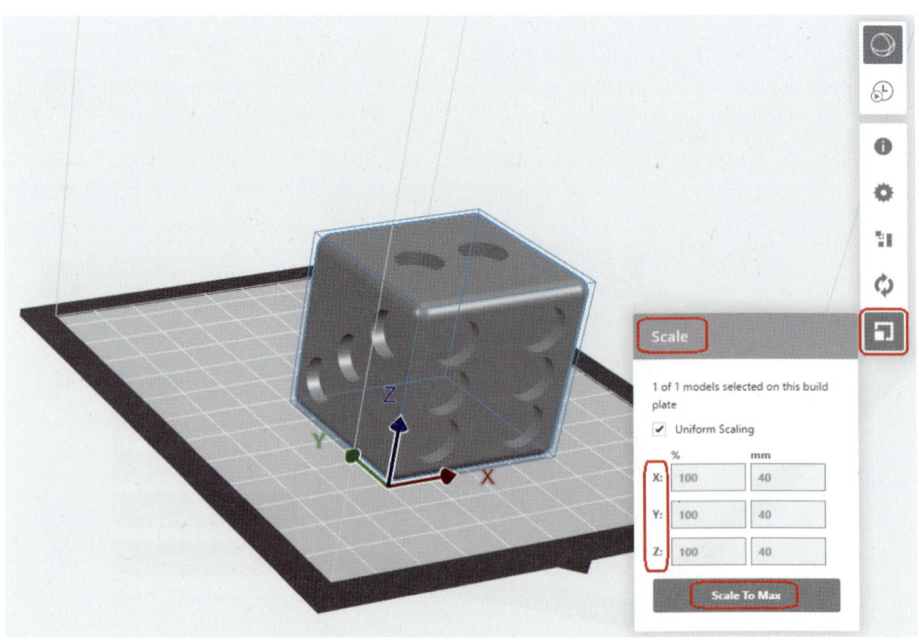

❹ 프린트 미리보기(Print Preview)

　가. 미리보기 재생(Play Animation)

　나. 레이어 확인

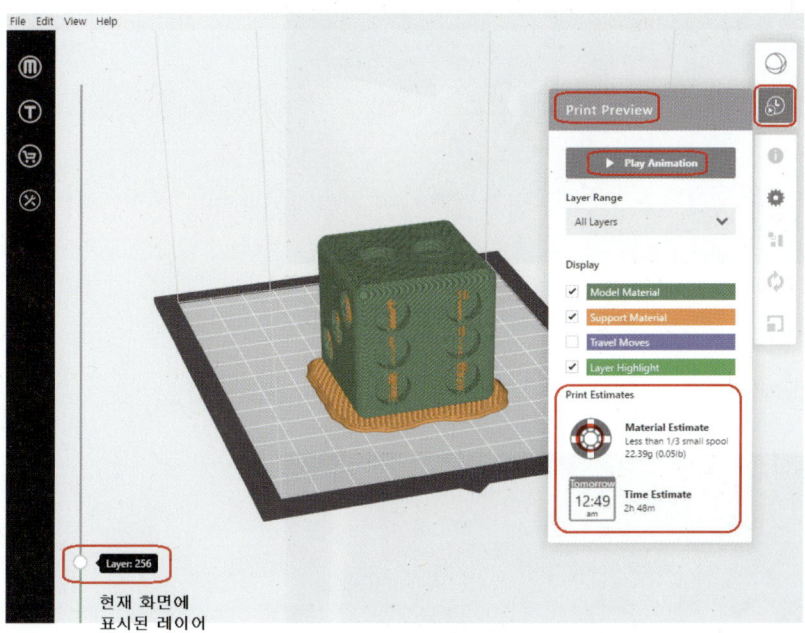

❺ 프린트 시작

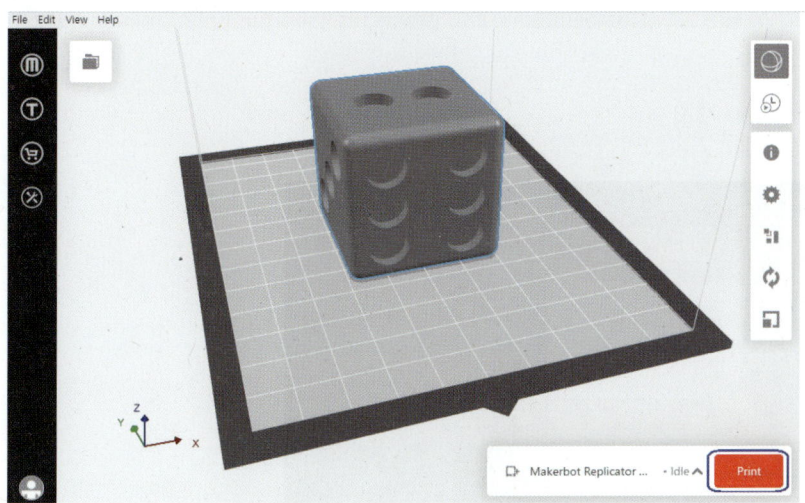

❻ 주사위 스커트(Skirt) 생성

❼ 주사위 래프트(Raft) 생성

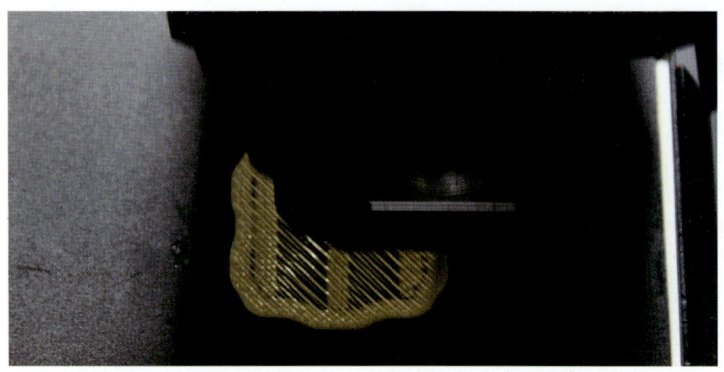

❽ 주사위 서포트(Support) 생성

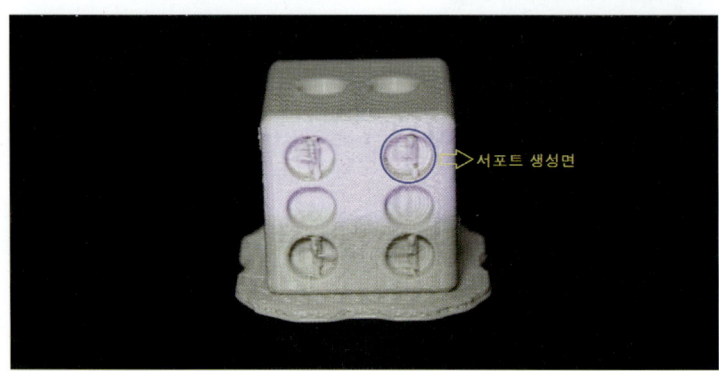

❾ 주사위 출력 완성

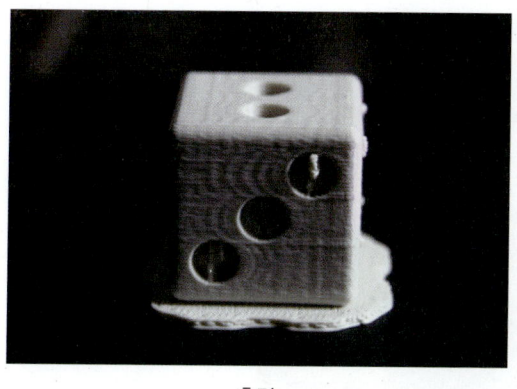
측면

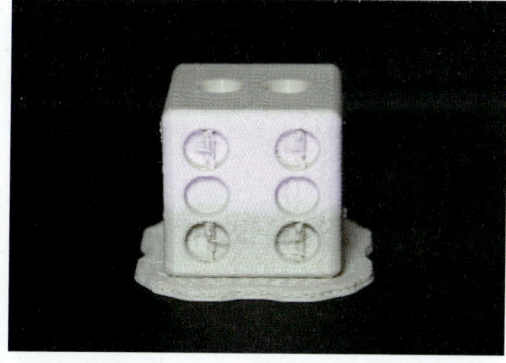
정면

❿ 주사위 모델작품의 출력물을 제작판에서 제거(전용 헤라 사용)

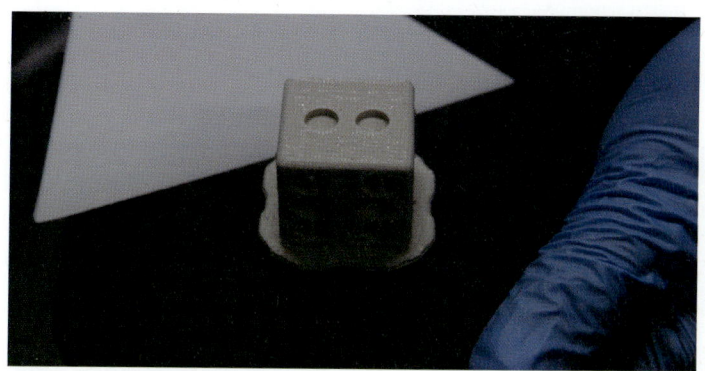

⓫ 불필요한 바닥 보조 출력물을 제거(플러시 커터)

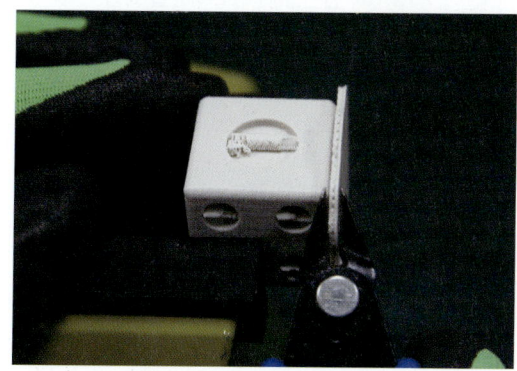
그림6-16 래프트(Raft) 제거 전

그림6-17 래프트(Raft) 제거 중

⑫ 주사위 서포트를 제거(바늘코 플라이어, 니퍼, 롱로우즈, 칼, 디자인 나이프 등)

그림6-18 모델제품 서포트 제거

⑬ 1차 조줄(다이아몬드)을 사용하여 흠집이나 지저분한 모델작품의 표면을 다듬질한다.

그림6-19 평줄(중목)로 다듬질 작업

그림6-20 반원줄(세목)로 다듬질 작업

⑭ 2차 사포질을 한다. (종이 사포, 스틱 사포, 아이소핑크 사포대, MDF판 사포대 등)

그림6-21 종이 사포로 다듬질 작업

그림6-22 스틱 사포로 다듬질 작업

그림6-23 아이소핑크로 만든 사포대로 다듬질 작업

그림6-24 MDF판으로 만든 사포대로 다듬질 작업

⑮ 검사한다.

가. 완성된 주사위 모델제품의 도면을 보고 정확하게 측정하고 검사할 수 있다.

나. 제작판에 제거해야 할 보조 출력물 및 서포트가 있는지 확인한다.

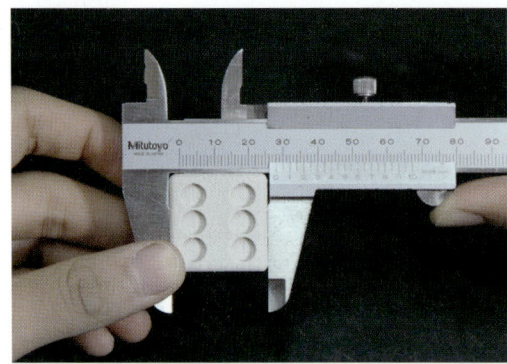

그림6-25 버니어캘리퍼스로 모델제품 길이 측정

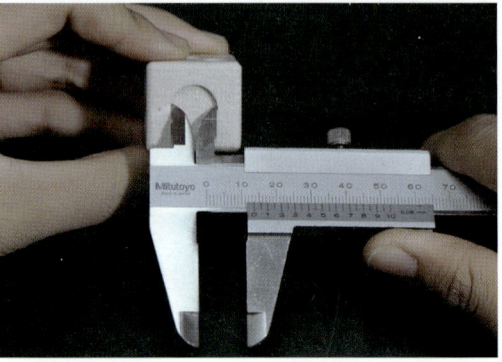

그림6-26 버니어캘리퍼스로 모델제품 한 면 컷 내경 측정

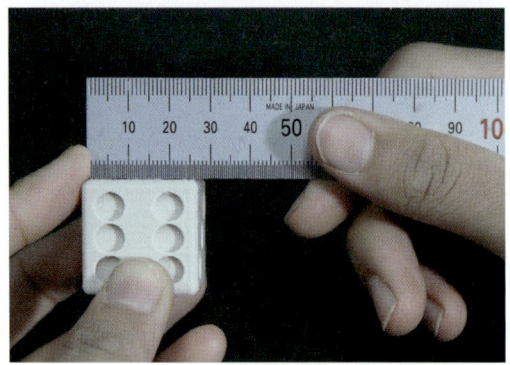

그림6-27 강철자로 모델제품 길이 측정

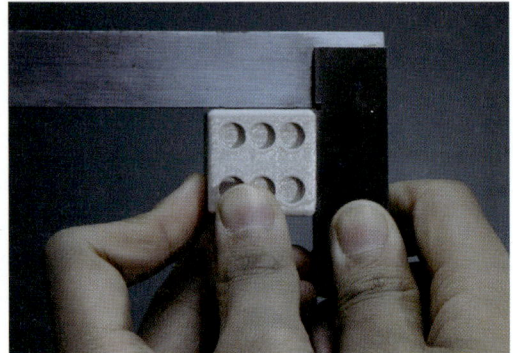

그림6-28 직각자로 모델제품 직각 측정

 **완성된 모델작품** ❖ 주사위

 **3** ❖ 피라미드 제품모형 모델링 · 출력 제작완성

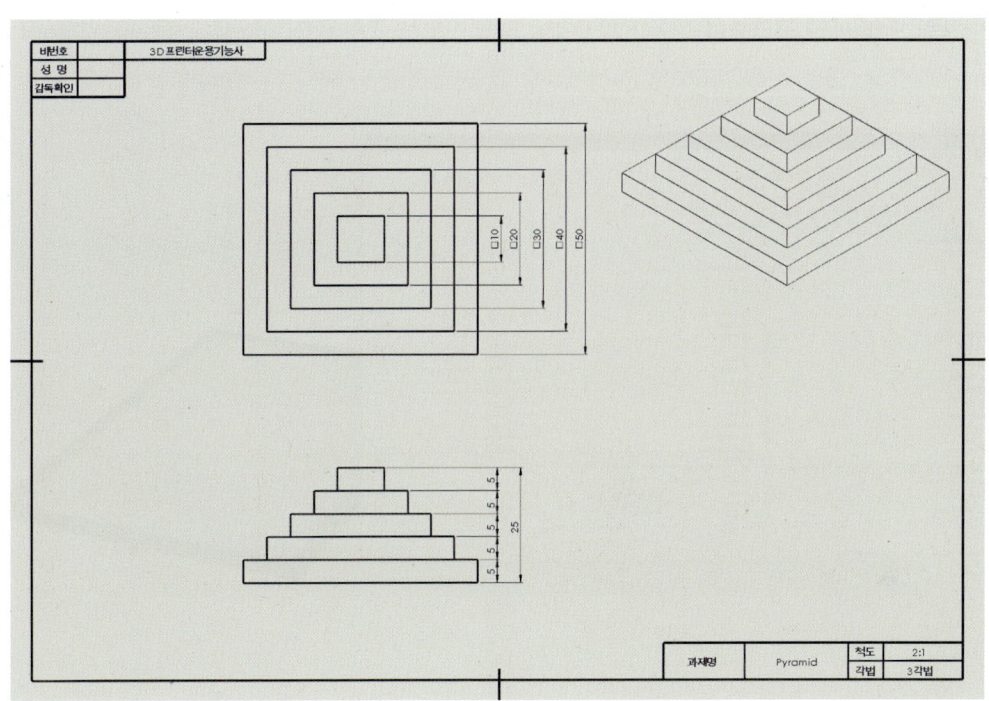

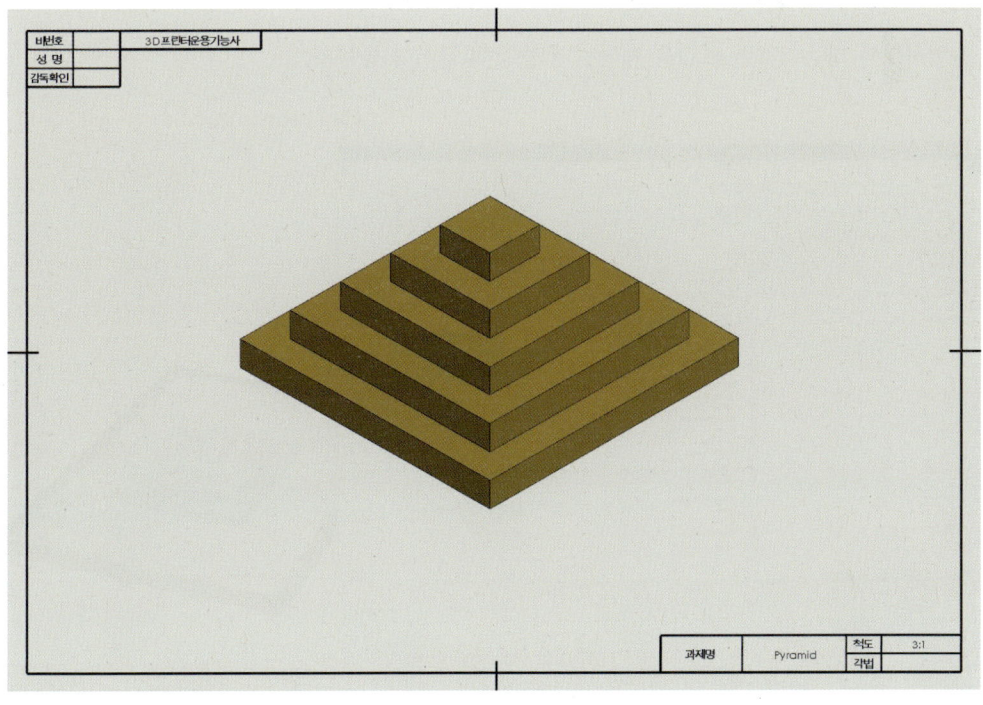

❶ 3차원 모델 파일 불러오기

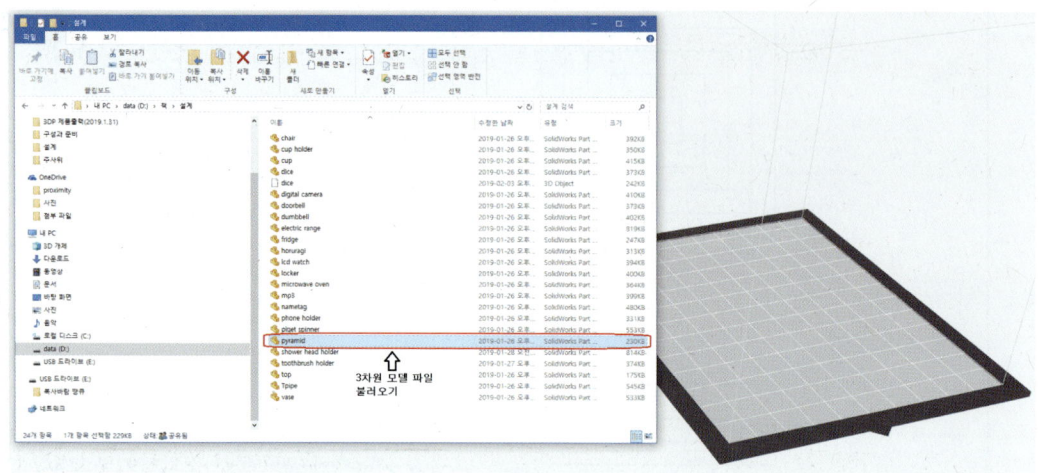

❷ 출력하고자 하는 3차원 모델을 제작판의 중앙에 끌어다 놓는다.

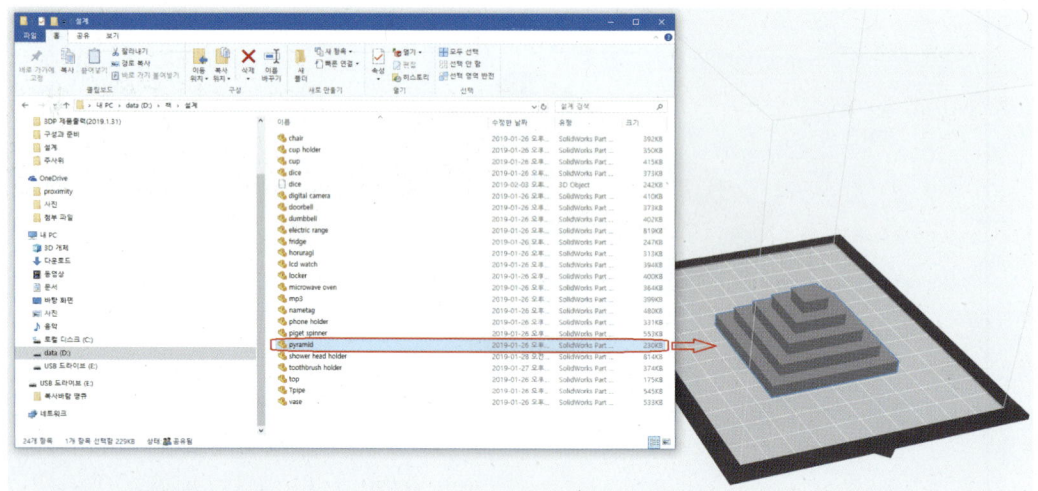

❸ 기본 파라미터 설정을 한다.
　가. Print Settings을 한다.
　나. Print Mode→Support 적용 여부를 결정한다.

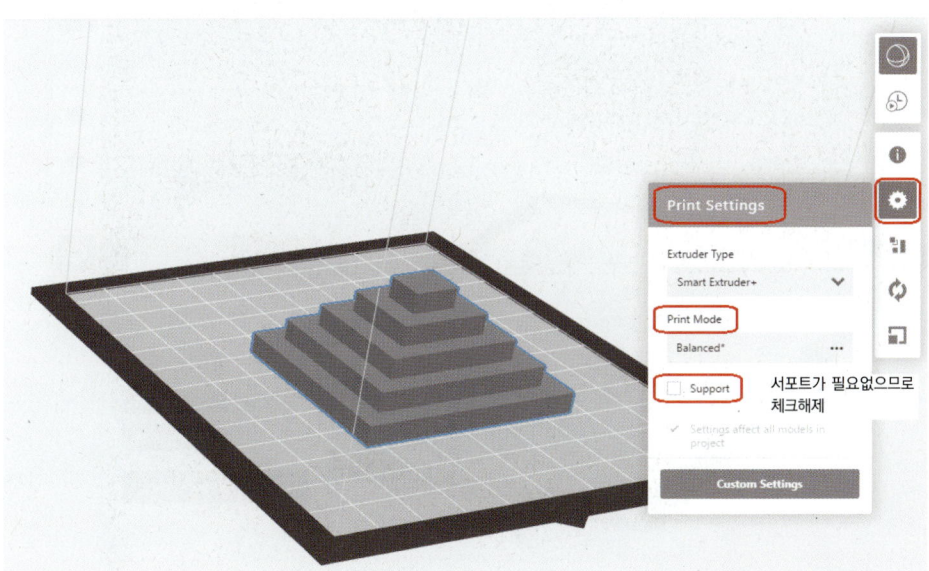

　다. 모델을 정렬(Arrange)시킨다.

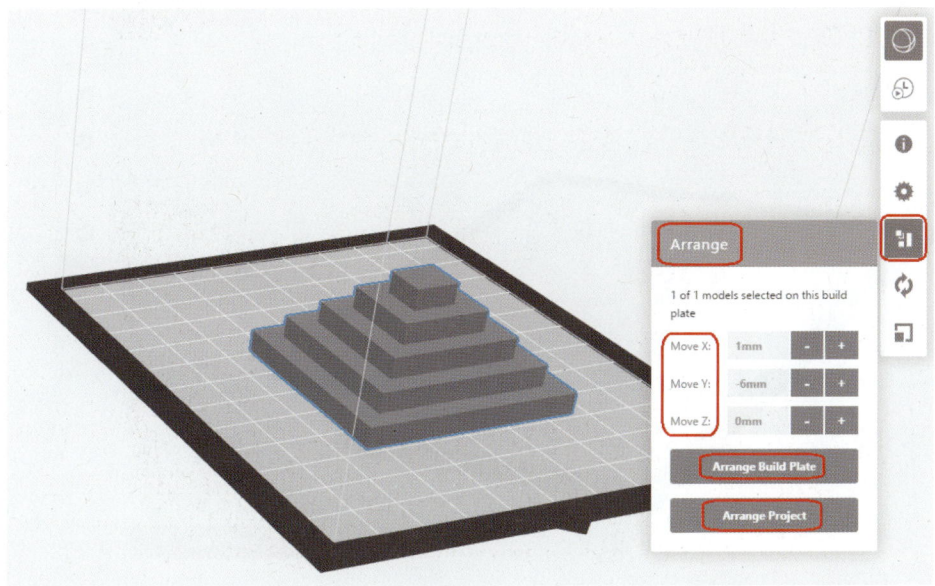

라. 방향 조정을 하고, 제작판에 모델의 면 배치를 선택한다.

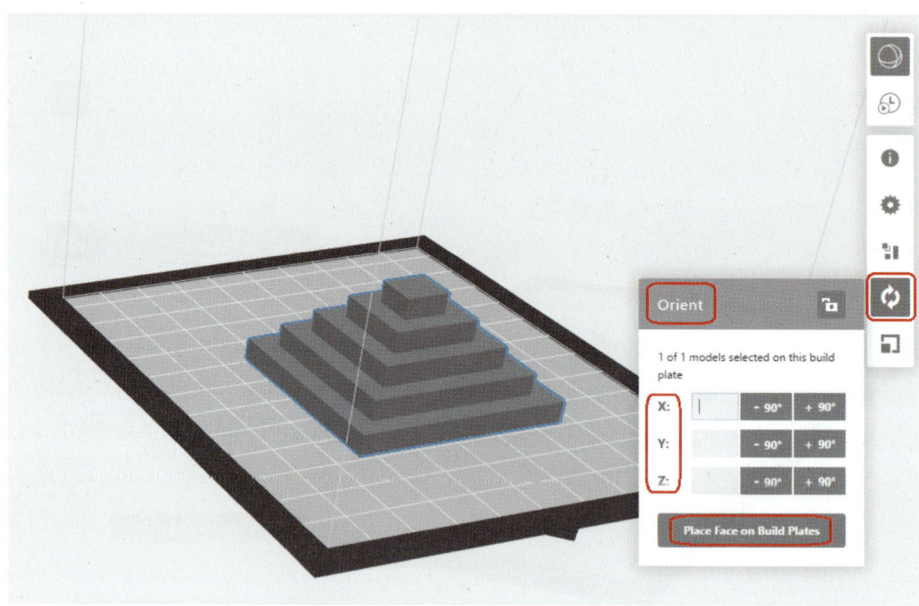

마. 배율을 조정한다.

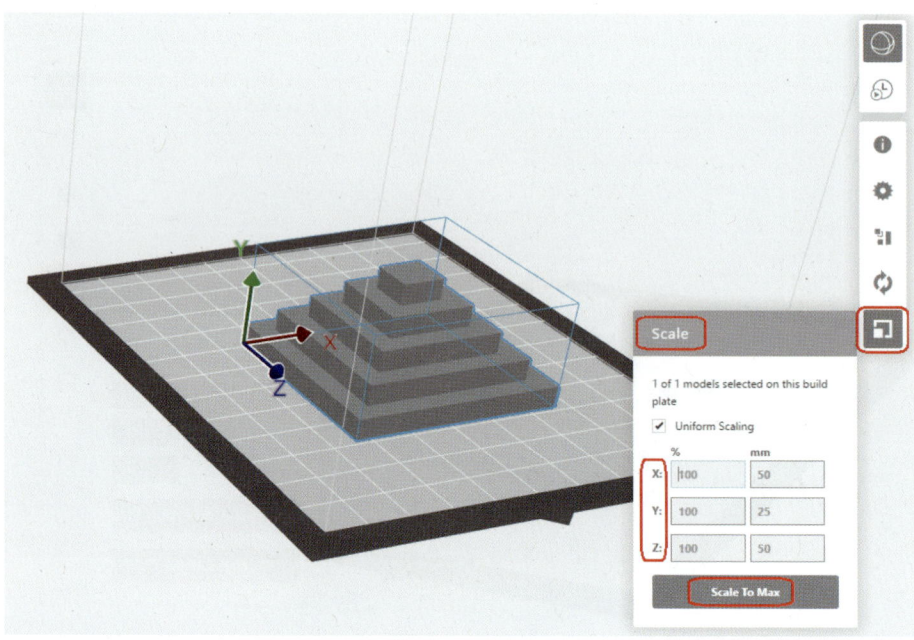

❹ 프린트 미리보기(Print Preview)

　가. 미리보기 재생(Play Animation)

　나. 레이어 확인

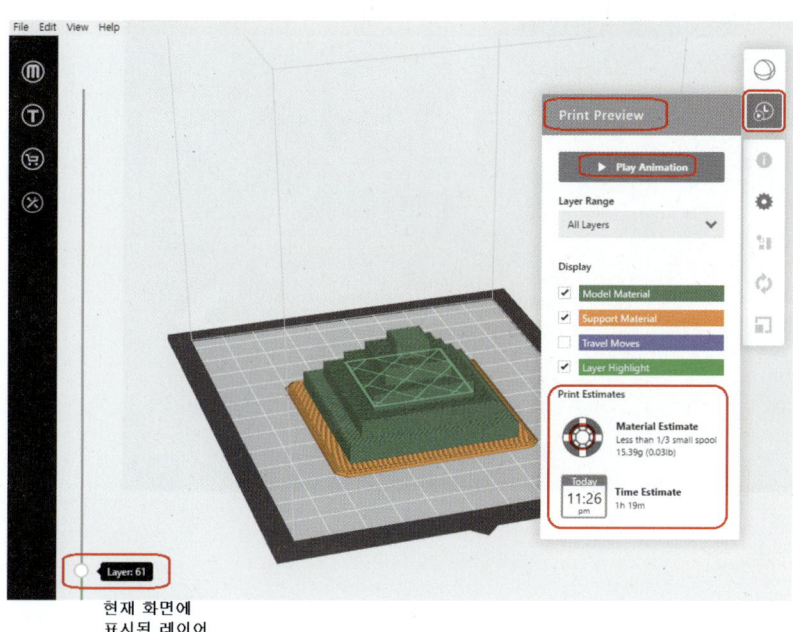

현재 화면에
표시된 레이어

❺ 프린트 시작

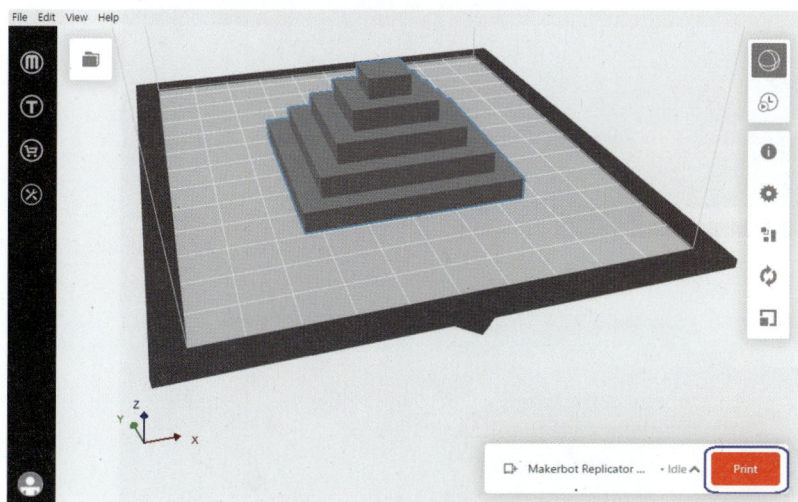

❻ 피라미드 스커트(Skirt) 생성

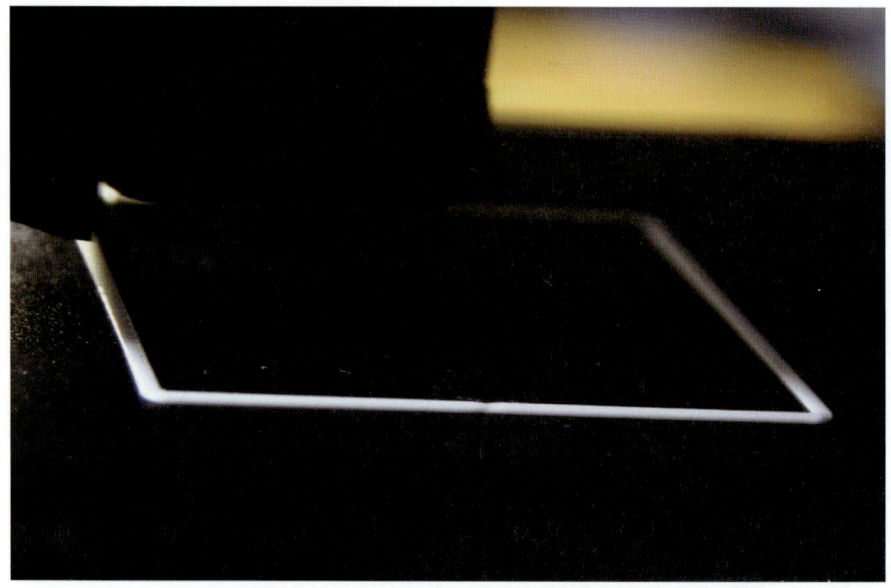

❼ 피라미드 래프트(Raft) 생성

❽ 피라미드 출력 완성

❾ 주사위 모델작품의 출력물을 제작판에서 제거(전용 헤라 사용)

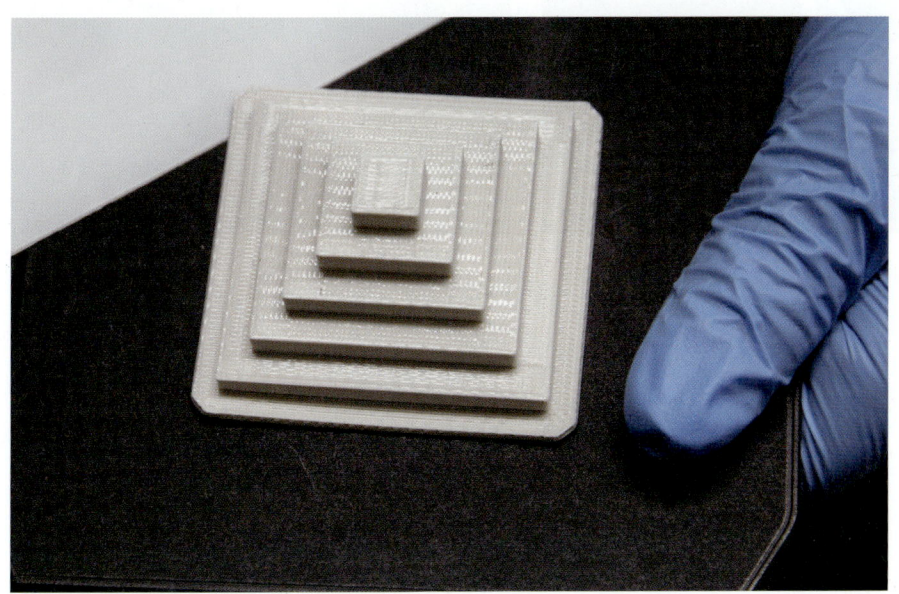

❿ 불필요한 바닥 보조 출력물을 제거(플러시 커터)

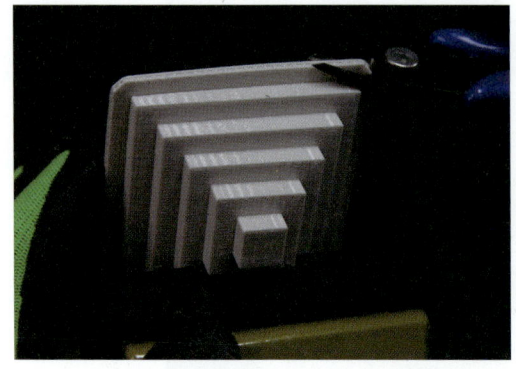

그림6-29 모델제품 래프트(Raft) 제거 전

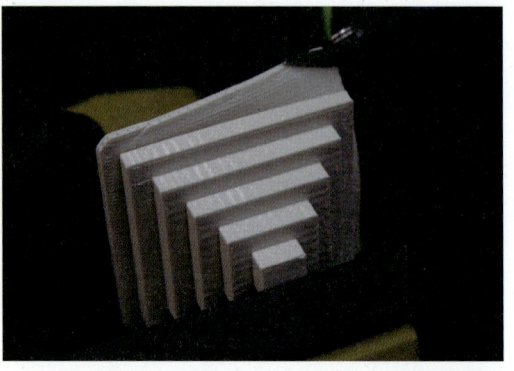

그림6-30 모델제품 래프트(Raft) 제거 중

⓫ 1차 조줄(다이아몬드)을 사용하여 흠집이나 지저분한 모델제품의 표면을 다듬질한다.

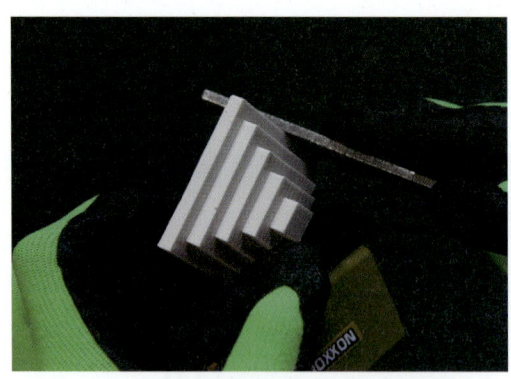

그림6-31 평줄(중목)로 다듬질 작업

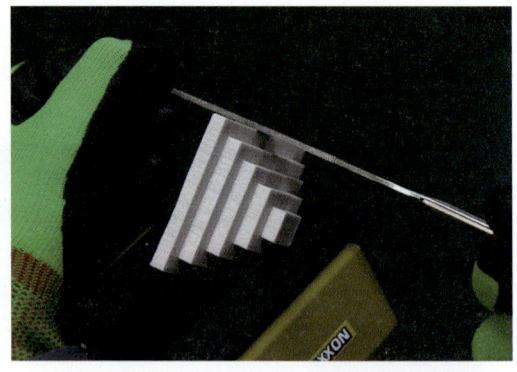

그림6-32 평줄(세목)로 다듬질 작업

⑫ 2차 사포질을 한다. (종이 사포, 스틱 사포, 아이소핑크 사포대, MDF판 사포대 등)

그림6-33 종이 사포로 다듬질 작업

그림6-34 스틱 사포로 다듬질 작업

그림6-35 아이소핑크로 만든 사포대로 다듬질 작업

그림6-36 MDF판으로 만든 사포대로 다듬질 작업

⑬ 검사한다.

가. 완성된 피라미드 모델제품의 도면을 보고 정확하게 측정하고 검사할 수 있다.

나. 제작판에 제거해야 할 보조 출력물 및 서포트가 있는지 확인한다.

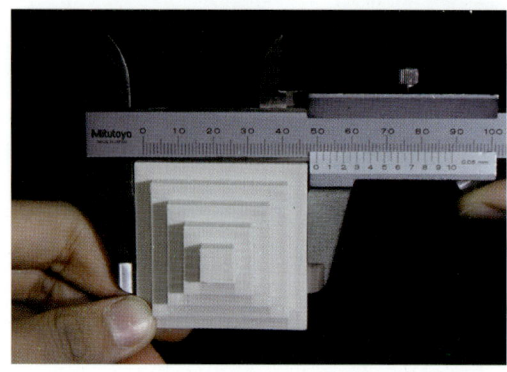

그림6-37 버니어캘리퍼스로 모델제품 길이 측정

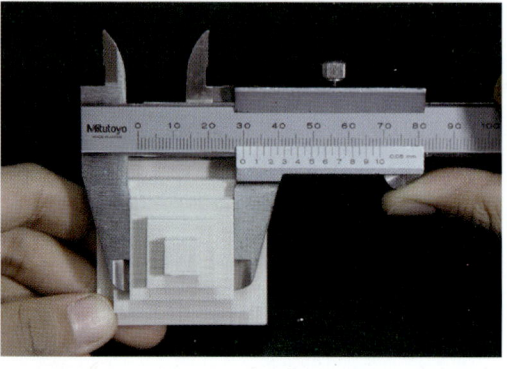

그림6-38 버니어캘리퍼스로 모델제품 각 단 외측 측정

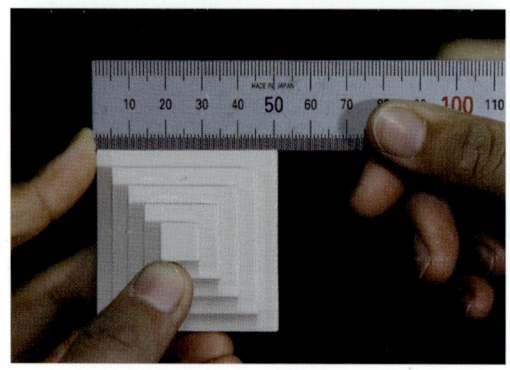

그림6-39 강철자로 모델제품 길이 측정

그림6-40 직각자로 모델제품 직각 측정

 완성된 모델작품 ❖ 피라미드

4. 다용도함 제품모형 모델링·출력 제작완성

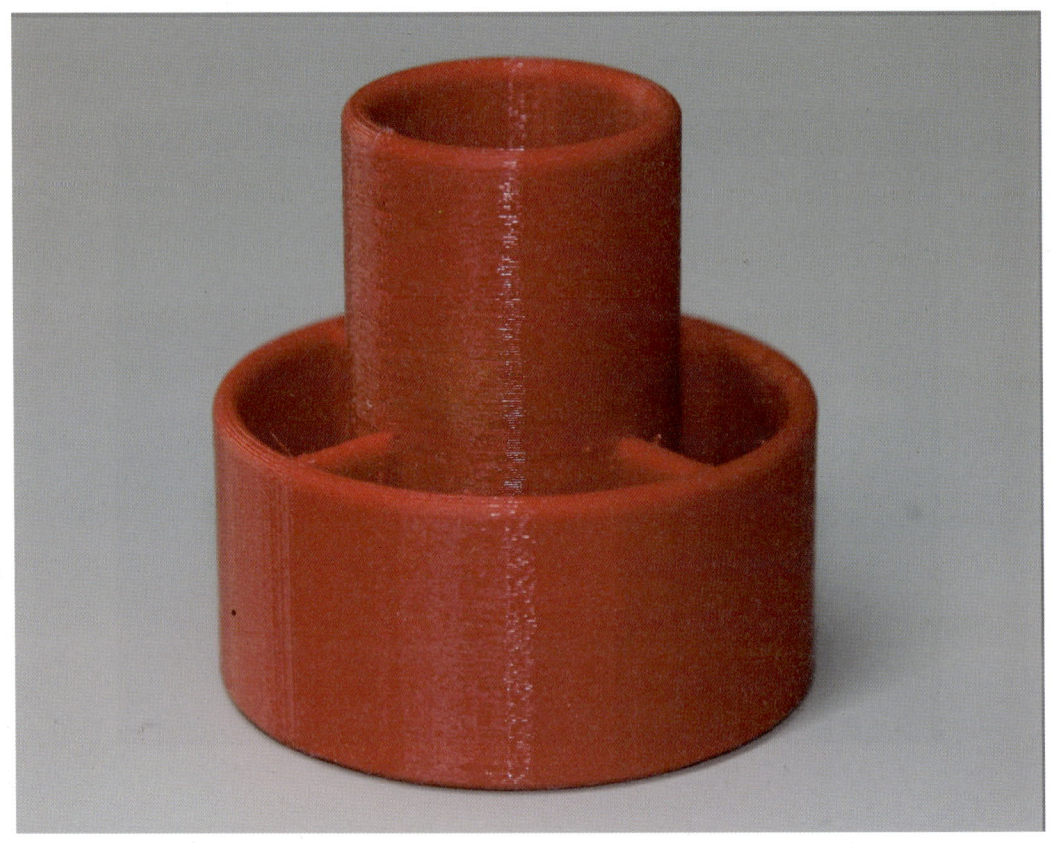

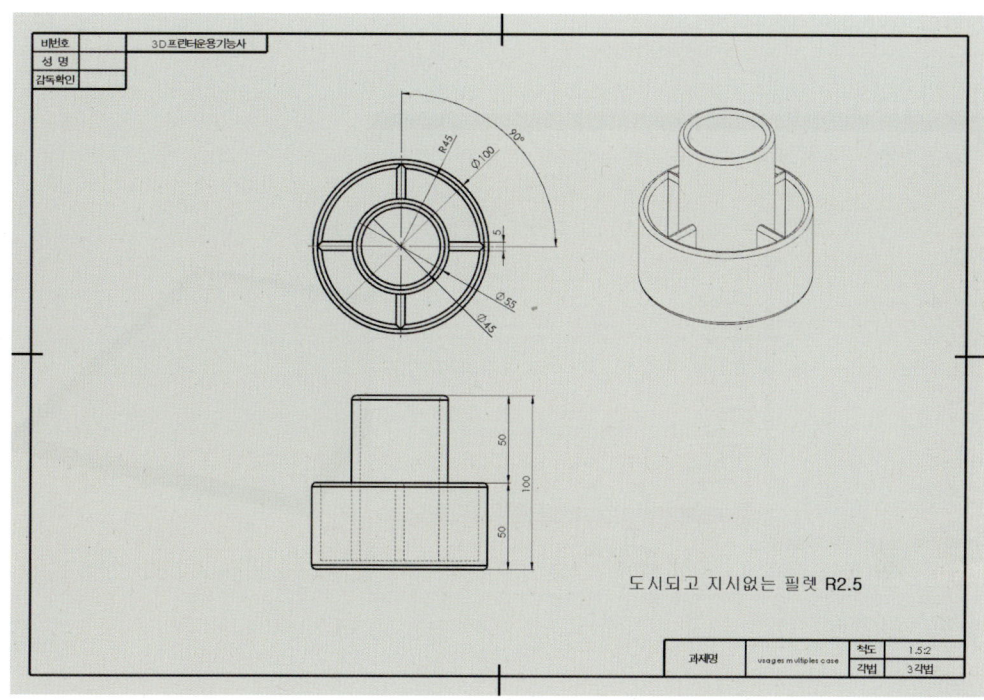

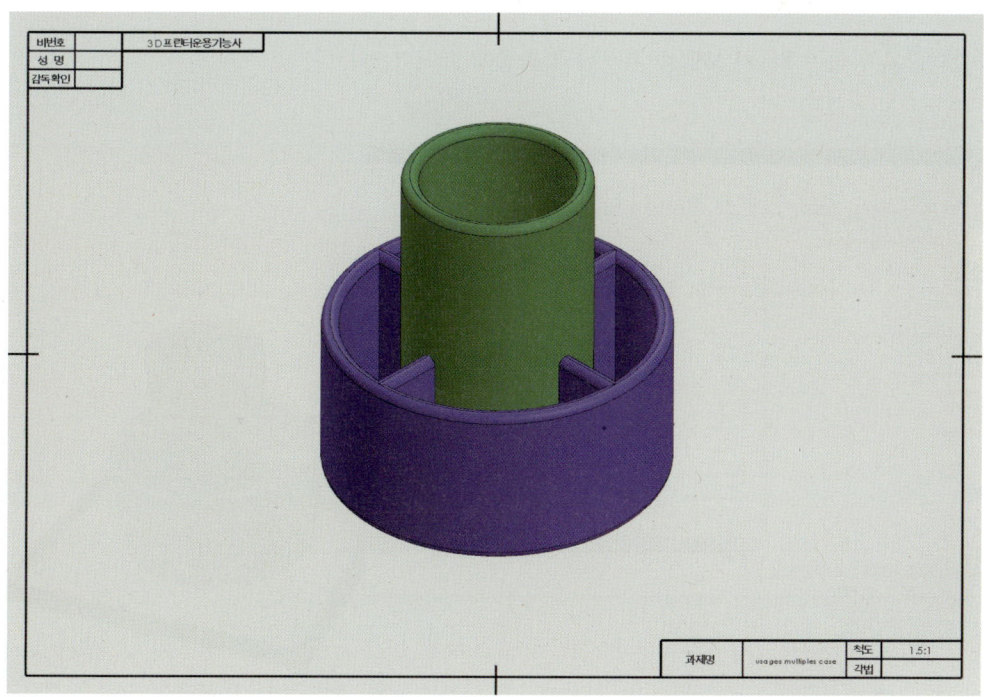

❶ 3차원 모델 파일 불러오기

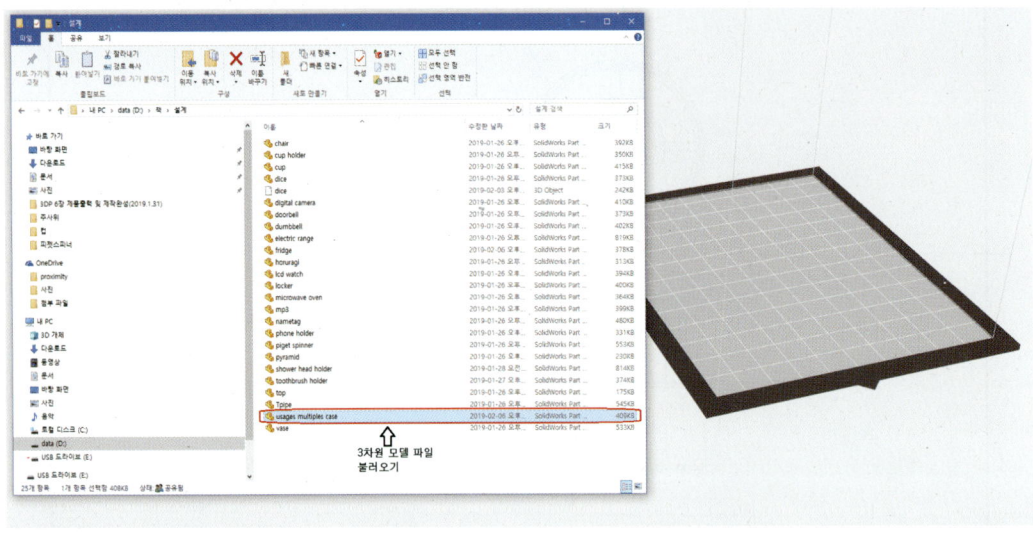

❷ 출력하고자 하는 3차원 모델을 제작판의 중앙에 끌어다 놓는다.

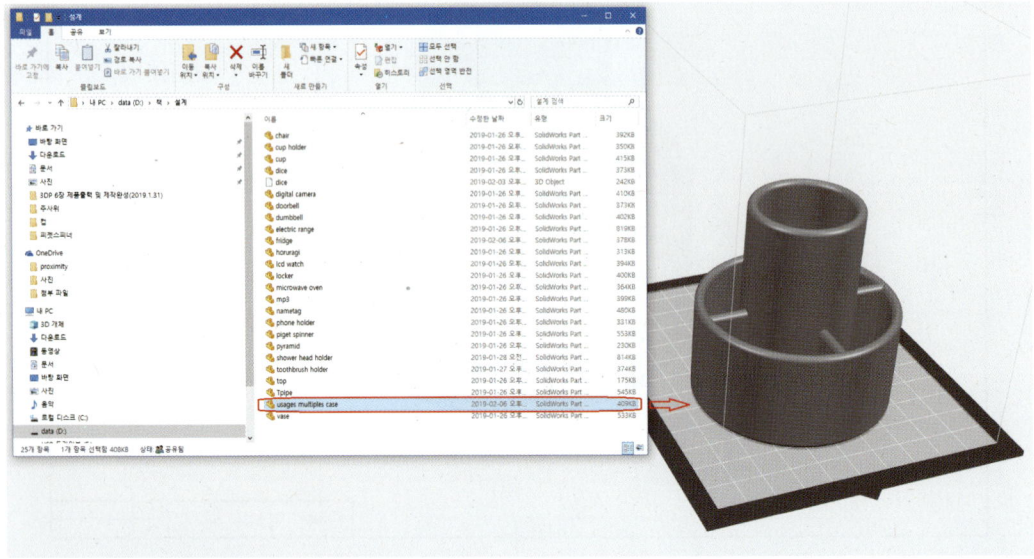

❸ 기본 파라미터 설정을 한다.

　가. Print Settings을 한다.

　나. Print Mode→Support 적용 여부를 결정한다.

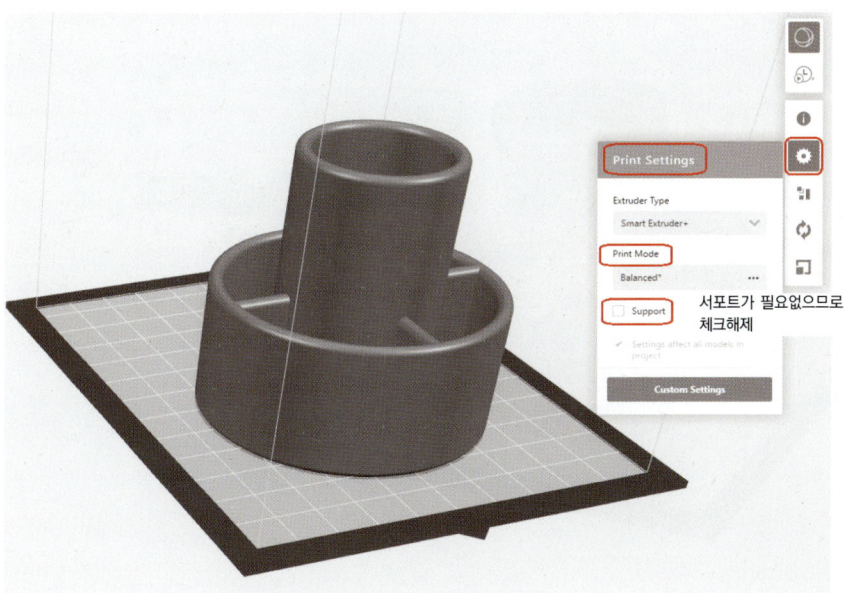

　다. 모델을 정렬(Arrange)시킨다.

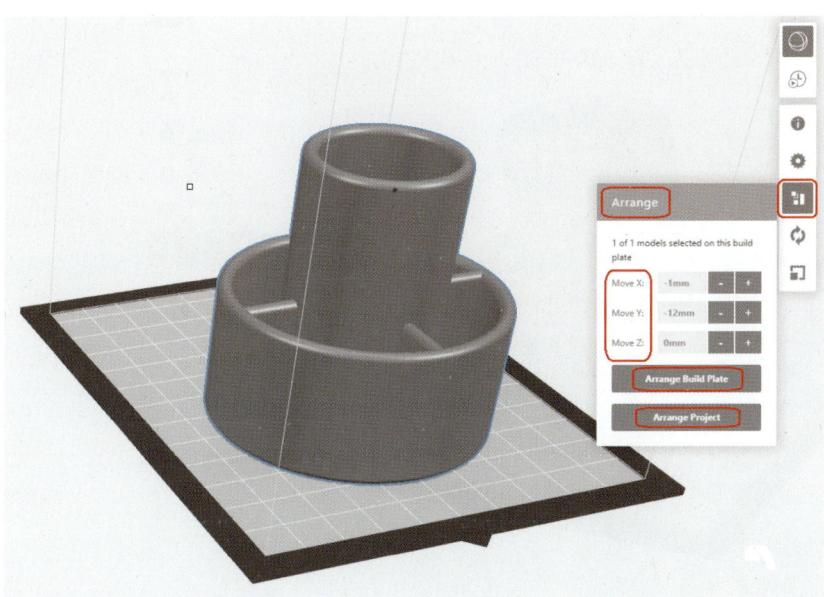

라. 방향 조정을 하고, 제작판에 모델의 면 배치를 선택한다.

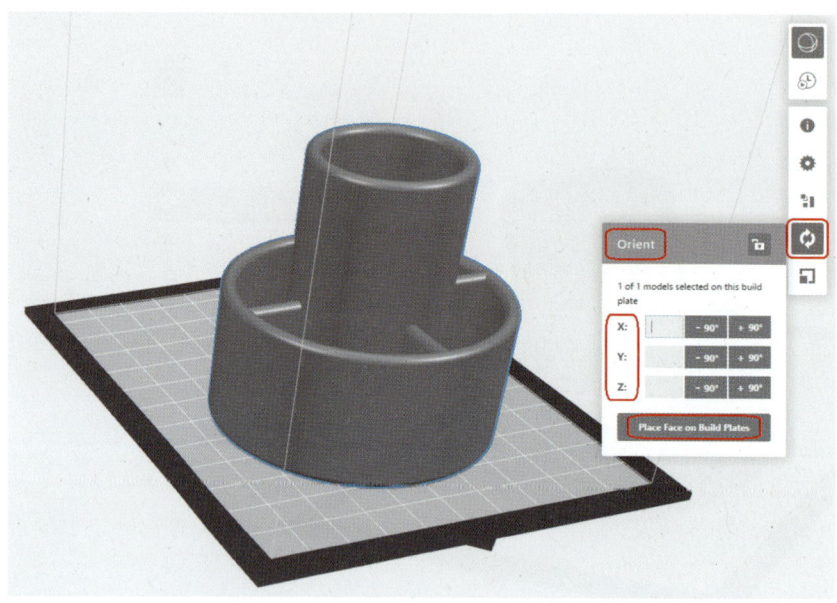

마. 배율을 조정한다.

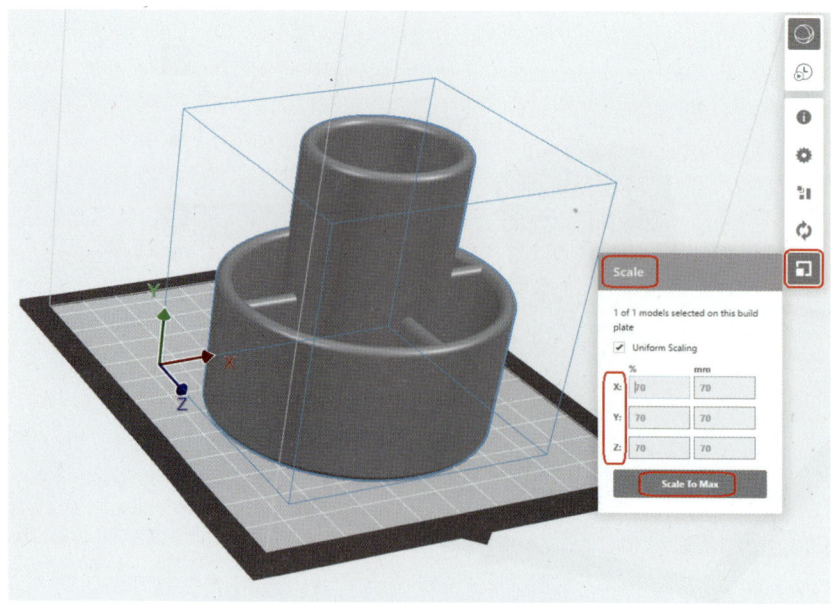

❹ 프린트 미리보기(Print Preview)
   가. 미리보기 재생(Play Animation)
   나. 레이어 확인

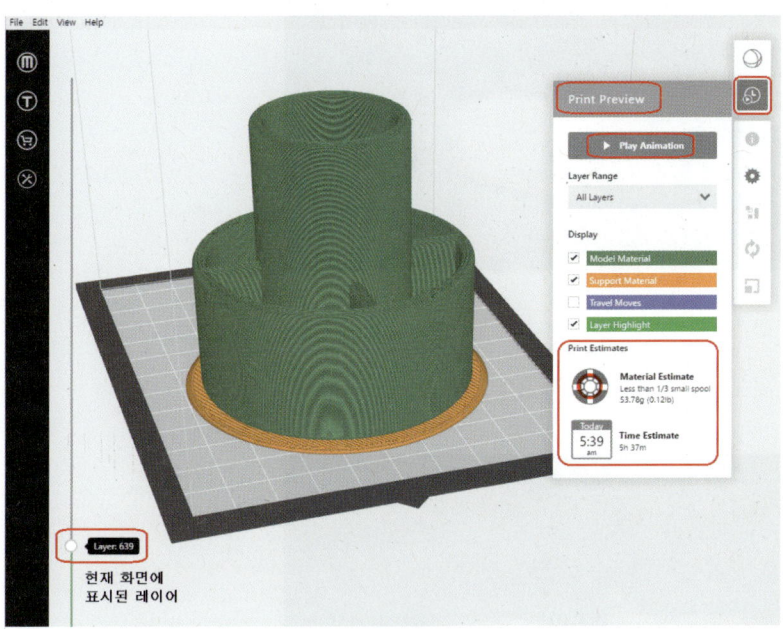

❺ 프린트 시작

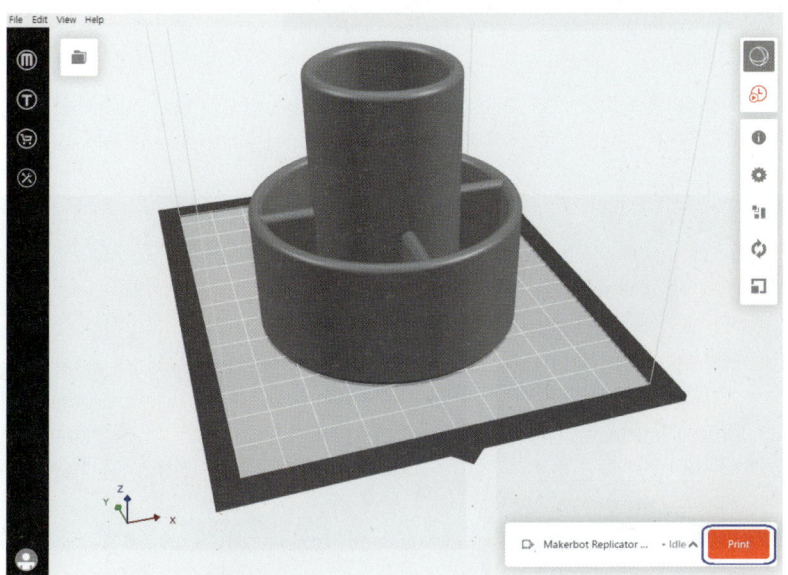

❻ 다용도함 스커트(Skirt) 생성

❼ 다용도함 래프트(Raft) 생성

❽ 다용도함 출력 완성

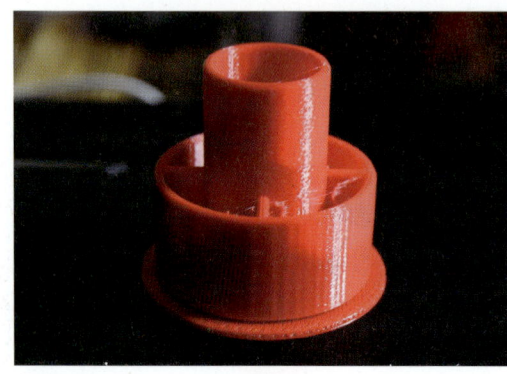 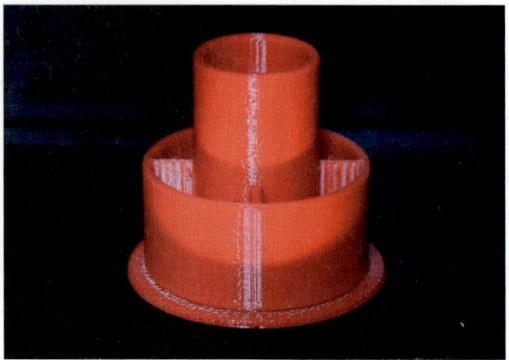

측면   정면

❾ 다용도함 모델작품의 출력물을 제작판에서 제거(전용 헤라 사용)

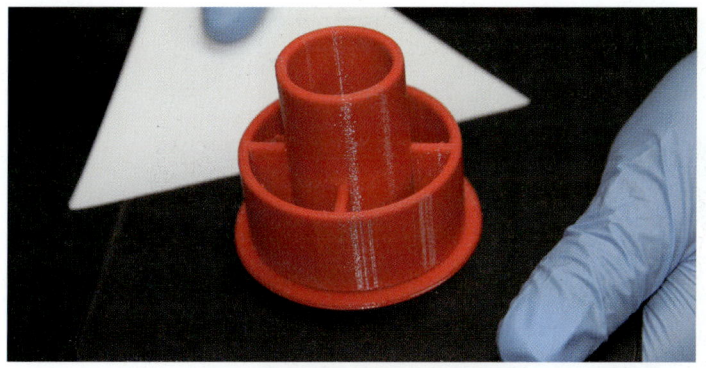

그림6-41 헤라 이용 모델제품 제거

❿ 불필요한 바닥 보조 출력물을 제거(플러시 커터)

그림6-42 모델제품 래프트(Raft) 제거 전   그림6-43 모델제품 래프트(Raft) 제거 중

⓫ 핀셋으로 모델제품 안쪽의 지저분한 출력물을 제거한다.

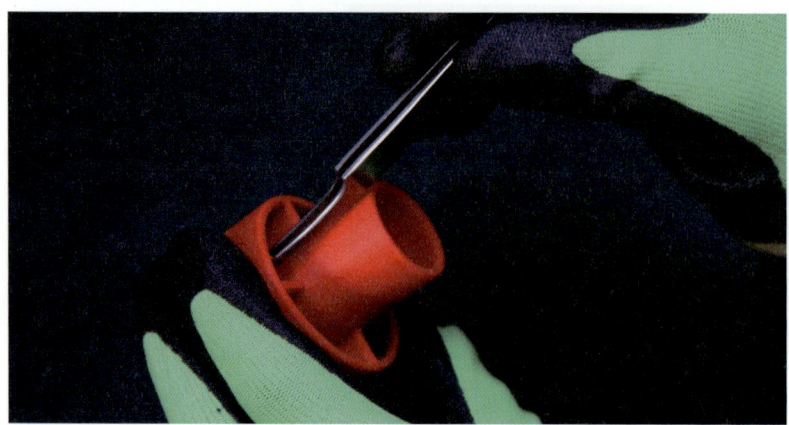

그림6-44 핀셋으로 불필요한 출력물 제거

⓬ 1차 조줄(다이아몬드)을 사용하여 흠집이나 지저분한 모델삭품의 표면을 나듬질한다.

그림6-45 평줄(중목)로 다듬질 작업

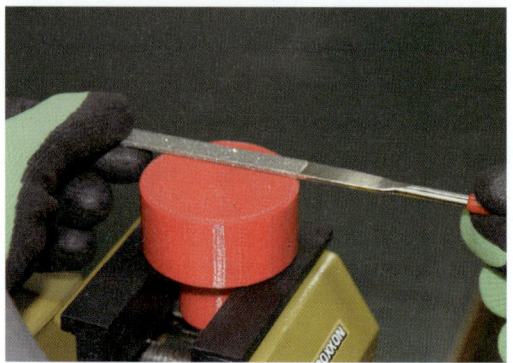
그림6-46 평줄(세목)로 다듬질 작업

그림6-47 반원줄(세목)로 다듬질 작업

⑬ 2차 사포질을 한다. (종이 사포, 스틱 사포, 아이소핑크 사포대, MDF판 사포대 등)

그림6-48 종이 사포로 다듬질 작업

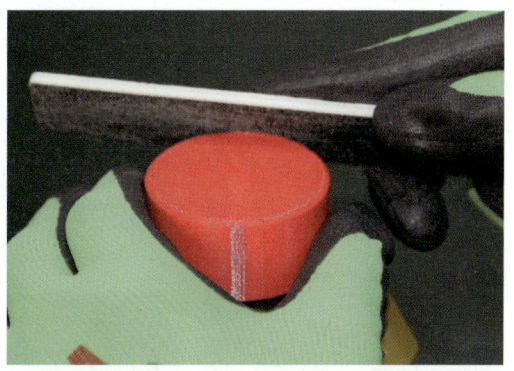

그림6-49 스틱 사포로 다듬질 작업

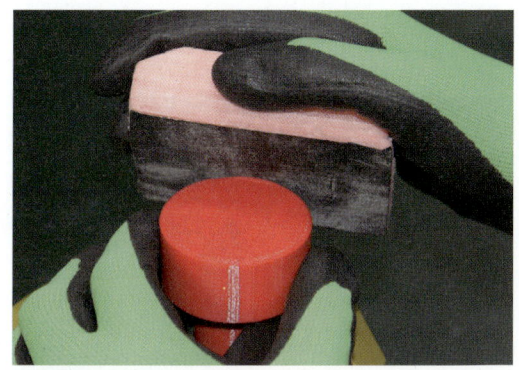

그림6-50 아이소핑크로 만든 사포대로 다듬질 작업

그림6-51 MDF판으로 만든 사포대로 다듬질 작업

⑭ 검사한다.

　가. 완성된 다용도함 모델제품의 도면을 보고 정확하게 측정하고 검사할 수 있다.

　나. 제작판에 제거해야 할 보조 출력물 및 서포트가 있는지 확인한다.

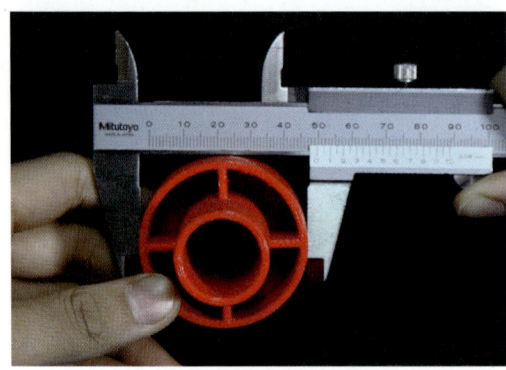

그림6-52 버니어캘리퍼스로 모델제품 외경 측정

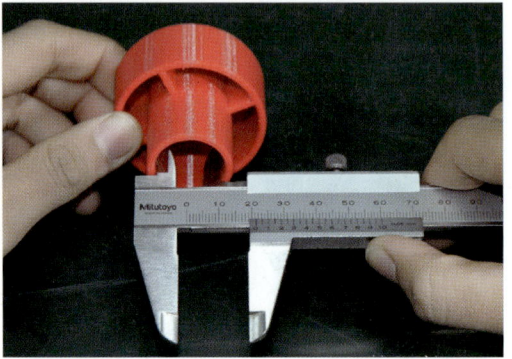

그림6-53 버니어캘리퍼스로 모델제품 내경 측정

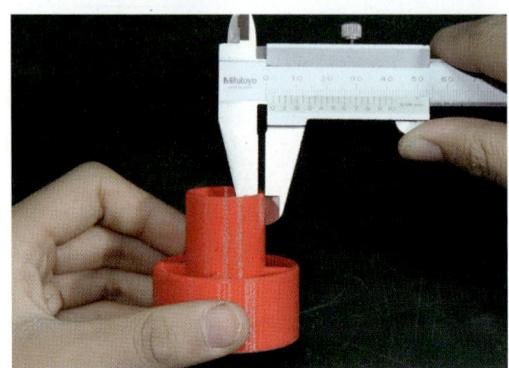

그림6-54 버니어캘리퍼스로 모델제품 두께 측정

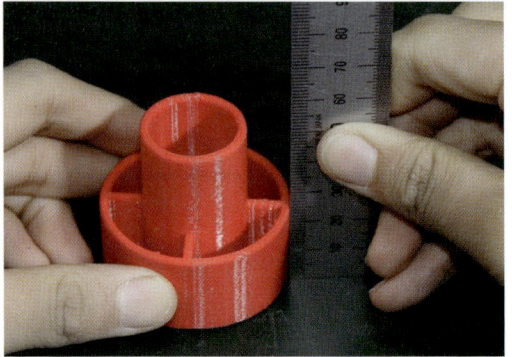

그림6-55 강철자로 모델제품 높이 측정

 **완성된 모델작품** ❖ 다용도함

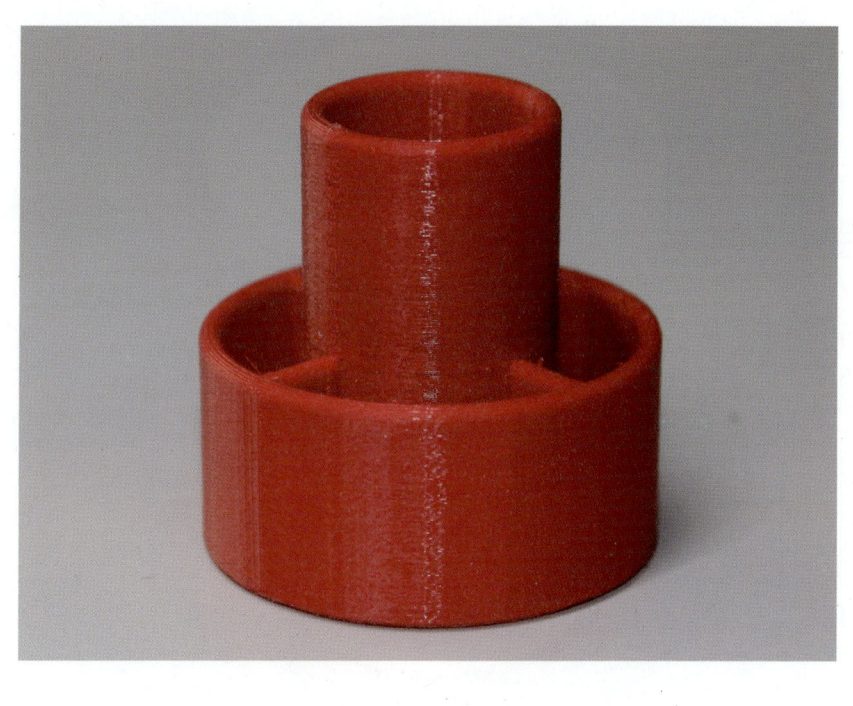

5. 컵 제품모형 모델링·출력 제작완성

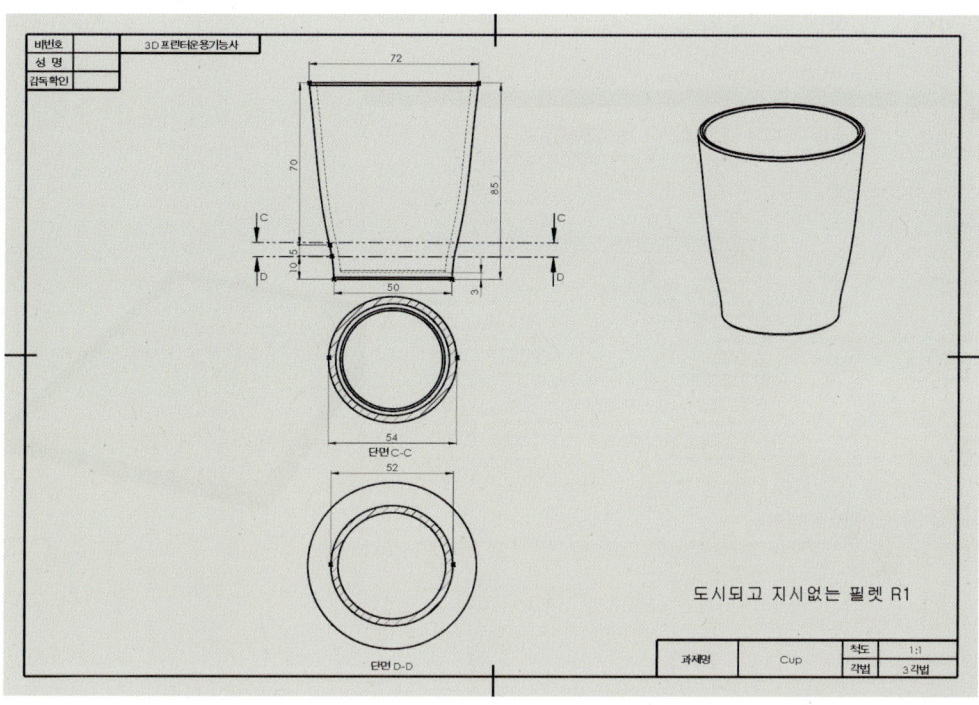

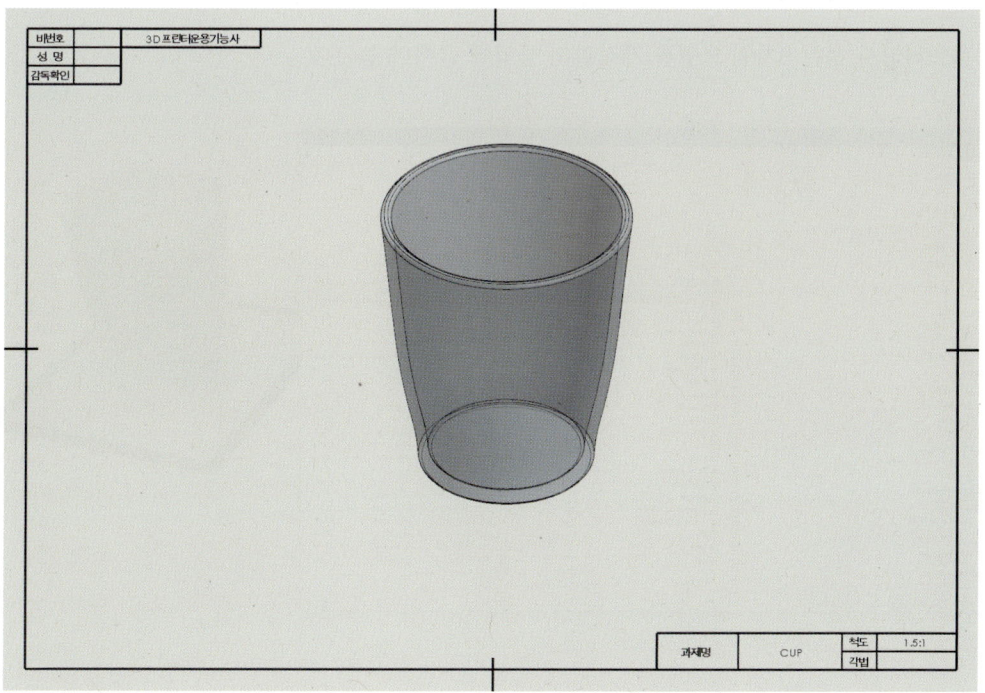

❶ 3차원 모델 파일 불러오기

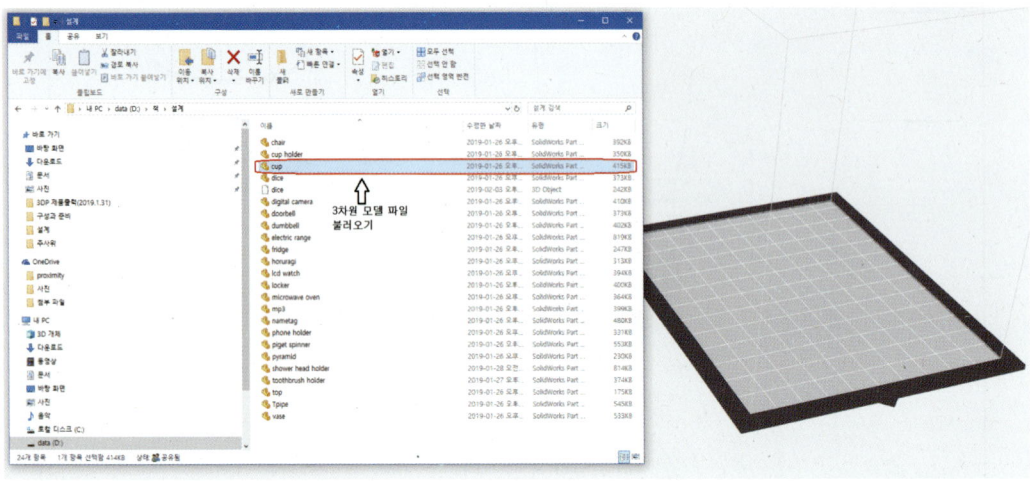

❷ 출력하고자 하는 3차원 모델을 제작판의 중앙에 끌어다 놓는다.

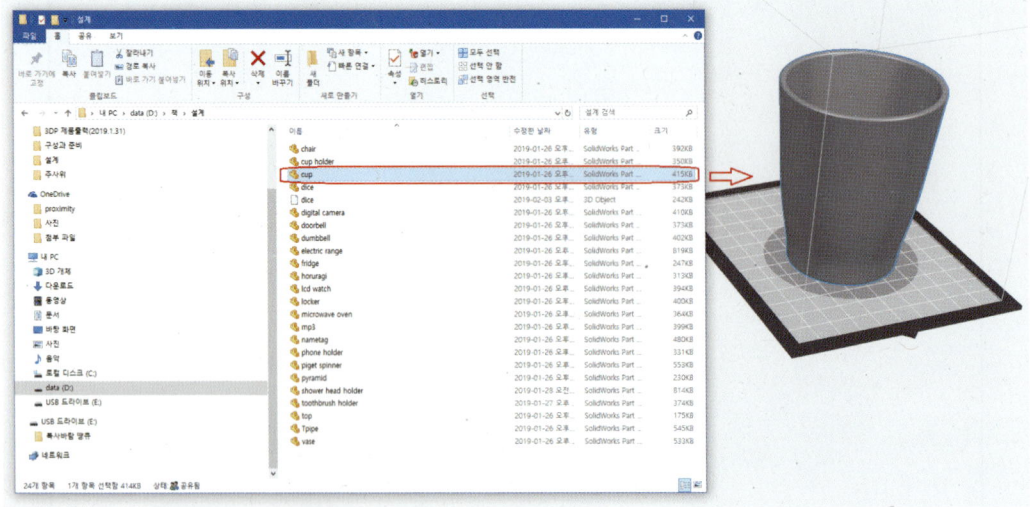

❸ 기본 파라미터 설정을 한다.

　가. Print Settings을 한다.

　나. Print Mode→Support 적용 여부를 결정한다.

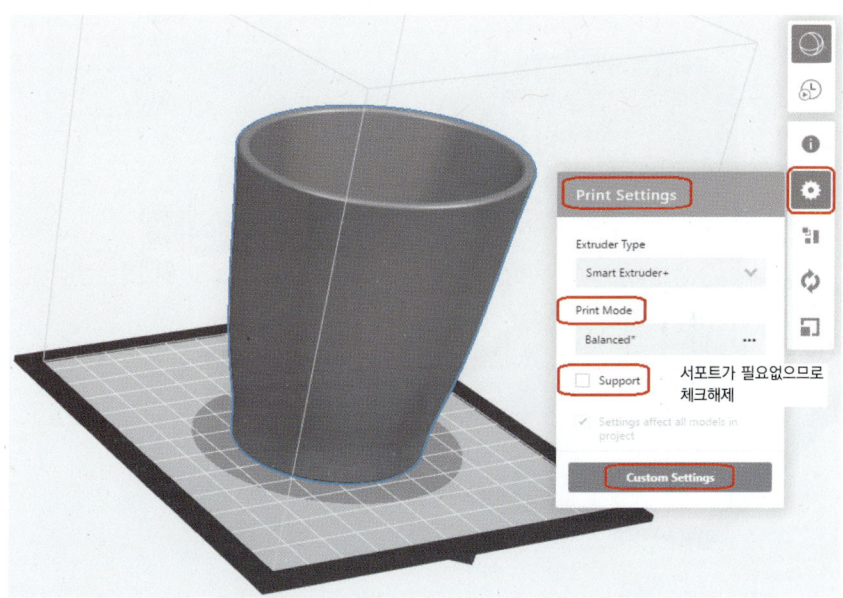

　다. 모델을 정렬(Arrange)시킨다.

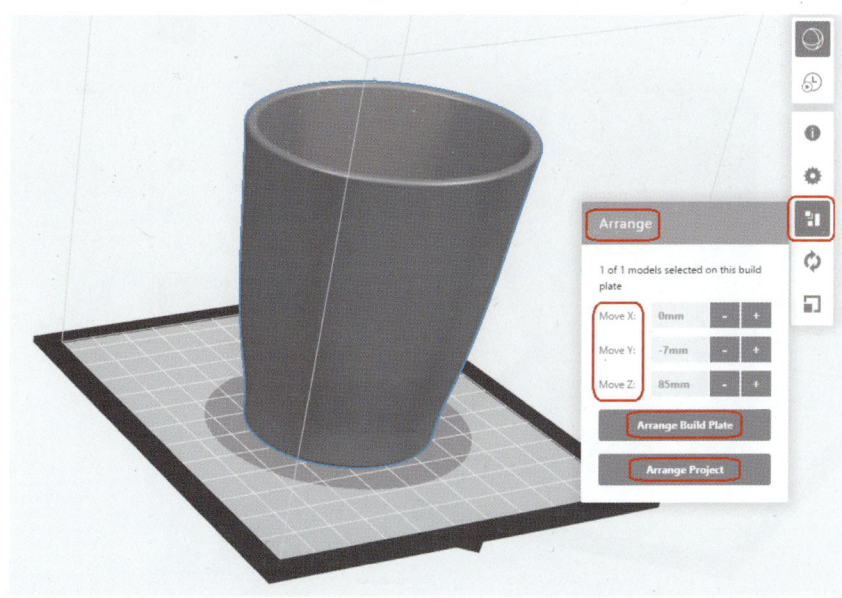

라. 방향 조정을 하고, 제작판에 모델의 면 배치를 선택한다.

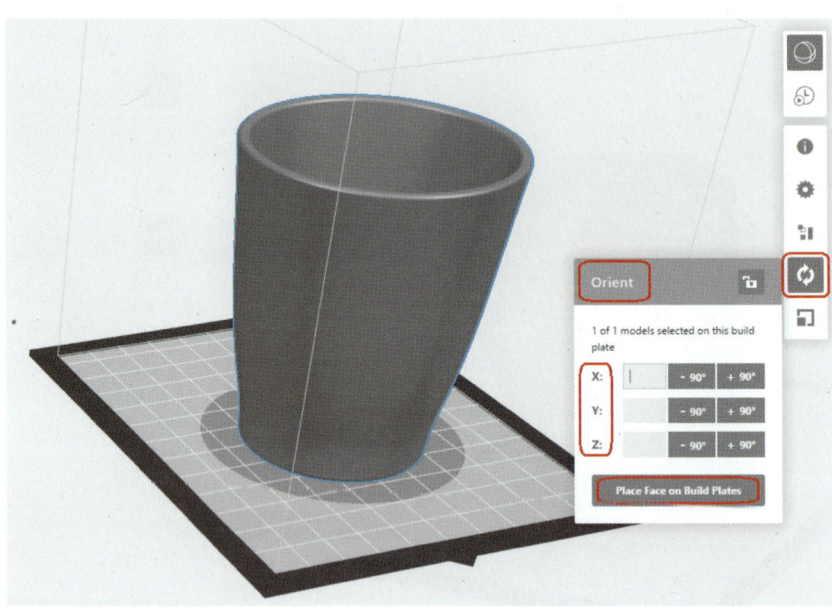

마. 배율을 조정한다.

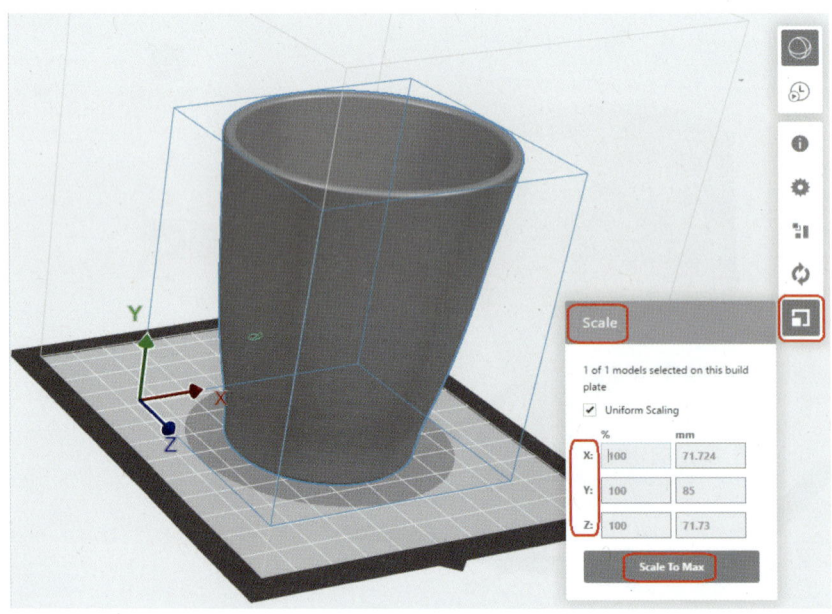

❹ 프린트 미리보기(Print Preview)

　가. 미리보기 재생(Play Animation)

　나. 레이어 확인

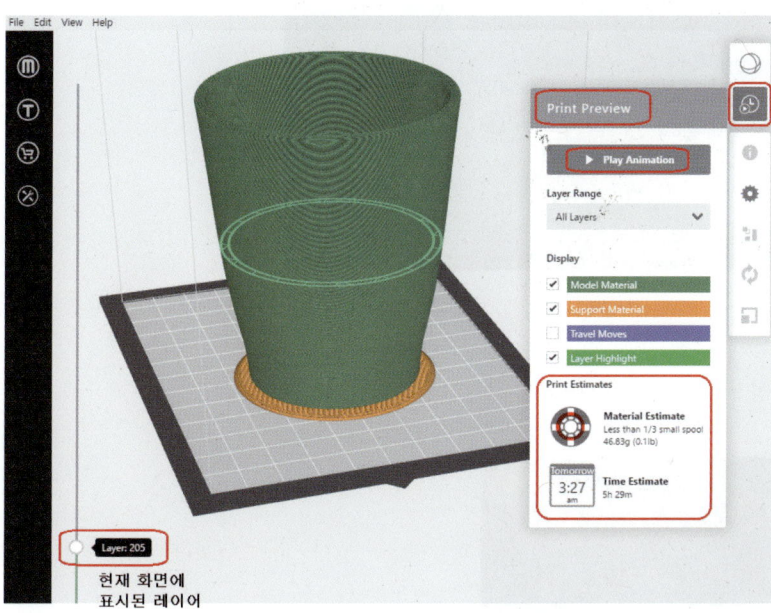

❺ 프린트 시작

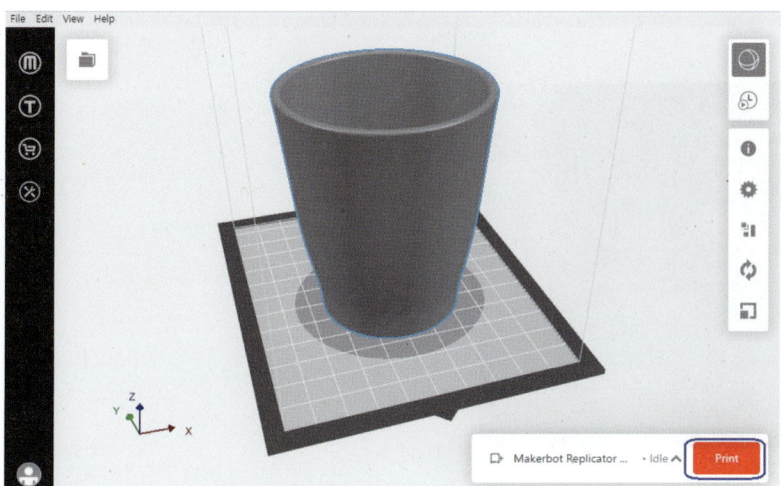

❻ 컵 스커트(Skirt) 생성

❼ 컵 래프트(Raft) 생성

측면

정면

❽ 컵 출력 완성

❾ 다용도함 모델작품의 출력물을 제작판에서 제거(전용 헤라 사용)

PART 06 제품출력 및 제작완성

❿ 불필요한 바닥 보조 출력물을 제거(플러시 커터)

그림6-56 플러시 커터 이용 보조 출력물 제거

⓫ 1차 조줄(다이아몬드)을 사용하여 흠집이나 지저분한 모델작품의 표면을 다듬질한다.

그림6-57 평줄(중목)로 다듬질 작업

그림6-58 평줄(세목)로 다듬질 작업

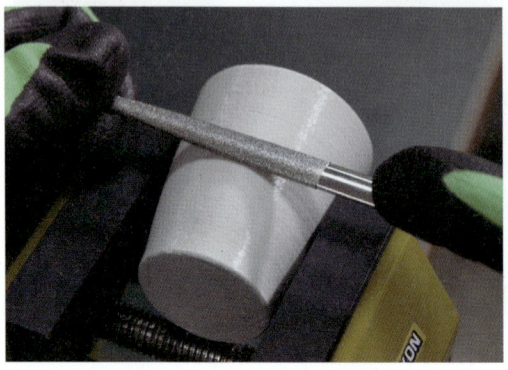

그림6-59 반원줄(세목)로 다듬질 작업

⑬ 2차 사포질을 한다. (종이 사포, 스틱 사포, 아이소핑크 사포대, MDF판 사포대 등)

그림6-60 종이 사포로 다듬질 작업

그림6-61 스틱 사포로 다듬질 작업

그림6-62 아이소핑크로 만든 사포대로 다듬질 작업

그림6-63 MDF판으로 만든 사포대로 다듬질 작업

⓮ 검사한다.

　가. 완성된 컵 모델제품의 도면을 보고 정확하게 측정하고 검사할 수 있다.

　나. 제작판에 제거해야 할 보조 출력물 및 서포트가 있는지 확인한다.

그림6-64 버니어캘리퍼스로 모델제품 외경 측정

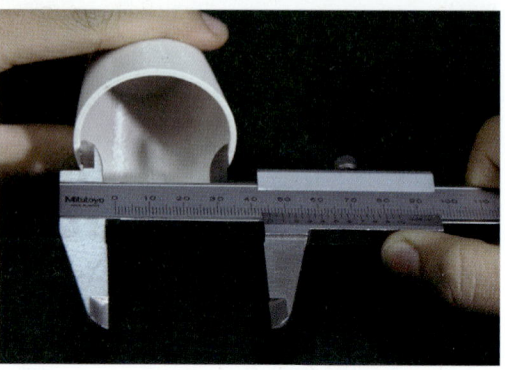

그림6-65 버니어캘리퍼스로 모델제품 한면 컷 내경 측정

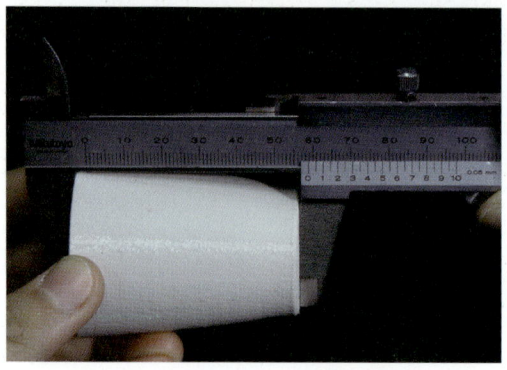

그림6-66 버니어캘리퍼스로 모델제품 높이 측정

그림6-67 강철자로 모델제품 높이 측정

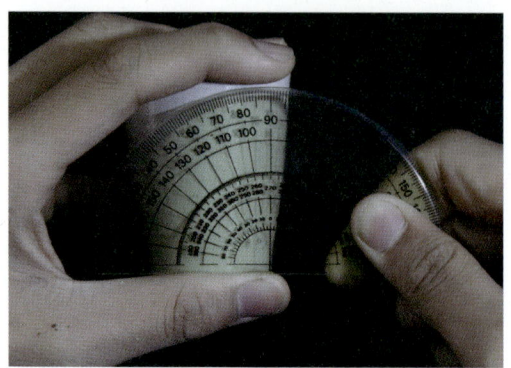

그림6-68 각도기로 모델제품 각도 측정

 **완성된 모델작품 ◈ 컵**

6. 팽이 제품모형 모델링 · 출력 제작완성

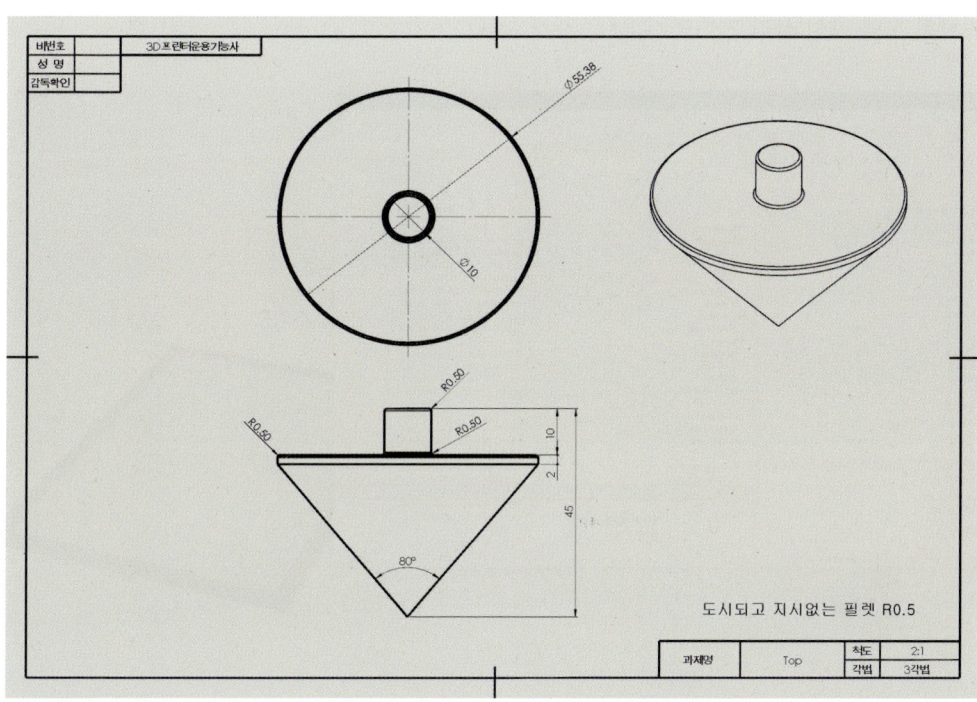

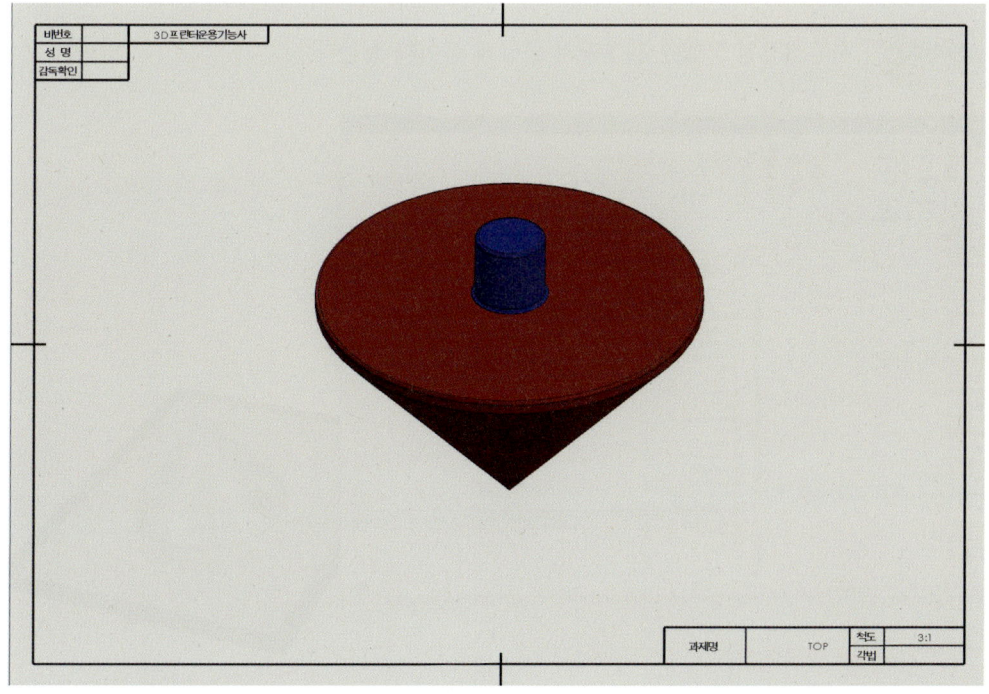

❶ 3차원 모델 파일 불러오기

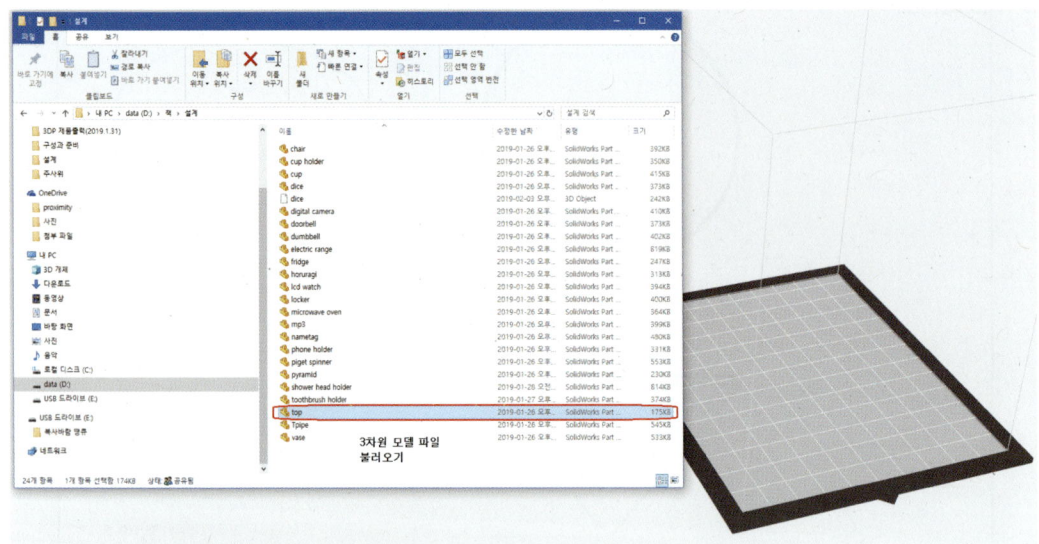

❷ 출력하고자 하는 3차원 모델을 제작판의 중앙에 끌어다 놓는다.

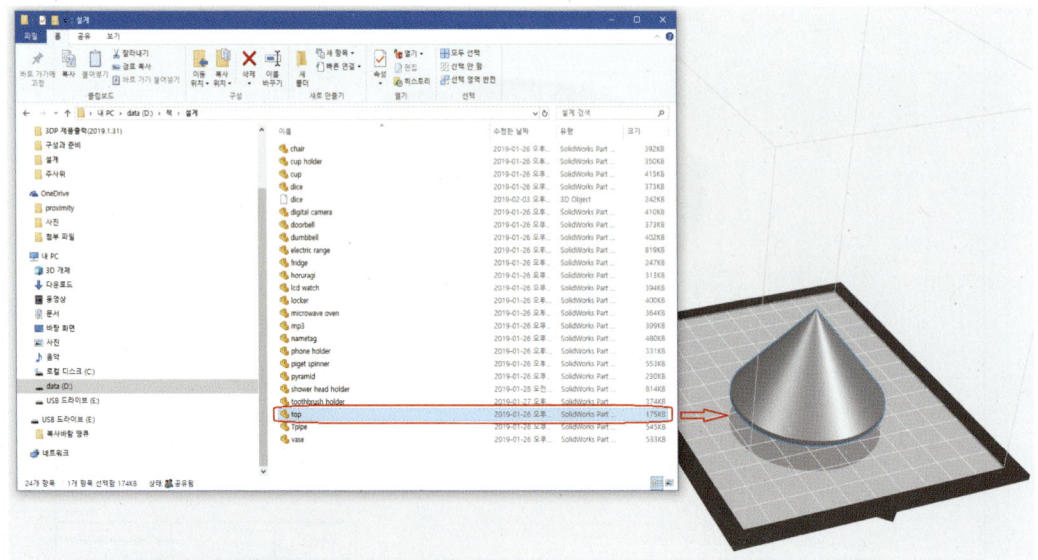

❸ 기본 파라미터 설정을 한다.
　가. Print Settings을 한다.
　나. Print Mode→Support 적용 여부를 결정한다.

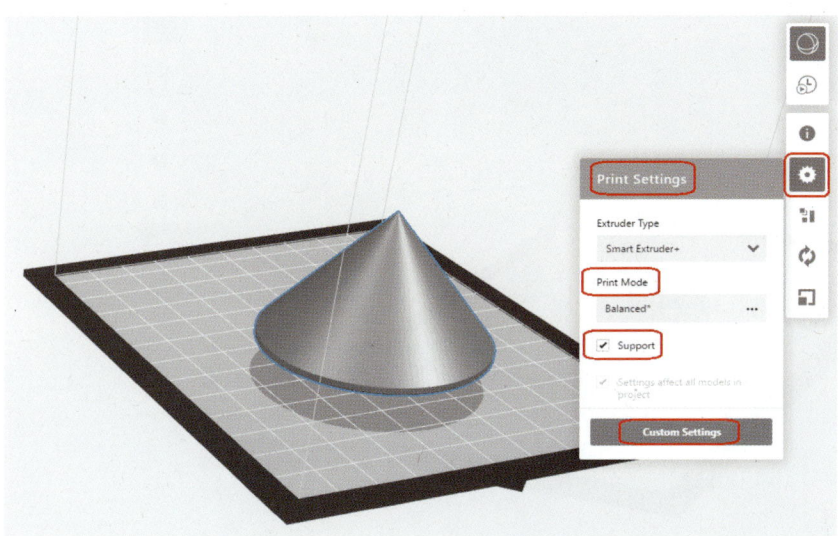

　다. 모델을 정렬(Arrange)시킨다.

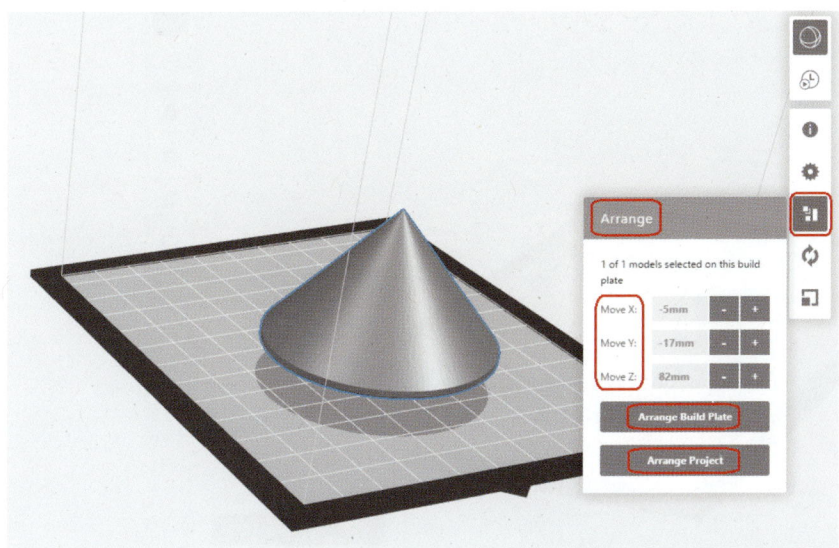

라. 방향 조정을 하고, 제작판에 모델의 면 배치를 선택한다.

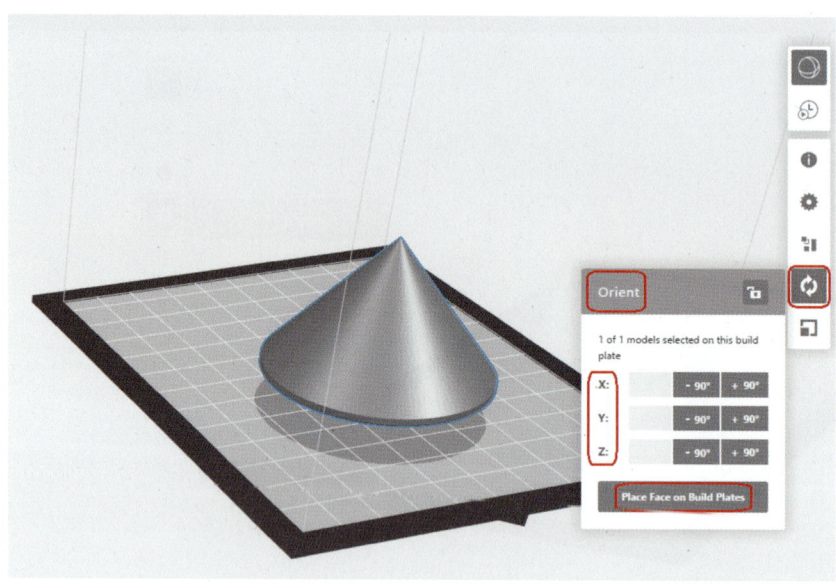

마. 배율을 조정한다.

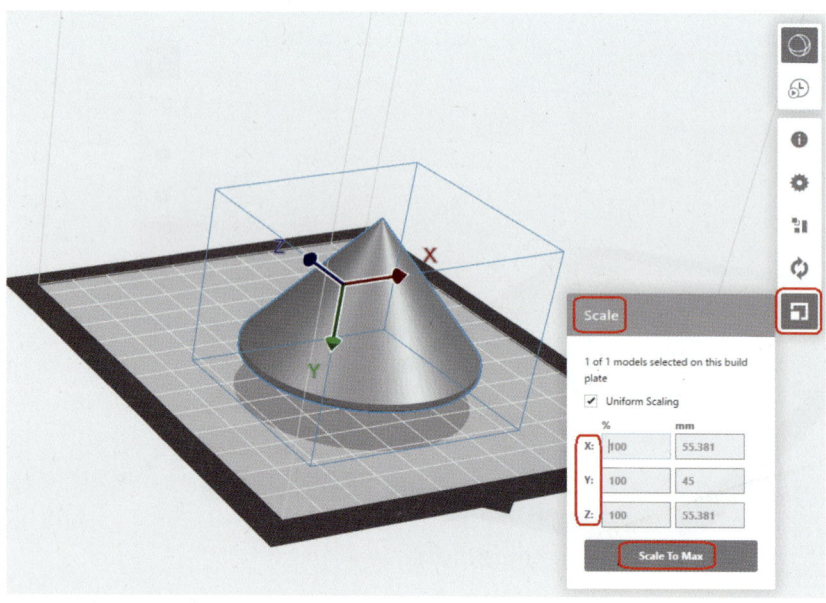

④ 프린트 미리보기(Print Preview)

　가. 미리보기 재생(Play Animation)

　나. 레이어 확인

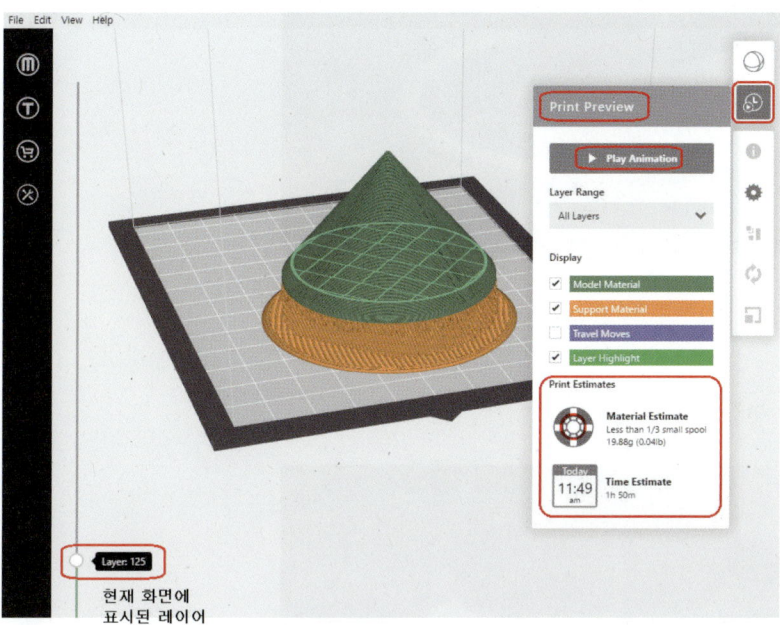

현재 화면에
표시된 레이어

⑤ 프린트 시작

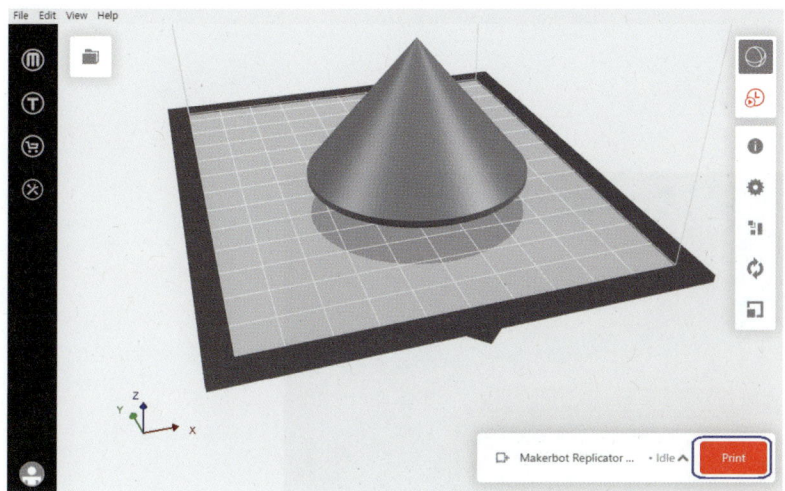

❻ 팽이 스커트(Skirt) 생성

❼ 팽이 래프트(Raft) 생성

❽ 팽이 서포트(Support) 생성

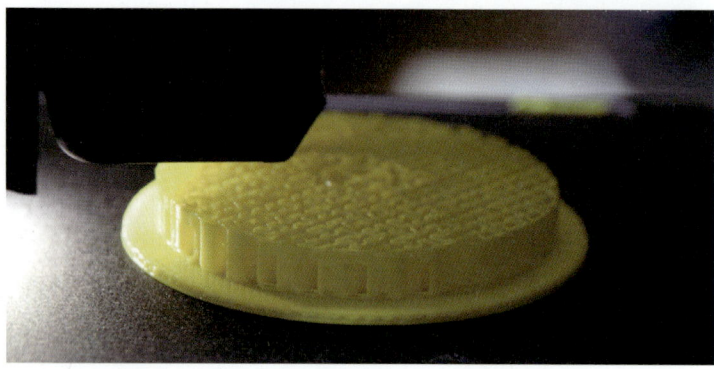

❾ 팽이 출력 완성

❿ 팽이 모델제품의 출력물을 제작판에서 제거(전용 헤라 사용)

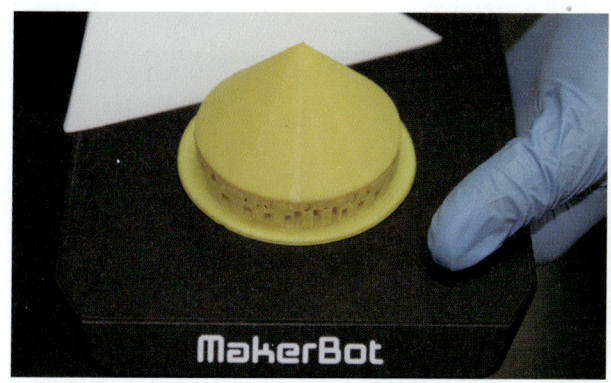

⓫ 불필요한 바닥 보조 출력물을 제거(플러시 커터)

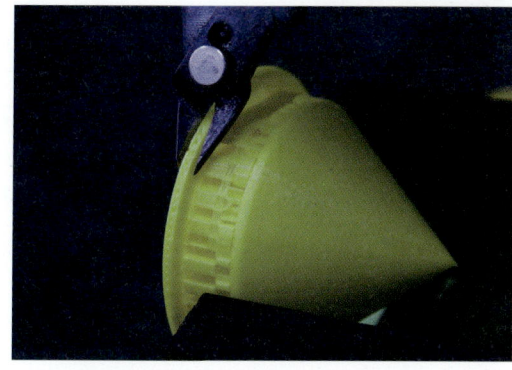
그림6-69 모델제품 래프트(Raft) 제거 전

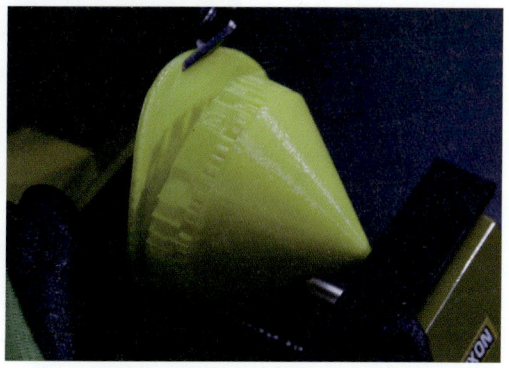
그림6-70 모델제품 래프트(Raft) 제거 중

PART 06 제품출력 및 제작완성

⓬ 팽이 서포트를 제거(바늘코 플라이어, 니퍼, 롱로우즈, 칼, 디자인 나이프 등)

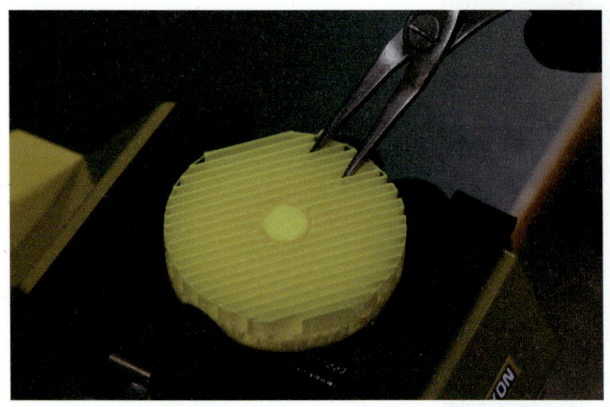

그림6-71 모델제품 윗면 서포트 제거

⓭ 1차 조줄(다이아몬드)을 사용하여 흠집이나 지저분한 모델작품의 표면을 다듬질한다.

그림6-72 평줄(중목)로 다듬질 작업

그림6-73 평줄(세목)로 다듬질 작업

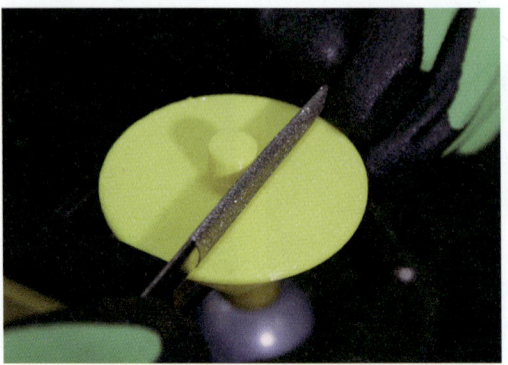

그림6-74 반원줄(세목)로 다듬질 작업

⑭ 2차 사포질을 한다. (종이 사포, 스틱 사포, 아이소핑크 사포대, MDF판 사포대 등)

그림6-75 종이 사포로 다듬질 작업

그림6-76 스틱 사포로 다듬질 작업

그림6-77 아이소핑크로 만든 사포대로 다듬질 작업

그림6-78 MDF판으로 만든 사포대로 다듬질 작업

⓮ 검사한다.
　가. 완성된 팽이 모델제품의 도면을 보고 정확하게 측정하고 검사할 수 있다.
　나. 제작판에 제거해야 할 보조 출력물 및 서포트가 있는지 확인한다.

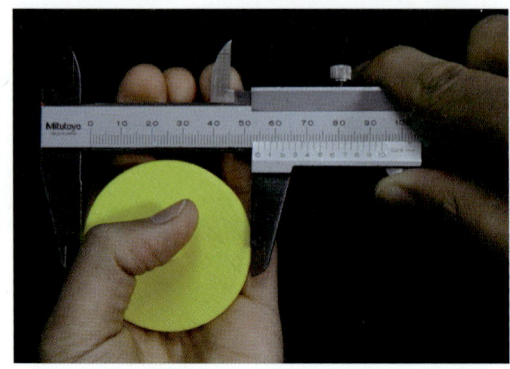
그림6-79 버니어캘리퍼스로 모델제품 외경 측정

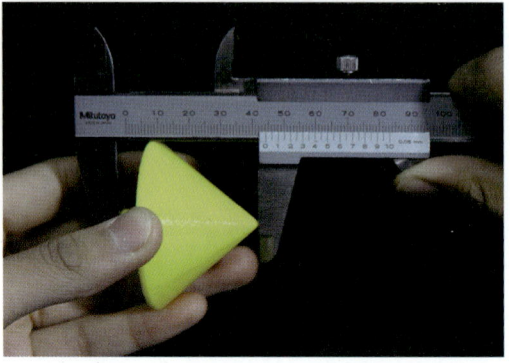
그림6-80 버니어캘리퍼스로 모델제품 높이 측정

그림6-81 강철자로 모델제품 높이 측정

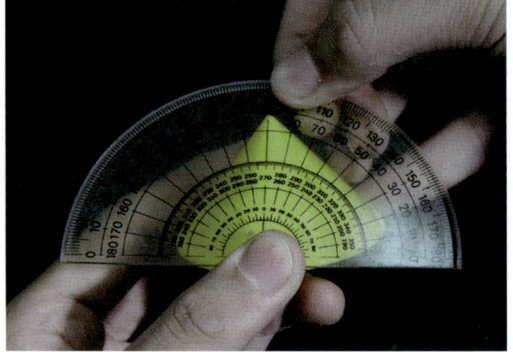
그림6-82 각도기로 모델제품 각도 측정

 **완성된 모델작품** ❖ 팽이

7. 아령 제품모형 모델링·출력 제작완성

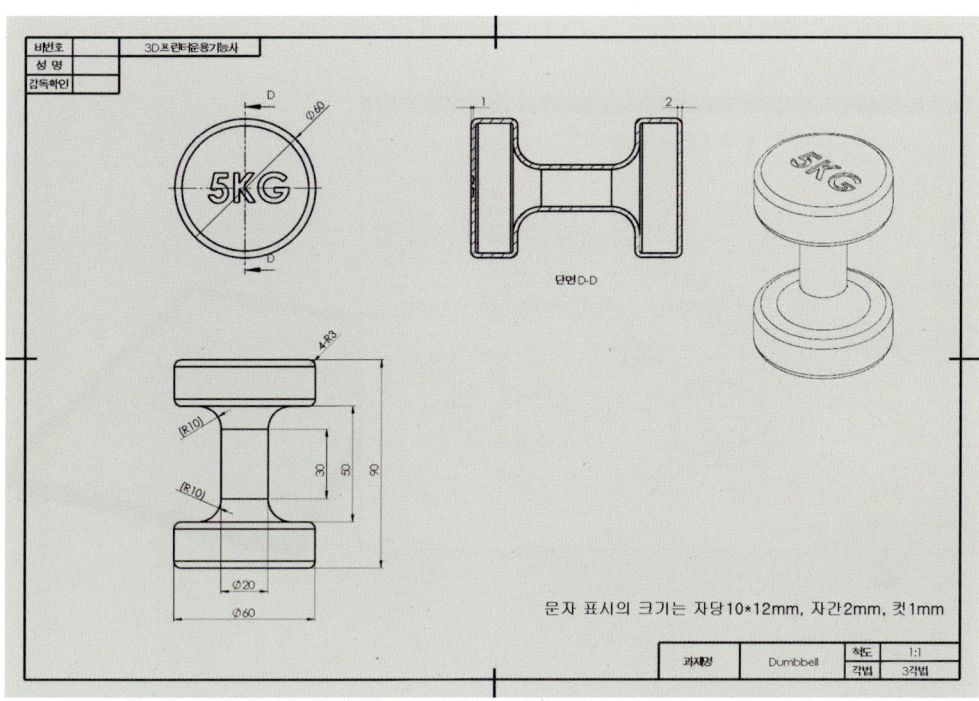
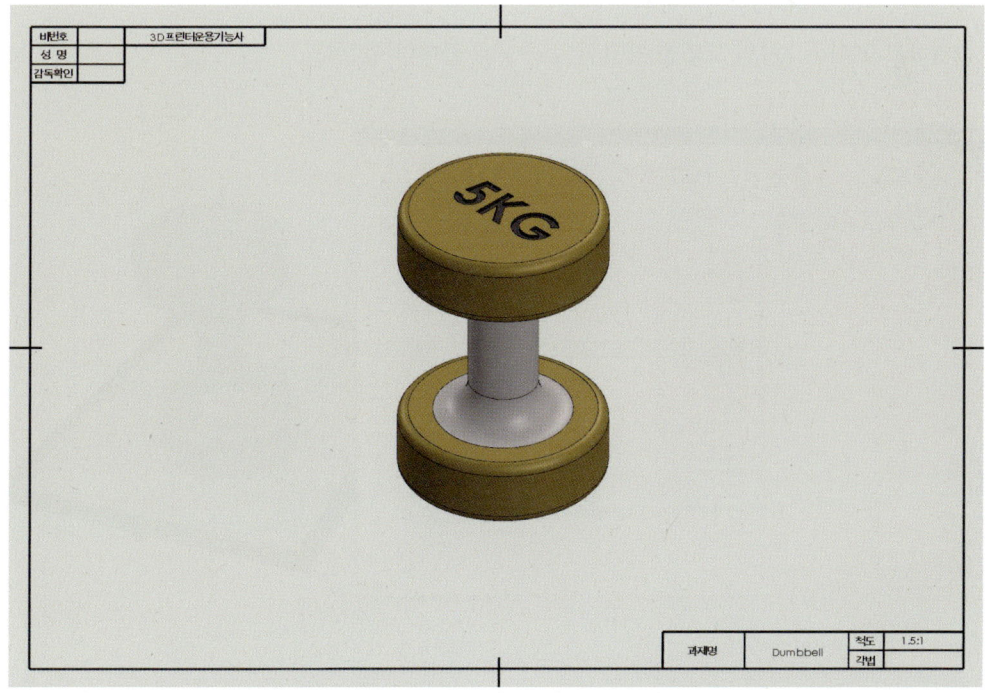

❶ 3차원 모델 파일 불러오기

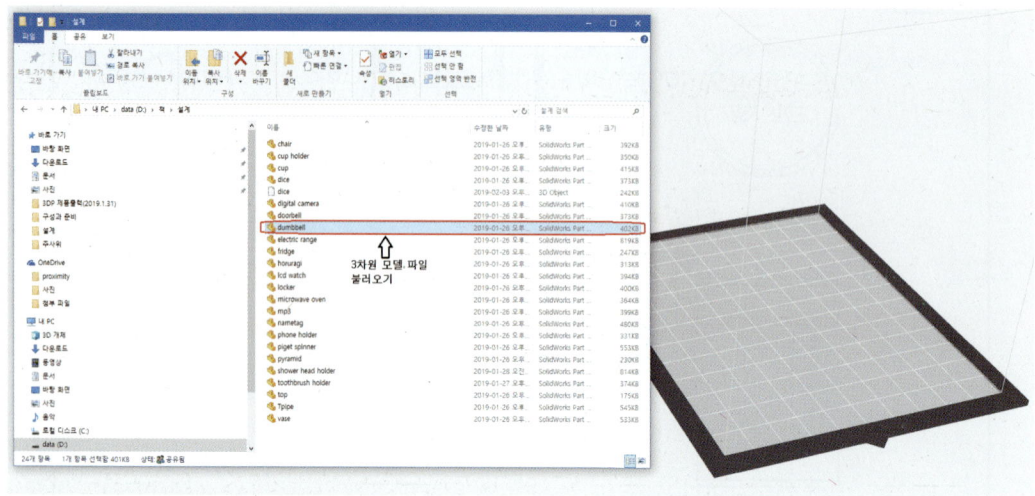

❷ 출력하고자 하는 3차원 모델을 제작판의 중앙에 끌어다 놓는다.

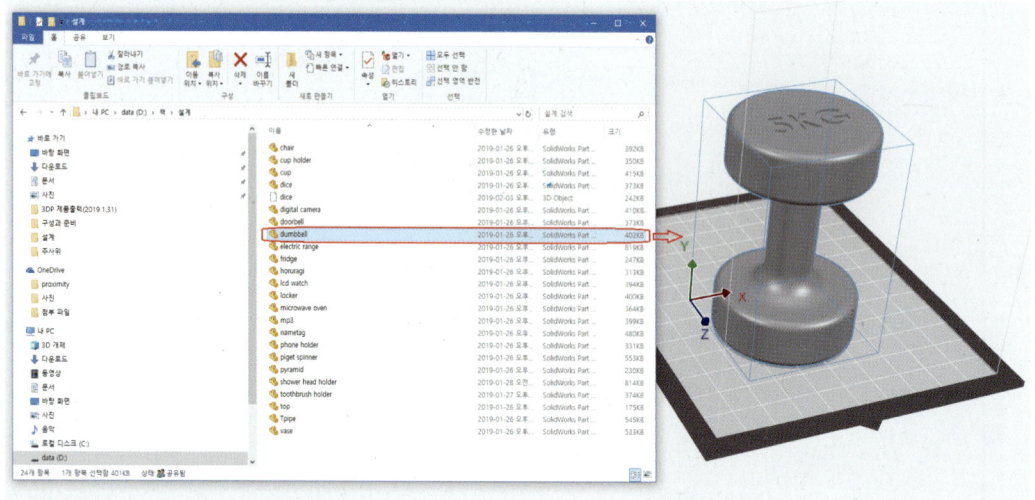

❸ 기본 파라미터 설정을 한다.

　가. Print Settings을 한다.

　나. Print Mode→Support 적용 여부를 결정한다.

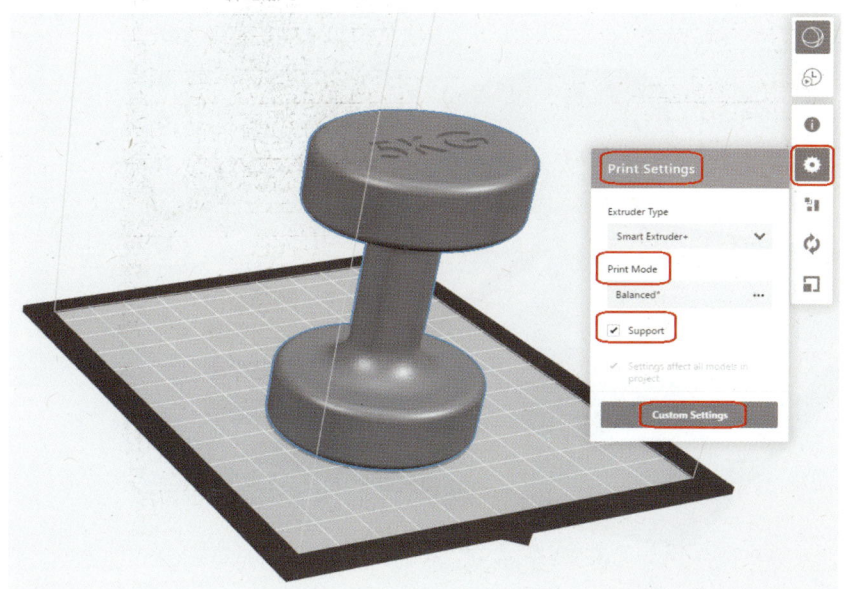

　다. 모델을 정렬(Arrange)시킨다.

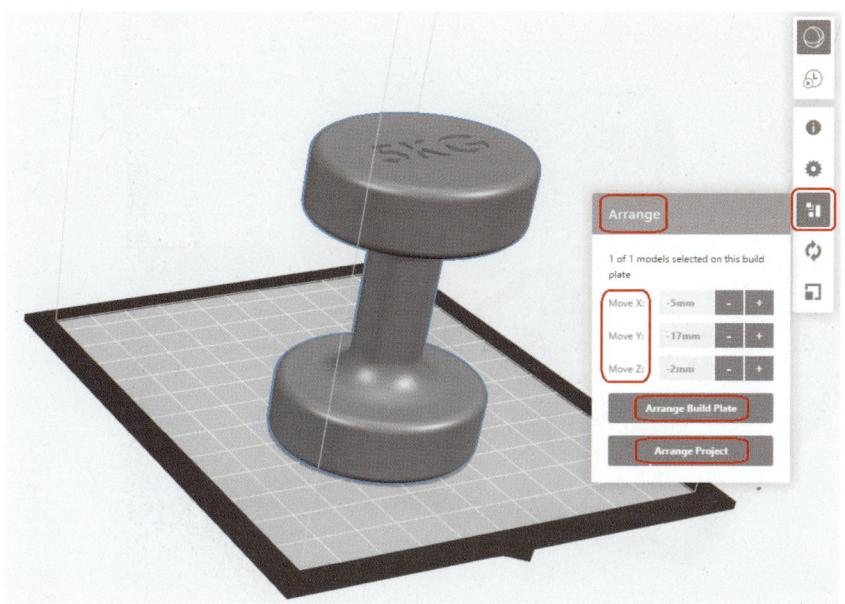

라. 방향 조정을 하고, 제작판에 모델의 면 배치를 선택한다.

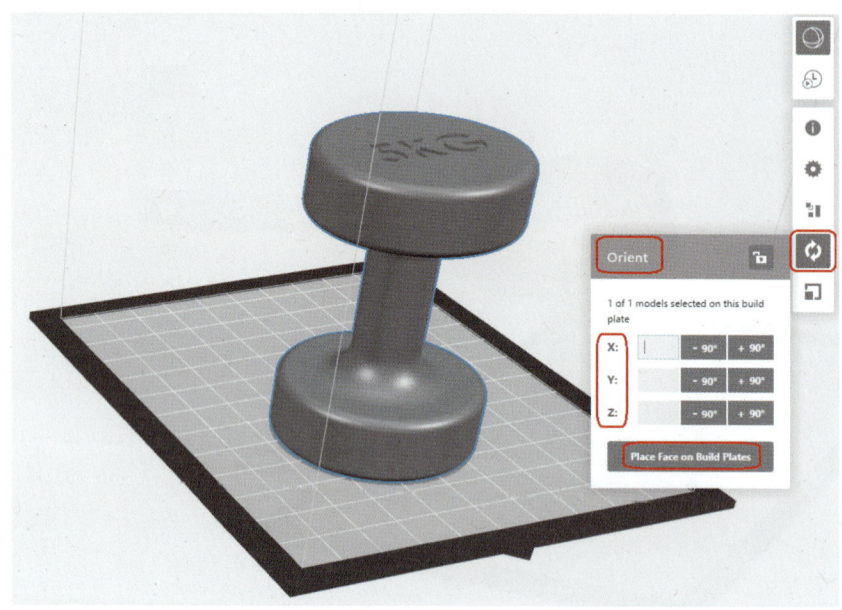

마. 배율을 조정한다.

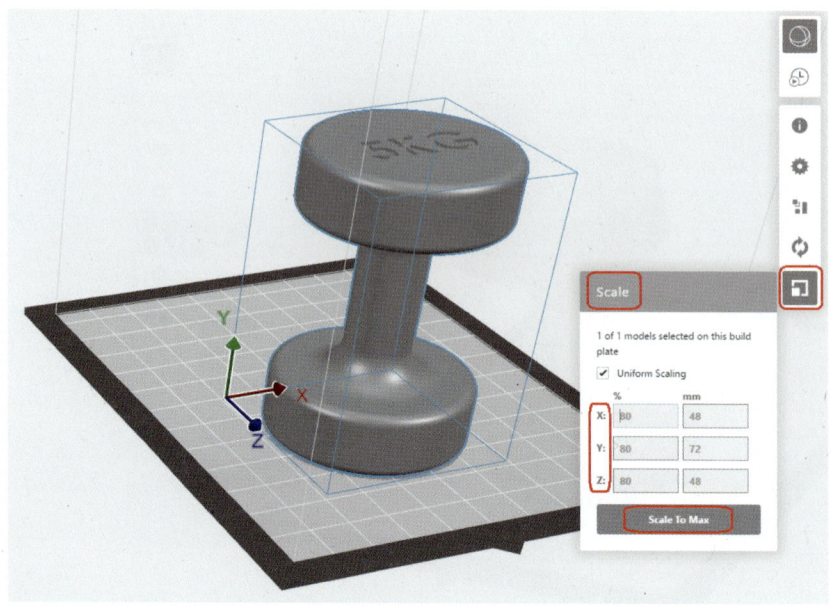

❹ 프린트 미리보기(Print Preview)
　가. 미리보기 재생(Play Animation)
　나. 레이어 확인

❺ 프린트 시작

❻ 아령 스커트(Skirt) 생성

❼ 아령 래프트(Raft) 생성

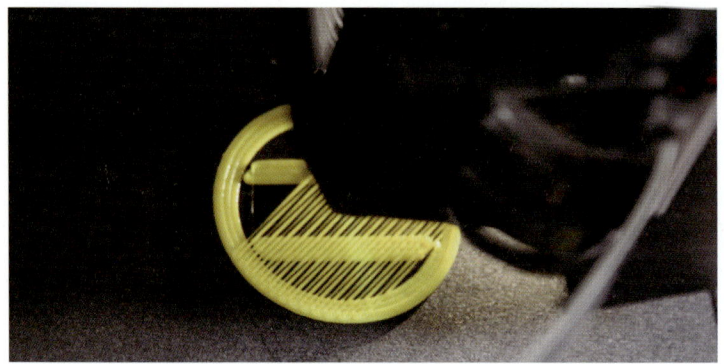

❽ 아령 서포트(Support) 생성

❾ 아령 출력 완성

❿ 아령 모델제품의 출력물을 제작판에서 제거(전용 헤라 사용)

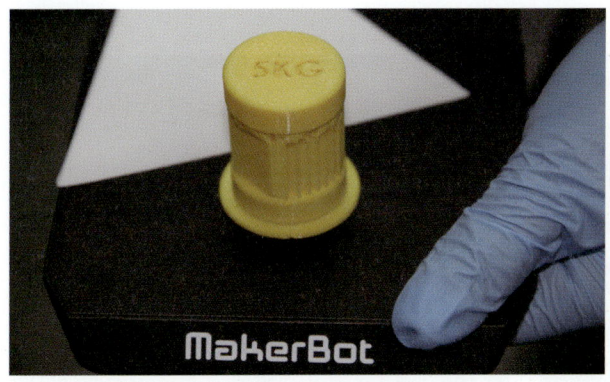

⓫ 불필요한 바닥 보조 출력물을 제거(플러시 커터)

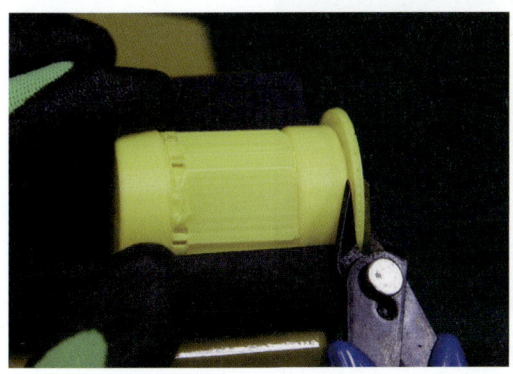 

그림6-83 모델제품 래프트(Raft) 제거 전   그림6-84 모델제품 래프트(Raft) 제거 중

❷ 아령 서포트를 제거(바늘코 플라이어, 니퍼, 롱로우즈, 칼, 디자인 나이프 등)

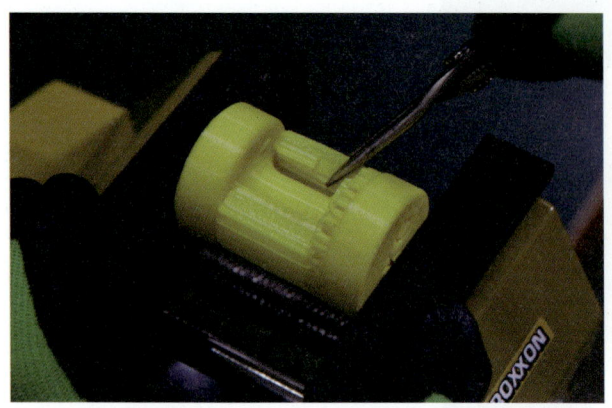

그림6-85 모델제품 중앙 테두리 서포트 제거

❸ 1차 조줄(다이아몬드)을 사용하여 흠집이나 지저분한 모델작품의 표면을 다듬질한다.

그림6-86 평줄(중목)로 다듬질 작업

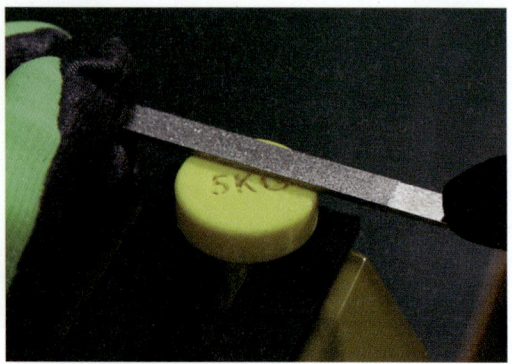

그림6-87 평줄(세목)로 다듬질 작업

그림6-88 반원줄(세목)로 다듬질 작업

⑭ 2차 사포질을 한다. (종이 사포, 스틱 사포, 아이소핑크 사포대, MDF판 사포대 등)

그림6-89 종이 사포로 다듬질 작업

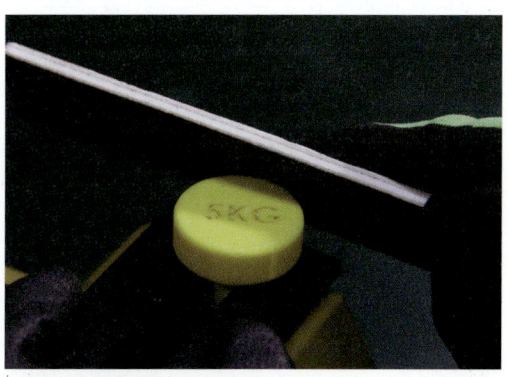

그림6-90 스틱 사포로 다듬질 작업

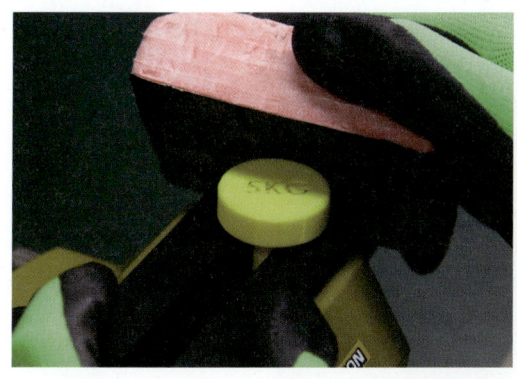

그림6-91 아이소핑크로 만든 사포대로 다듬질 작업

그림6-92 MDF판으로 만든 사포대로 다듬질 작업

🕮 검사한다.

　가. 완성된 아령 모델제품의 도면을 보고 정확하게 측정하고 검사할 수 있다.

　나. 제작판에 제거해야 할 보조 출력물 및 서포트가 있는지 확인한다.

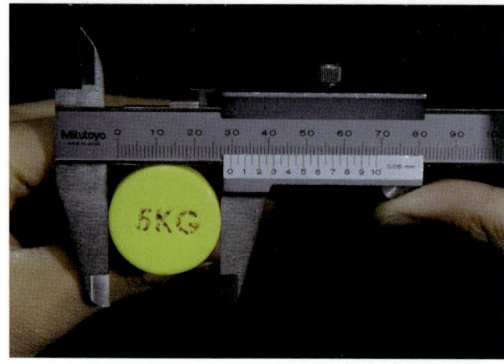

그림6-93 버니어캘리퍼스로 모델제품 외경 측정

그림6-94 버니어캘리퍼스로 모델제품 높이 측정

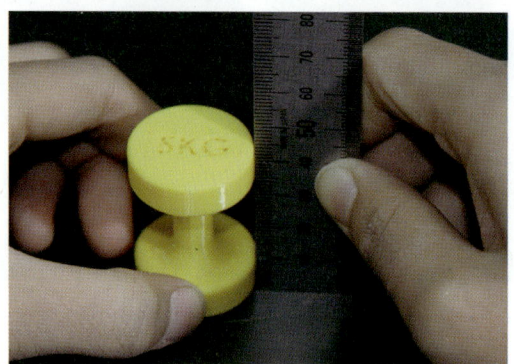

그림6-95 강철자로 모델제품 높이 측정

 **완성된 모델작품** ❖ **아령**

 **8** ❖ 꽃병 제품모형 모델링·출력 제작완성

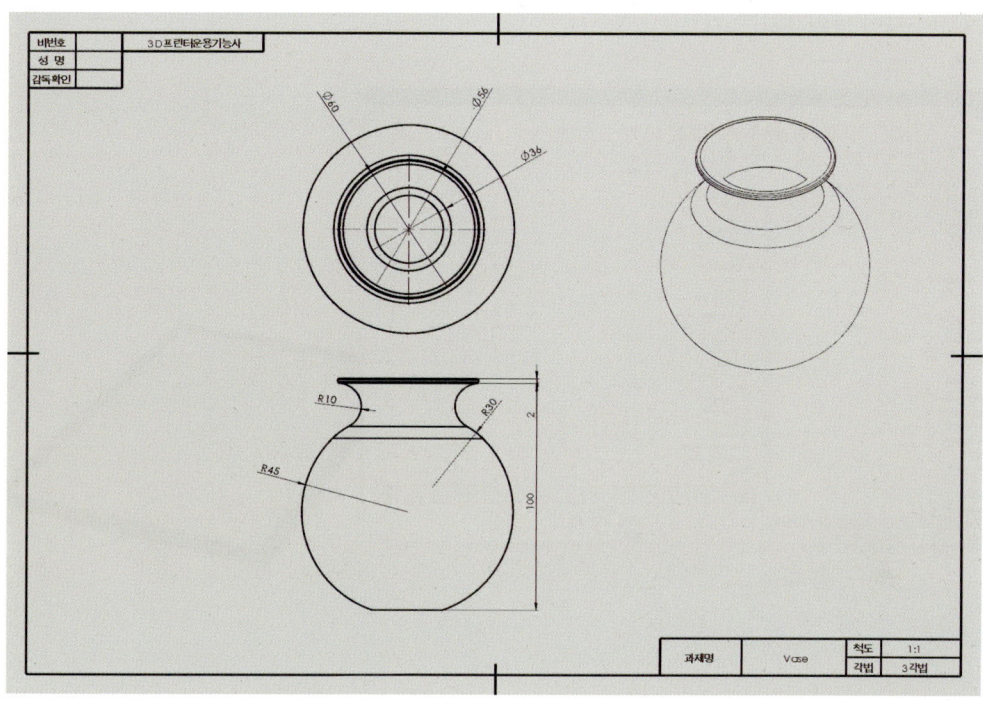
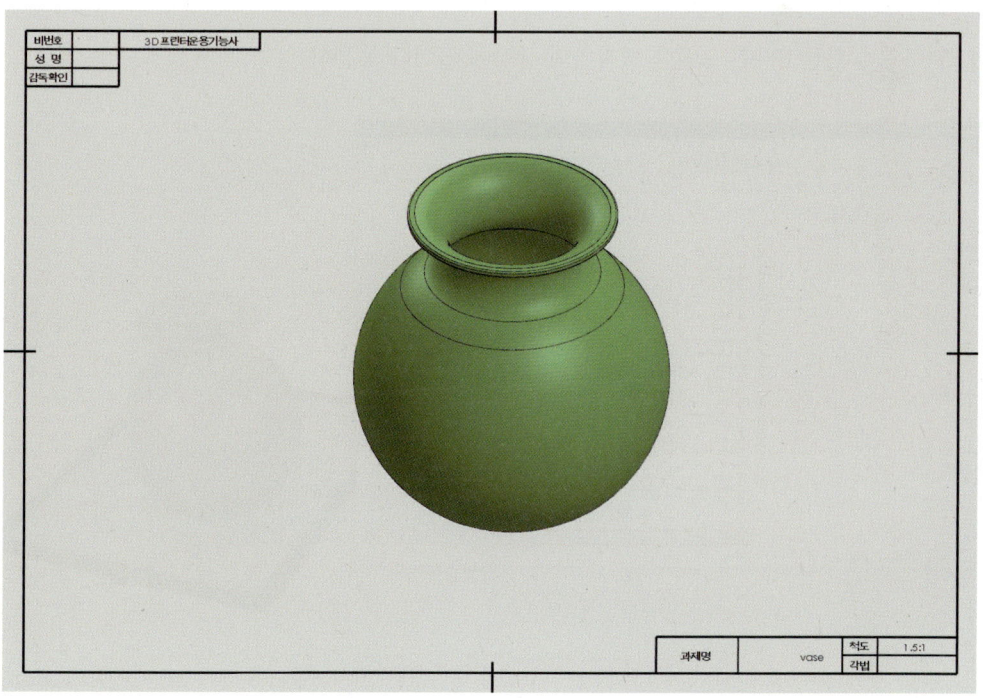

❶ 3차원 모델 파일 불러오기

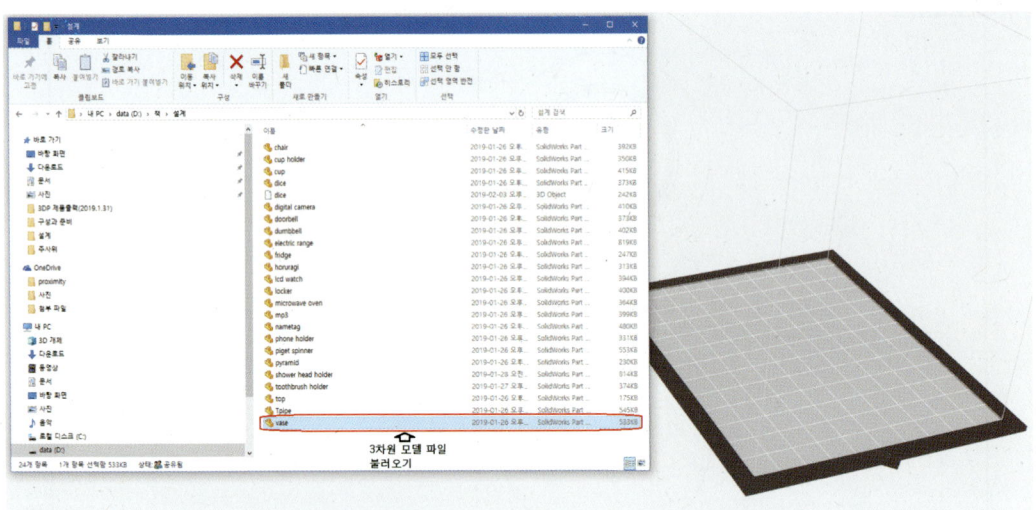

❷ 출력하고자 하는 3차원 모델을 제작판의 중앙에 끌어다 놓는다.

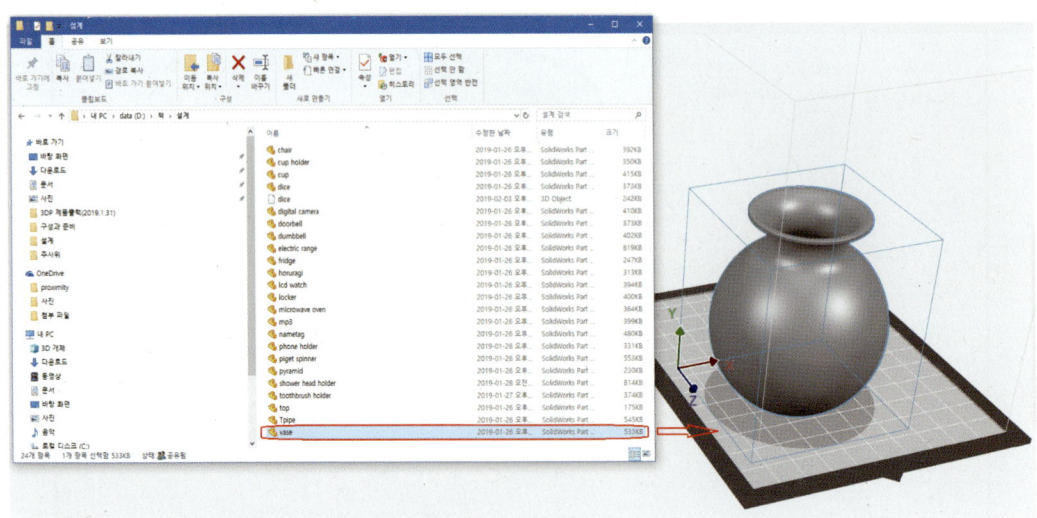

❸ 기본 파라미터 설정을 한다.
  가. Print Settings을 한다.
  나. Print Mode→Support 적용 여부를 결정한다.

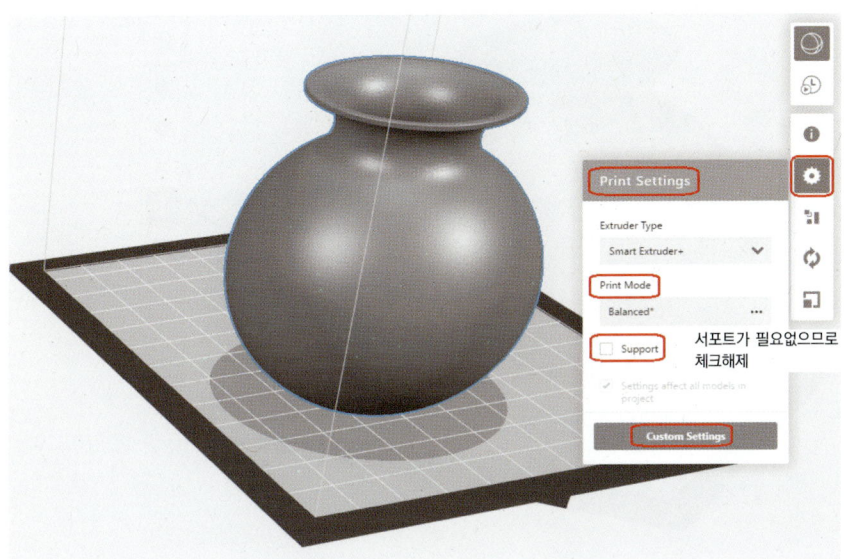

  다. 모델을 정렬(Arrange)시킨다.

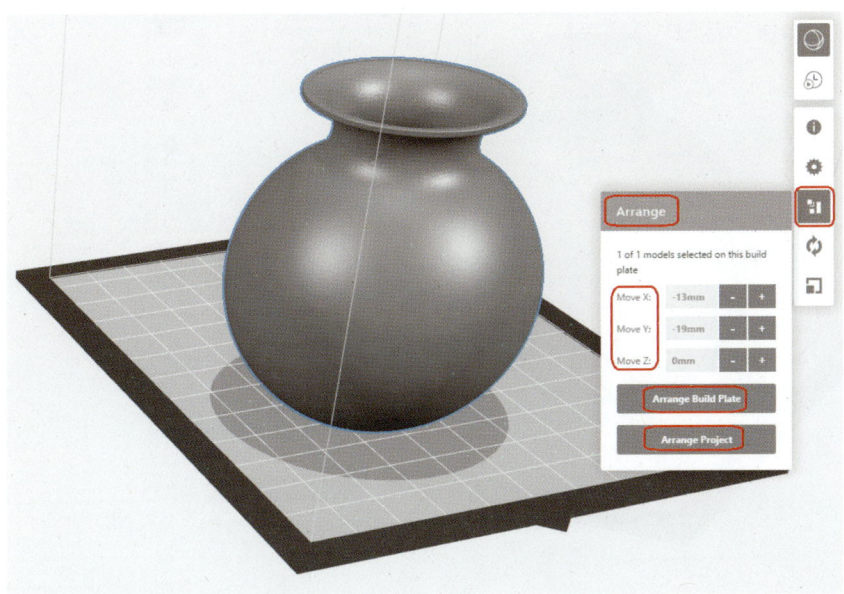

라. 방향 조정을 하고, 제작판에 모델의 면 배치를 선택한다.

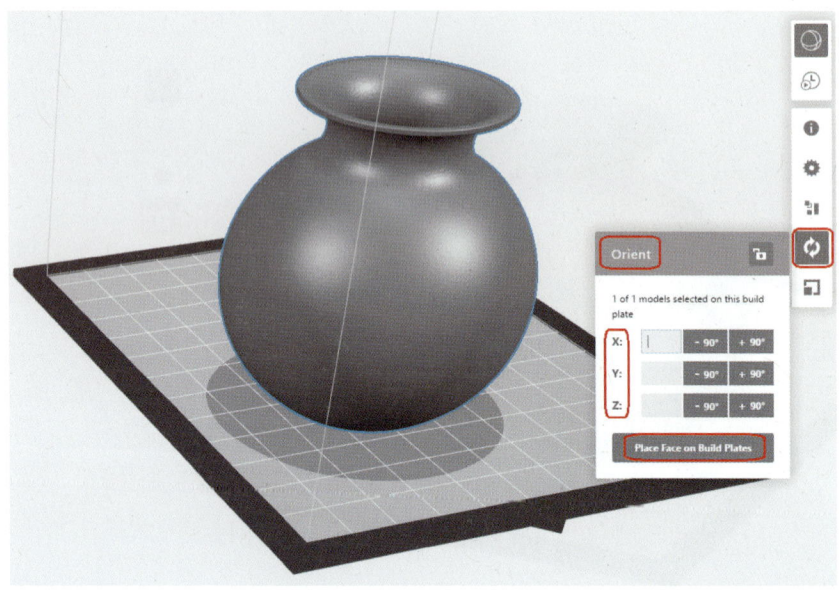

마. 배율을 조정한다.

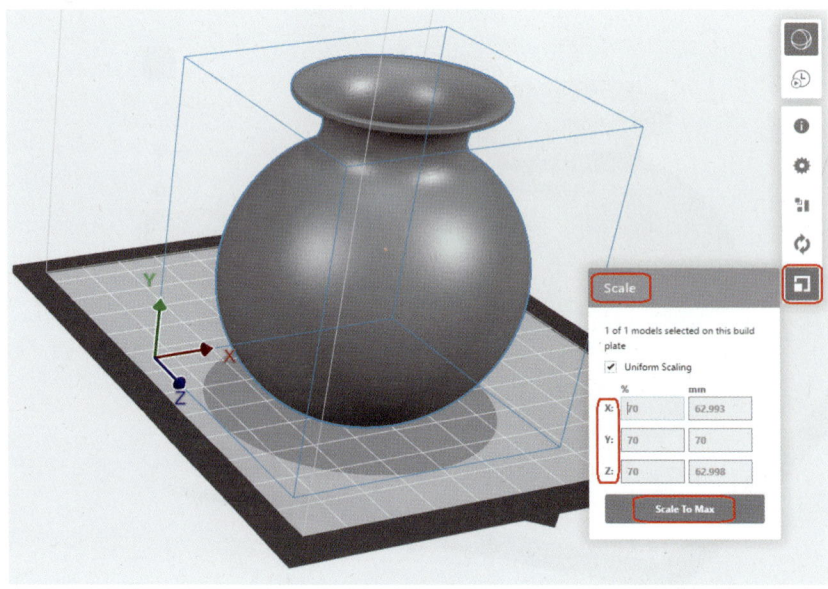

❹ 프린트 미리보기(Print Preview)
  가. 미리보기 재생(Play Animation)
  나. 레이어 확인

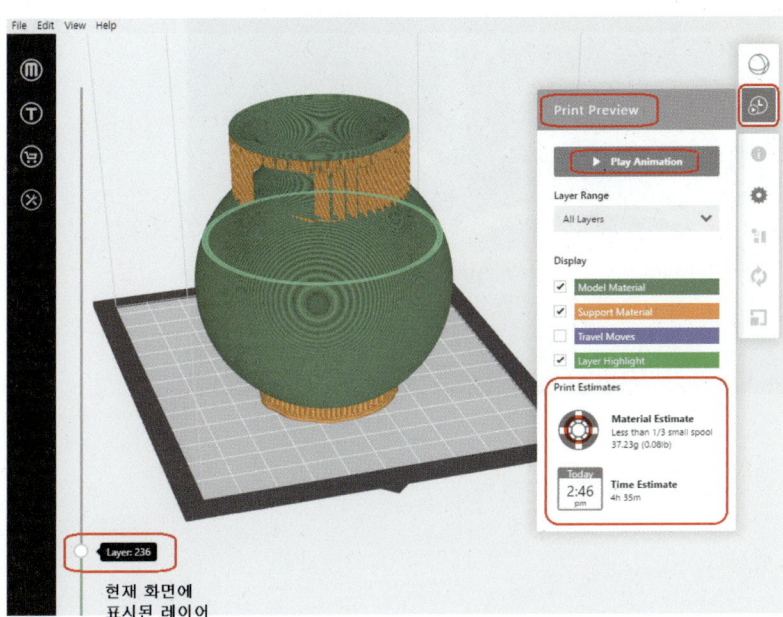

❺ 프린트 시작

❻ 꽃병 스커트(Skirt) 생성

❼ 꽃병 래프트(Raft) 생성

❽ 꽃병 출력 완성

❾ 꽃병 모델제품의 출력물을 제작판에서 제거(전용 헤라 사용)

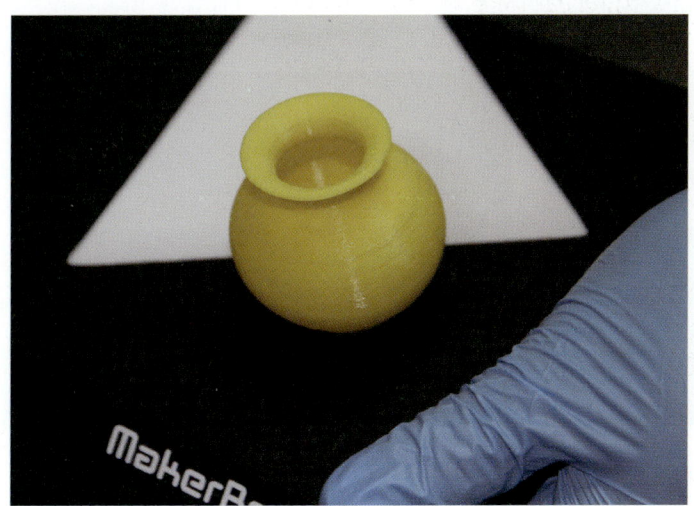

❿ 불필요한 바닥 보조 출력물을 제거(플러시 커터)

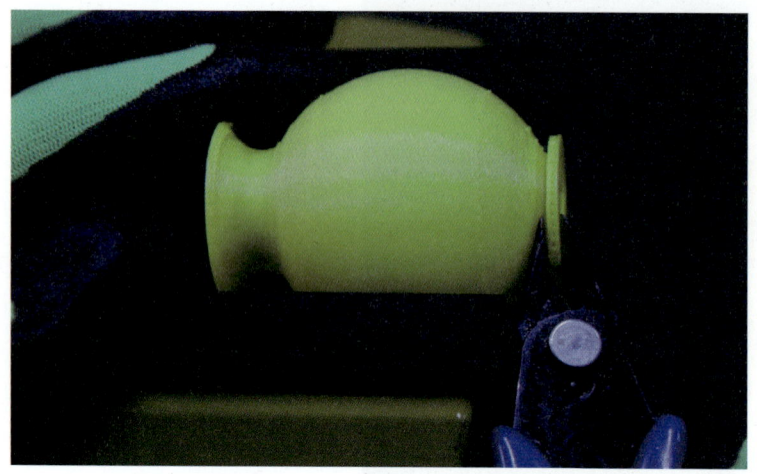

그림6-96 플러시 커터 이용 보조 출력물 제거

⓫ 1차 조줄(다이아몬드)을 사용하여 흠집이나 지저분한 모델작품의 표면을 다듬질한다.

그림6-97 평줄(세목)로 다듬질 작업

그림6-98 평줄(세목)로 다듬질 작업

❷ 2차 사포질을 한다. (종이 사포, 스틱 사포, 아이소핑크 사포대, MDF판 사포대 등)

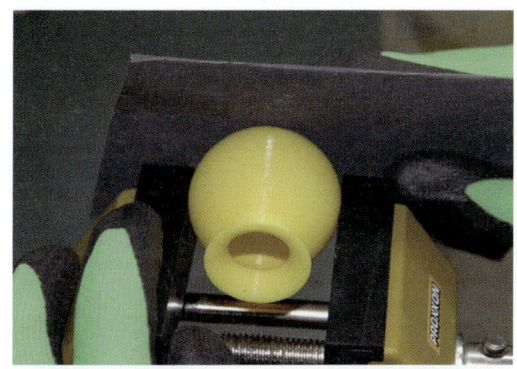

그림6-99 종이 사포로 다듬질 작업

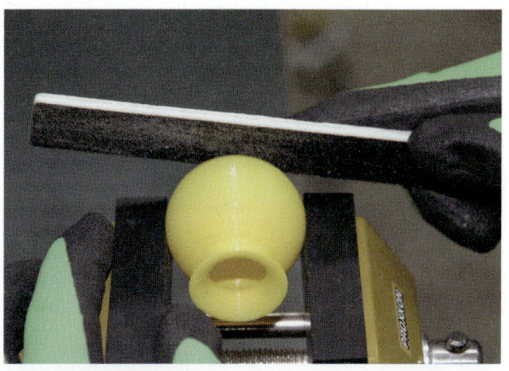

그림6-100 스틱 사포로 다듬질 작업

그림6-101 아이소핑크로 만든 사포대로 다듬질 작업

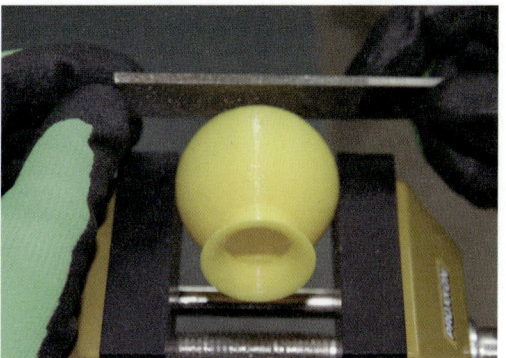

그림6-102 MDF판으로 만든 사포대로 다듬질 작업

⑬ 검사한다.

가. 완성된 꽃병 모델제품의 도면을 보고 정확하게 측정하고 검사할 수 있다.

나. 제작판에 제거해야 할 보조 출력물 및 서포트가 있는지 확인한다.

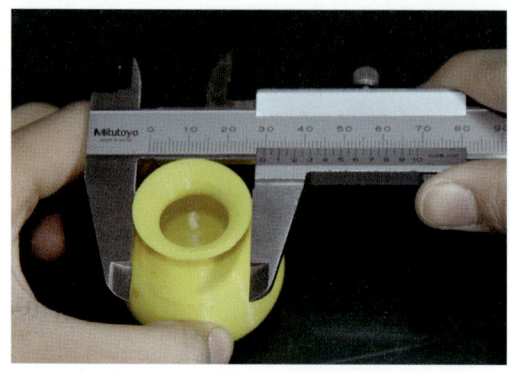

그림6-103 버니어캘리퍼스로 모델제품 외경 측정

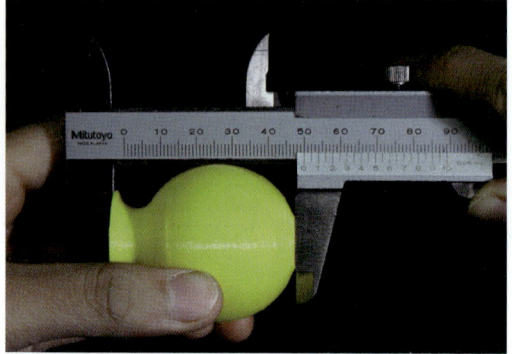

그림6-104 버니어캘리퍼스로 모델제품 높이 측정

그림6-105 강철자로 모델제품 높이 측정

 **완성된 모델작품** ❖ 꽃병

9 ◆ 스마트폰 거치대 제품모형 모델링 · 출력 제작완성

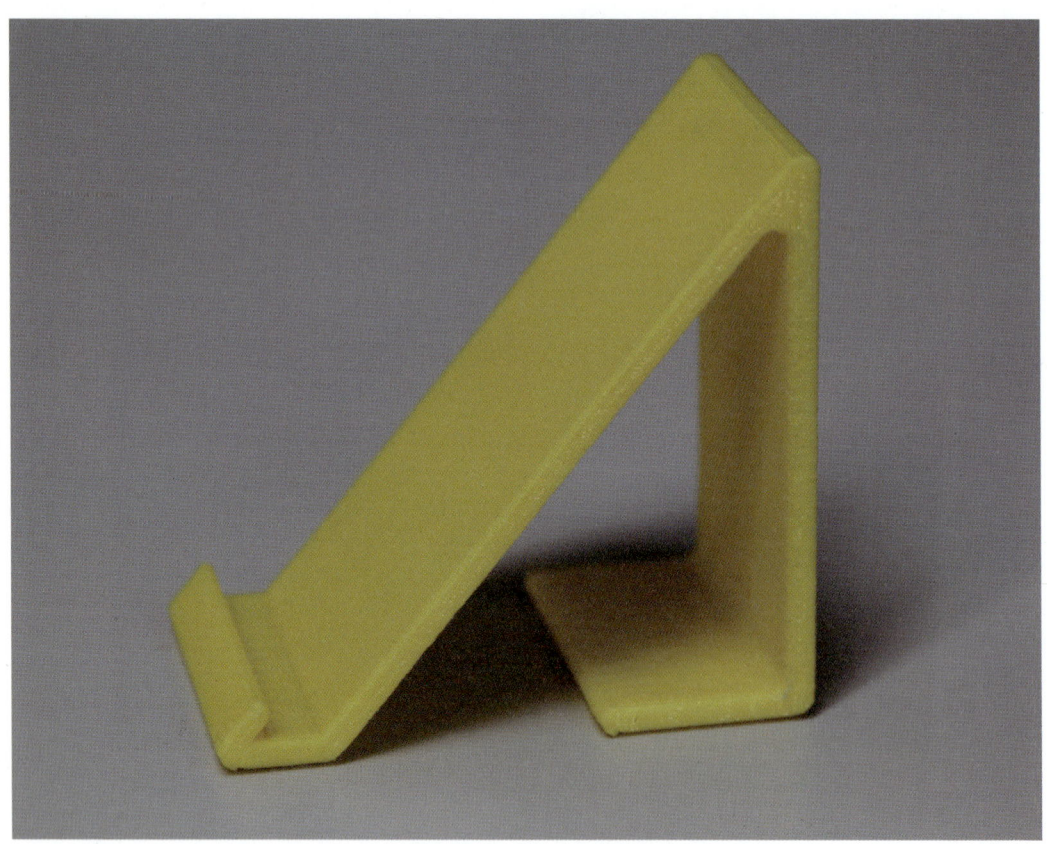

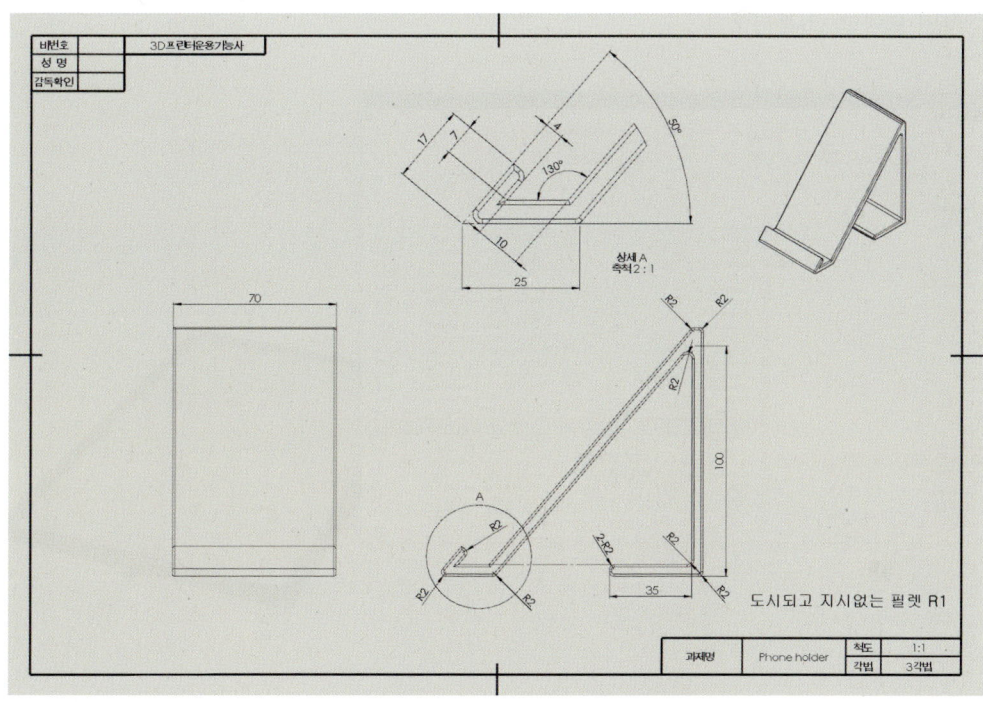

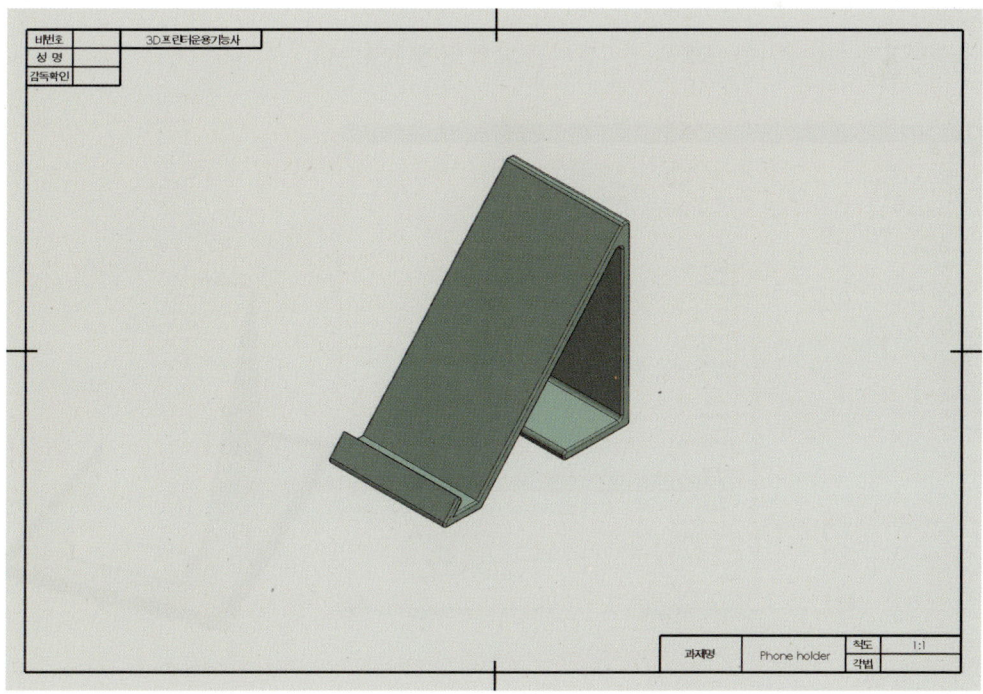

❶ 3차원 모델 파일 불러오기

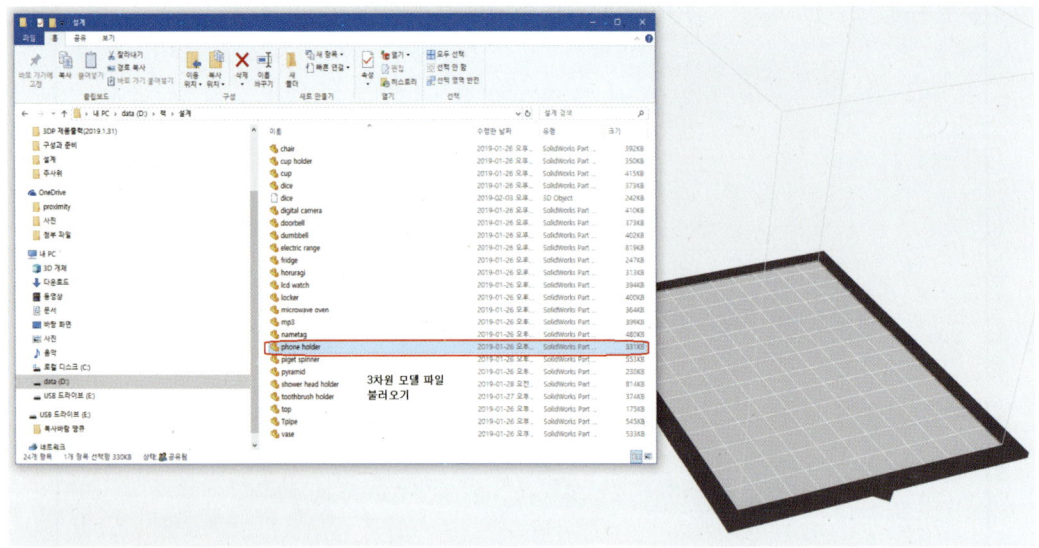

❷ 출력하고자 하는 3차원 모델을 제작판의 중앙에 끌어다 놓는다.

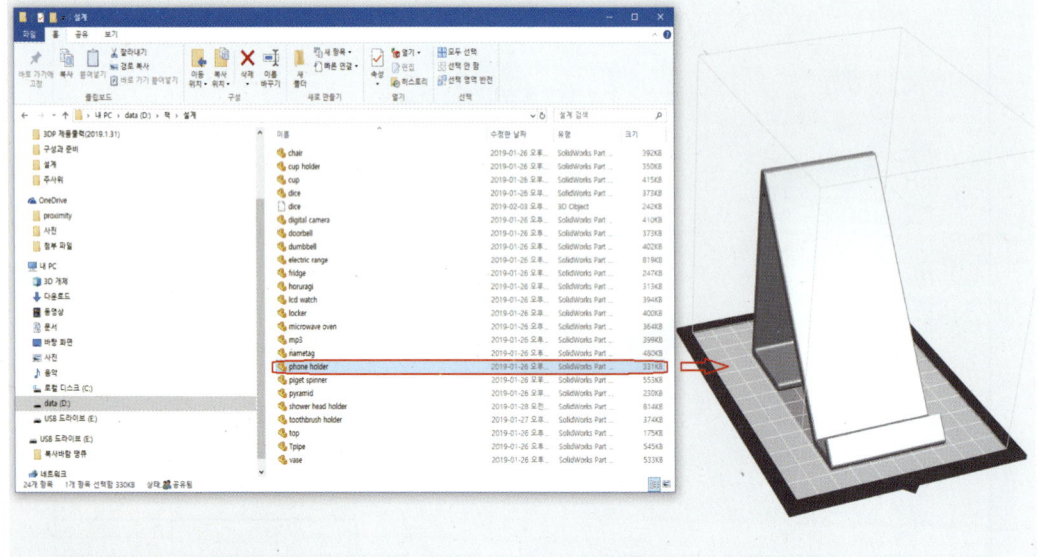

❸ 기본 파라미터 설정을 한다.

　가. Print Settings을 한다.

　나. Print Mode→Support 적용 여부를 결정한다.

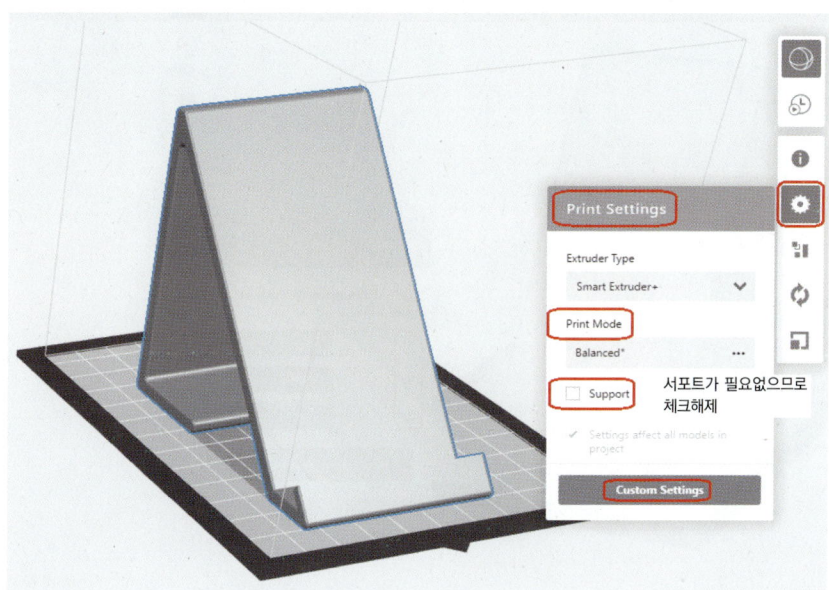

　다. 모델을 정렬(Arrange)시킨다.

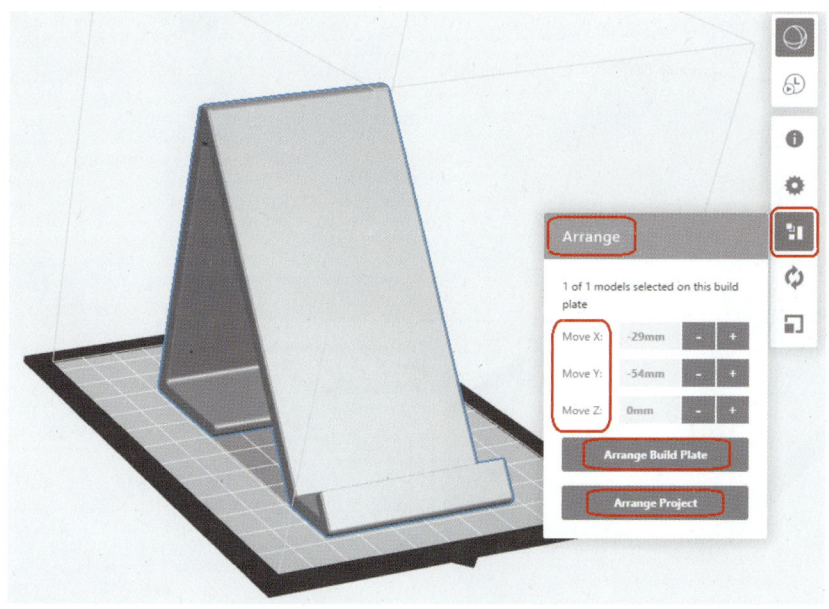

PART 06　제품출력 및 제작완성

라. 방향 조정을 하고, 제작판에 모델의 면 배치를 선택한다.

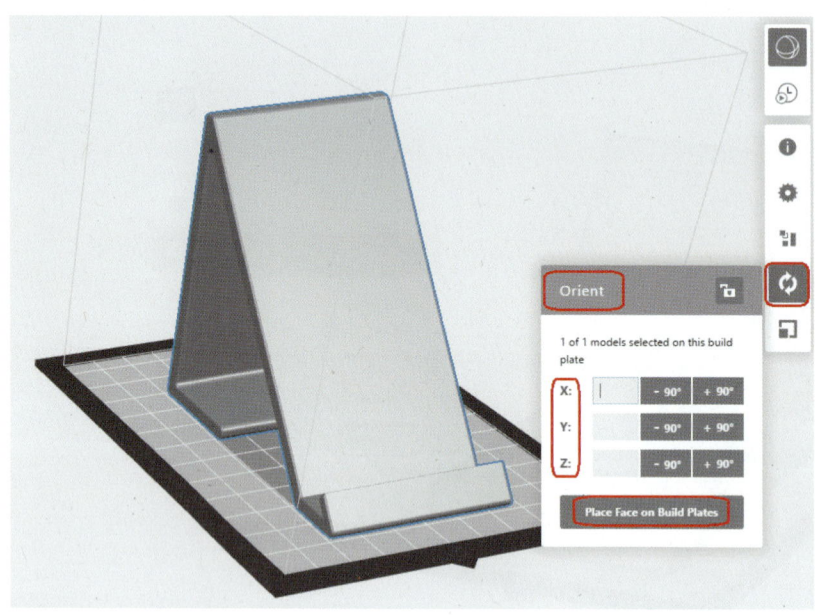

마. 배율을 조정한다.

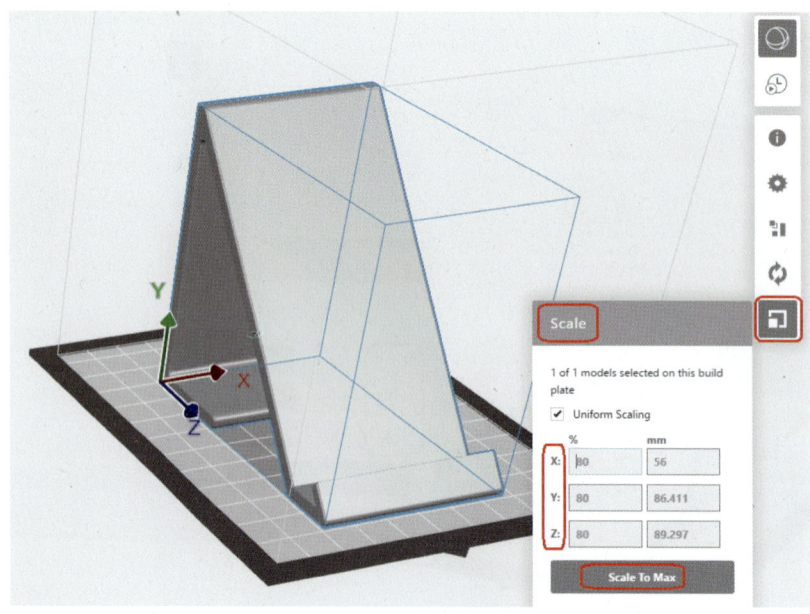

❹ 프린트 미리보기(Print Preview)

　가. 미리보기 재생(Play Animation)

　나. 레이어 확인

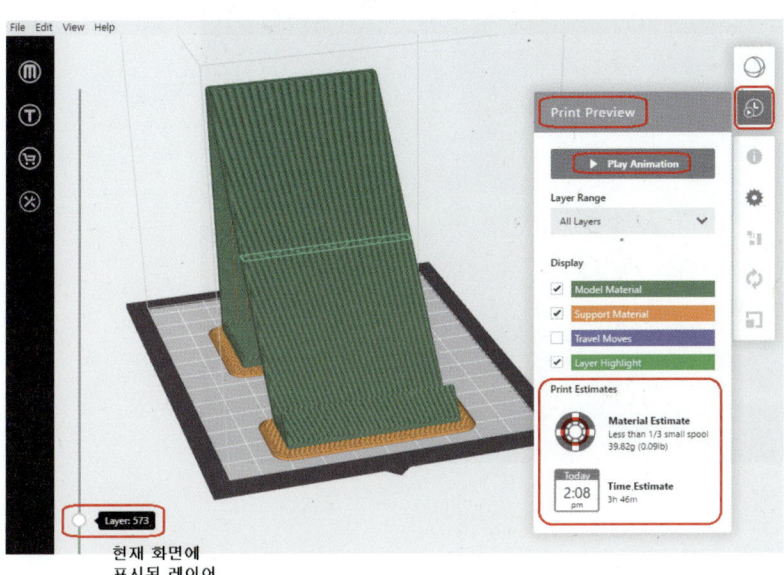

현재 화면에
표시된 레이어

❺ 프린트 시작

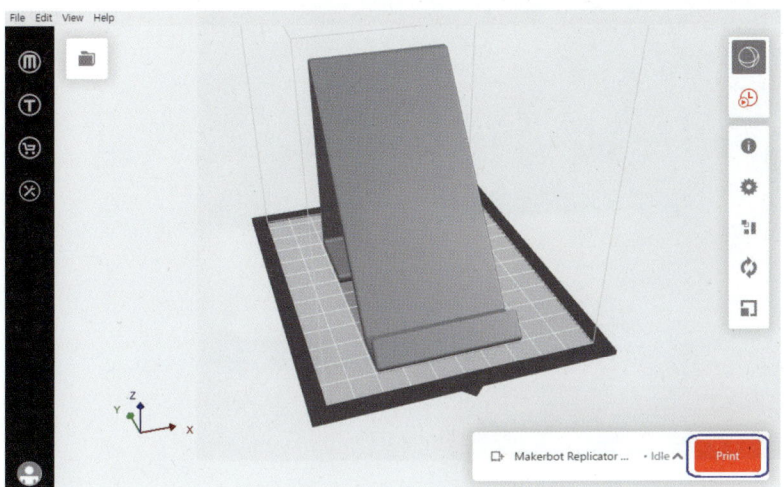

PART 06 제품출력 및 제작완성

❻ 스마트폰 거치대 스커트(Skirt) 생성

❼ 스마트폰 거치대 래프트(Raft) 생성

❽ 스마트폰 거치대 출력 완성

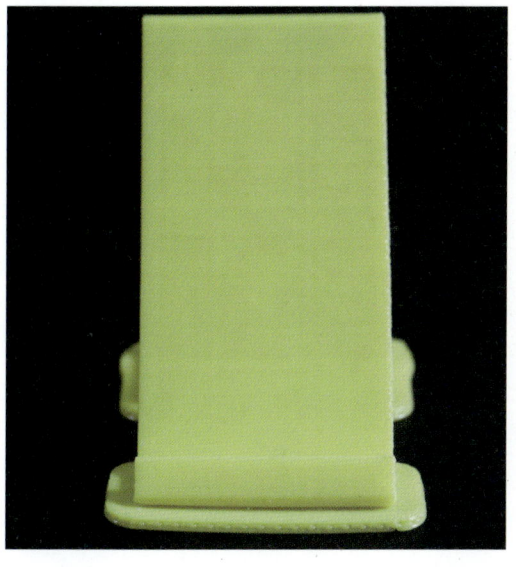
정면

측면

❾ 스마트폰 거치대 모델제품의 출력물을 제작판에서 제거(전용 헤라 사용)

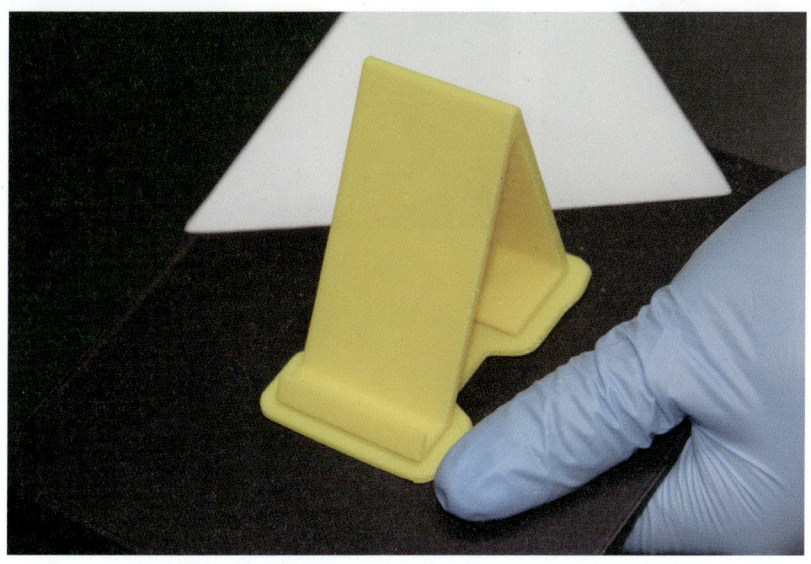

그림6-106 헤라 이용 모델제품 제거

❿ 불필요한 바닥 보조 출력물을 제거(플러시 커터)

그림6-107 모델제품 래프트(Raft) 제거 전

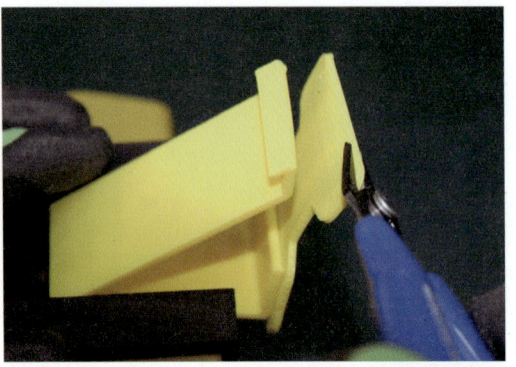

그림6-108 모델제품 래프트(Raft) 제거 중

⓫ 1차 조줄(다이아몬드)을 사용하여 흠집이나 지저분한 모델작품의 표면을 다듬질한다.

그림6-109 평줄(중목)로 다듬질 작업

그림6-110 평줄(세목)로 다듬질 작업

⑫ 2차 사포질을 한다. (종이 사포, 스틱 사포, 아이소핑크 사포대, MDF판 사포대 등)

그림6-111 종이 사포로 다듬질 작업

그림6-112 스틱 사포로 다듬질 작업

그림6-113 아이소핑크로 만든 사포대로 다듬질 작업

그림6-114 MDF판으로 만든 사포대로 다듬질 작업

⑬ 검사한다.
  가. 완성된 스마트폰 거치대 모델제품의 도면을 보고 정확하게 측정하고 검사할 수 있다.
  나. 제작판에 제거해야 할 보조 출력물 및 서포트가 있는지 확인한다.

그림6-115 버니어캘리퍼스로 모델제품 길이 측정

그림6-116 버니어캘리퍼스로 모델제품 높이 측정

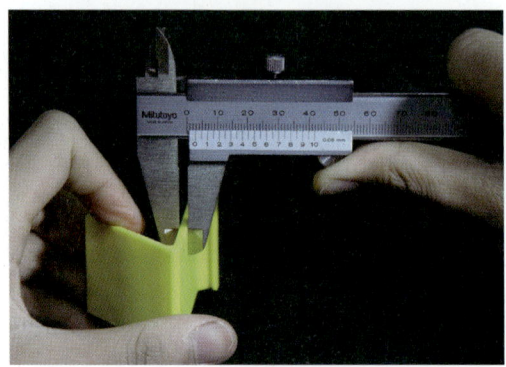

그림6-117 버니어캘리퍼스로 모델제품 두께 측정

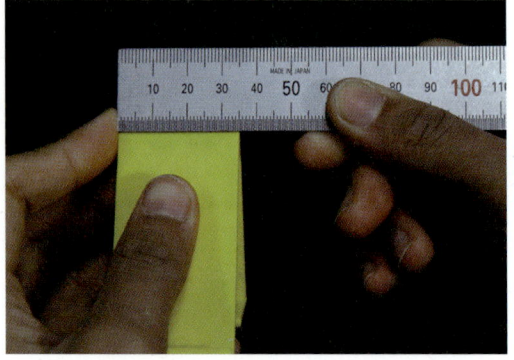

그림6-118 강철자로 모델제품 길이 측정

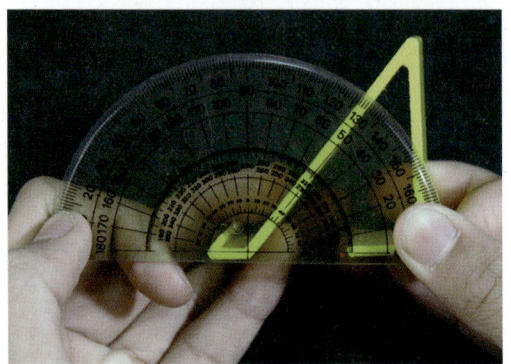

그림6-119 각도기로 모델제품 각도 측정

 **완성된 모델작품** ❖ 스마트폰 거치대

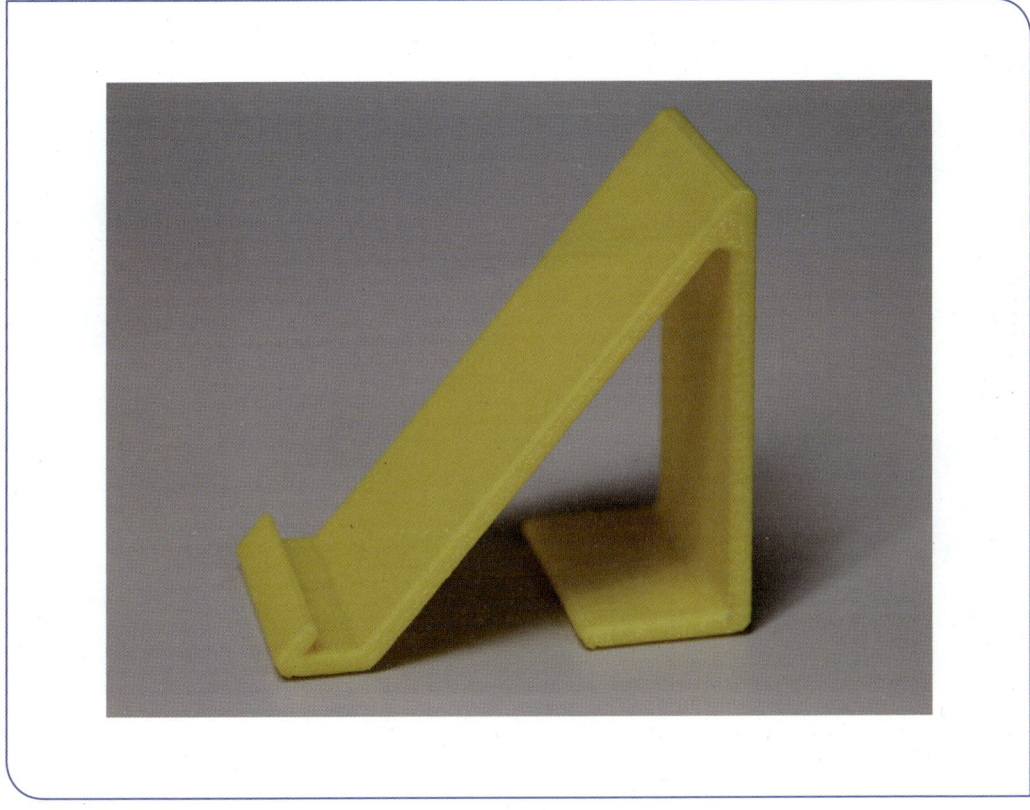

10 ❖ 이름표 제품모형 모델링 · 출력 제작완성

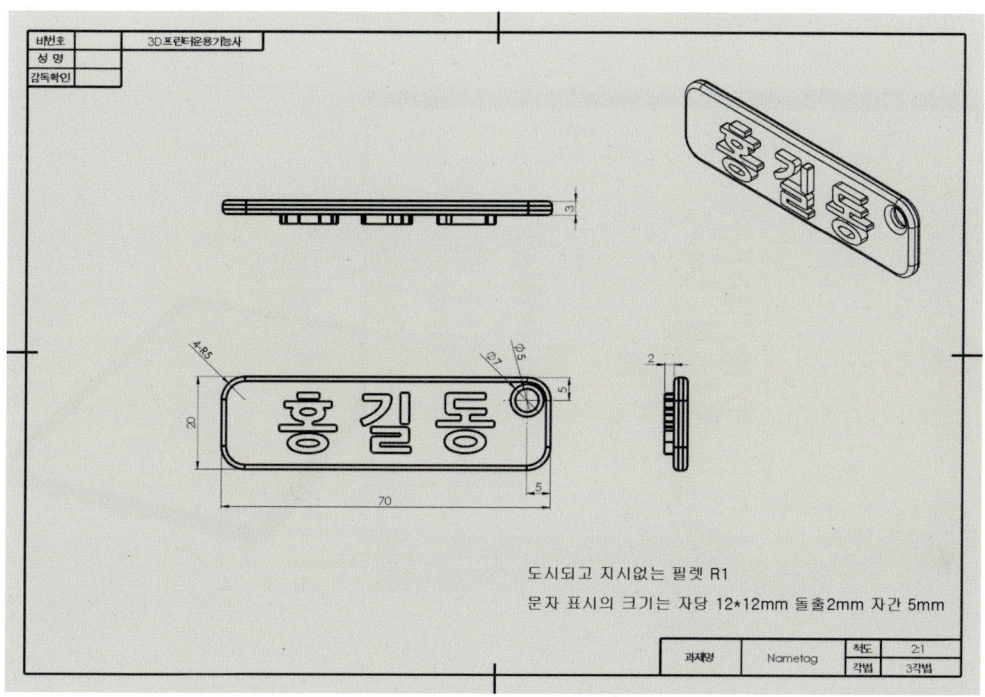

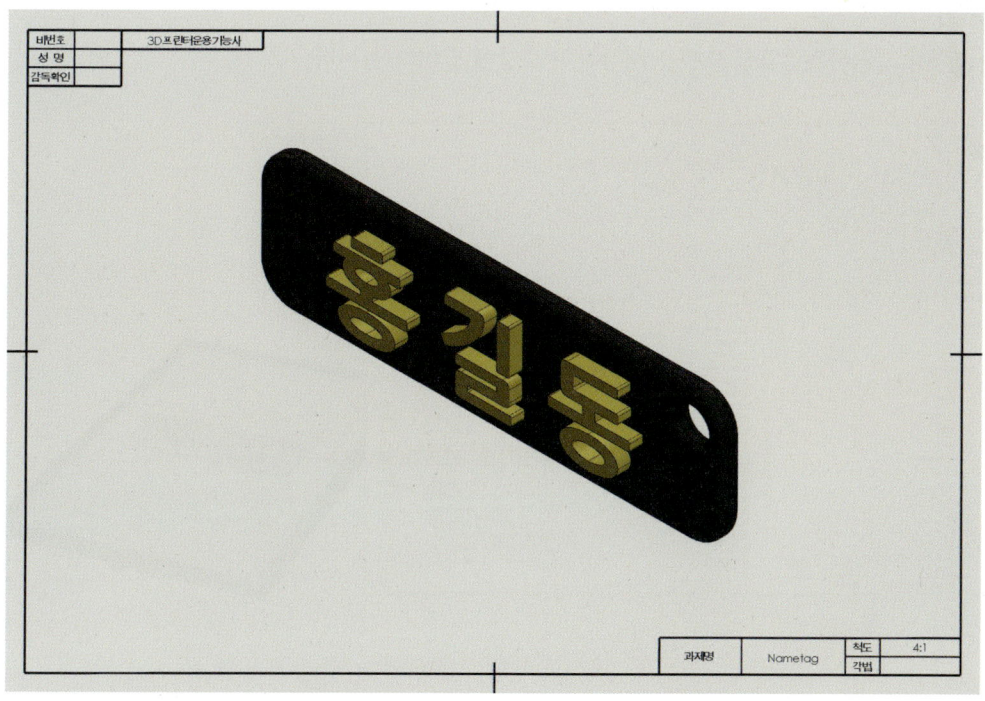

❶ 3차원 모델 파일 불러오기

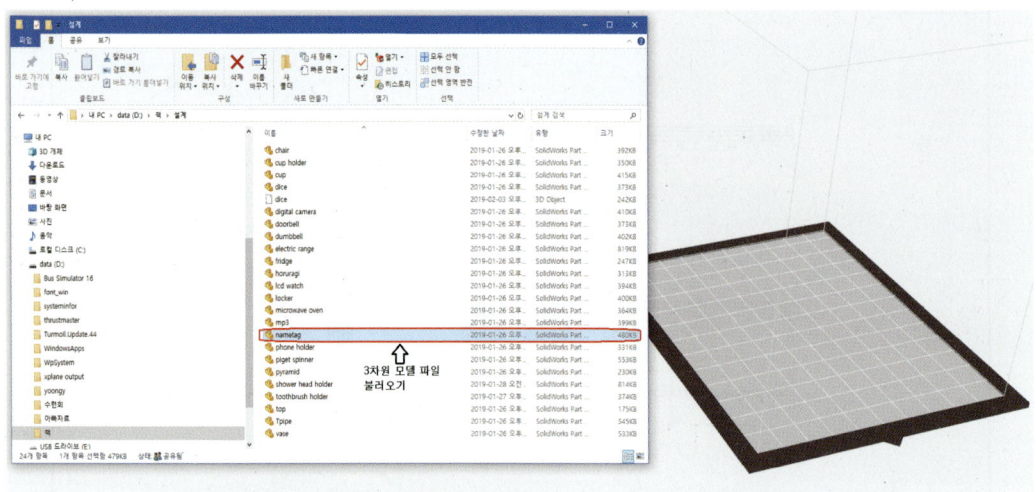

❷ 출력하고자 하는 3차원 모델을 제작판의 중앙에 끌어다 놓는다.

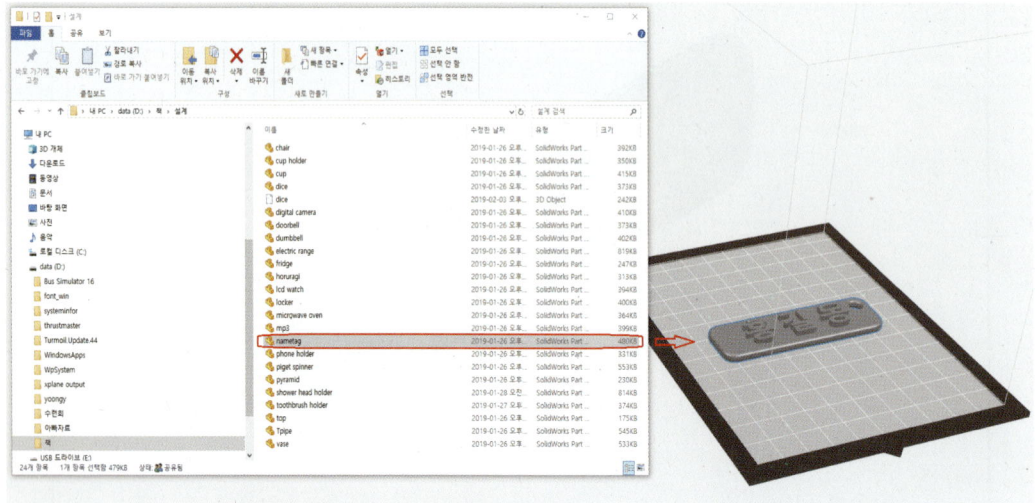

❸ 기본 파라미터 설정을 한다.
　가. Print Settings을 한다.
　나. Print Mode→Support 적용 여부를 결정한다.

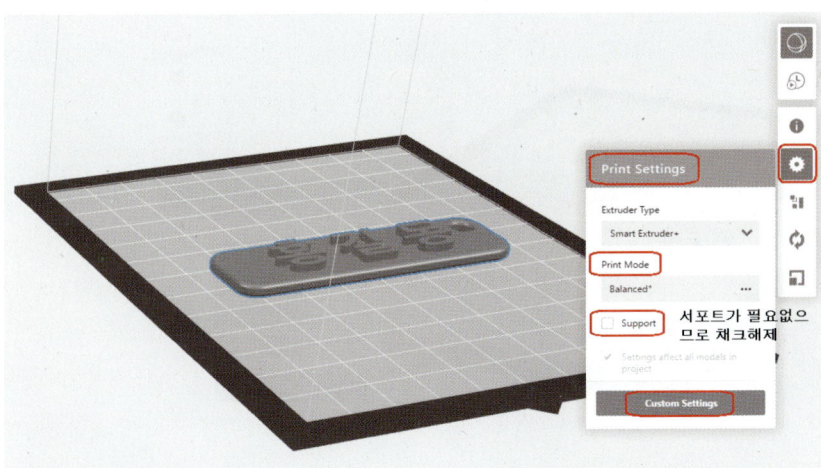

　다. 모델을 정렬(Arrange)시킨다.

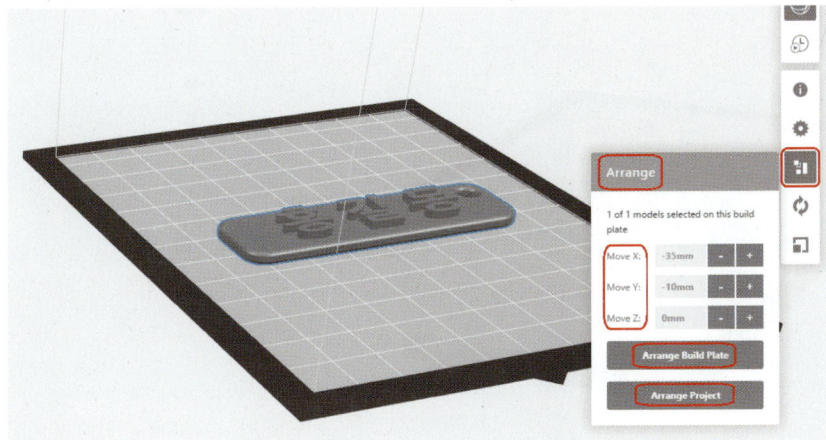

라. 방향 조정을 하고, 제작판에 모델의 면 배치를 선택한다.

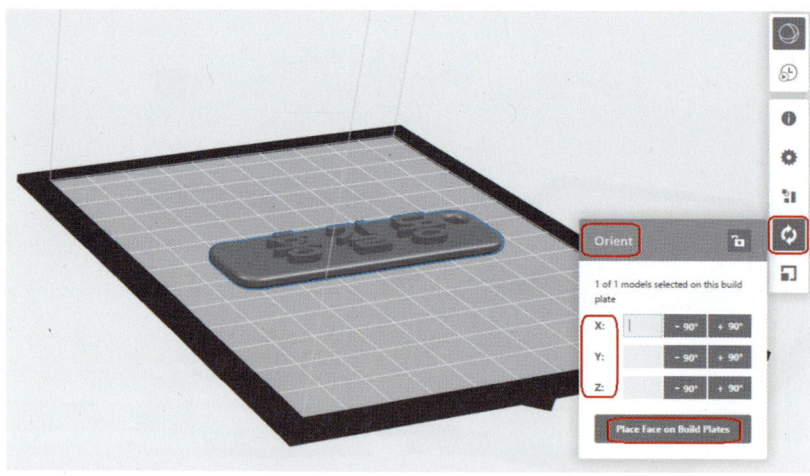

마. 배율을 조정한다.

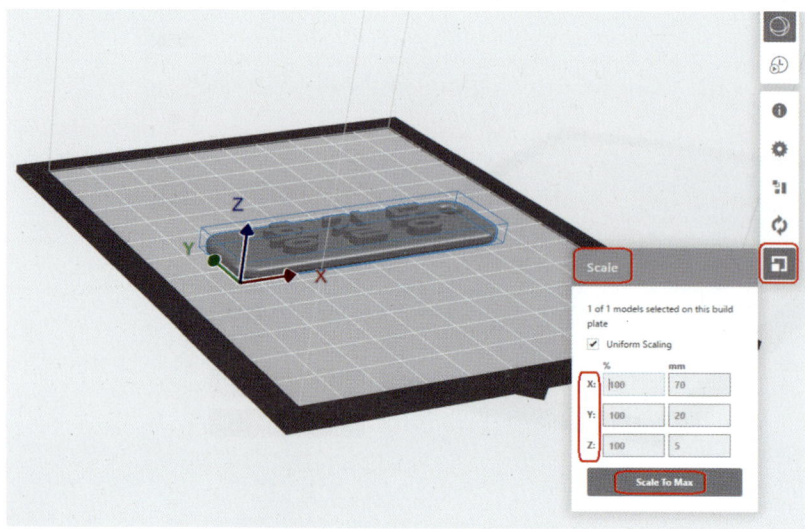

❹ 프린트 미리보기(Print Preview)
　가. 미리보기 재생(Play Animation)
　나. 레이어 확인

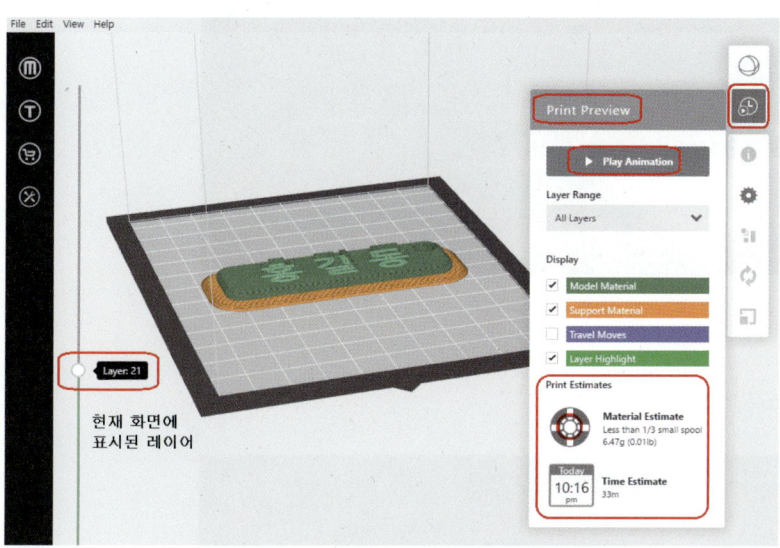

❺ 프린트 시작

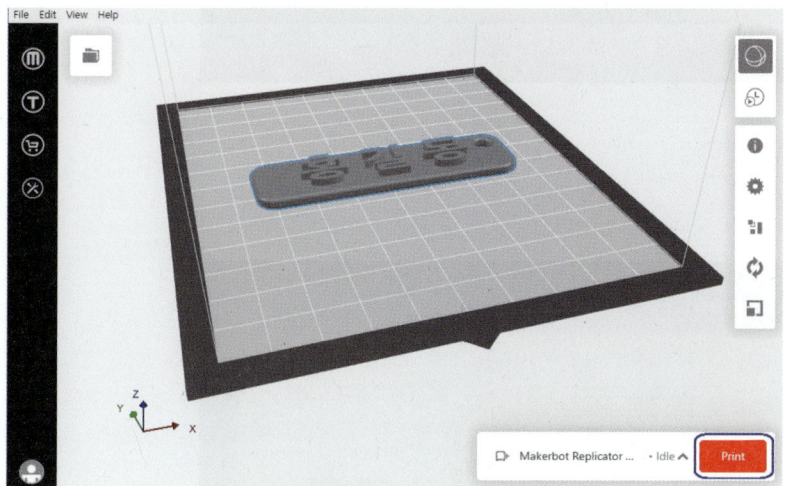

❻ 이름표 스커트(Skirt) 생성

❼ 이름표 래프트(Raft) 생성

❽ 이름표 출력 완성

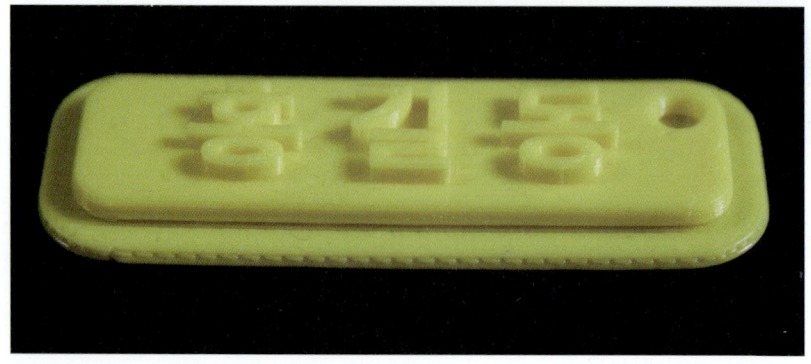

❾ 이름표 모델제품의 출력물을 제작판에서 제거(전용 헤라 사용)

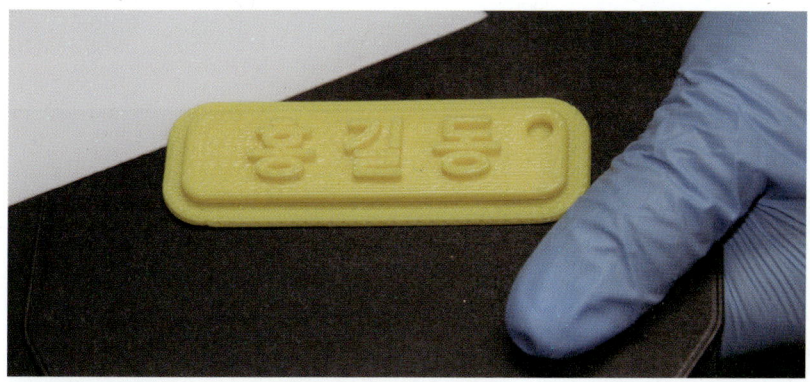

그림6-120 헤라 이용 모델제품 제거

❿ 불필요한 바닥 보조 출력물을 제거(플러시 커터)

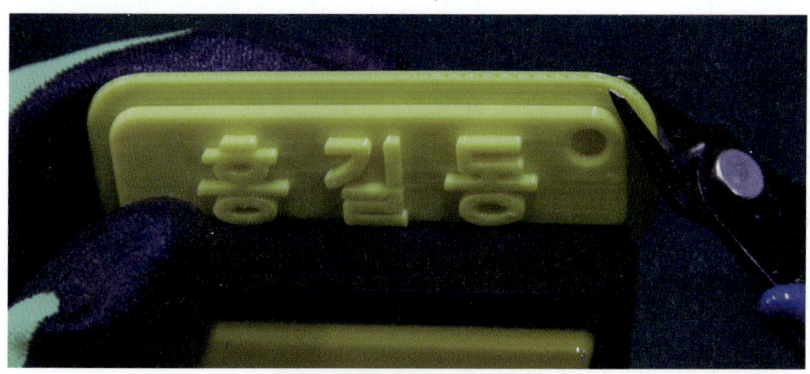

그림6-121 모델제품 래프트(Raft) 제거 전

그림6-122 모델제품 래프트(Raft) 제거 중

⓫ 1차 조줄(다이아몬드)을 사용하여 흠집이나 지저분한 모델작품의 표면을 다듬질한다.

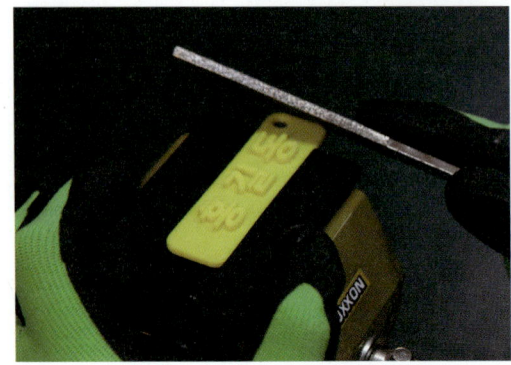

그림6-123 평줄(중목)로 다듬질 작업

그림6-124 평줄(세목)로 다듬질 작업

그림6-125 반원줄(세목)로 다듬질 작업

⑫ 2차 사포질을 한다. (종이 사포, 스틱 사포, 아이소핑크 사포대, MDF판 사포대 등)

그림6-126 종이 사포로 다듬질 작업

그림6-127 스틱 사포로 다듬질 작업

그림6-128 아이소핑크로 만든 사포대로 다듬질 작업

그림6-129 MDF판으로 만든 사포대로 다듬질 작업

⑬ 검사한다.

　가. 완성된 이름표 모델제품의 도면을 보고 정확하게 측정하고 검사할 수 있다.

　나. 제작판에 제거해야 할 보조 출력물 및 서포트가 있는지 확인한다.

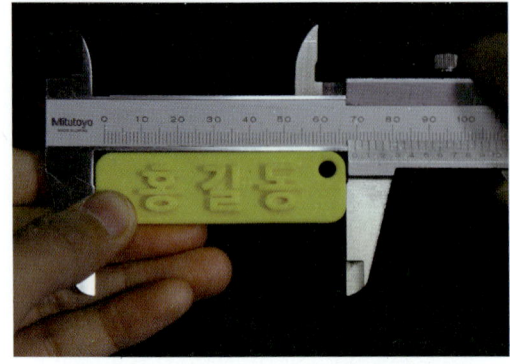

그림6-130 버니어캘리퍼스로 모델제품 길이 측정

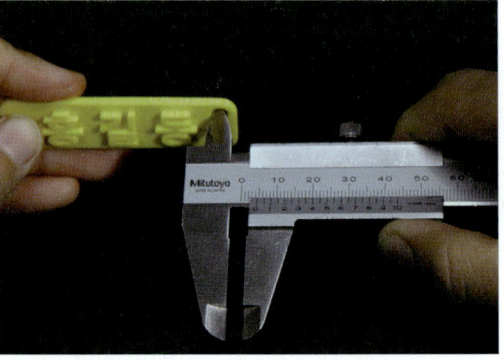

그림6-131 버니어캘리퍼스로 모델제품 내경 측정

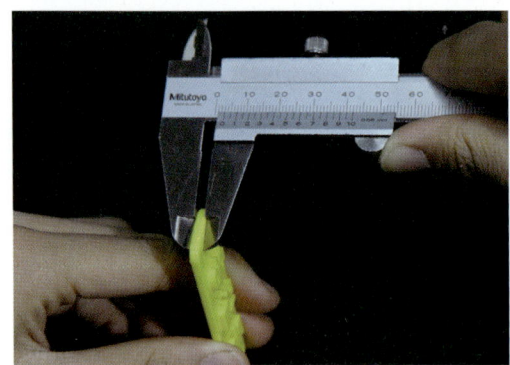

그림6-132 버니어캘리퍼스로 모델제품 두께 측정

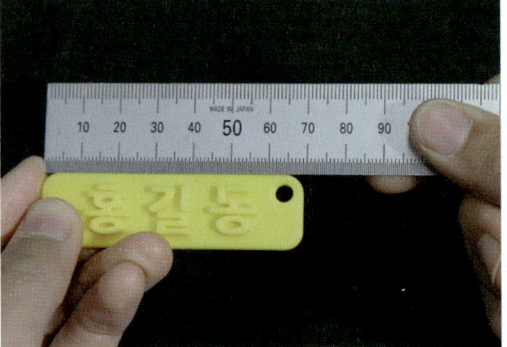

그림6-133 강철자로 모델제품 길이 측정

 **완성된 모델작품** ❖ 이름표

11 · T자형 관 제품모형 모델링·출력 제작완성

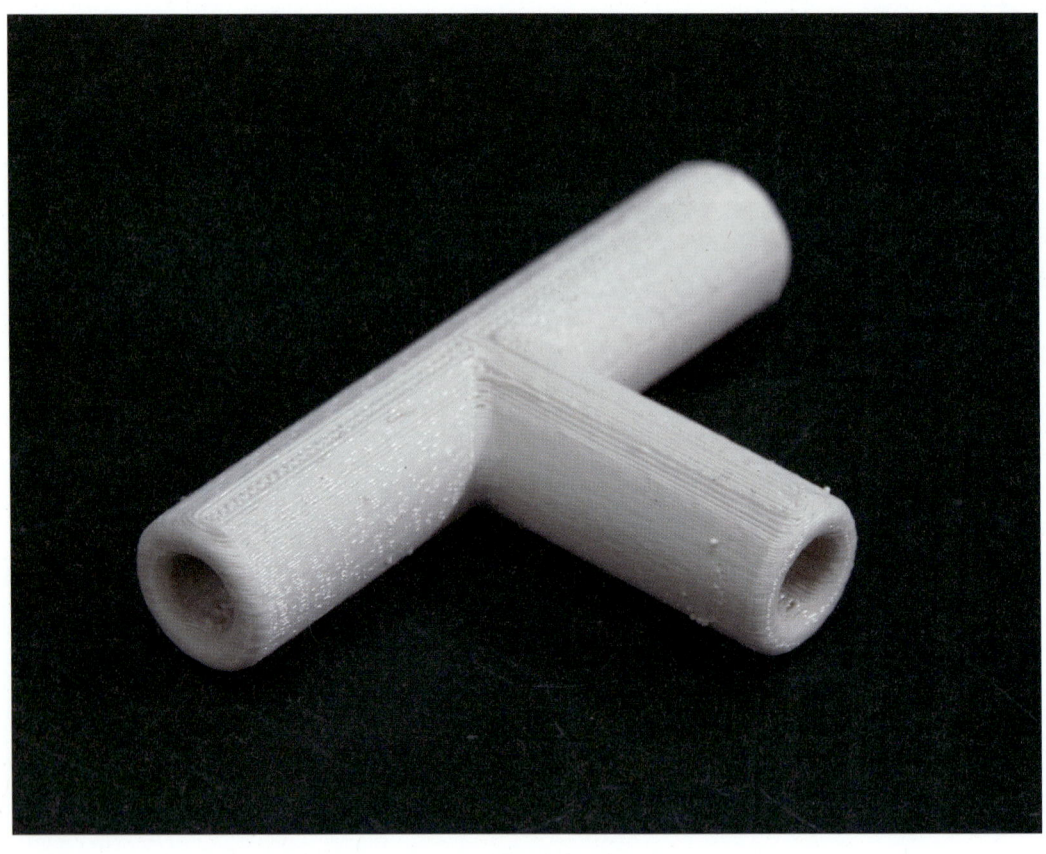

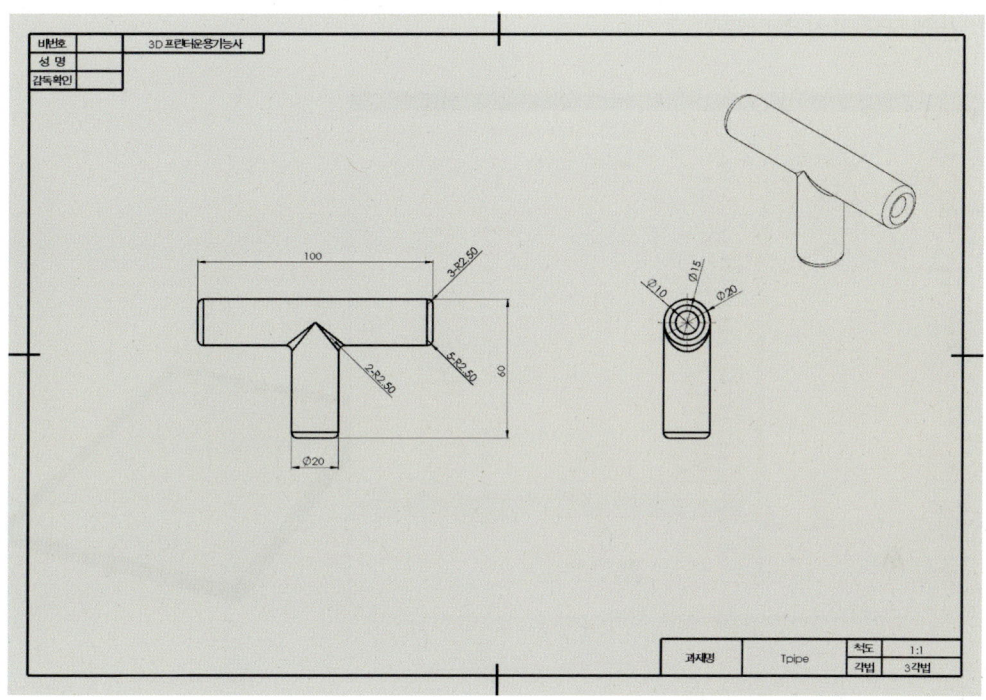

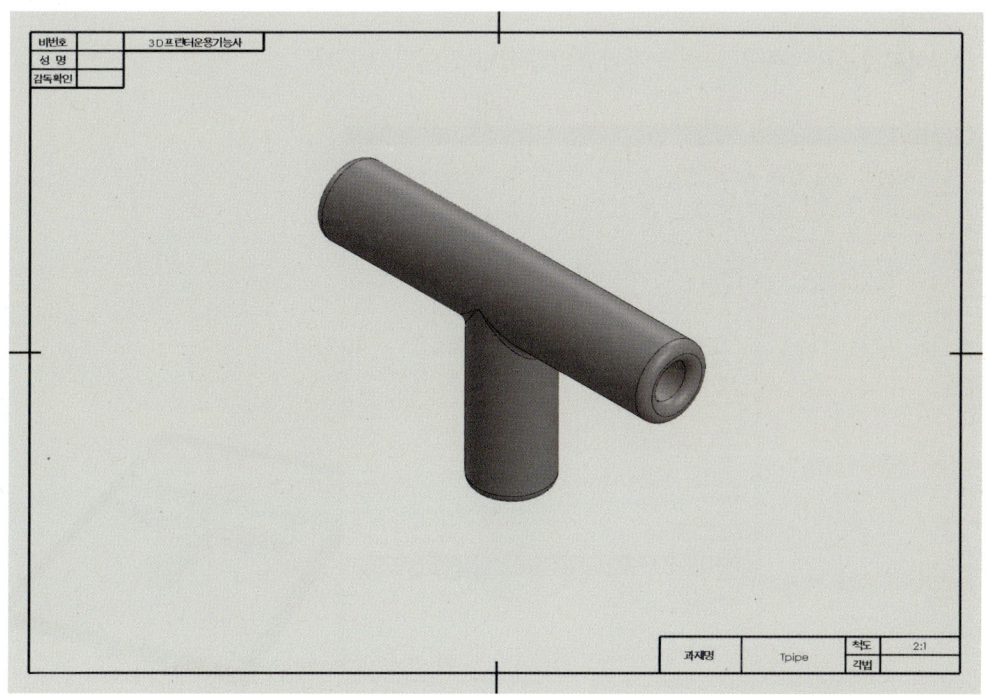

❶ 3차원 모델 파일 불러오기

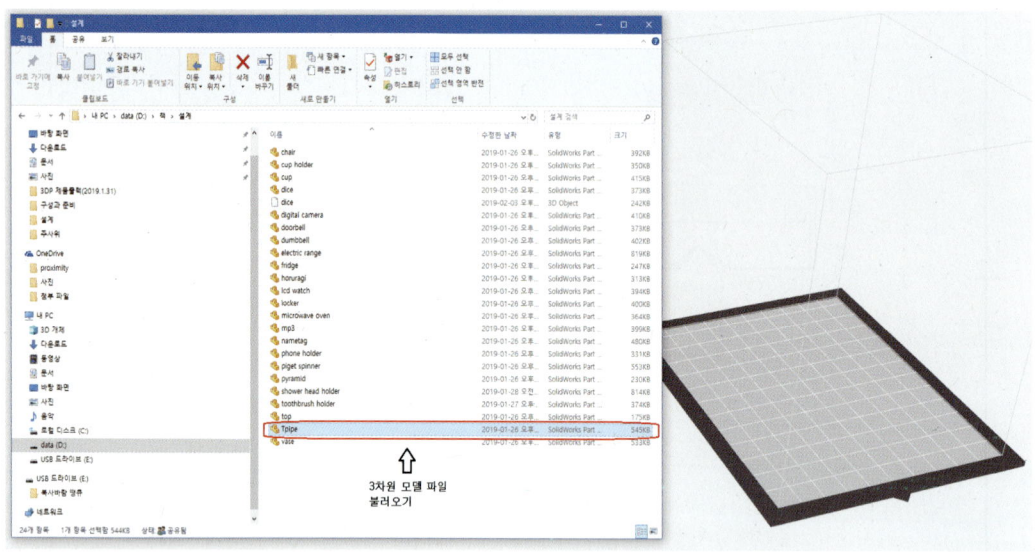

❷ 출력하고자 하는 3차원 모델을 제작판의 중앙에 끌어다 놓는다.

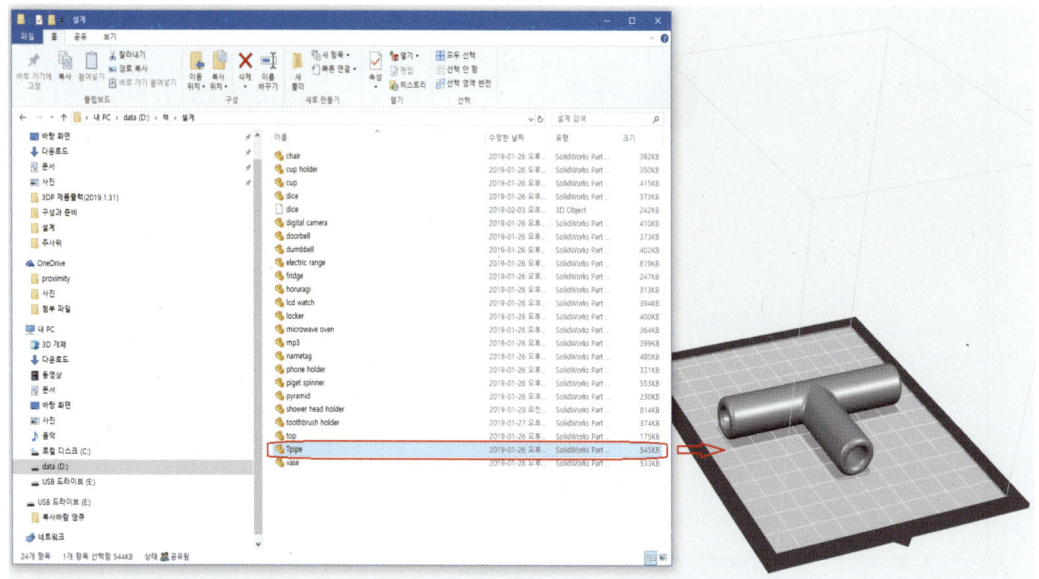

❸ 기본 파라미터 설정을 한다.

가. Print Settings을 한다.

나. Print Mode→Support 적용 여부를 결정한다.

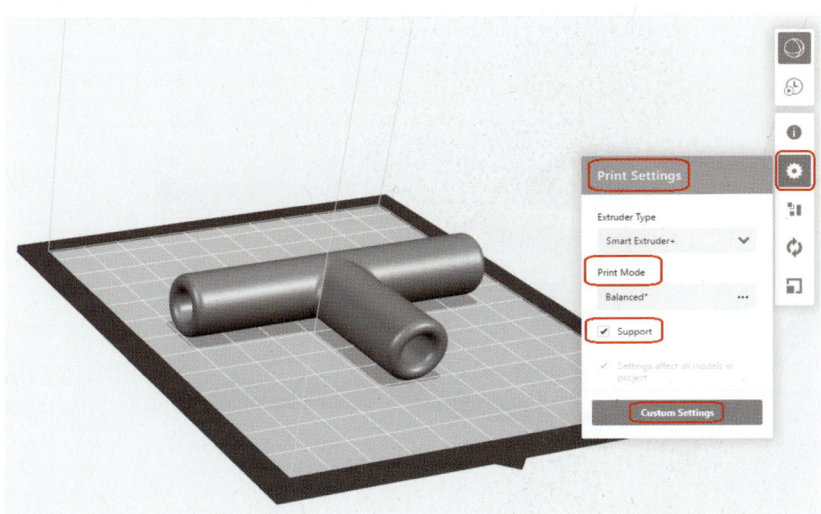

다. 모델을 정렬(Arrange)시킨다.

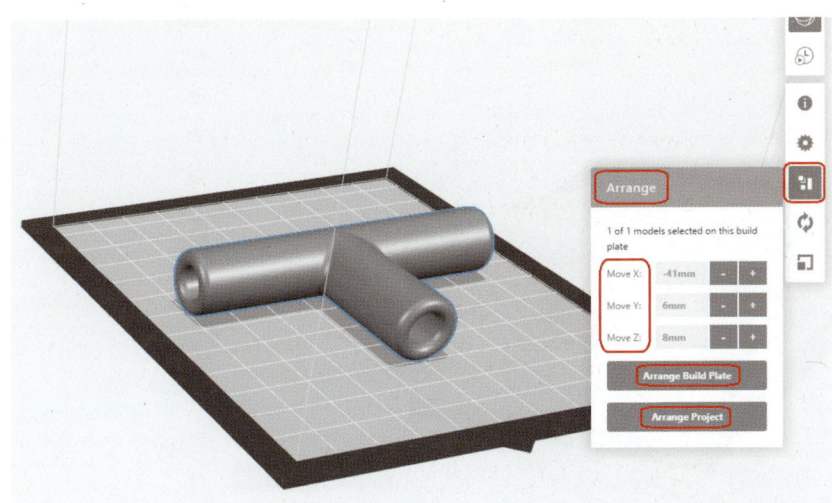

라. 방향 조정을 하고, 제작판에 모델의 면 배치를 선택한다.

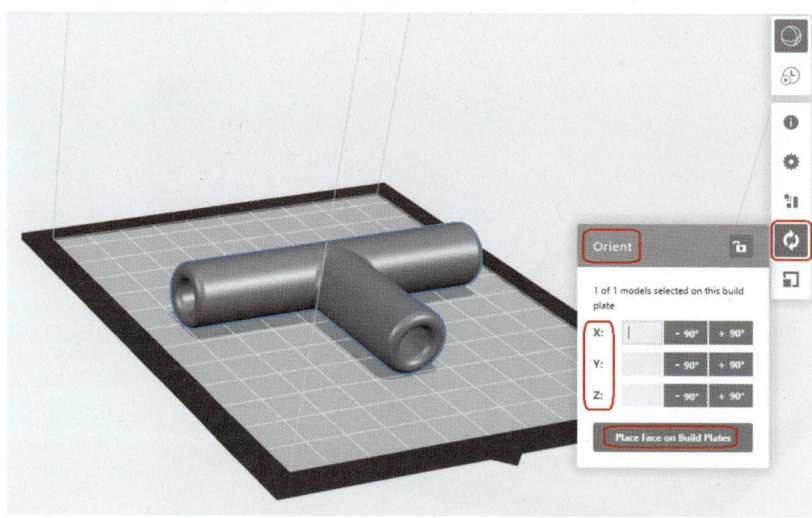

마. 배율을 조정한다.

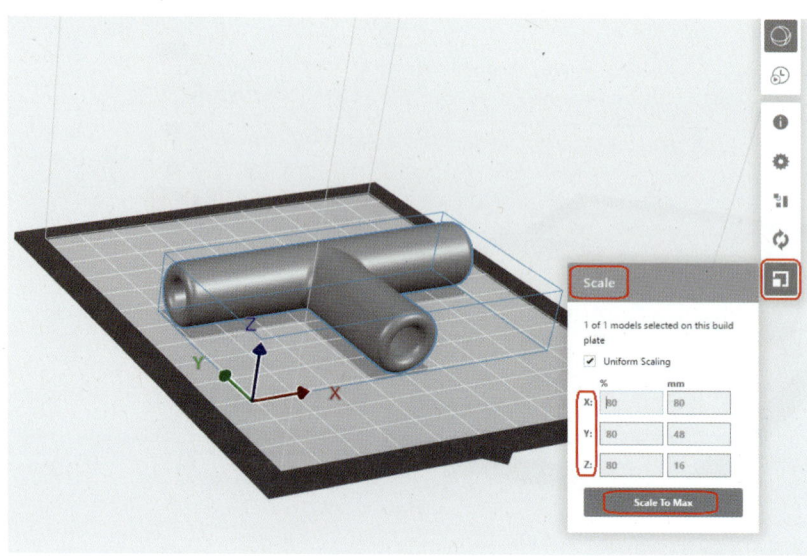

❹ 프린트 미리보기(Print Preview)

　가. 미리보기 재생(Play Animation)

　나. 레이어 확인

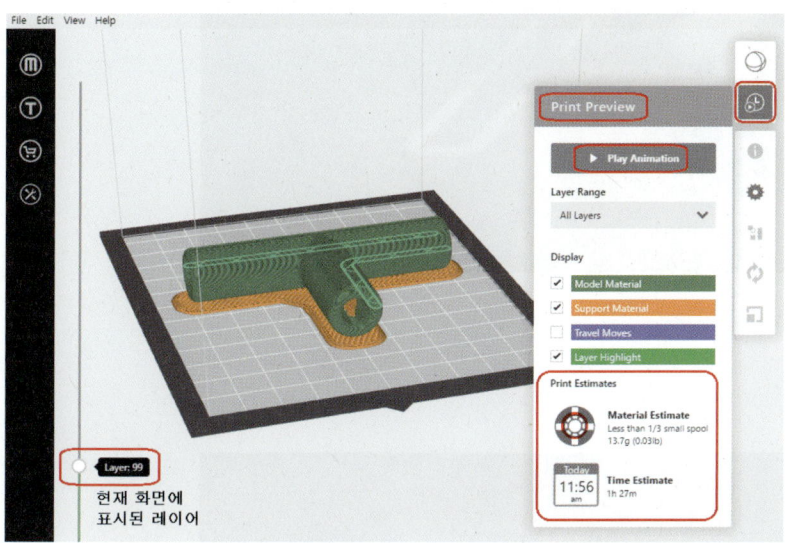

❺ 프린트 시작

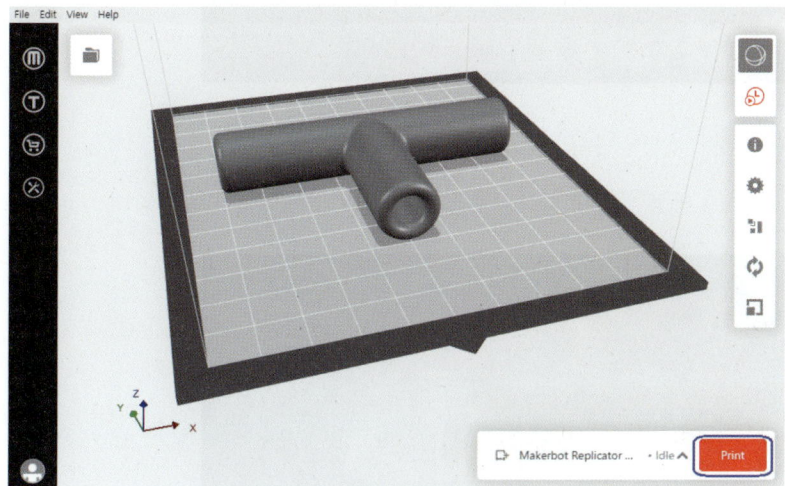

❻ T자형 관 스커트(Skirt) 생성

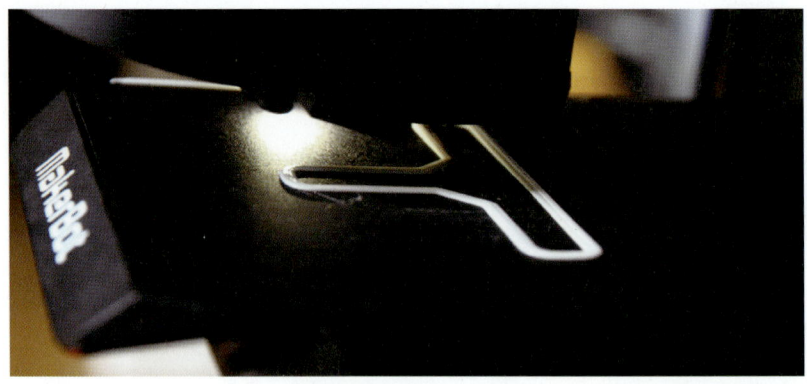

❼ T자형 관 래프트(Raft) 생성

❽ T자형 관 서포트(Support) 생성

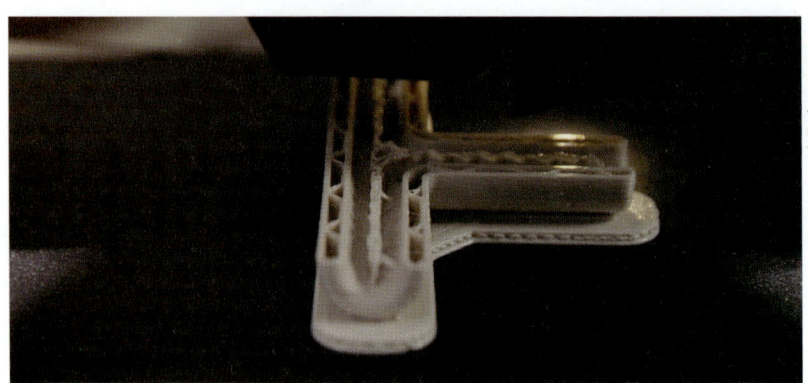

❾ T자형 관 출력 완성

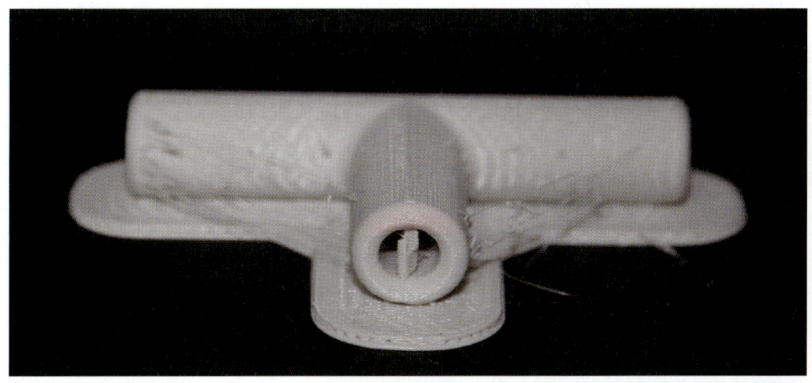

❿ T자형 관 모델제품의 출력물을 제작판에서 제거(전용 헤라 사용)

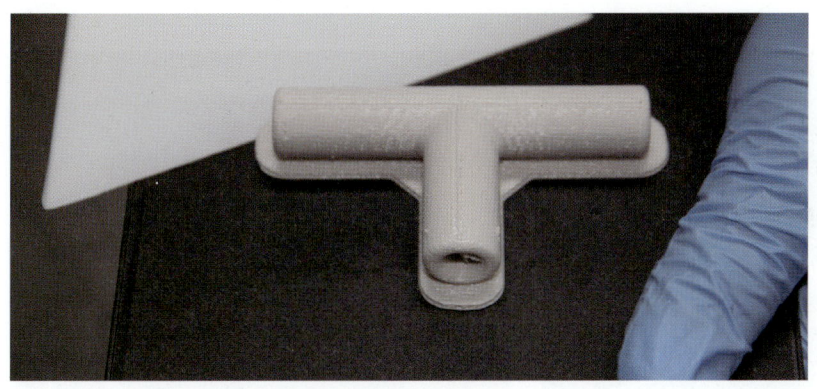

⓫ 불필요한 바닥 보조 출력물을 제거(플러시 커터)

그림6-134 모델제품 래프트(Raft) 제거 전

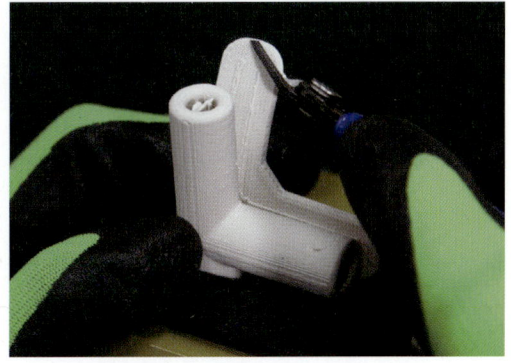

그림6-135 모델제품 래프트(Raft) 제거 중

⓬ T자형 관 서포트를 제거(바늘코 플라이어, 니퍼, 롱로우즈, 칼, 디자인 나이프 등)

그림6-136 모델제품 내부 서포트 제거

⓭ 1차 조줄(다이아몬드)을 사용하여 흠집이나 지저분한 모델작품의 표면을 다듬질한다.

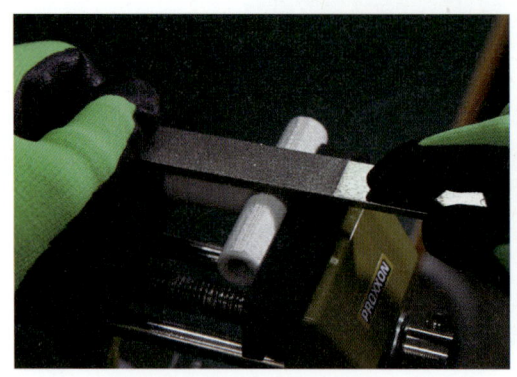

그림6-137 평줄(중목)로 다듬질 작업

그림6-138 평줄(세목)로 다듬질 작업

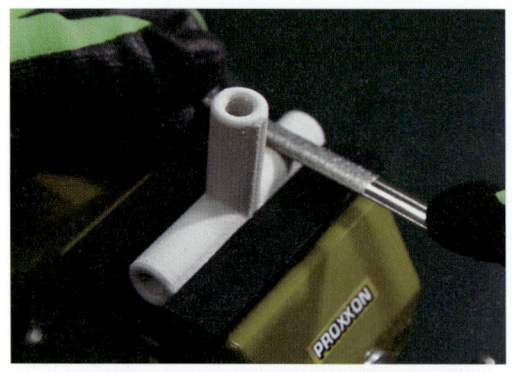

그림6-139 반원줄(세목)로 다듬질 작업

그림6-140 원형줄(세목)로 다듬질 작업

⓮ 2차 사포질을 한다.(종이 사포, 스틱 사포, 아이소핑크 사포대, MDF판 사포대 등)

그림6-141 종이 사포로 다듬질 작업

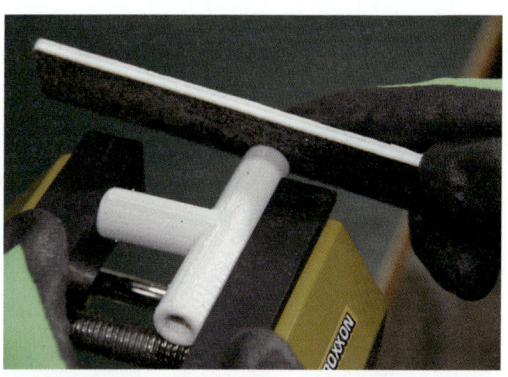

그림6-142 스틱 사포로 다듬질 작업

그림6-143 아이소핑크로 만든 사포대로 다듬질 작업

그림6-144 MDF판으로 만든 사포대로 다듬질 작업

⑮ 검사한다.

　가. 완성된 T자형 관 모델제품의 도면을 보고 정확하게 측정하고 검사할 수 있다.

　나. 제작판에 제거해야 할 보조 출력물 및 서포트가 있는지 확인한다.

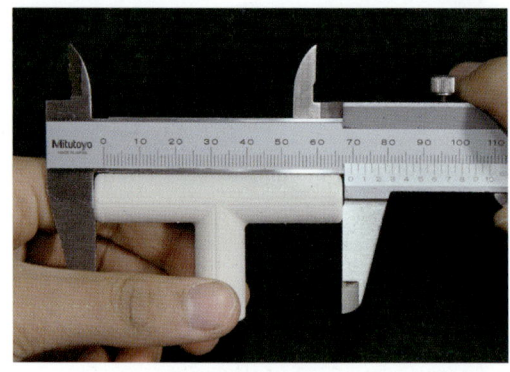

그림6-145 버니어캘리퍼스로 모델제품 길이 측정

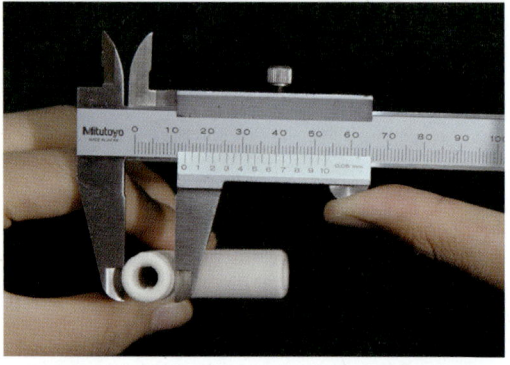

그림6-146 버니어캘리퍼스로 모델제품 외경 측정

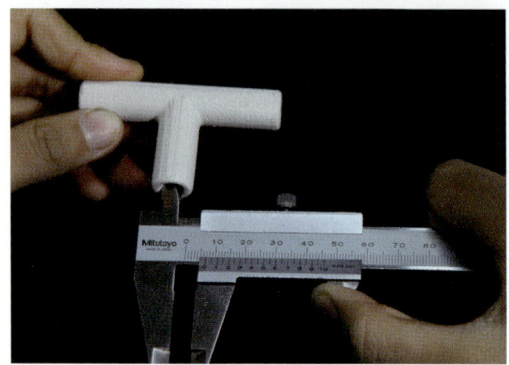

그림6-147 버니어캘리퍼스로 모델제품 내경 측정

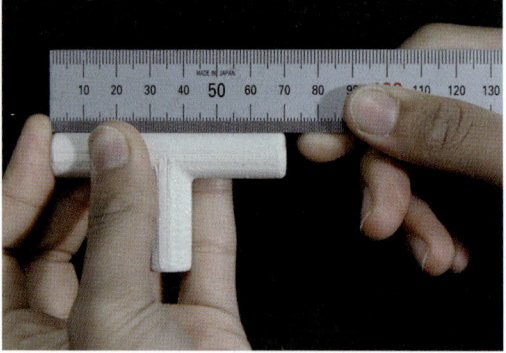

그림6-148 강철자로 모델제품 길이 측정

 **완성된 모델작품** ⁕ T자형 관

12 · 피젯스피너 제품모형 모델링 · 출력 제작완성

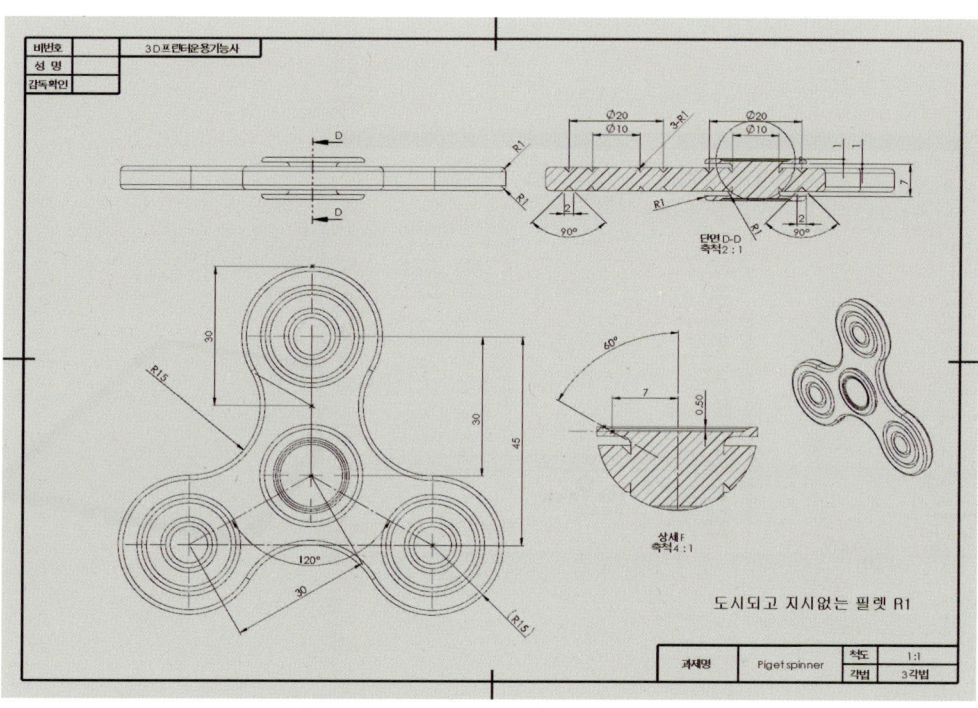

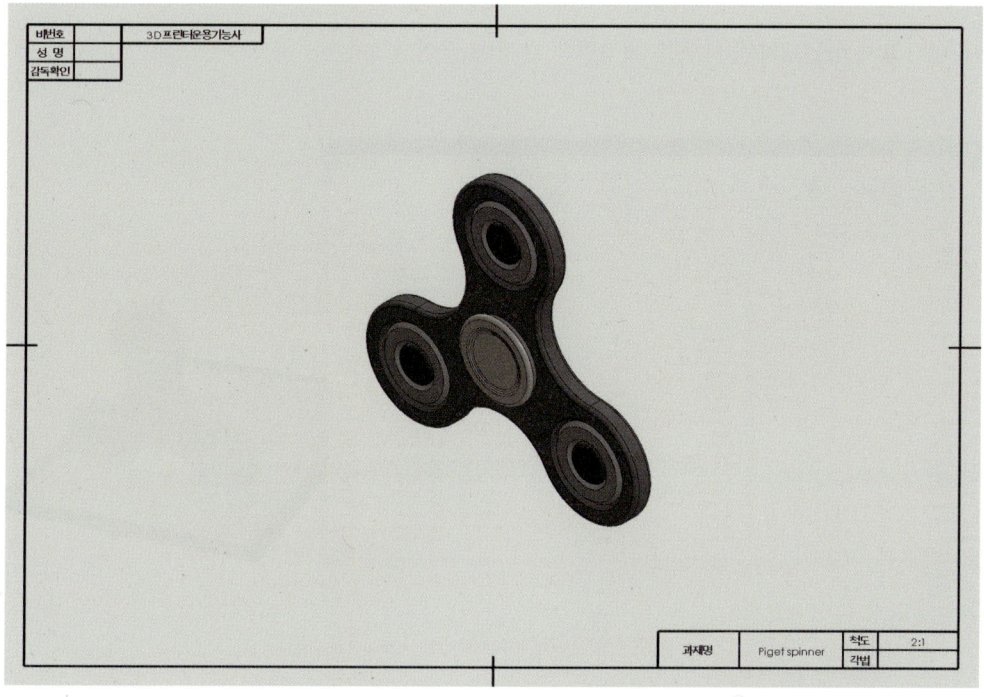

❶ 3차원 모델 파일 불러오기

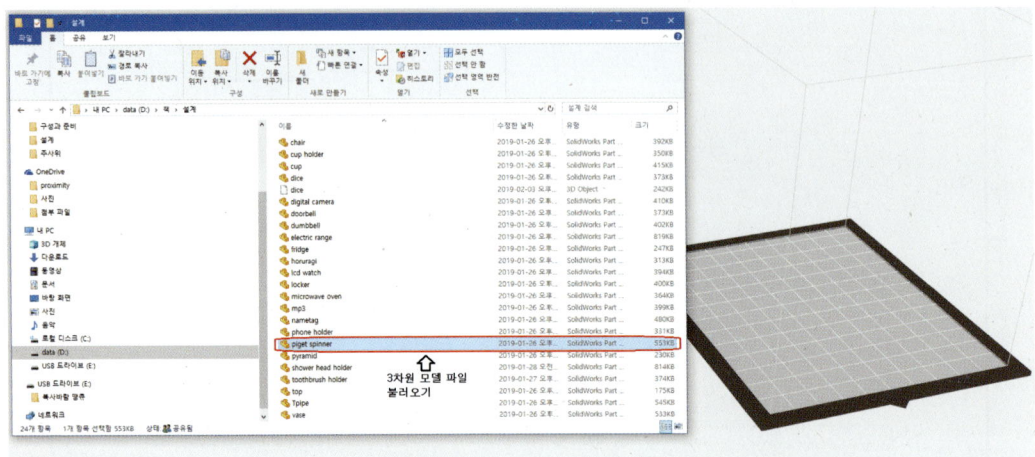

❷ 출력하고자 하는 3차원 모델을 제작판의 중앙에 끌어다 놓는다.

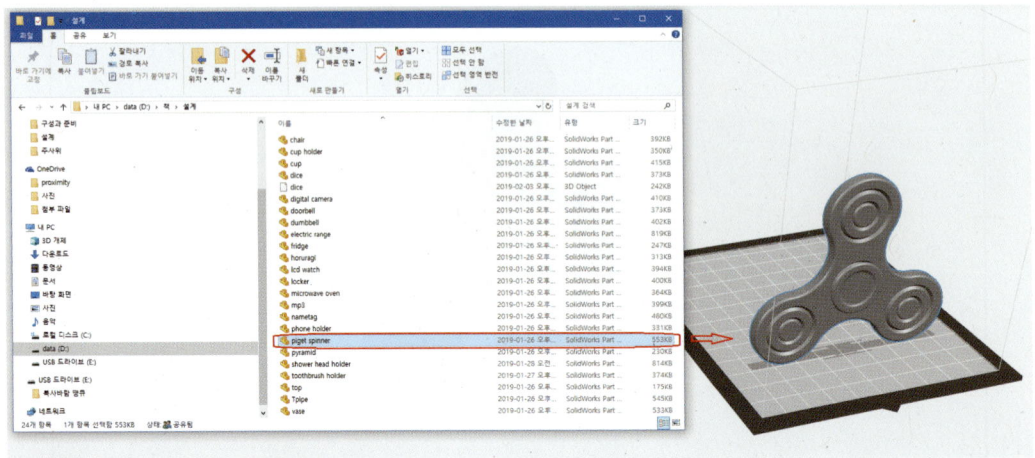

❸ 기본 파라미터 설정을 한다.
　가. Print Settings을 한다.
　나. Print Mode→Support 적용 여부를 결정한다.

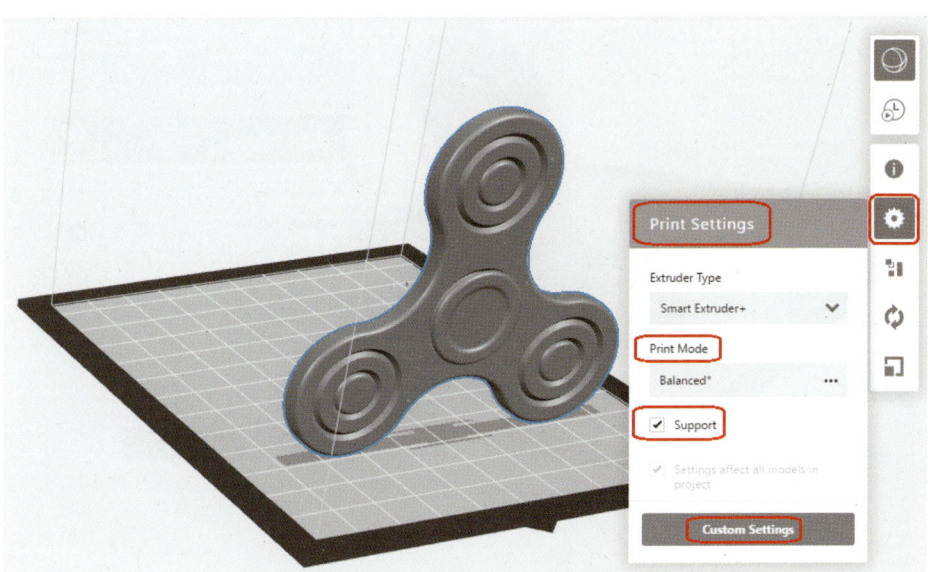

　다. 모델을 정렬(Arrange)시킨다.

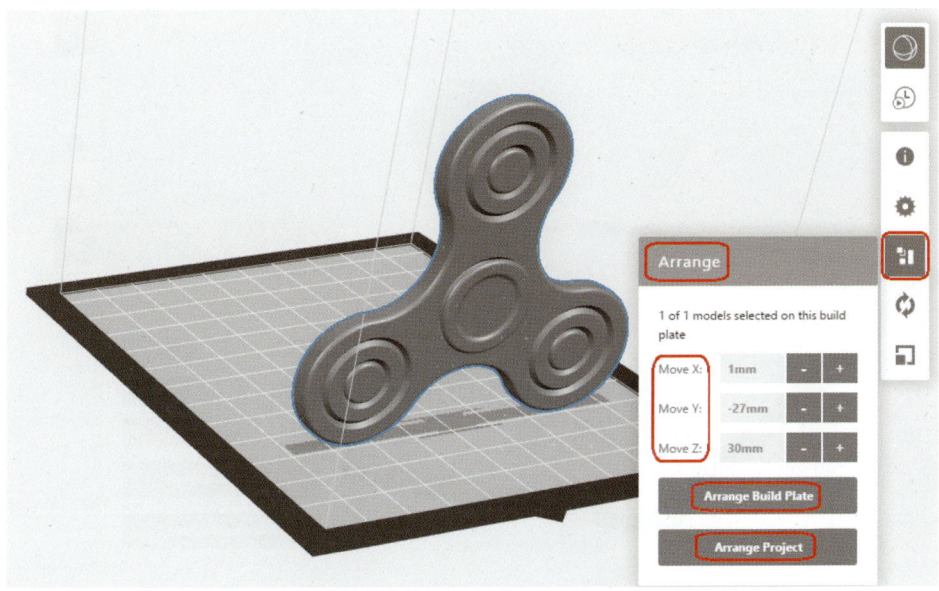

라. 방향 조정을 하고, 제작판에 모델의 면 배치를 선택한다.

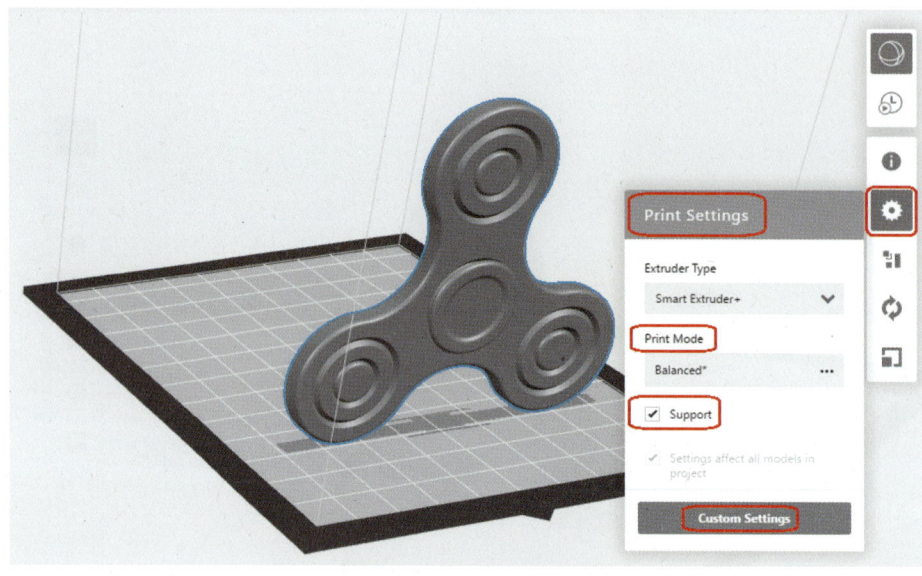

마. 배율을 조정한다.

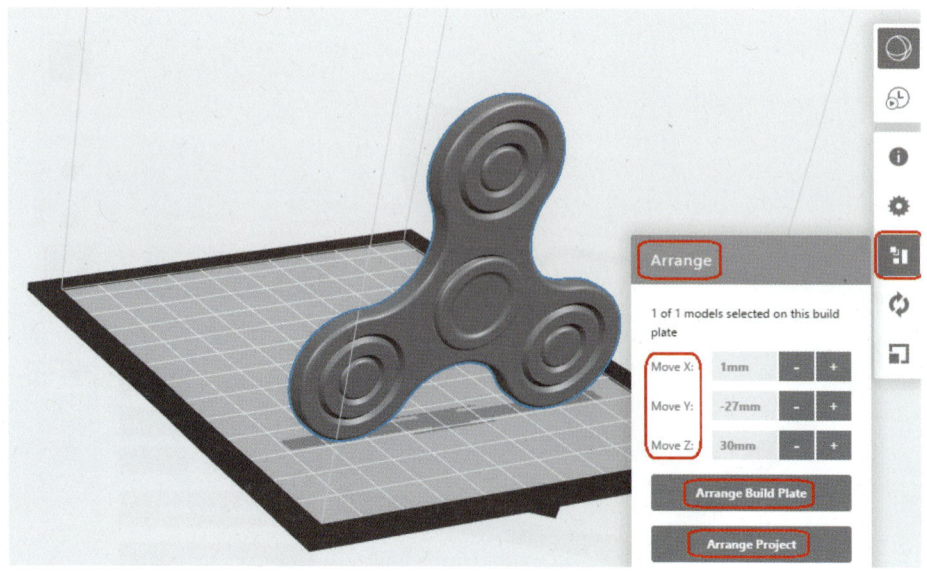

❹ 프린트 미리보기(Print Preview)
　가. 미리보기 재생(Play Animation)
　나. 레이어 확인

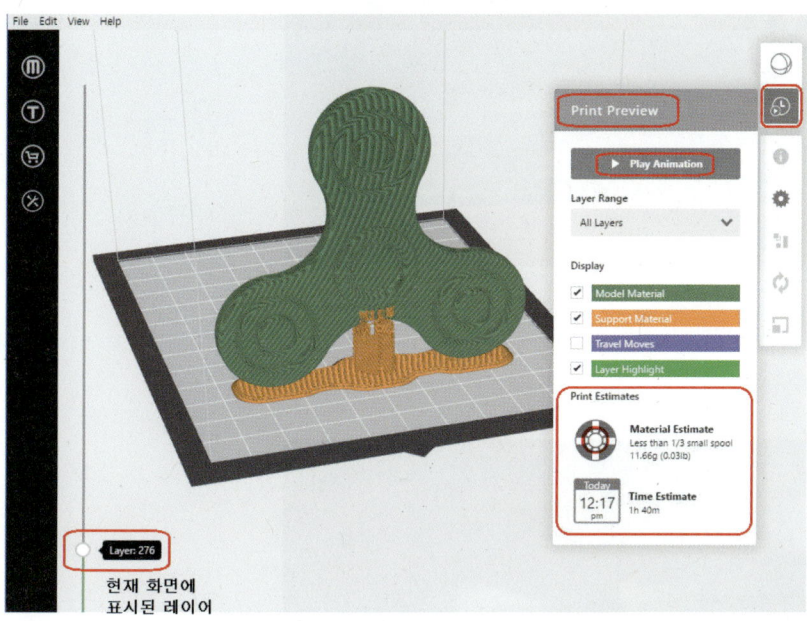

❺ 프린트 시작

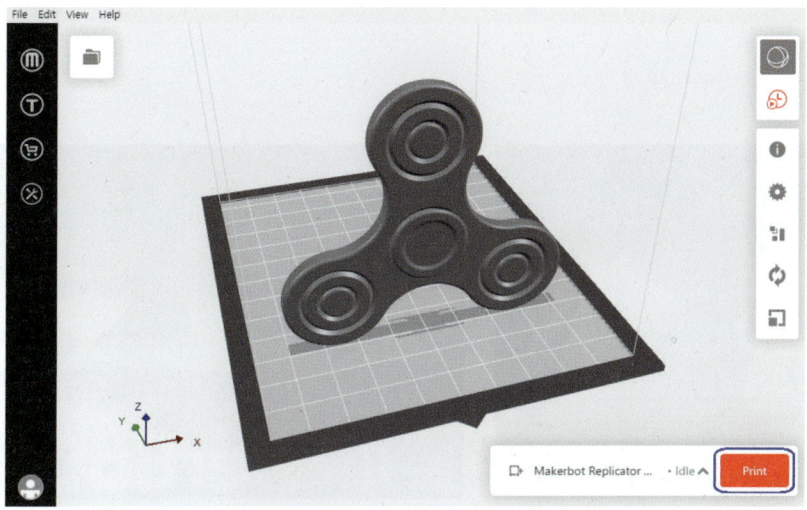

❻ 피젯스피너 스커트(Skirt) 생성

❼ 피젯스피너 래프트(Raft) 생성

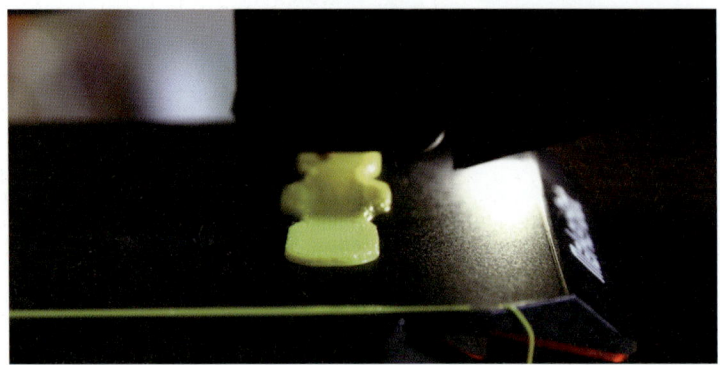

❽ 피젯스피너 서포트(Support) 생성

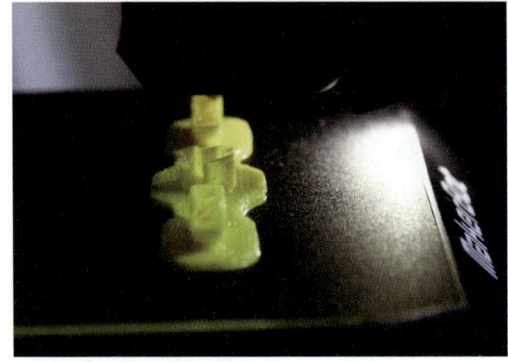
그림6-149 서포트 초기 단계 생성

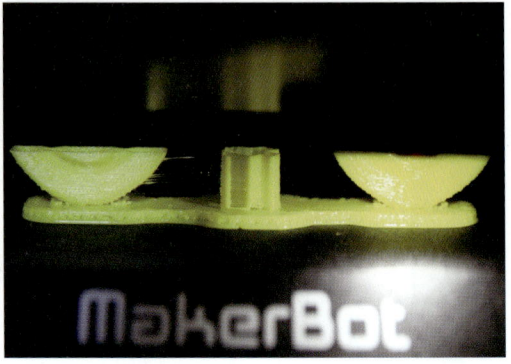
그림6-150 서포트 중간 단계 생성

❾ 피젯스피너 출력 완성

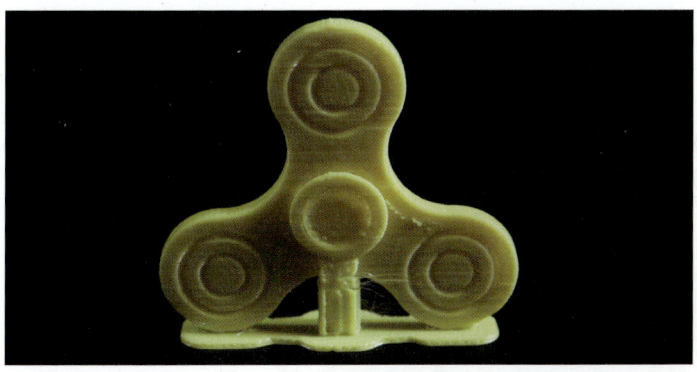

❿ 피젯스피너 모델작품의 출력물을 제작판에서 제거(전용 헤라 사용)

⓫ 불필요한 바닥 보조 출력물을 제거(플러시 커터)

⑫ 피젯스피너 서포트를 제거(바늘코 플라이어, 니퍼, 롱로우즈, 칼, 디자인 나이프 등)

그림6-151 모델제품 중앙 기둥 서포트 제거

⑬ 1차 조줄(다이아몬드)을 사용하여 흠집이나 지저분한 모델작품의 표면을 다듬질한다.

그림6-152 평줄(중목)로 다듬질 작업

그림6-153 평줄(세목)로 다듬질 작업

그림6-154 반원줄(세목)로 다듬질 작업

⑭ 2차 사포질을 한다. (종이 사포, 스틱 사포, 아이소핑크 사포대, MDF판 사포대 등)

그림6-155 종이 사포로 다듬질 작업

그림6-156 스틱 사포로 다듬질 작업

그림6-157 아이소핑크로 만든 사포대로 다듬질 작업

그림6-158 MDF판으로 만든 사포대로 다듬질 작업

⑮ 검사한다.

가. 완성된 피젯스피너 모델제품의 도면을 보고 정확하게 측정하고 검사할 수 있다.

나. 제작판에 제거해야 할 보조 출력물 및 서포트가 있는지 확인한다.

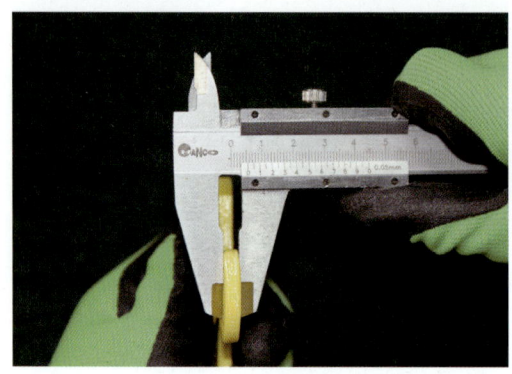

그림6-159 버니어캘리퍼스로 모델제품 측면 두께 측정

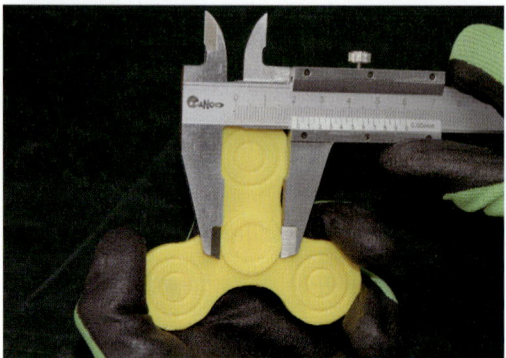

그림6-160 버니어캘리퍼스로 모델제품 정면 외측 측정

 **완성된 모델작품** ❖ **피젯스피너**

13. 칫솔거치대 제품모형 모델링·출력 제작완성

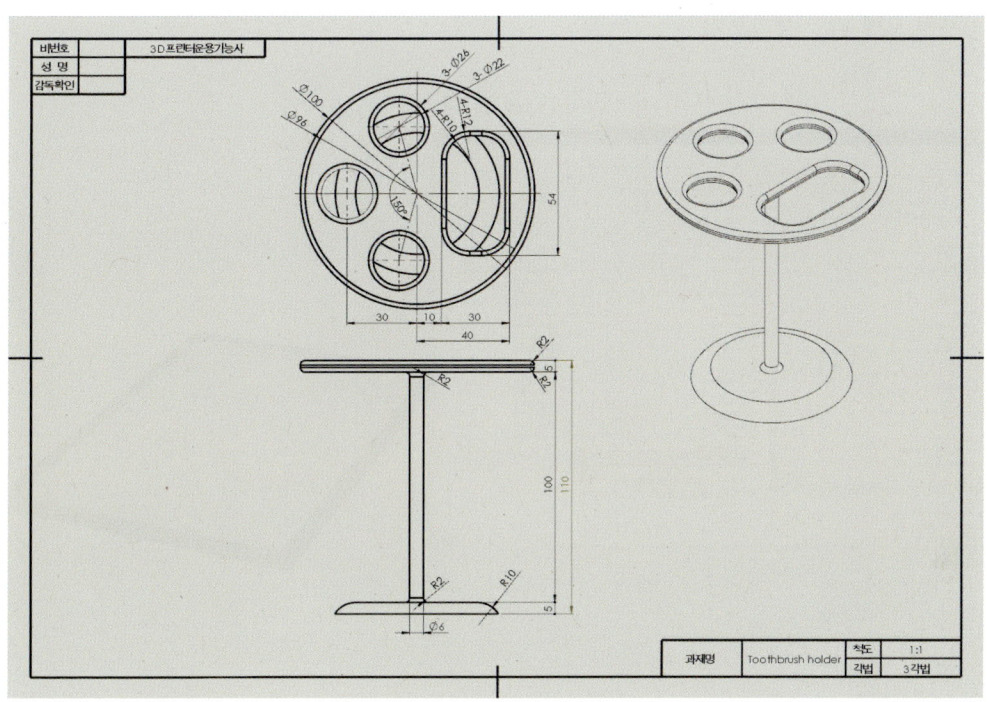

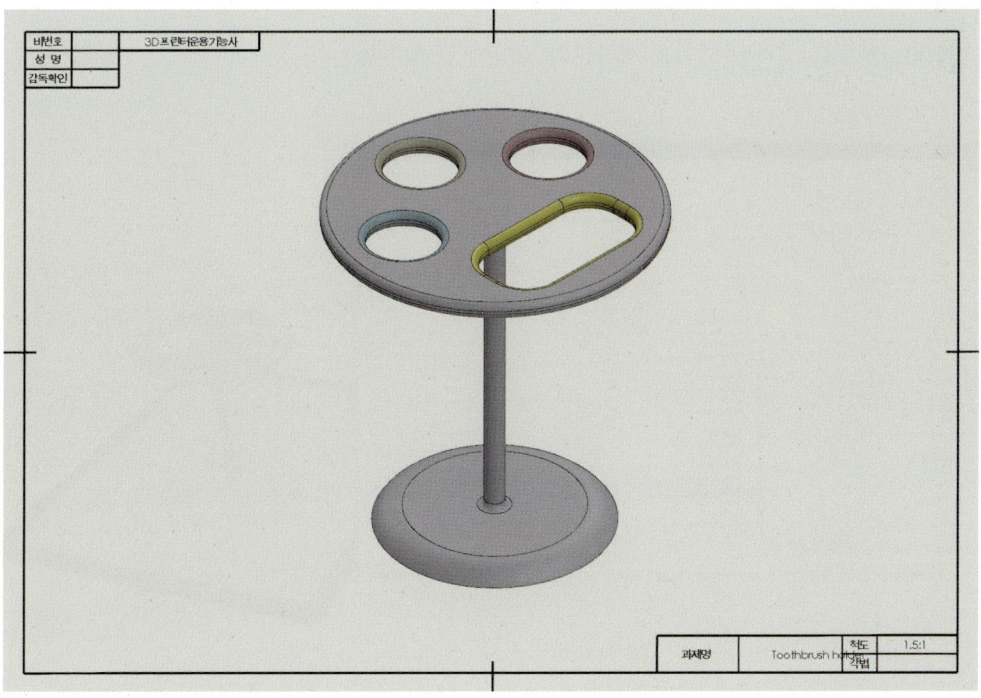

❶ 3차원 모델 파일 불러오기

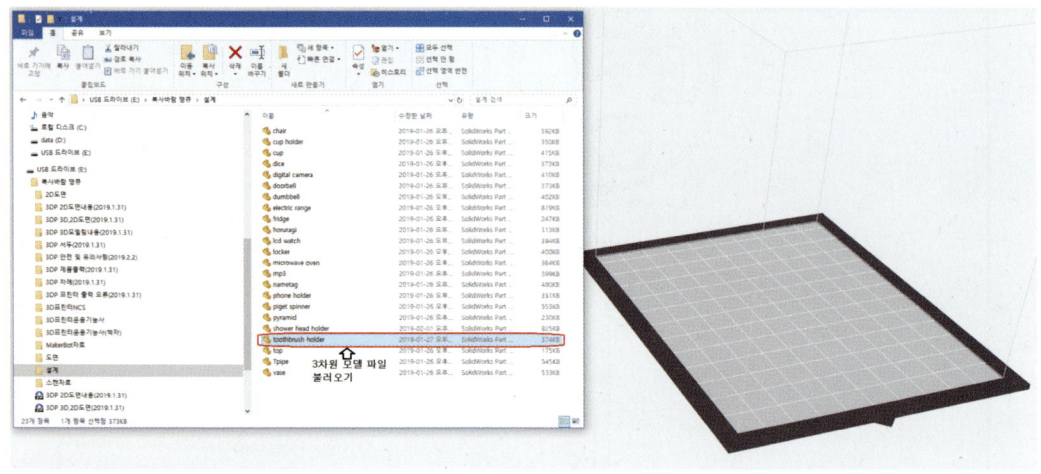

❷ 출력하고자 하는 3차원 모델을 제작판의 중앙에 끌어다 놓는다.

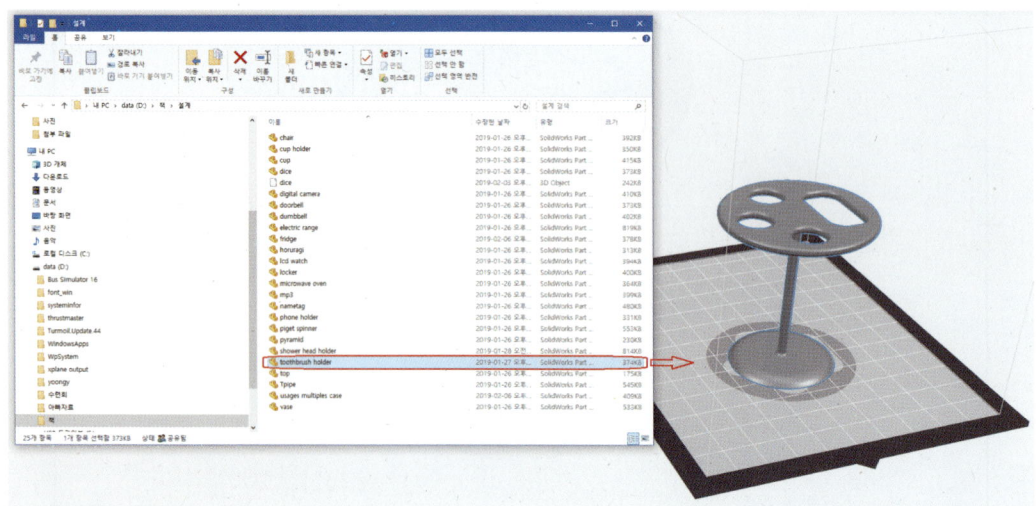

❸ 기본 파라미터 설정을 한다.
　가. Print Settings을 한다.
　나. Print Mode→Support 적용 여부를 결정한다.

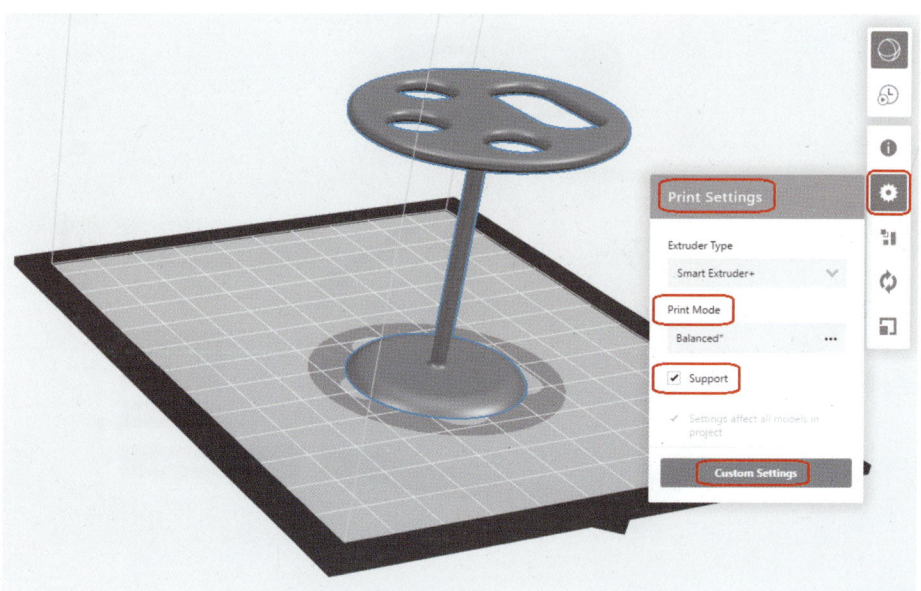

　다. 모델을 정렬(Arrange)시킨다.

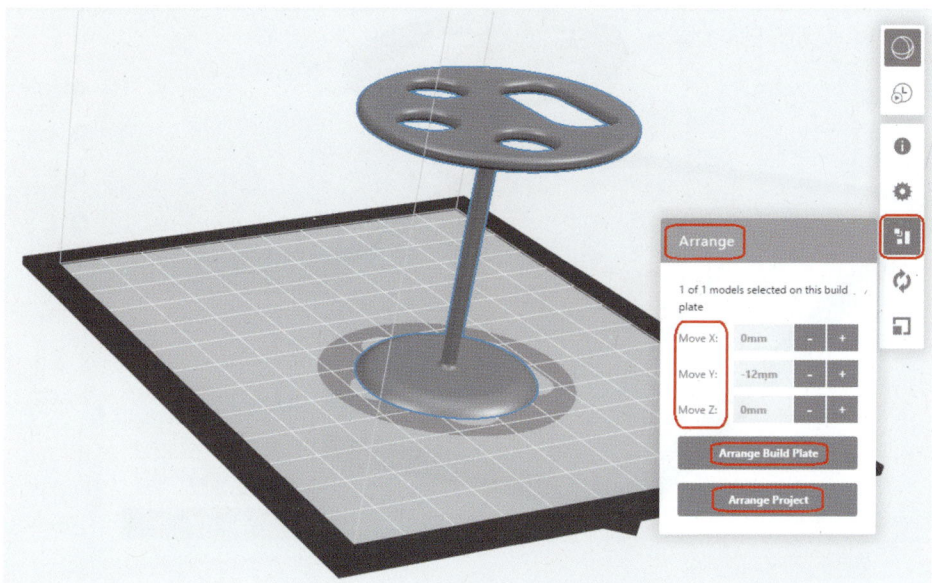

라. 방향 조정을 하고, 제작판에 모델의 면 배치를 선택한다.

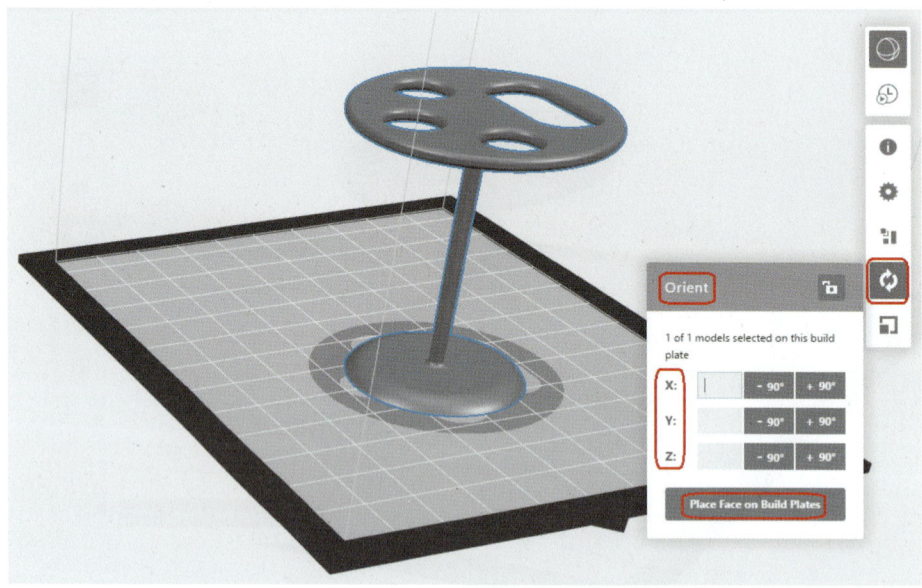

마. 배율을 조정한다.

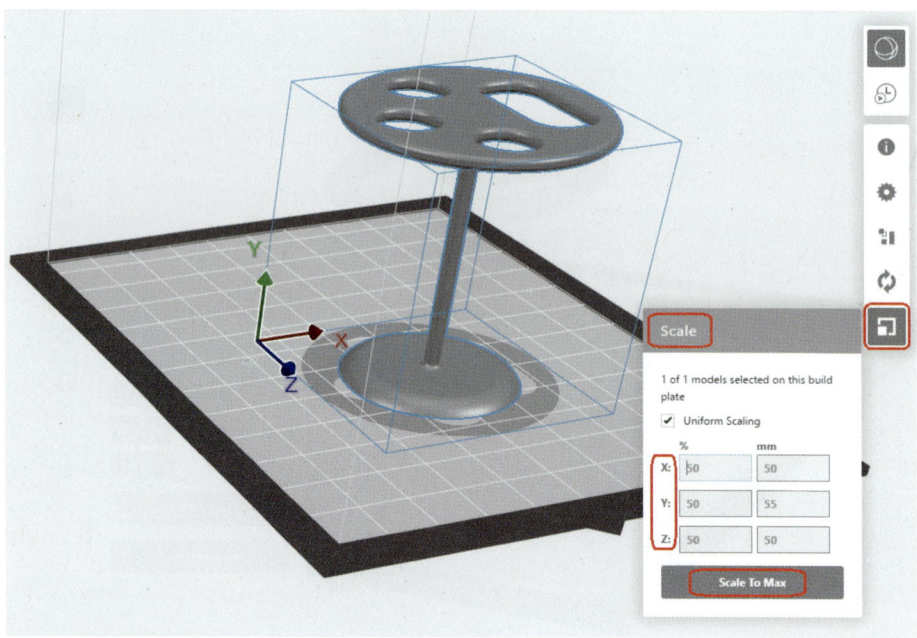

❹ 프린트 미리보기(Print Preview)

　가. 미리보기 재생(Play Animation)

　나. 레이어 확인

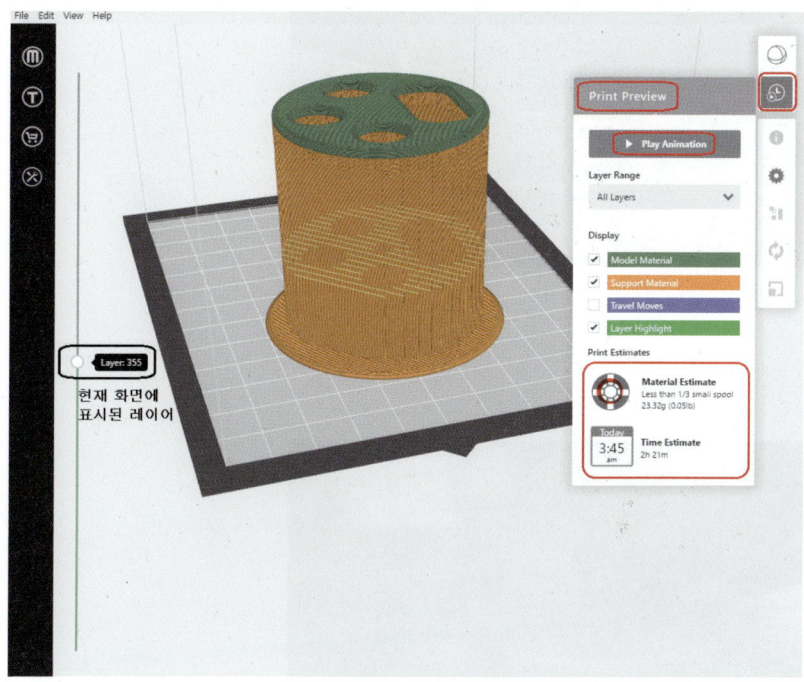

❺ 프린트 시작

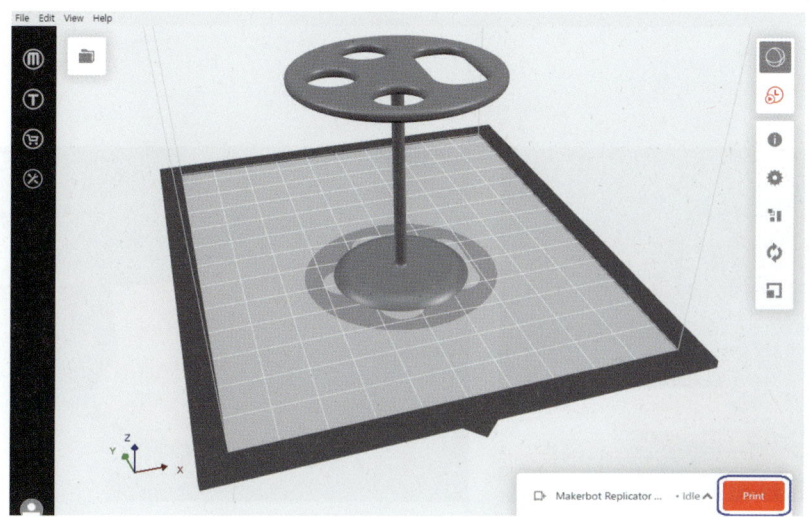

❻ 칫솔거치대 스커트(Skirt) 생성

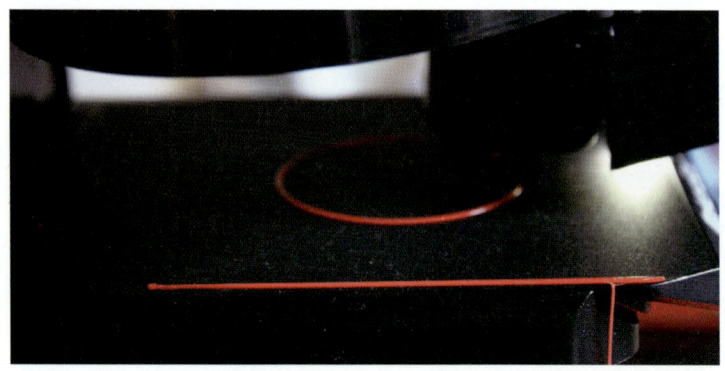

❼ 칫솔거치대 래프트(Raft) 생성

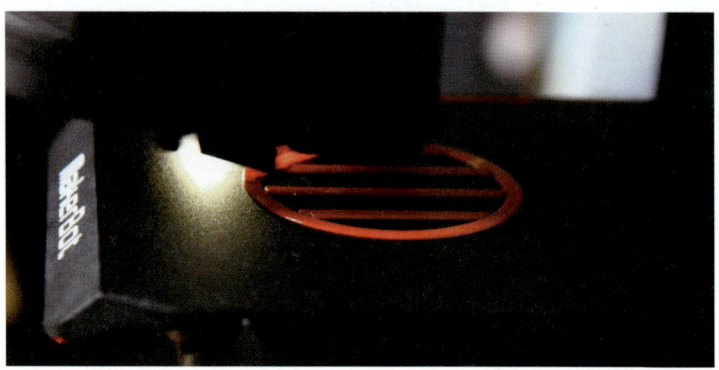

❽ 칫솔거치대 서포트(Support) 생성

그림6-161 서포트 초기 단계 생성

그림6-162 서포트 중간 단계 생성

❾ 칫솔거치대 출력 완성

❿ 칫솔거치대 모델작품의 출력물을 제작판에서 제거 (전용 헤라 사용)

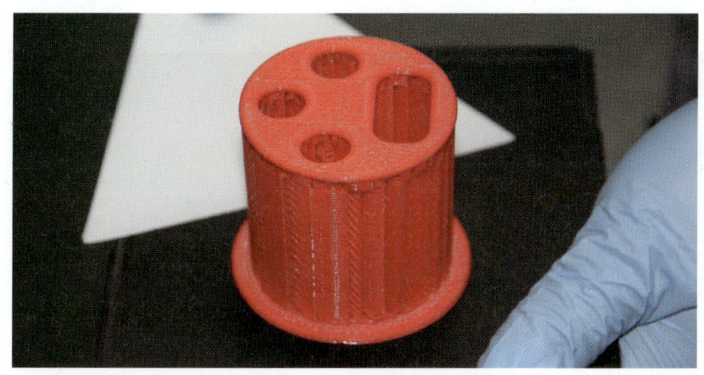

⑪ 불필요한 바닥 보조 출력물을 제거 (플러시 커터)

그림6-163 모델제품 래프트(Raft) 제거 전

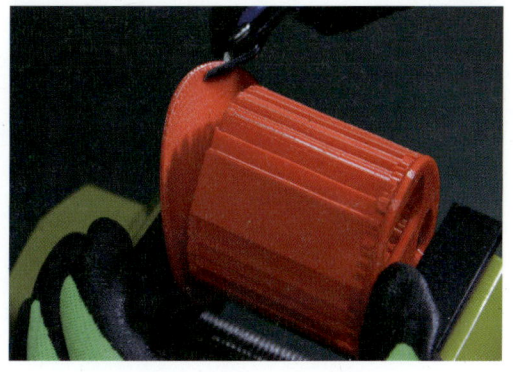

그림6-164 모델제품 래프트(Raft) 제거 중

⑫ 칫솔거치대 서포트를 제거(바늘코 플라이어, 니퍼, 롱로우즈, 칼, 디자인 나이프 등)

그림6-165 모델제품 테두리 서포트를 제거

⑬ 1차 조줄(다이아몬드)을 사용하여 흠집이나 지저분한 모델작품의 표면을 다듬질한다.

그림6-166 평줄(중목)로 다듬질 작업

그림6-167 평줄(세목)로 다듬질 작업

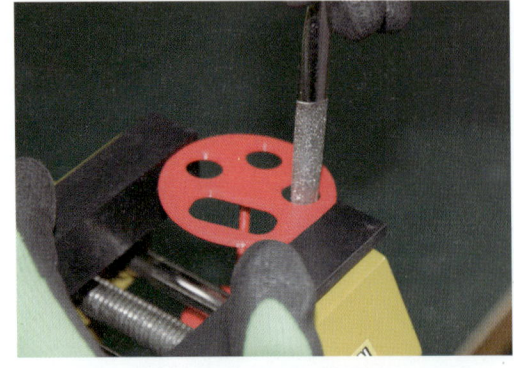

그림6-168 반원줄(세목)로 다듬질 작업

그림6-169 원형줄(세목)로 다듬질 작업

⑭ **2차 사포질을 한다.** (종이 사포, 스틱 사포, 아이소핑크 사포대, MDF판 사포대 등)

그림6-170 종이 사포로 다듬질 작업

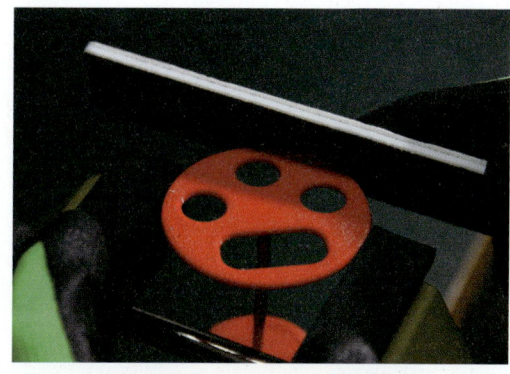

그림6-171 스틱 사포로 다듬질 작업

그림6-172 아이소핑크로 만든 사포대로 다듬질 작업

그림6-173 MDF판으로 만든 사포대로 다듬질 작업

⑮ 검사한다.

　가. 완성된 칫솔거치대 모델제품의 도면을 보고 정확하게 측정하고 검사할 수 있다.

　나. 제작판에 제거해야 할 보조 출력물 및 서포트가 있는지 확인한다.

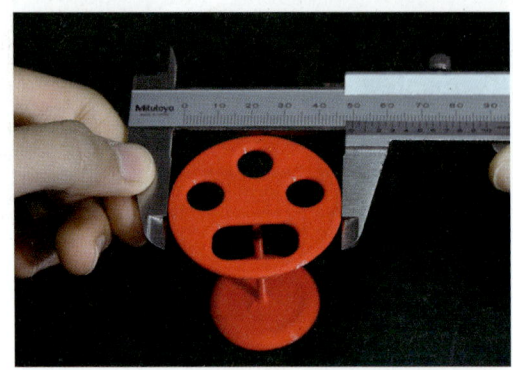

그림6-174 버니어캘리퍼스로 모델제품 외경 측정

그림6-175 버니어캘리퍼스로 모델제품 높이 측정

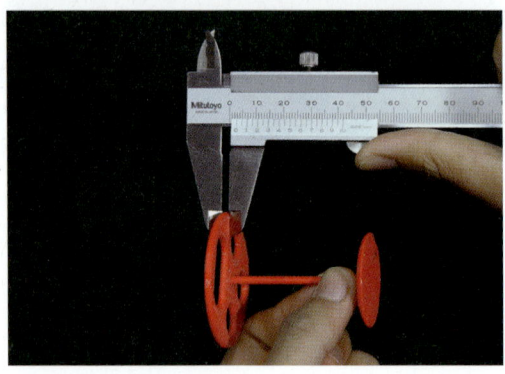

그림6-176 버니어캘리퍼스로 모델제품 상판 두께 측정

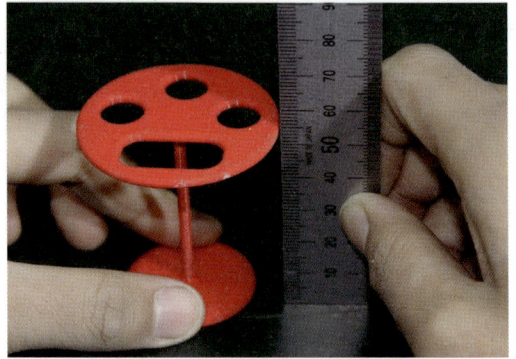

그림6-177 강철자로 모델제품 높이 측정

 **완성된 모델작품 ◆ 칫솔거치대**

14. 호루라기 제품모형 모델링 · 출력 제작완성

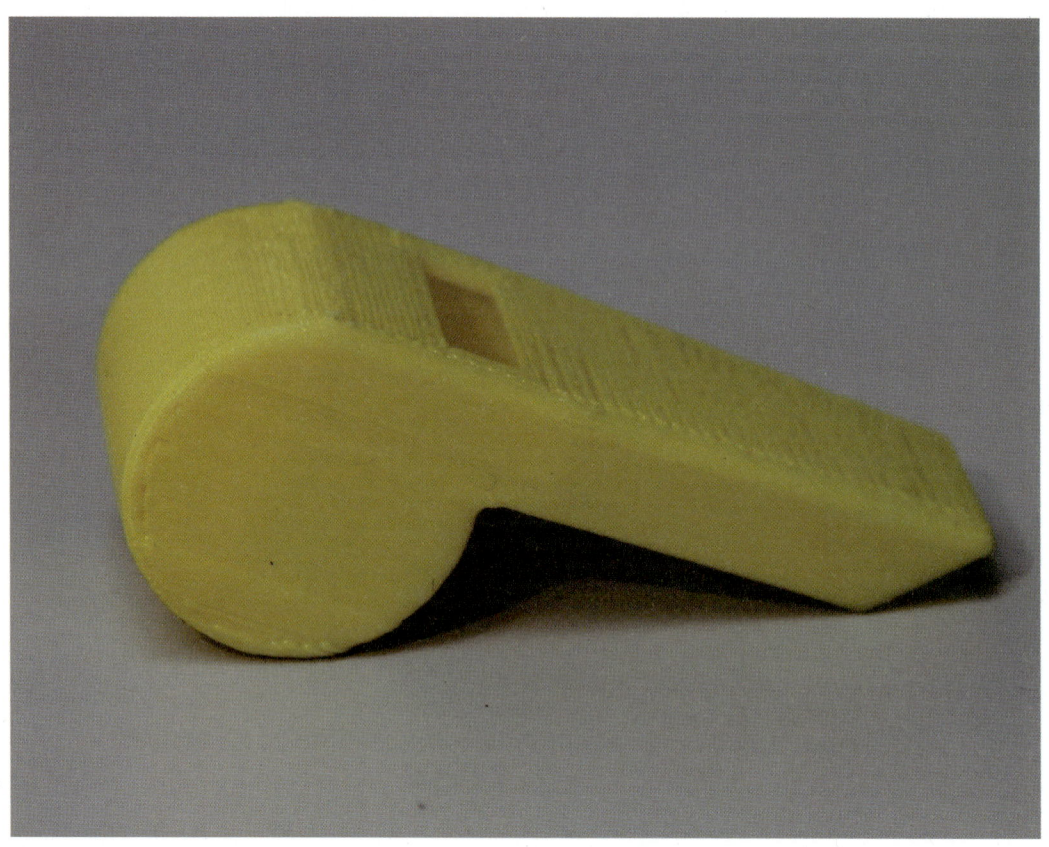

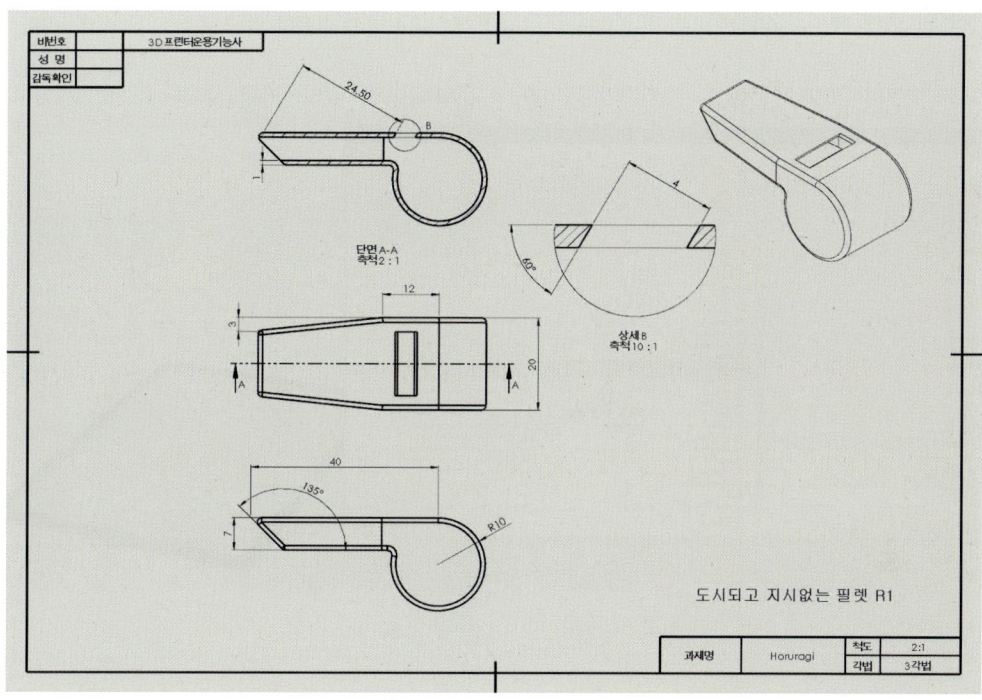

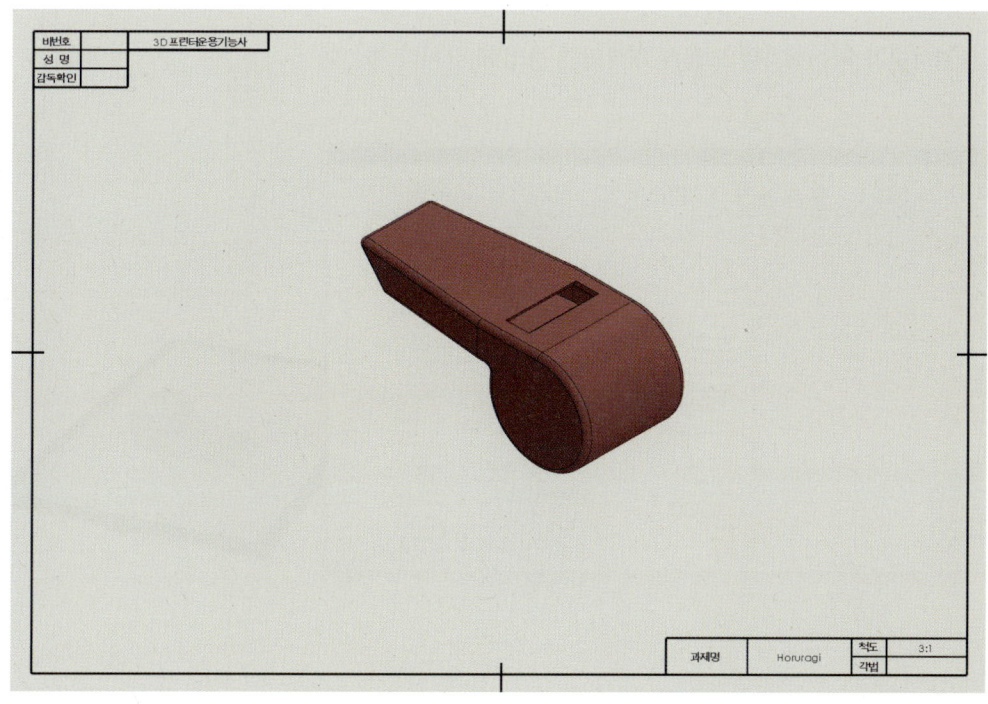

❶ 3차원 모델 파일 불러오기

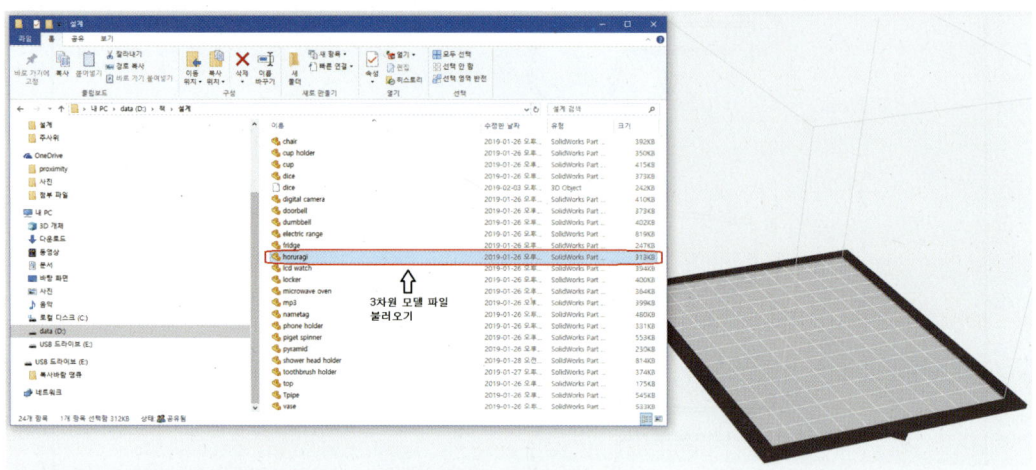

❷ 출력하고자 하는 3차원 모델을 제작판의 중앙에 끌어다 놓는다.

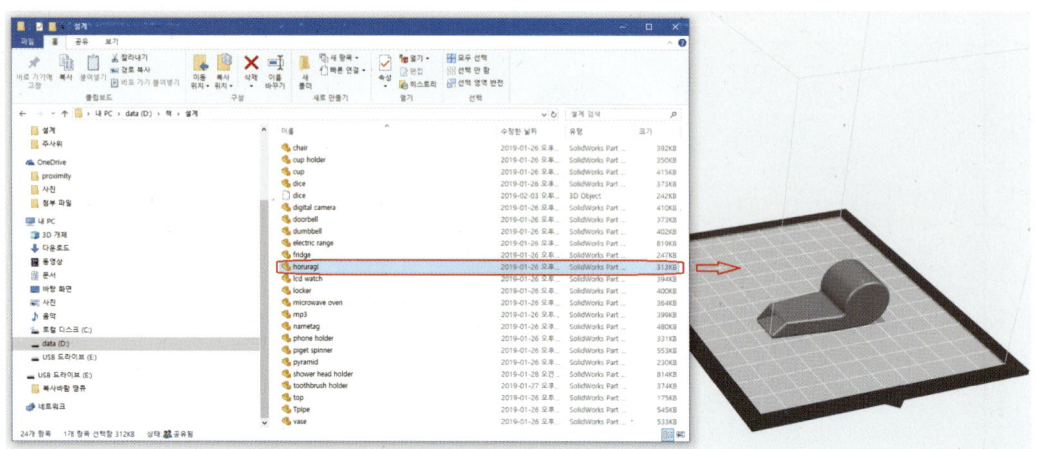

❸ 기본 파라미터 설정을 한다.
　가. Print Settings을 한다.
　나. Print Mode→Support 적용 여부를 결정한다.

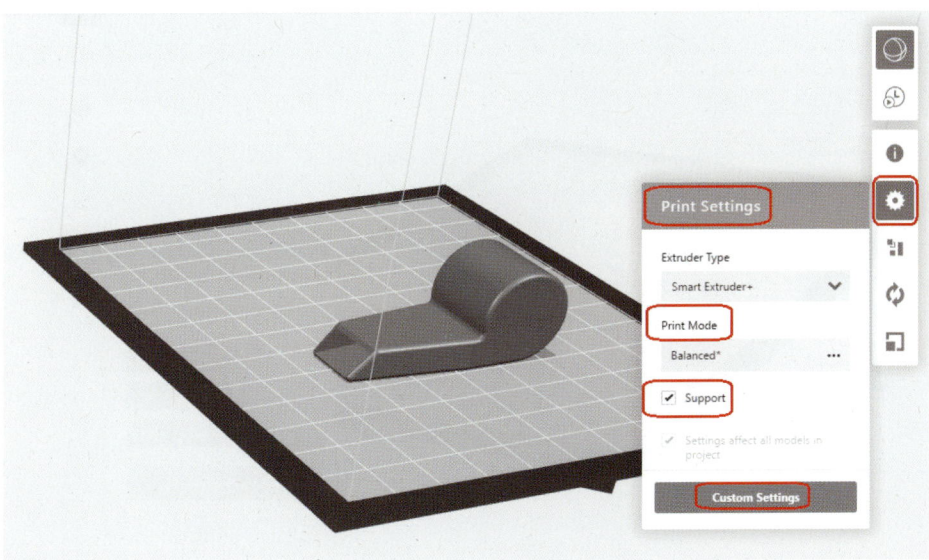

　다. 모델을 정렬(Arrange)시킨다.

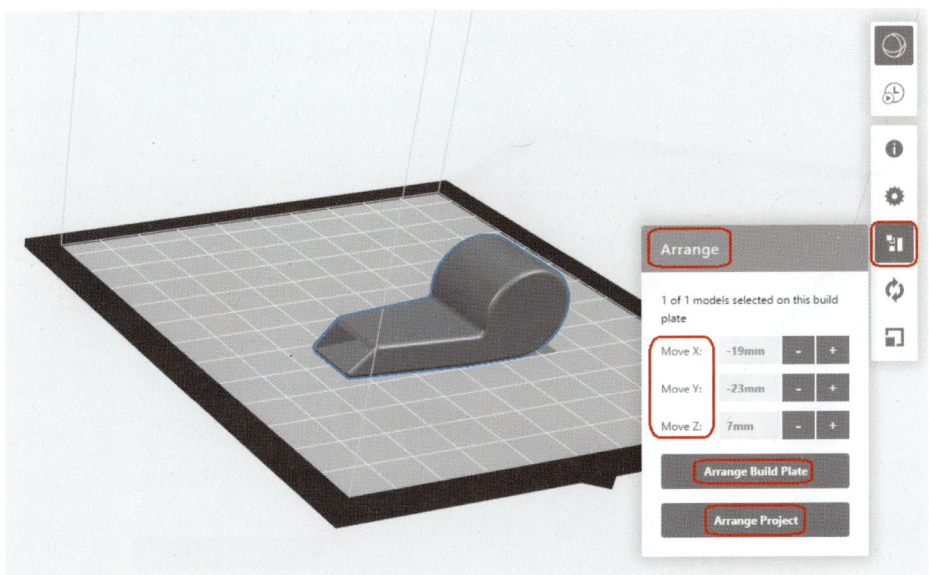

라. 방향 조정을 하고, 제작판에 모델의 면 배치를 선택한다.

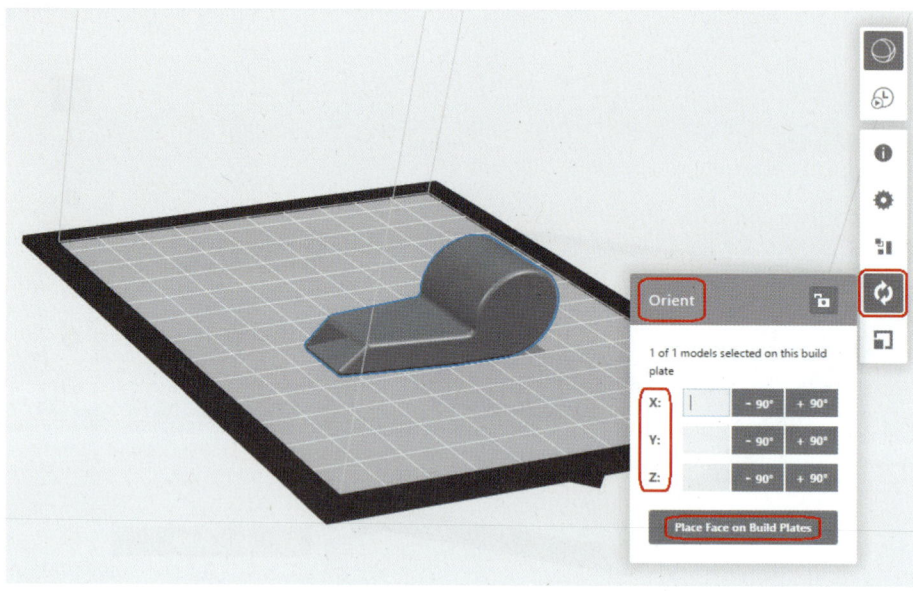

마. 배율을 조정한다.

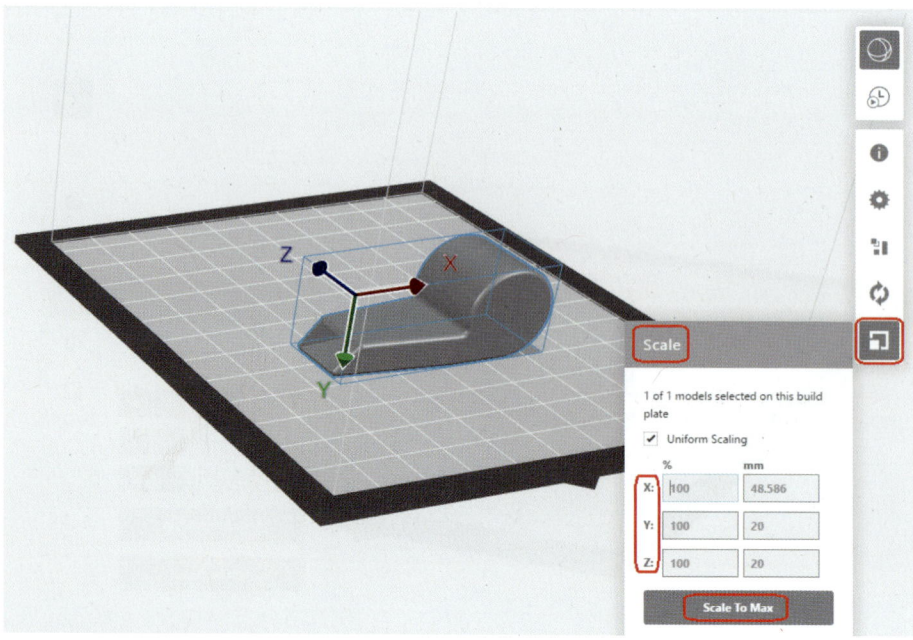

❹ 프린트 미리보기(Print Preview)
  가. 미리보기 재생(Play Animation)
  나. 레이어 확인

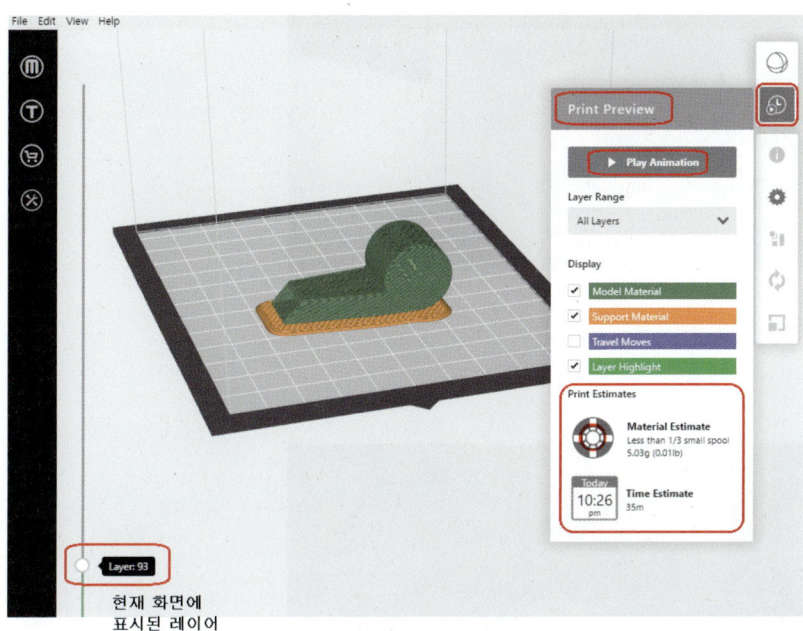

현재 화면에
표시된 레이어

❺ 프린트 시작

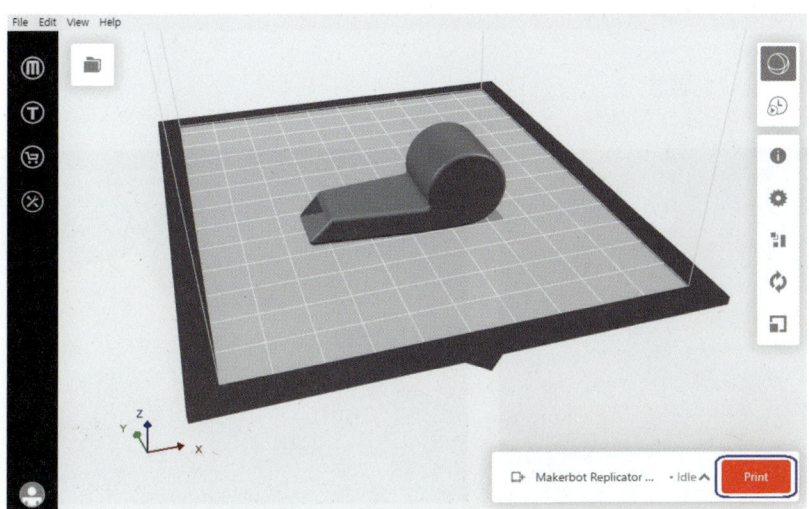

❻ 호루라기 스커트(Skirt) 생성

❼ 호루라기 래프트(Raft) 생성

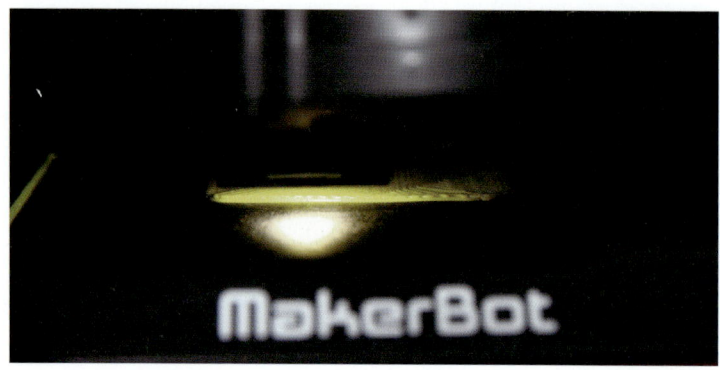

❽ 호루라기 서포트(Support) 생성

그림6-178 서포트 초기 단계 생성

그림6-179 서포트 중간 단계 생성

❾ 호루라기 출력 완성

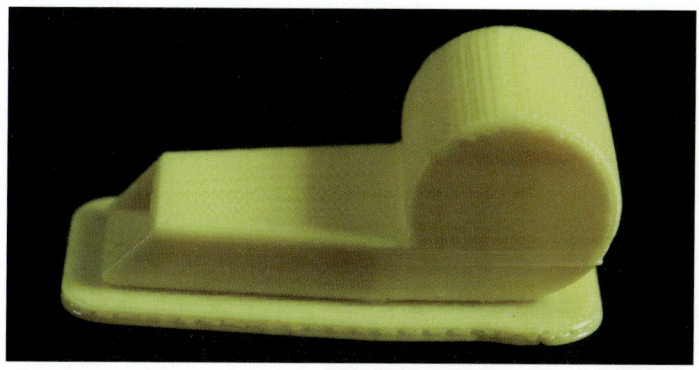

❿ 호루라기 모델작품의 출력물을 제작판에서 제거(전용 헤라 사용)

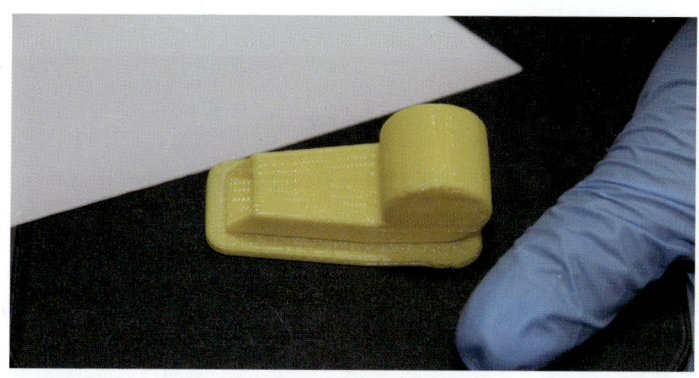

⓫ 불필요한 바닥 보조 출력물을 제거(플러시 커터)

그림6-180 모델제품 래프트(Raft) 제거 전

그림6-181 모델제품 래프트(Raft) 제거 중

⑫ 호루라기 서포트를 제거(바늘코 플라이어, 니퍼, 롱로우즈, 칼, 디자인 나이프 등)

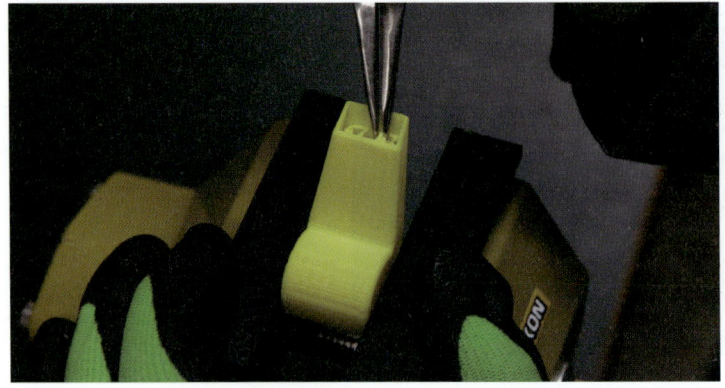

그림6-182 평줄(중목)로 다듬질 작업

⑬ 1차 조줄(다이아몬드)을 사용하여 흠집이나 지저분한 모델작품의 표면을 다듬질한다.

그림6-183 평줄(중목)로 다듬질 작업

그림6-184 평줄(세목)로 다듬질 작업

그림6-185 반원줄(세목)로 다듬질 작업

그림6-186 사각줄(세목)로 다듬질 작업

⑭ 2차 사포질을 한다.(종이 사포, 스틱 사포, 아이소핑크 사포대, MDF판 사포대 등)

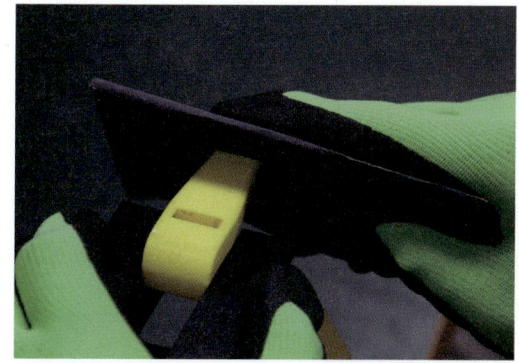

그림6-187 종이 사포로 다듬질 작업

그림6-188 스틱 사포로 다듬질 작업

그림6-189 아이소핑크로 만든 사포대로 다듬질 작업

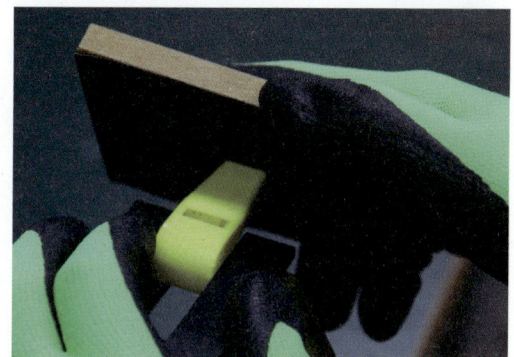

그림6-190 MDF판으로 만든 사포대로 다듬질 작업

⑮ 검사한다.

　가. 완성된 호루라기 모델제품의 도면을 보고 정확하게 측정하고 검사할 수 있다.

　나. 제작판에 제거해야 할 보조 출력물 및 서포트가 있는지 확인한다.

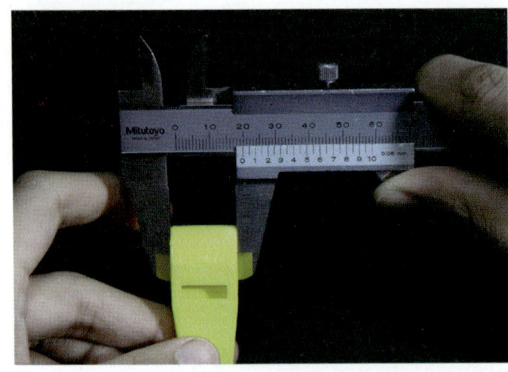

그림6-191 버니어캘리퍼스로 모델제품 폭 길이 측정

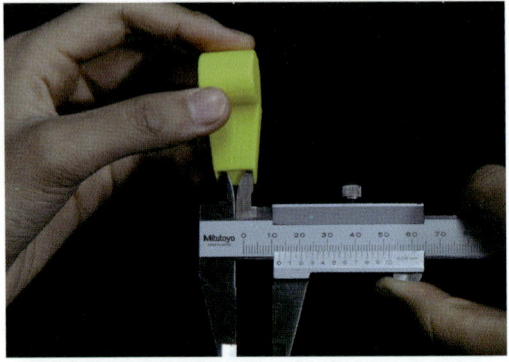

그림6-192 버니어캘리퍼스로 모델제품 내경 측정

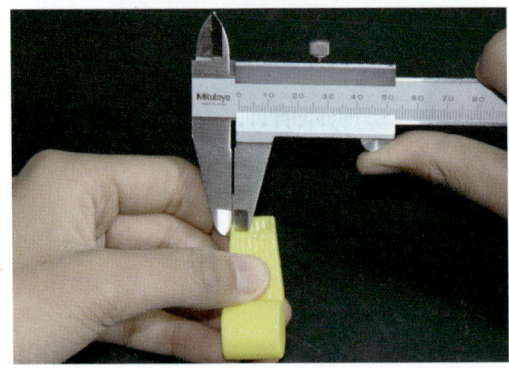

그림6-193 버니어캘리퍼스로 모델제품 두께 측정

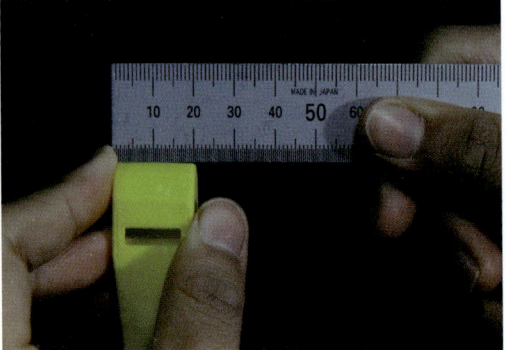

그림6-194 강철자로 모델제품 폭 길이 측정

 완성된 모델작품 ◈ 호루라기

15 ◆ 전기레인지 제품모형 모델링·출력 제작완성

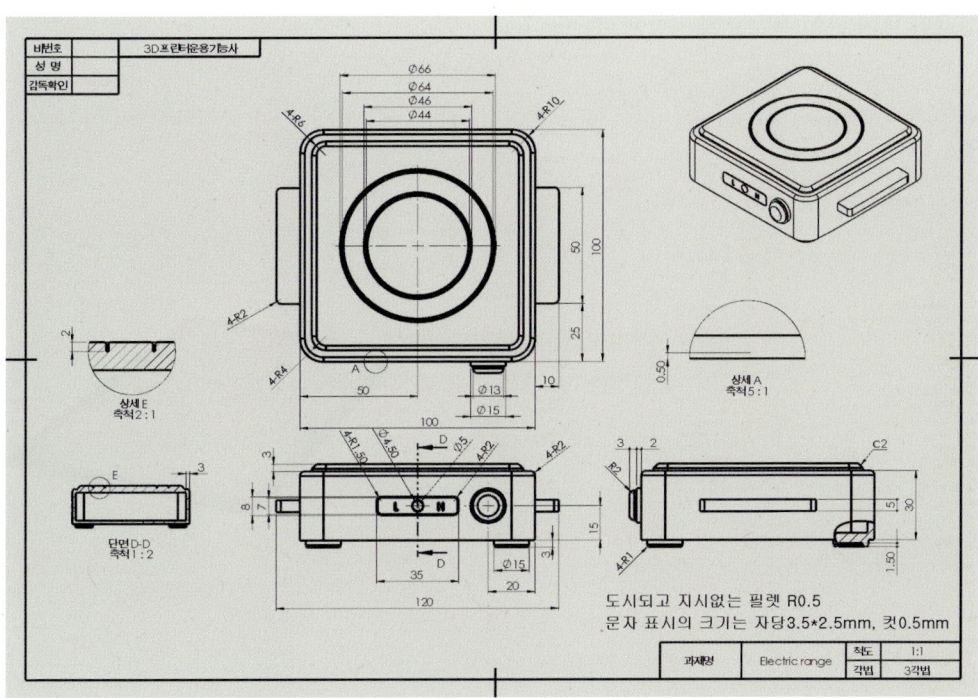

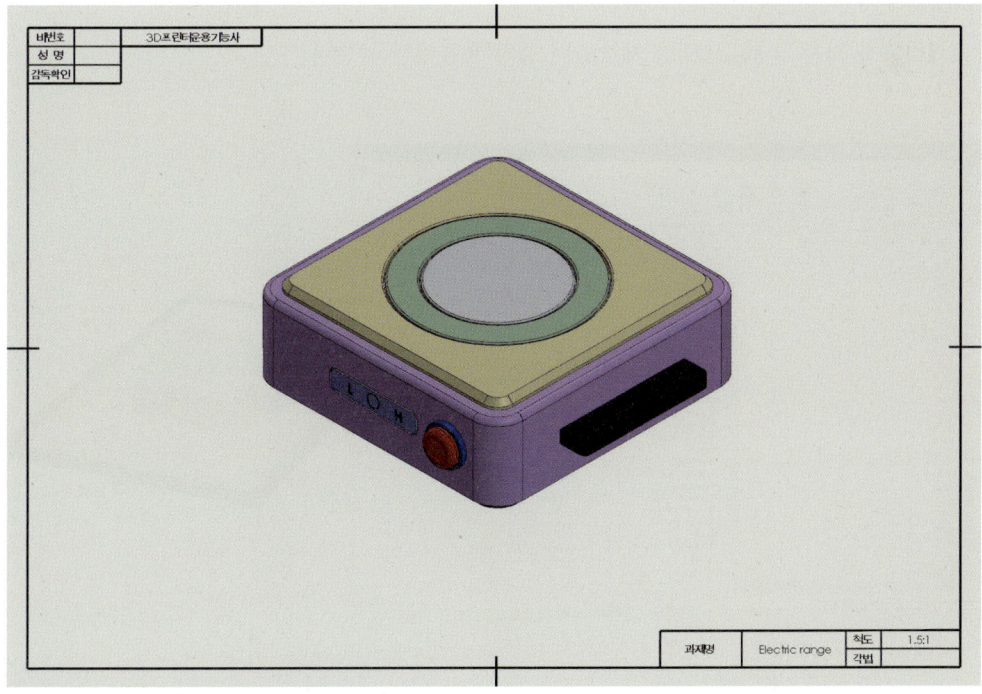

❶ 3차원 모델 파일 불러오기

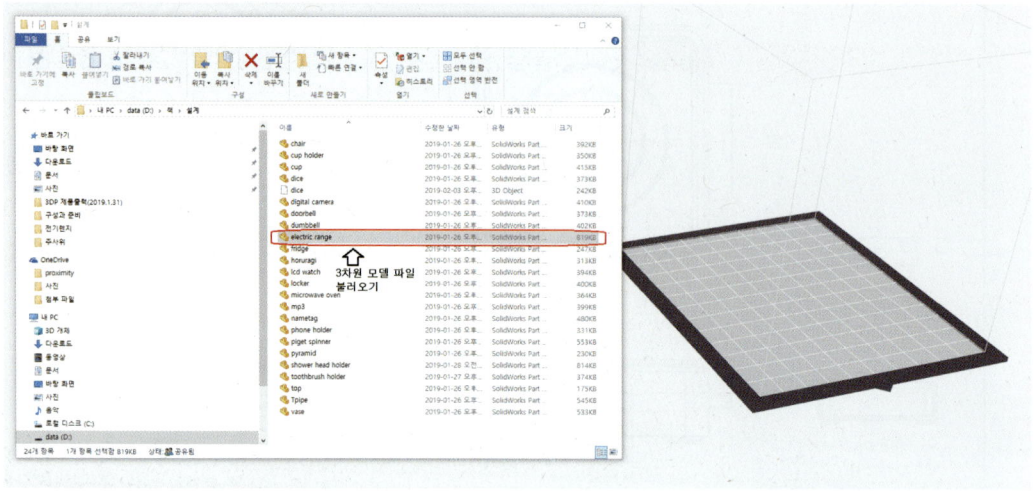

❷ 출력하고자 하는 3차원 모델을 제작판의 중앙에 끌어다 놓는다.

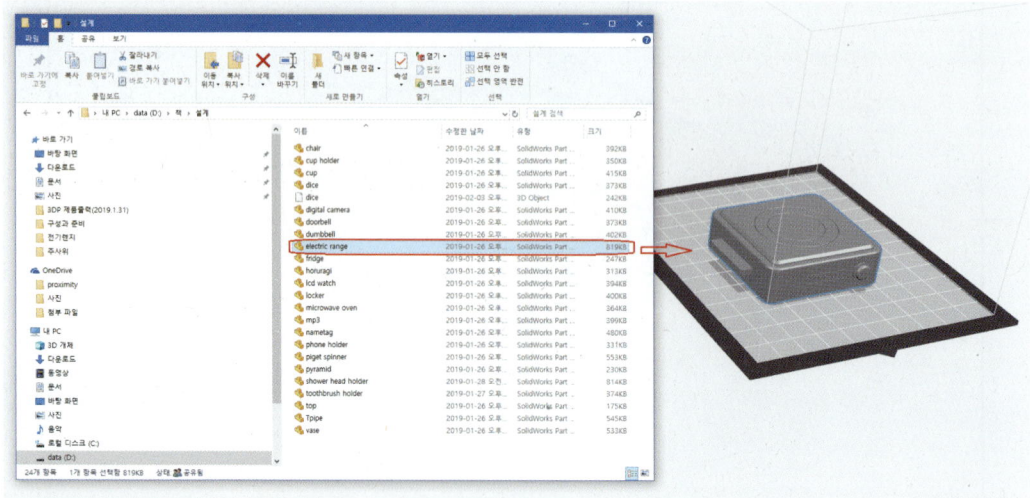

❸ 기본 파라미터 설정을 한다.
　가. Print Settings을 한다.
　나. Print Mode→Support 적용 여부를 결정한다.

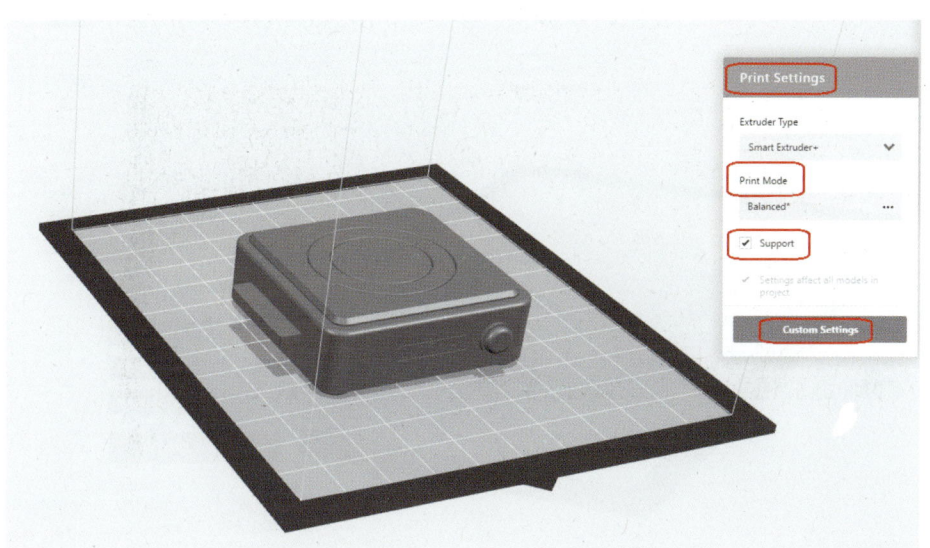

　다. 모델을 정렬(Arrange)시킨다.

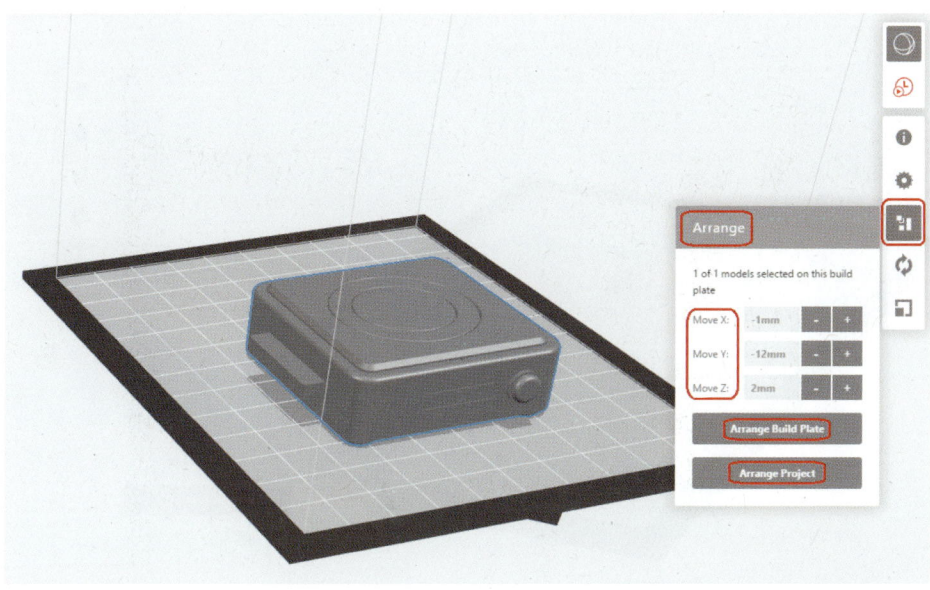

라. 방향 조정을 하고, 제작판에 모델의 면 배치를 선택한다.

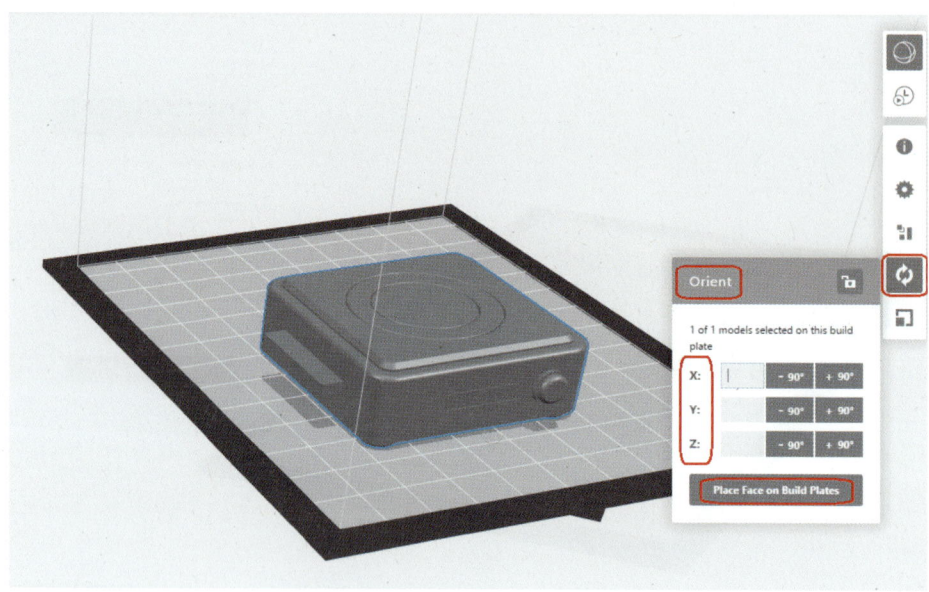

마. 배율을 조정한다.

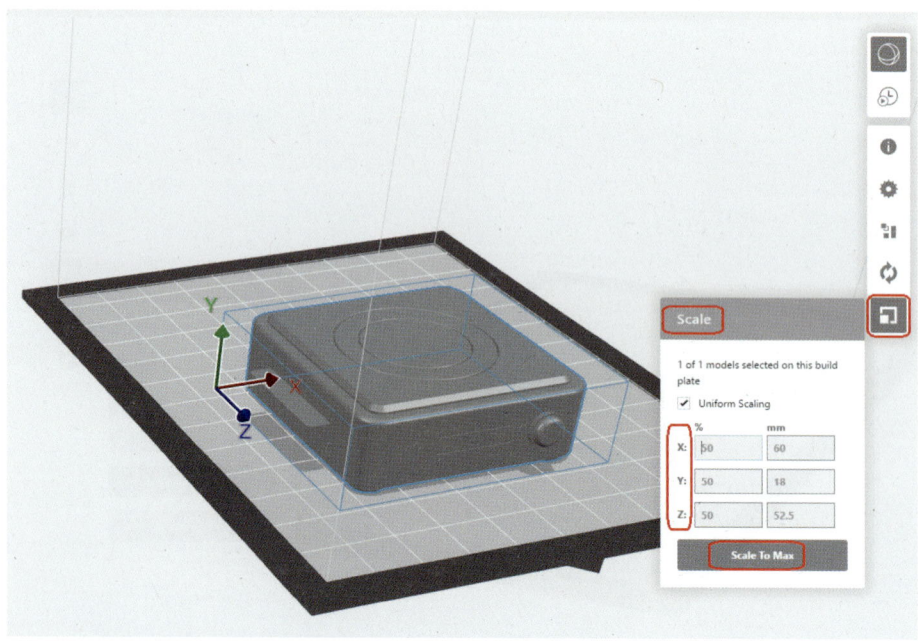

❹ 프린트 미리보기(Print Preview)

　가. 미리보기 재생(Play Animation)

　나. 레이어 확인

❺ 프린트 시작

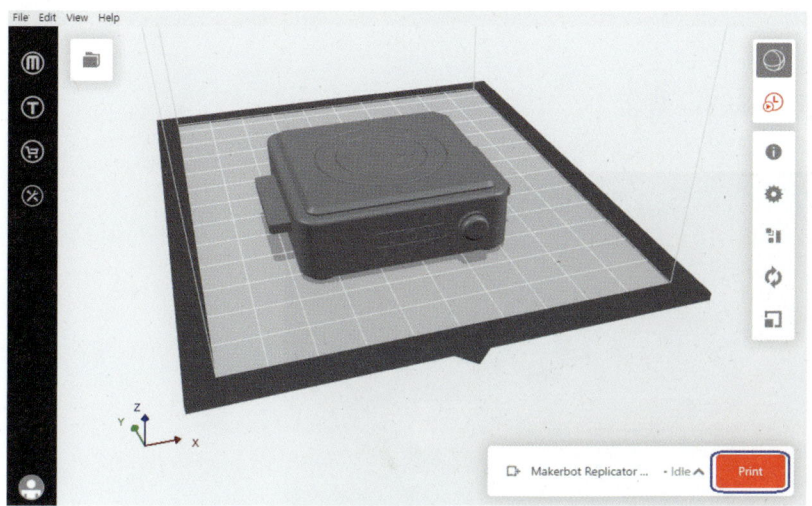

❻ 전기레인지 스커트(Skirt) 생성

❼ 전기레인지 래프트(Raft) 생성

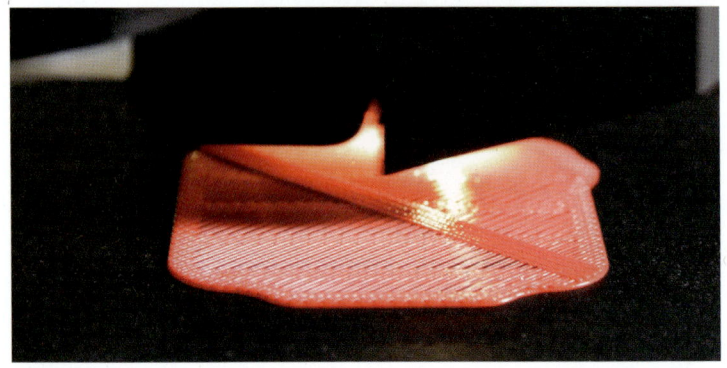

❽ 전기레인지 서포트(Support) 생성

❾ 전기레인지 출력 완성

❿ 전기레인지 모델작품의 출력물을 제작판에서 제거(전용 헤라 사용)

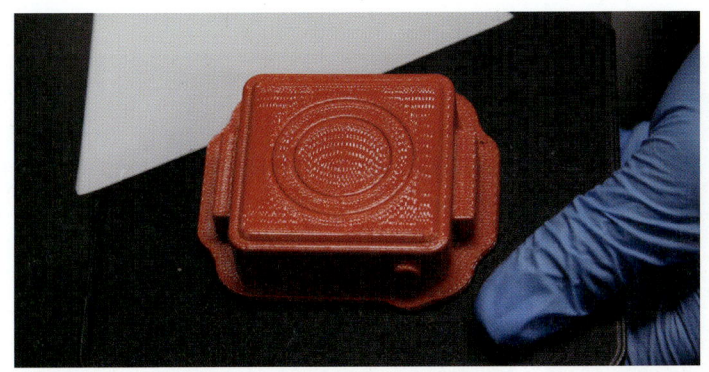

⓫ 불필요한 바닥 보조 출력물을 제거(플러시 커터)

그림6-195 모델제품 래프트(Raft) 제거 전

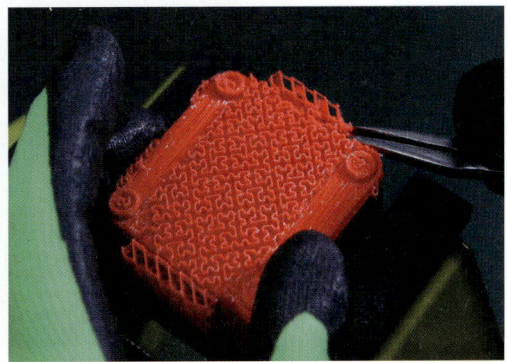

그림6-196 모델제품 래프트(Raft) 제거 중

⓬ 전기레인지 서포트를 제거(바늘코 플라이어, 니퍼, 롱로우즈, 칼, 디자인 나이프 등)

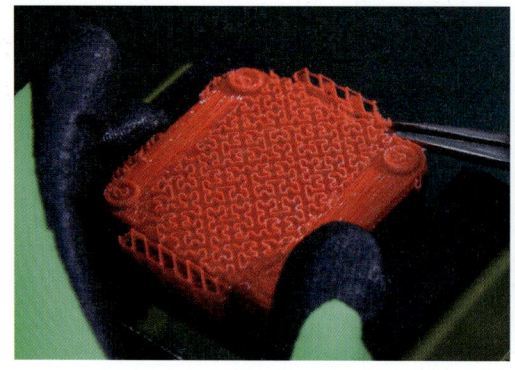
그림6-197 모델제품 바닥면 서포트 제거

그림6-198 모델제품 손잡이 서포트 제거

⓭ 1차 조줄(다이아몬드)을 사용하여 흠집이나 지저분한 모델작품의 표면을 다듬질한다.

그림6-199 평줄(중목)로 다듬질 작업

그림6-200 평줄(세목)로 다듬질 작업

그림6-201 반원줄(세목)로 다듬질 작업

⑭ 2차 사포질을 한다. (종이 사포, 스틱 사포, 아이소핑크 사포대, MDF판 사포대 등)

그림6-202 종이 사포로 다듬질 작업

그림6-203 스틱 사포로 다듬질 작업

그림6-204 아이소핑크로 만든 사포대로 다듬질 작업

그림6-205 MDF판으로 만든 사포대로 다듬질 작업

⑮ 검사한다.

　가. 완성된 전기레인지 모델제품의 도면을 보고 정확하게 측정하고 검사할 수 있다.

　나. 제작판에 제거해야 할 보조 출력물 및 서포트가 있는지 확인한다.

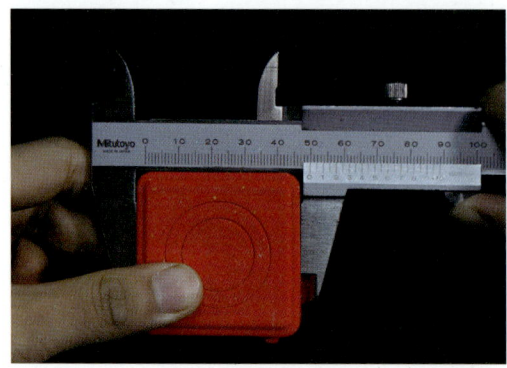

그림6-206 버니어캘리퍼스로 모델제품 길이 측정

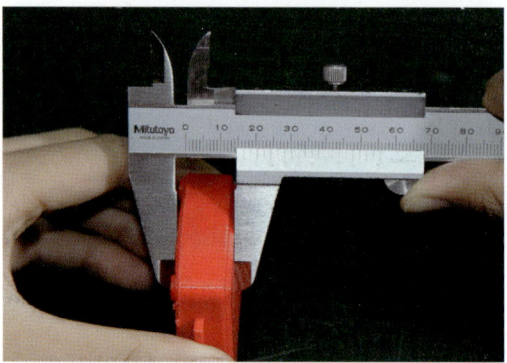

그림6-207 버니어캘리퍼스로 모델제품 높이 측정

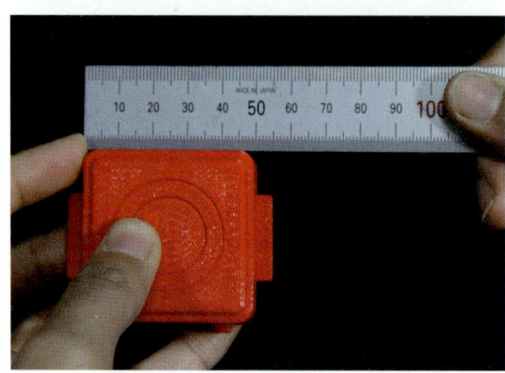

그림6-208 철자로 모델제품 길이 측정

그림6-209 직각자로 모델제품 직각 측정

 **완성된 모델작품 ❖ 전기레인지**

02 출력오류 및 해결방법

3D프린터로 모델제품 출력 시 발생되는 출력오류를 해결할 수 있다.

01 필라멘트 잼(Filament Jam)-꼬임 현상

❶ 필라멘트 꼬임이 있는 경우
❷ 스풀에 감겨져 있는 필라멘트가 꽉 잡혀있는 경우

그림6-210 필라멘트가 꼬여 있는 경우

❖ 필라멘트 잼(Filament Jam) 현상의 해결방법

㉠ 필라멘트 없음을 자동으로 감지하고 일시 중지하며 MakerBot Mobil에서 알림을 통해 감지한다.
㉡ 3D프린터에 장착한 필라멘트를 언로드해서 꽉 잡혀 있는 필라멘트를 느슨하게 해준다.
㉢ 필라멘트를 재장착해 로드한다.

그림6-211 필라멘트 꼬임부분 제거 후 재사용하거나 새로운 필라멘트로 사용

02 서포트(지지대) 미생성

그림6-212 모델제품의 서포트 미생성 시 발생하는 현상

❖ 서포트(지지대) 미생성 해결방법

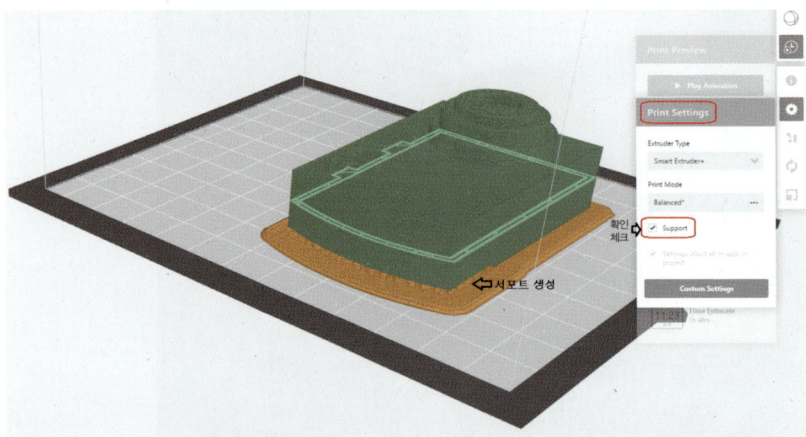

그림6-213 프린트 세팅에서 서포트 확인 체크

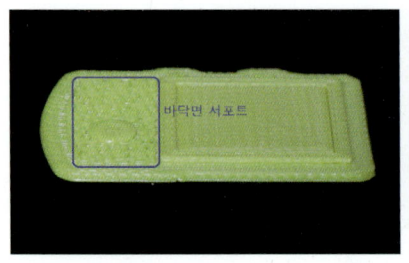

그림6-214 모델제품 생성 초기(바닥면)

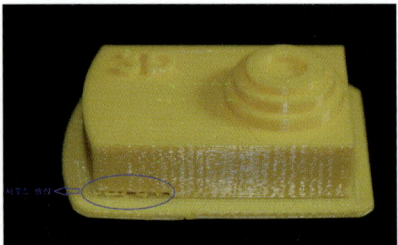

그림6-215 완성된 모델제품

03 모델제품이 제작판(베드)에 부착되지 않은 경우

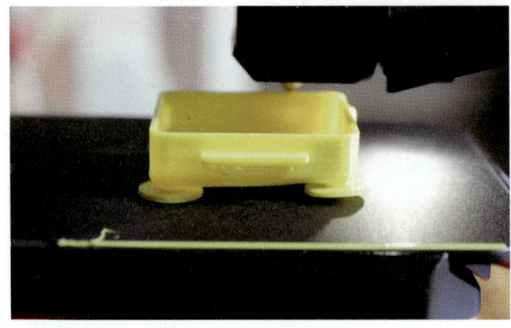

그림6-216 모델제품 출력 시 제작판에서 들떠 있는 현상

그림6-217 모델제품의 가장자리가 안쪽으로 수축된 현상

❖ 모델제품이 제작판(베드)에 부착되지 않은 경우 해결방법

㉠ 래프트값을 재설정한다.
　　ⓐ 모델과 래프트 사이의 폭 설정값을 높인다.
㉡ 시트지를 제작판에 붙인다.
㉢ 작업장 실내온도 및 습도를 조절한다.
㉣ 소음, 진동, 성능의 향상을 위해 3D프린트 전용 메이커 케이스(챔버)를 설치한다.

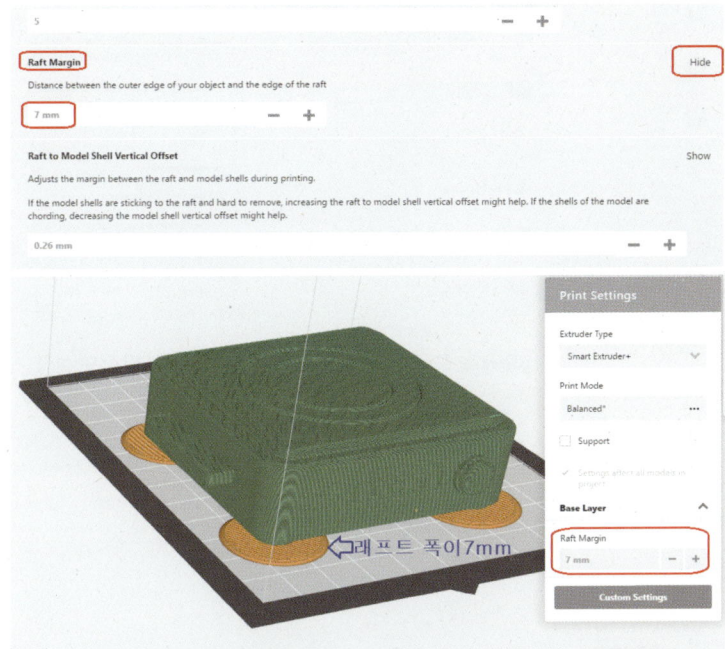

그림6-218 래프트값 재설정

그림6-219 시트지를 제작판에 부착

그림6-220 작업장 실내온도 조절

ⓒ 사용자 설정에서 압출기 온도 및 노즐 이송 속도값을 설정한다.

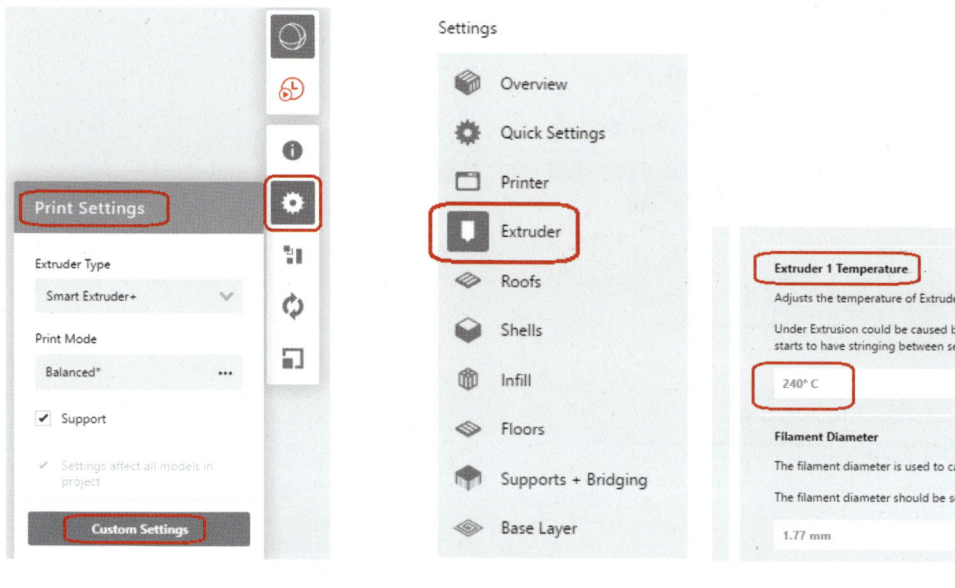

그림6-221 사용자 설정

그림6-222 프로그램상에서 세팅 시 압출기 선택 및 온도 설정

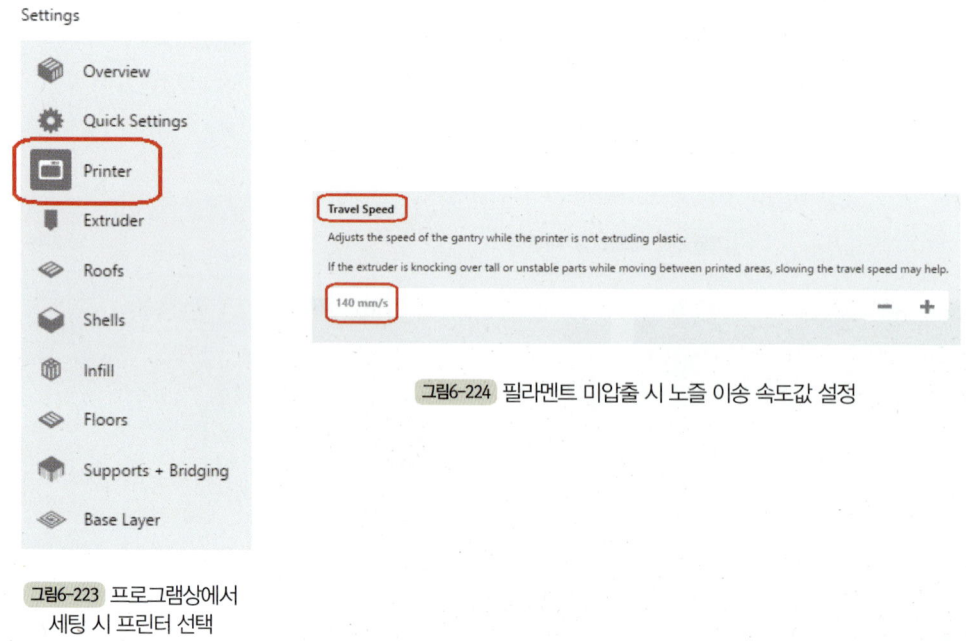

그림6-223 프로그램상에서 세팅 시 프린터 선택

그림6-224 필라멘트 미압출 시 노즐 이송 속도값 설정

04 필라멘트 적층 불량

❶ 제작판의 수평이 맞지 않은 경우
❷ 압출기 센서의 불량이나 노즐의 불량
❸ 진동 및 장비의 흔들림

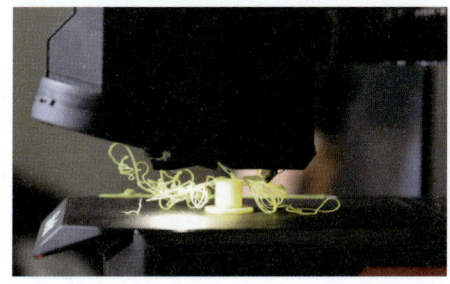
그림6-225 노즐에서 재료 압출 시 적층 불량 현상1

그림6-226 노즐에서 재료 압출 시 적층 불량 현상2

❖ 필라멘트 적층 불량 해결방법

㉠ 수평 확인(수평계 및 수평계 어플리케이션 활용)해서 수평 맞춤
㉡ 압출기 수리 및 교체
㉢ 작업테이블에 방진패드 설치(진동 및 흔들거림 방지 차원)

그림6-227 제작판 수평계로 수평확인

그림6-228 압출기 교체

그림6-229 방진패드 설치

05 필라멘트 적층 멈춤

❶ 3D프린터 출력 중 스풀에 감겨 있는 잔여 필라멘트가 다 사용되었을 경우
❷ 장비의 전원이 OFF되었을 경우

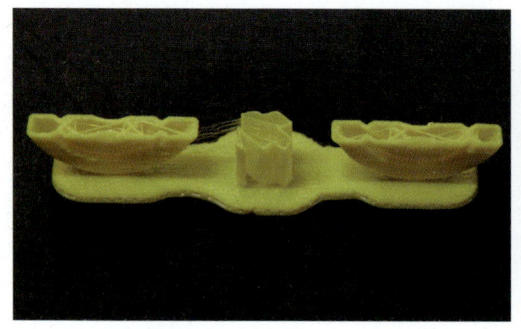

그림6-230 필라멘트 적층 멈춤 현상1

그림6-231 필라멘트 적층 멈춤 현상2

❖ 필라멘트 적층 멈춤 해결방법

　㉠ 새로운 필라멘트를 교환해 준다.
　㉡ 장비의 전원을 다시 ON시킨다.

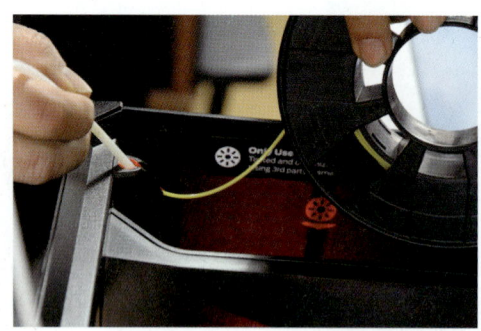

그림6-232 필라멘트 교환

그림6-233 장비 전원을 ON

06 슬립 현상

❶ 필라멘트가 압출기 내부 노즐에서 끊어져서 공간이 생기는 현상이다.
❷ 수직정렬이 되지 않을 시 필라멘트가 걸려서 이송시키지 못하는 현상으로 "틱틱(Clicking)"소리가 나며 과부하가 걸리며 끊어진다.

❖ **슬립 현상 해결방법**

㉠ 장비에 장착된 필라멘트 상태를 점검하고 노즐이 막혀있는지 확인 후 언로드시킨다.
㉡ 출력 프린팅 속도를 낮추거나 노즐온도를 상승시켜 준다.

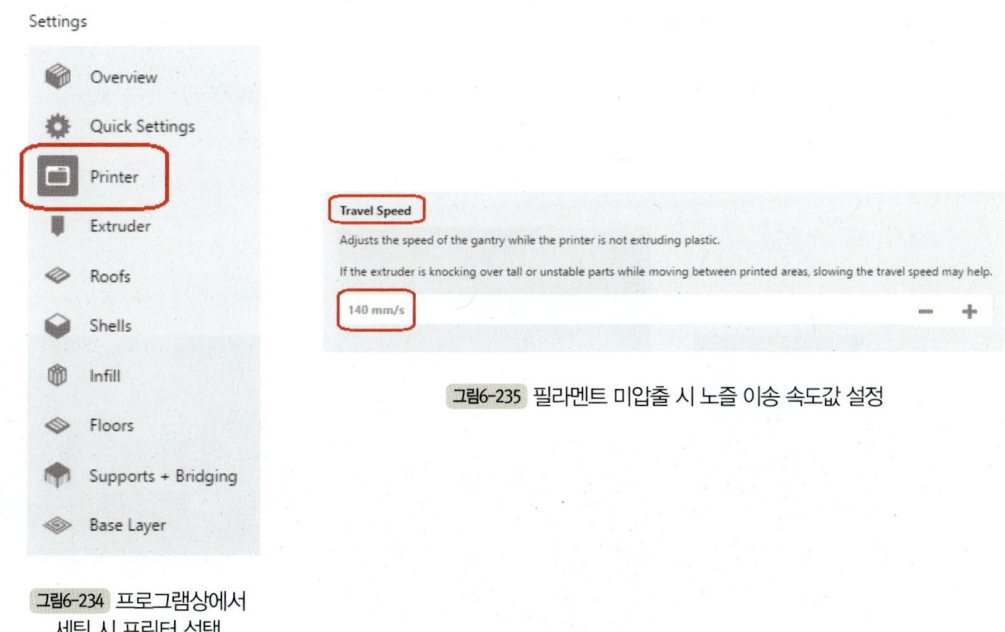

그림6-234 프로그램상에서 세팅 시 프린터 선택

그림6-235 필라멘트 미압출 시 노즐 이송 속도값 설정

㉢ 압출기 내부에 필라멘트 삽입 시 필라멘트를 사선으로 자르고, 굴곡진 부분을 일자로 펴주고 안정적으로 로드시킨다.
㉣ 3D프린터에서 사용하고 있는 필라멘트를 손으로 휘었을 때 쉽게 끊어지는 현상이 발생하는 경우 새로운 필라멘트로 교체한다. (장시간 외부에 노출된 경우)

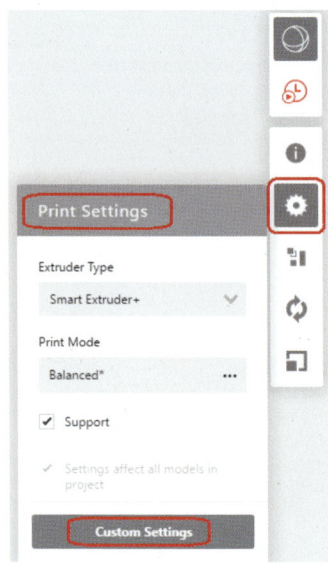
그림6-236 사용자 설정

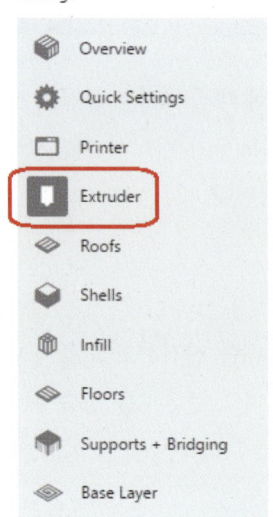
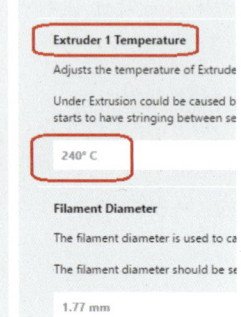
그림6-237 프로그램상에서 세팅 시 압출기 선택 및 온도 설정

그림6-238 필라멘트 언로드

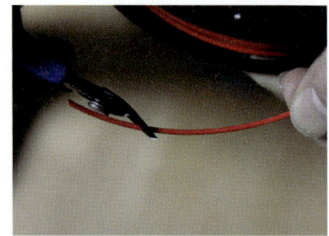

그림6-239 필라멘트 로드

그림6-240 새로운 필라멘트 교체 후 시험 테스트

07 노즐 막힘 현상

3D프린터 압출기 노즐에서 필라멘트 잔여물이 나오지 않을 경우

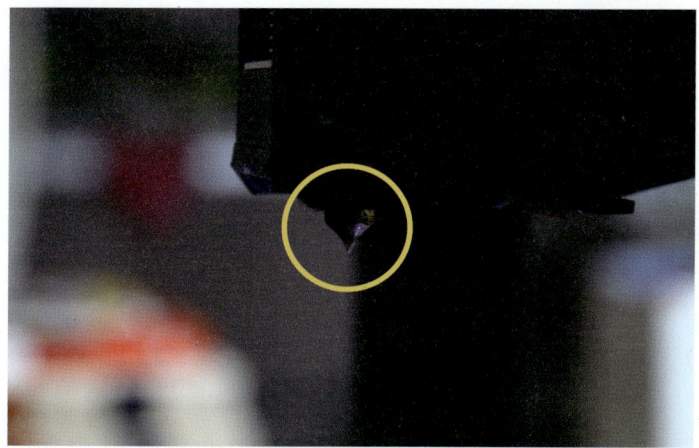

그림6-241 노즐 막힘으로 필라멘트가 출력이 되지 않는 현상

❖ 노즐 막힘 현상 해결방법

㉠ 압출기를 청소한다.
  ⓐ 노즐 청소용 스프링을 사용하여 노즐 투입구를 청소한다.
  ⓑ 노즐 청소 도구를 압출기 상부에 삽입하여 필라멘트 잔여물이 노즐을 통해 나오는 것을 확인한다.

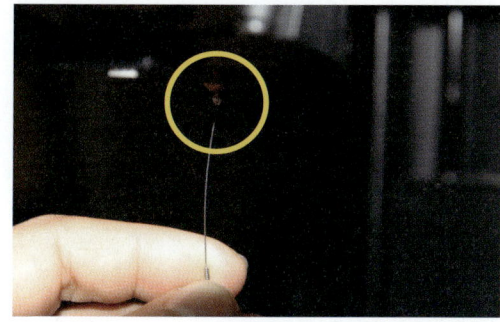

그림6-242 청소용 스프링으로 노즐 투입구 청소

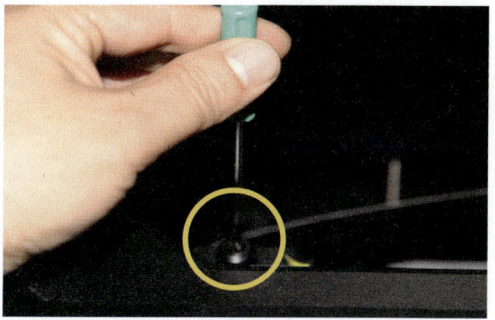

그림6-243 노즐 청소용 도구로 압출기 상부에 삽입

3D프린터 운용기능사

PART 07
후가공

✧ **CHAPTER 01** 수공구 사용하기
✧ **CHAPTER 02** 펀칭 및 드릴링
✧ **CHAPTER 03** 제품도장(도색)
✧ **CHAPTER 04** 제품흠집 보수

01 수공구 사용하기

- 모델제품의 후가공 시 수공구 사용을 해 금긋기 및 실톱작업을 할 수 있다.
- 세트줄과 사포대를 사용하여 모델제품의 마무리 다듬질작업을 할 수 있다.

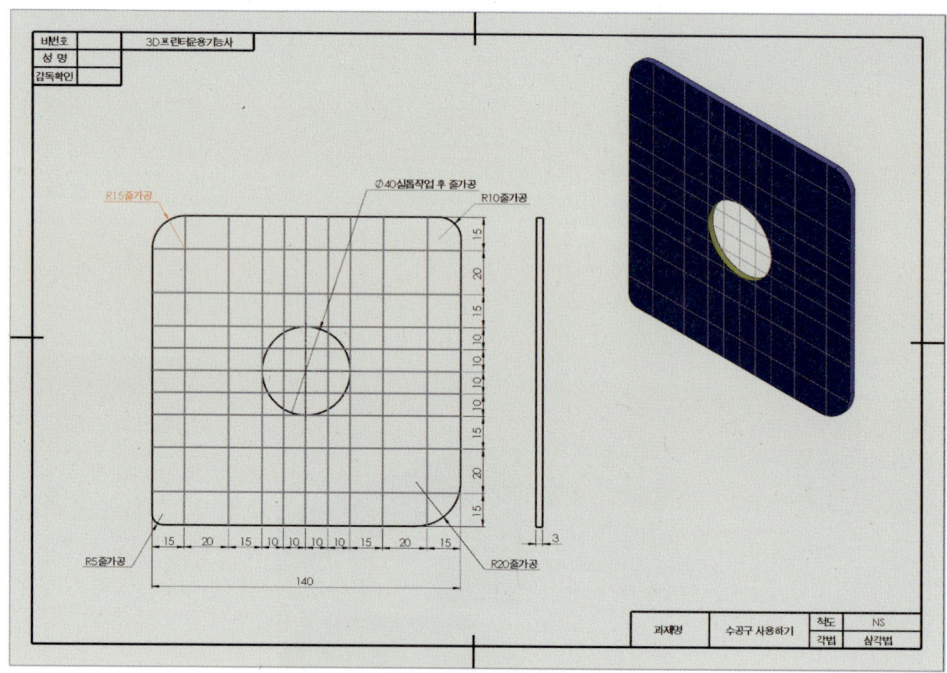

그림7-1 수공구 사용하기 2D도면 및 3D 모델링

1 학습목표

① 수공구를 사용하여 금긋기 작업을 할 수 있다.
② 실톱과 세트줄을 사용하여 모델제품을 가공할 수 있다.
③ 사포대를 사용하여 모델제품의 마무리 다듬질 작업을 할 수 있다.

2 사용 재료

3D프린팅된 모델제품판 140×140㎜×3t 1장, 드릴날 Ø5 1개, 실톱날 2개 정도

3 기계 및 공구

소형탁상드릴머신, 실톱대, 세트줄, 강철자, 직각자, 하이트게이지, 금긋기바늘, 원형템플릿, 서피스게이지, 평붓, 면걸레

4 시청각 자료

도면, 실물모형, 관련 멀티미디어 학습자료

5 관계 지식 - 수공구

(1) 금긋기 작업

도면의 치수를 보고 준비한 3D프린팅된 모델제품판에 강철자를 금긋기 할 곳에 위치시킨 후 금긋기바늘을 이용하여 금긋기를 한다. 그 밖에 하이트게이지, 서피스게이지 등을 사용하는 방법도 있다.

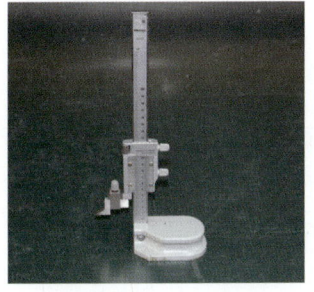
그림7-2 하이트게이지

그림7-3 서피스게이지

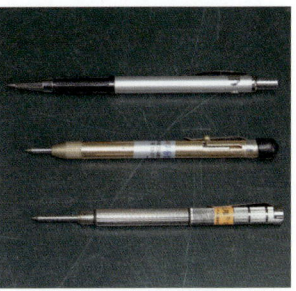
그림7-4 금긋기바늘

❶ 금긋기바늘을 사용할 경우에는 바늘을 강철자의 안쪽으로 약 15° 기울여서 한번에 긋는다.
❷ 서피스게이지는 3D프린팅된 모델제품판 부재에 중심선을 긋는다.

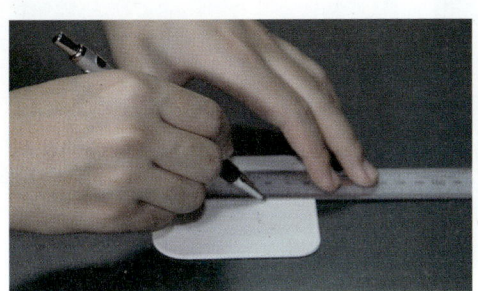
그림7-5 금긋기바늘의 사용법

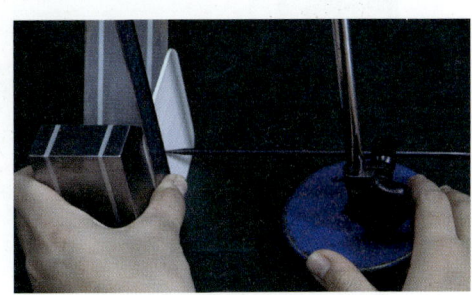
그림7-6 높이치수 맞추기

❸ 하이트게이지를 이용한 금긋기는 스크라이버를 조절해서 끝부분으로 정밀하게 금긋기를 할 수 있다.
❹ 하이트게이지는 0점 조정이 필요하기 때문에 오차만큼 보정값을 확인한 후 보정해 주어야 한다.

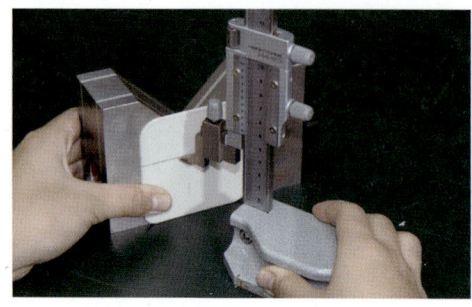

그림7-7 하이트게이지를 이용한 금긋기

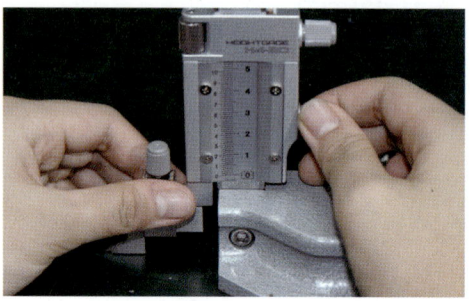

그림7-8 하이트게이지 "0점" 보정하기

(2) 실톱날과 실톱대

❶ 실톱날의 구조는 날이 없는 양끝은 연철로 되어 있고 방향을 틀어 사용할 수 있으며 날이 있는 부분은 강철로 되어 있다.
❷ 실톱날의 종류는 여러 종류가 있으며, 번호가 클수록 톱날이 크고 거칠다.
❸ 실톱날을 고정시킬 때에는 실톱대의 앞부분(※손잡이 반대방향) 작업대나 받침대에 밀착시키고 손잡이 부분은 신체의 복부에 밀착시킨다. 왼손으로 실톱날을 상부 실톱대 고정죔나사 틈에 넣고 오른손으로는 나비너트의 나사를 돌려 견고히 고정시킨 다음 하부 고정죔나사에 실톱날을 넣어 고정한다. 이때 실톱날이 약간 휘었다가 퍼지려는 반발력으로 인해 톱날이 당겨지면서 팽팽히 고정된다.

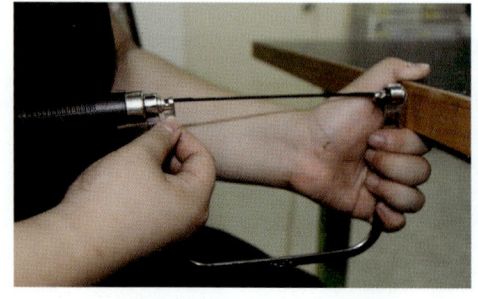

그림7-9 실톱대에 실톱날 고정하기

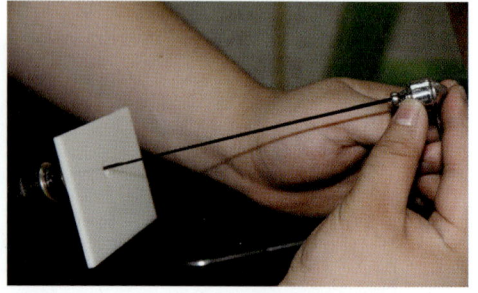

그림7-10 구멍 가공된 부재에 실톱날 넣고 고정하기

❹ 실톱대의 종류는 구조상 죔나사가 두 개인 것과 길이 조정 나사 등을 포함하여 세 개 이상인 것으로 구분된다.

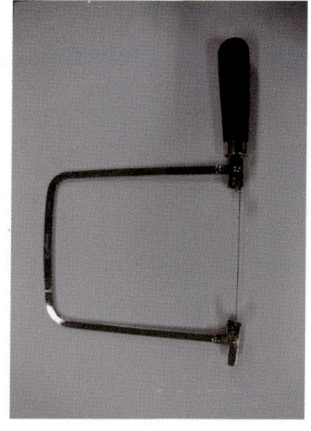
그림7-11 종류별 실톱대1

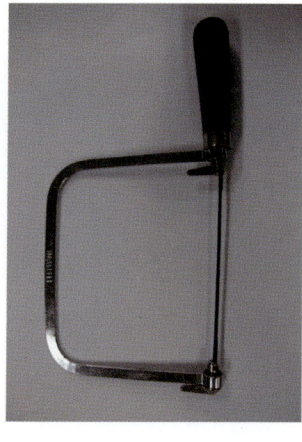
그림7-12 종류별 실톱대2

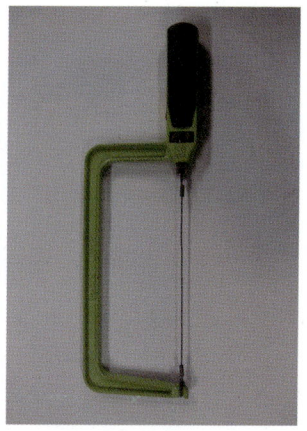
그림7-13 종류별 실톱대3

❺ 실톱대의 구조는 몸과 자루로 되어 있다.
❻ 실톱대의 크기는 실톱날에서 톱틀까지의 간격(높이)을 기준으로 한다.

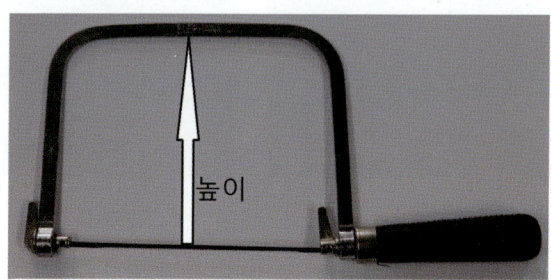
그림7-14 실톱대의 크기

(3) 줄

줄의 종류는 크기, 줄눈의 거칠기, 단면 형상 및 줄눈 방향에 따라 분류한다.
❶ 줄은 줄눈이 새겨진 길이로 그 크기를 나타내고, 세트줄은 5본조, 7본조, 10본조, 12본조 등으로 구분한다.
❷ 줄눈의 크기에 따라서 황목, 중목, 세목, 유목으로 구분한다.

❸ 줄의 단면 형상은 12종류가 있다.
❹ 줄날의 방향에 따라서 홑줄날(단목), 두줄날(복목), 라스프줄날(귀목), 곡선줄날(파목) 4종류가 있다.

그림7-15 5본조 세트줄

그림7-16 12본조 세트줄

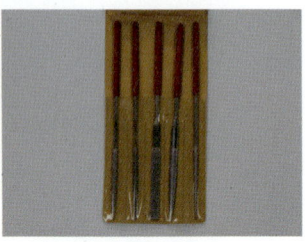
그림7-17 다이아몬드 세트줄

(4) 줄작업 방법

❶ 줄작업의 기본자세

줄 작업의 기본자세는 사진법, 병진법, 직진법 등이 있지만, 모델제품 작업에서는 특성상 공작물의 형상이나 모양 또는 재질에 따라 다양한 방법을 사용한다.

그림7-18 사진법

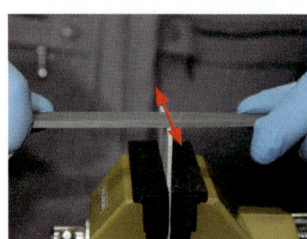
그림7-19 병진법

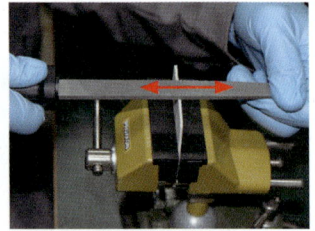
그림7-20 직진법

❷ 태장대를 이용한 중목 줄작업

부재를 가공 위치에 따라 태장대를 작업대 상판 테두리에 고정시킨 후 모델제품의 형상에 따라 위치를 적절히 선택한 후, 다듬질이 이루어질 수 있도록 수시로 도면치수에 맞게 확인하여 줄작업을 한다.

❸ 세트줄을 이용한 마무리 줄작업

세트줄 작업에 있어서는 평줄, 원형줄, 사각줄 등 가공 면에 맞는 줄을 선택하여 사용하며, 주로 마무리 줄가공에 많이 사용한다.

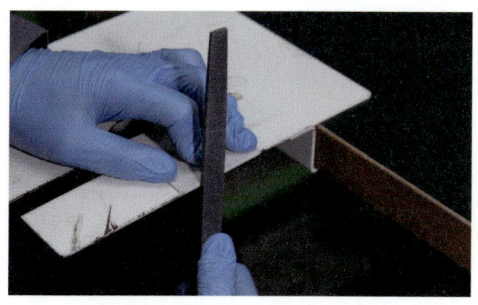 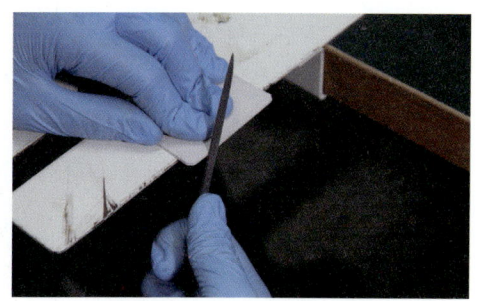

그림7-21 중목 평줄을 이용한 다듬질   그림7-22 세트줄을 이용한 다듬질

(5) 기타 도구를 사용하는 방법

❶ 사포대를 이용한 마무리 작업

3D프린팅된 모델제품판 형태에 따라 제작된 평형, 원형 등의 사포대를 이용한 마무리 작업을 한다.

❷ 강철자를 이용한 마무리 작업

3D프린팅된 모델제품판 부재의 모서리 모따기 또는 칩의 제거 시 마무리 작업을 한다.

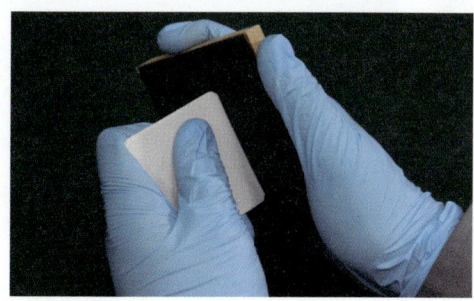 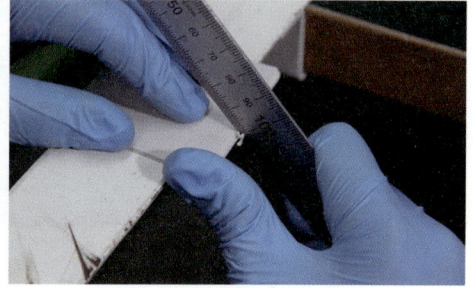

그림7-23 MDF판으로 만든 사포대를 이용한 마무리 작업   그림7-24 강철자를 이용한 칩 제거

6 작업 순서

(1) 작업준비를 한다.

❶ 제시된 도면을 검토하고 작업공정을 생각한다.
❷ 공정순서대로 작업공구를 테이블 위에 가지런히 정리한다.

(2) 3D프린팅된 모델제품판 부재 위에 금긋기 작업을 한다.

❶ 3D프린팅된 모델제품판 140×140㎜×3t 부재를 1장 준비한다.

❷ 금긋기바늘과 강철자를 이용하여 도면의 치수대로 금긋기를 한다.

❸ 금긋기바늘과 직각자를 사용하여 도면의 치수대로 금긋기를 한다. (※현장에서는 도구가 없을 시 버니어캘리퍼스를 이용해서도 금긋기가 가능하다. 다만, 측정기구이기 때문에 주의해서 사용해야 한다.)

❹ 보드마카를 이용해서 금긋기 한 선에 긋고 면걸레로 닦으면 교차된 선 및 포인트가 선명하게 나타난다.

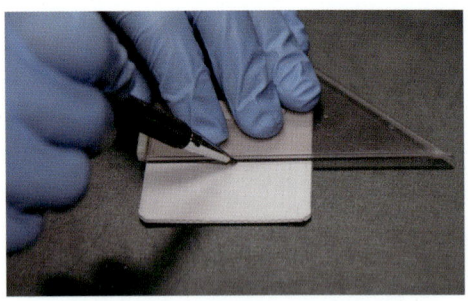
그림7-25 직각삼각자를 이용한 금긋기

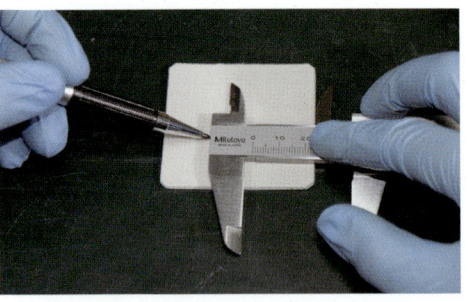
그림7-26 버니어캘리퍼스를 이용한 금긋기

그림7-27 보드마카로 금긋기선 칠하기

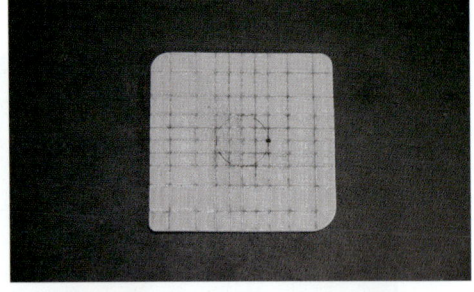
그림7-28 닦고 난 부재의 금긋기선의 형태

❺ 원형템플릿을 사용하여 원호와 원을 그린다.(※현장에서는 버니어캘리퍼스 및 컴퍼스를 이용해서도 원호와 원을 그린다. 다만, 버니어캘리퍼스는 측정기이기 때문에 사용 시 주의해야 한다.)

❻ 금긋기바늘로 금긋기가 끝나면 강철자를 이용하여 도면의 치수대로 금긋기선이 정확한지 확인한다.

❼ 금긋기 한 원에 보드마카로 원을 그리고 면걸레로 닦으면 원이 선명하게 나타난다.

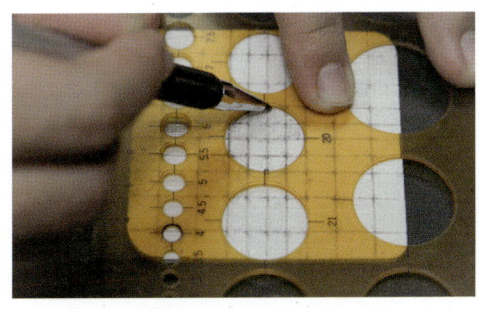
그림7-29 원형템플릿을 이용한 원 그리기

그림7-30 버니어캘리퍼스를 이용한 원 그리기

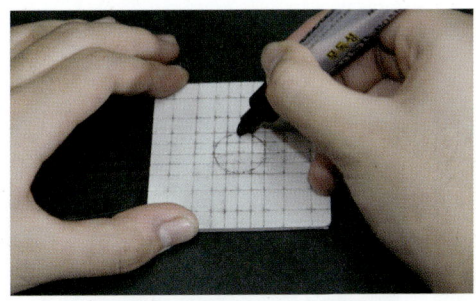
그림7-31 보드마카로 금긋기 한 원 칠하기

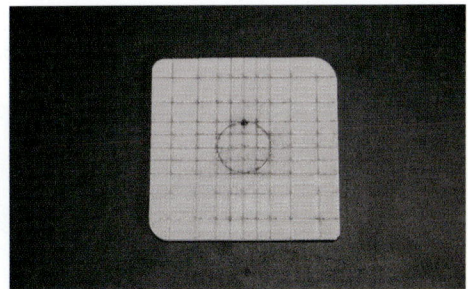
그림7-32 닦고난 부재의 금긋기 원의 형태

(3) 구멍가공 및 실톱대를 이용한 실톱작업을 한다.
❶ 도면 확인 후 작업공정을 생각한다.
❷ 원 Ø40을 드릴 Ø5로 원의 안쪽으로 뚫는다.

그림7-33 원형템플릿을 이용한 원 그리기

그림7-34 버니어캘리퍼스를 이용한 원 그리기

❸ 두꺼운 부재의 실톱작업은 부재가 실톱날의 마찰열에 의해 눌러 붙는 경우가 있다. 재단선에 마스킹 테이프를 붙혀서 실톱작업을 하면 이를 방지할 수 있다.

❹ 실톱대의 손잡이를 신체의 복부에 위치시키고, 실톱대 상단 죔나사에 톱날을 고정한다. 이때, 톱날의 절삭방향이 손잡이 쪽으로 향하도록 한다.

❺ 드릴 가공한 부재의 구멍 사이로 실톱대의 실톱날을 끼운다.

❻ 실톱대의 손잡이를 복부에 고정 후 실톱대 상단의 대를 잡아당겨 실톱날을 견고히 고정시키고, 손잡이 쪽 죔나사로 견고히 고정시킨다.

❼ 실톱날 각을 60° 정도로 눕히고 실톱작업할 소재 기준점에서 밀어 올려 엄지손가락을 직각으로 세워 실톱날 자리를 잡게 한다.

❽ 실톱날선이 소재에 자리를 잡으면 손으로 소재를 단단히 고정시키고, 실톱대의 각을 90°로 세워 상하 반복운동을 하면서 실톱작업을 한다.

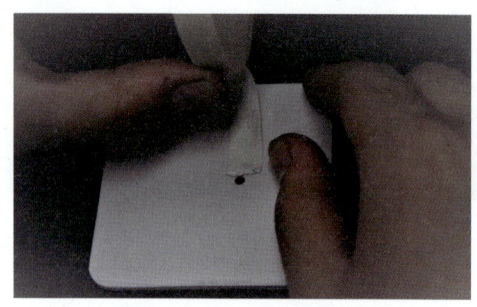

그림7-35 재단선에 마스킹테이프 부착

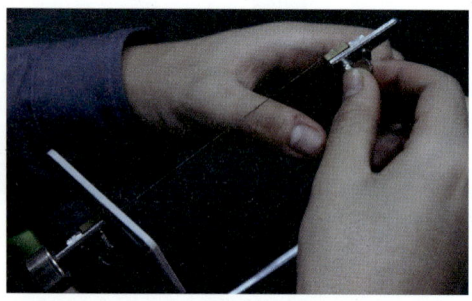

그림7-36 구멍 뚫린 모델제품 부재에 실톱날 끼우기

그림7-37 실톱날 재단선 자리 잡기

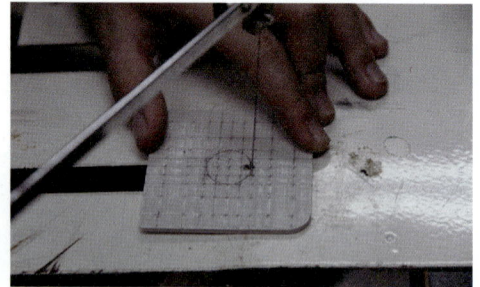

그림7-38 실톱작업

❾ 밀어올릴 때에 손목의 힘을 빼고, 내릴 때 손목에 일정한 힘을 준다. 이때, 강한 힘을 주면 실톱날이 부러지기 때문에 소재에 부러진 실톱날이 낄 수가 있으니 주의해서 작업한다.

❿ 실톱작업 후 마무리 다듬질을 할 수 있도록 여유를 남겨 두도록 한다.

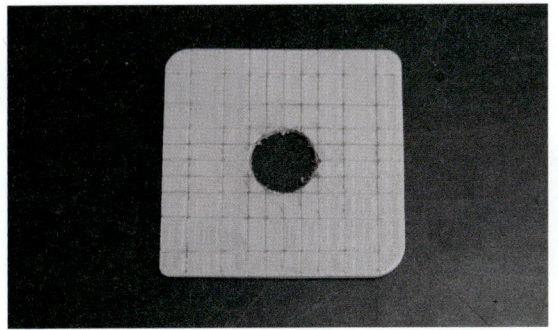

그림7-39 모델제품 실톱 가공 완료 후 형상

(4) 줄 작업을 한다.

❶ 모델제품의 아래 우측코너 부분 R20을 평줄로 다듬질한다.
❷ 모델제품의 위 좌측코너를 부분 R15을 평줄로 다듬질한다.
❸ 도면치수에 맞게 전체적으로 정밀하게 다듬질한다.
❹ 모델제품 모서리 부분은 강철자를 이용해서 일반 모따기를 하도록 한다.

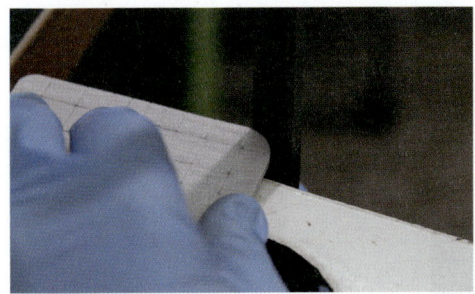

그림7-40 평줄(중목)로 코너R 다듬질하기

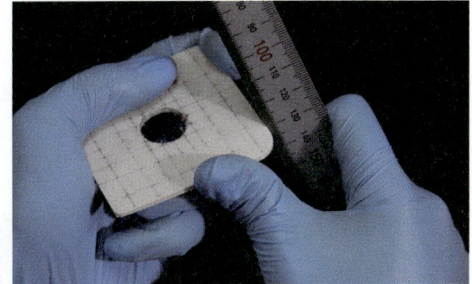

그림7-41 강철자로 모서리 부분 모따기 처리

(5) 마무리 작업을 한다.

❶ 모델제품의 형태에 따라 세트줄을 선택한다.
❷ 태장대에 재단한 부재를 올려놓고 한손으로 단단히 누르며 다른 한손으로 세트줄(반원줄)을 잡는다.
❸ 반원줄 자루 부분에 엄지와 새끼손가락으로 고정시킨 후 다듬질면에 직각으로 밀착시켜 세밀히 다듬질한다.
❹ 평면사포대 및 원형사포대를 사용해서 세밀히 다듬질한다.

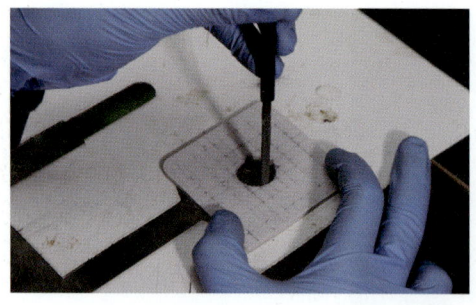

그림7-42 반원줄로 다듬질

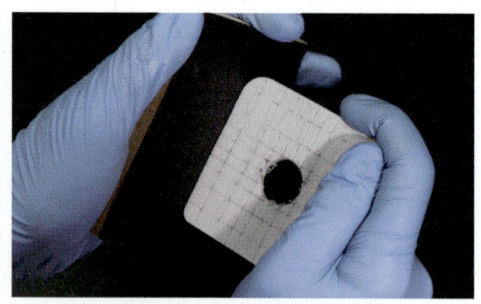

그림7-43 MDF판으로 만든 사포대로 다듬질

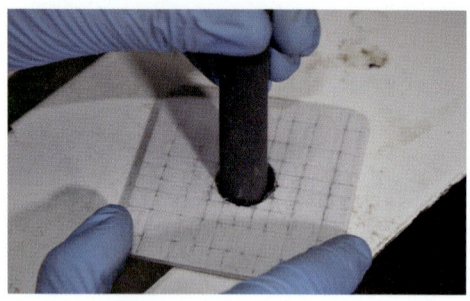

그림7-44 원형사포대로 다듬질

(6) 검사한다.

    ❶ 도면의 치수를 확인한 후 측정기로 검사한다.

    ❷ 평가측정표에 측정한 값을 기록한다.

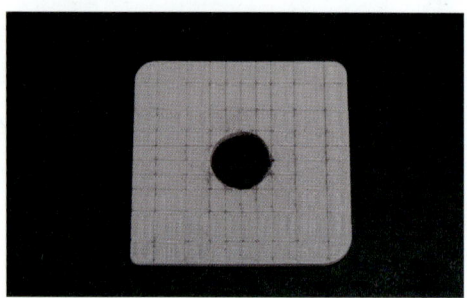

그림7-45 수공구 사용하기 완성된 부재

(7) 정리정돈을 한다.

    ❶ 공구를 깨끗이 닦아서 공구함에 보관한다.

    ❷ 실톱작업과 세트줄 작업에 의해서 발생한 칩 부스러기를 평붓이나 진공청소기로 제거한다.

7 안전 및 유의사항

① 금긋기용으로 사용하는 공구들은 끝이 예리하기 때문에 안전사고에 유의한다.
② 실톱날이 부러져 손에 상처를 입거나 공작물이 파손되는 일이 없도록 무리한 힘을 주지 않는다.
③ 줄작업으로 생긴 칩 부스러기는 반드시 평붓이나 줄솔로 제거한다.
④ 줄의 손잡이가 잘 고정되었는지 확인한다.
⑤ 줄 작업 시 장난을 치면 위험하므로 장난을 금한다.

8 평가

평가영역	평가 사항	평가		
		상	중	하
이해 (15)	1. 도면 숙지와 가공 순서에 대한 이유를 설명할 수 있는가?	5	4	3
	2. 줄가공 방법 및 순서를 바르게 설명할 수 있는가?	5	4	3
	3. 실톱날의 체결과 부재의 작업하는 순서를 설명할 수 있는가?	5	4	3
태도 (15)	1. 수공구 사용의 안전 수칙을 지키며 작업했는가?	5	4	3
	2. 각종 공구를 정리하며 작업했는가?	5	4	3
	3. 작업 후 정리정돈을 했는가?	5	4	3
(소 계 : 30)				

평가영역	항목	도면값	측정(3회) 평균값	배점	득점	비고
기능 (70)	일반 치수	140		10		
		140		10		
		20		10		
		15		10		
		10		10		
	직각도			10		
	평면도			10		
(소 계 : 70)						
총점						

※사용자 스스로 측정하고 기록하여 평가

02 펀칭 및 드릴링

- 모델제품의 후가공시 도면을 보고 고무망치를 이용해서 센터펀치를 할 수 있다.
- 소형탁상드릴머신 및 소형핸드드릴로 정확하게 구멍가공과 모따기 자리파기를 할 수 있다.

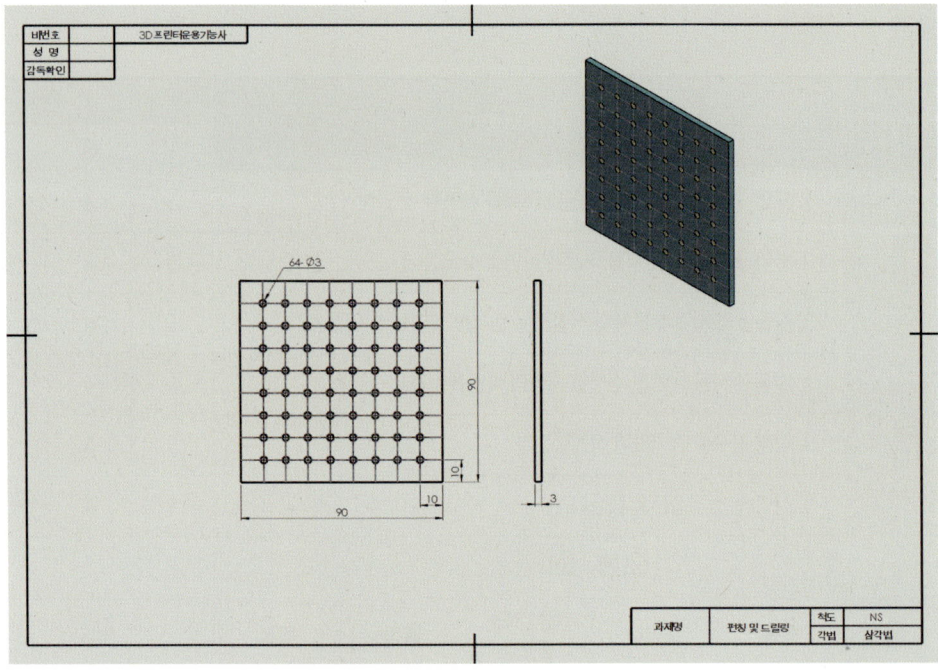

그림7-46 펀칭 및 드릴링 2D도면 및 3D 모델링

1 학습목표

1. 고무망치와 센터펀치를 사용하여 펀칭할 수 있다.
2. 드릴의 종류를 알고 그 구조와 사용법을 알 수 있다.
3. 제시된 도면과 같은 치수로 정확하게 구멍 뚫기를 할 수 있다.

2 사용 재료

3D프린팅된 모델제품판 90×90㎜×3t 1장, 드릴날 Ø3 1개, 드릴날 Ø8 1개

3 기계 및 공구

소형탁상드릴머신, 소형핸드드릴, 센터펀치, 고무망치, 직각자, 강철자, 버니어캘리퍼스, 서피스게이지, 금긋기바늘, 공구함, 평붓, 면걸레

4 시청각 자료

도면, 실물모형, 관련 멀티미디어 학습자료

5 관계 지식 - 드릴링

❶ Ø3드릴을 드릴 척에 끼우고 척 핸들로 견고하게 조인다.
　❷ 드릴척의 위치와 소형탁상드릴머신의 높이를 조정한다. ([그림7-48] 참조)
❸ 부재를 수평바이스에 물린다.

그림7-47 소형탁상드릴머신

그림7-48 높이 조정

❹ 재료의 재질과 모양에 따라 소형탁상드릴머신의 V벨트 단차를 조정한다.
❺ 드릴링이 끝난 후 금긋기선 중앙에 구멍이 정확하게 뚫렸는지 확인한다.
❻ **드릴 구조**: 드릴의 기본적인 구성요소는 몸체, 자루, 날끝으로 이루어져 있다.
　㉠ 몸체(body)는 드릴의 본체가 되는 부분이며 홈이 있다.
　㉡ 자루(shank)는 드릴을 드릴 머신에 고정하는 부분으로 곧은 자루(Ø13 이하)와 모스테이퍼 자루(Ø13 이상)가 있다.
　㉢ 드릴 날끝(drill point)은 드릴의 절삭날이며, 이 부분으로 절삭한다.
　㉣ 홈(flute)은 드릴 몸체에 나선 또는 직선으로 파여진 홈을 말하며, 절삭칩을 원활하게 배출하거나 절삭유를 공급할 목적으로 만들어졌다.
❼ 드릴 고정 방법
　㉠ 사용하고자 하는 드릴의 지름을 확인한다.
　㉡ **드릴척을 사용하는 방법**: 드릴은 고정된 드릴척(Drill chuck)에 드릴을 끼워놓고 척핸들로 고정하여 사용한다. 이때, 드릴을 회전시켜서 일정하게 원하는 속도와 진원도가 나오는지 확인한다.

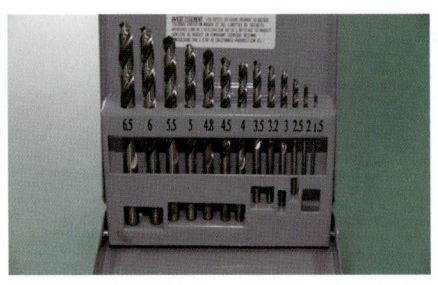 

그림7-49 드릴날 지름 확인   그림7-50 드릴척을 이용한 드릴 날 고정

7 작업 순서

(1) 작업준비를 한다.

❶ 도면을 보고 전체적인 작업공정을 생각한다.
❷ 작업에 필요한 공구를 테이블 위에 가지런히 준비한다.

(2) 부재 표면에 금긋기 작업을 한다.

❶ 3D프린팅된 모델제품판 90×90㎜×3t 부재를 1장 준비한다.
❷ 도면의 치수대로 10㎜ 간격으로 금긋기바늘을 이용하여 금긋기를 한다.
❸ 금긋기 한 선에 보드마카를 이용해서 선 따라 긋고 면걸레로 닦으면 교차된 선과 포인트가 선명하게 나타난다.

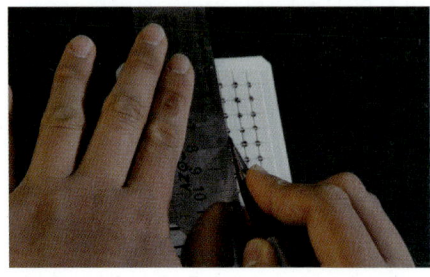 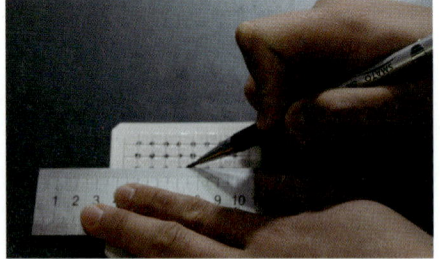

그림7-51 금긋기바늘을 이용한 부재 금긋기(세로)   그림7-52 금긋기바늘을 이용한 부재 금긋기(가로)

(3) 센터펀치로 펀칭한다.

❶ 센터 펀치를 60° 정도 기울여 금긋기 한 선의 교차점에 맞춘 다음 수직이 되도록 세운다.
❷ 3D프린팅된 모델제품판에 고무망치를 이용해서 센터 펀치를 90°로 세워 펀칭을 약하게 하며, 중심에서 어긋나면 안 된다. (※주의 : 시선은 펀칭 끝과 부재의 교차된 부분을 향해 있어야 한다.)

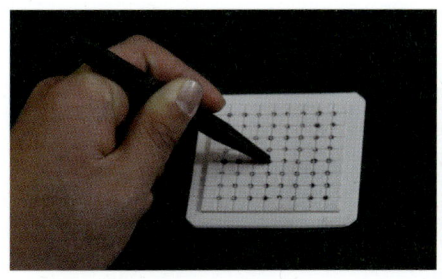
그림7-53 센터펀치 60° 기울이기

그림7-54 센터펀치를 직각으로 세워 펀칭

(4) 부재에 구멍을 뚫는다.

❶ 사용할 드릴 Ø3를 드릴척에 끼운다.
❷ 부재를 수평바이스에 견고히 물린다.
❸ 소형탁상드릴머신의 드릴 높이를 조정한다.

그림7-55 드릴척에 드릴 고정

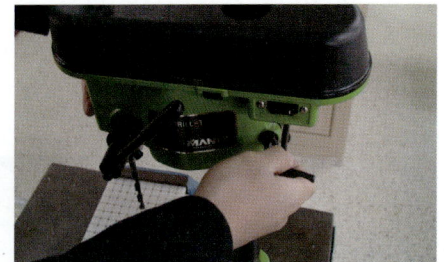
그림7-56 높이 조정

❹ 부재의 재질에 맞는 속도로 소형탁상드릴머신의 V벨트 단차를 조정한다.
❺ 드릴 Ø3을 사용하여 64개의 센터자리에 동일한 압력으로 드릴핸들에 힘을 주어 서서히 관통시킨다.(소형탁상드릴머신이 없으면 소형핸드드릴도 사용할 수 있다.)

그림7-57 V벨트 단차 조정

그림7-58 센터 자리 구멍 뚫기
(소형탁상드릴머신)

그림7-59 센터 자리 구멍 뚫기
(소형핸드드릴)

(5) 작업 종료 후 금긋기선 교차된 중심에 구멍이 정확하게 뚫렸는지 확인한다.

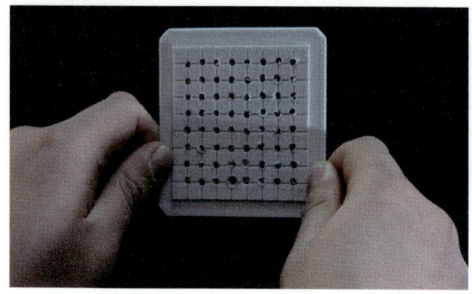

그림7-60 구멍 뚫기 부재 확인

(6) 모따기 자리파기를 한다.

❶ 제품이 완성된 부재를 드릴 Ø8로 소형 탁상드릴머신에 설치한 후 드릴핸들로 뚫은 구멍의 가장자리 모서리를 모따기 자리파기를 한다.
❷ 부재 앞과 뒤의 가장자리 모서리를 모두 제거하는 모따기와 원형줄로 다듬질을 한다.

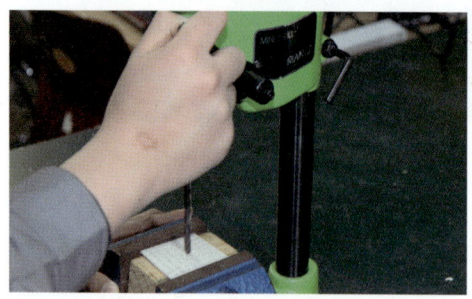 

그림7-61 구멍 뚫기 부재의 모따기 작업
(카운터싱킹 또는 큰 드릴날 사용)

그림7-62 원형줄로 다듬질

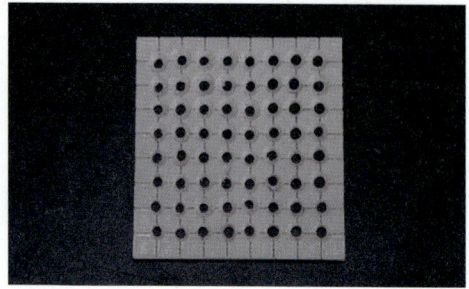

그림7-63 완성된 모델제품

(7) 정리정돈을 한다.

❶ 소형탁상드릴머신을 깨끗이 청소한다.
❷ 공구를 잘 닦아서 공구함에 보관한다.

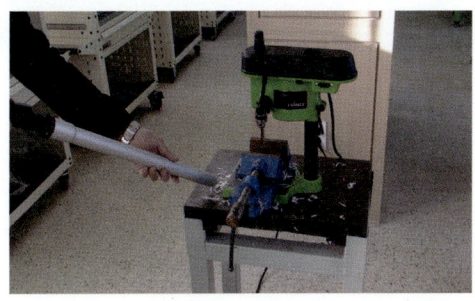

그림7-64 기계 청소1

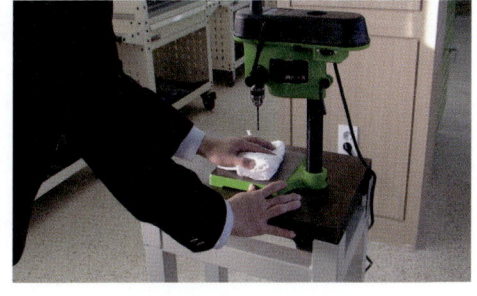

그림7-65 기계 청소2

8 안전 및 유의사항

❶ 드릴작업 시 목장갑을 끼지 않는다.
❷ 부재를 수평바이스에 고정한 후 작업한다.
❸ 회전하는 드릴날을 손으로 잡지 않는다.
❹ 센터펀치의 끝이 손상되지 않도록 관리하며, 펀칭포인트에 정확하게 펀칭되도록 한다.

9 평가

❶ 도면의 이해와 펀칭, 드릴 작업의 정확성 및 실습태도
❷ 부재의 정밀한 재단 및 가공, 수평·수직의 안정성, 부재의 변형 및 손상정도, 거칠기, 완성도

03 제품도장(도색)

모델제품 표면에 균일하게 스프레이 락카 및 분무도장을 할 수 있다.

01 스프레이 락카 도장하기

1 학습목표

① 스프레이 락카로 모델제품 표면에 도료를 균일하게 도포할 수 있다.
② 도막의 안료, 결성 성분 및 용제에 대한 도료의 구성을 알 수 있다.

2 사용 재료

스프레이 락카(백색), 장갑, 앞치마, 팔덮개, 방진마스크, 마스킹테이프, 샌드페이퍼, 평붓, 면걸레

3 기계 및 공구

도장용구, 도장부스

4 작업 순서

(1) 작업준비를 한다.

그림7-66 모델제품의 오염물질 제거

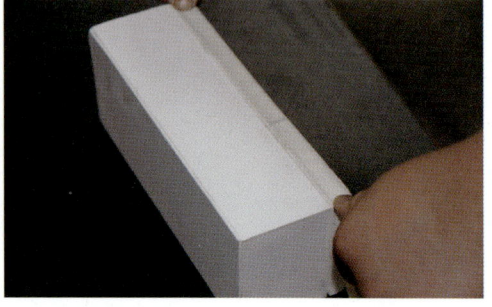
그림7-67 마스킹테이프 부착한 모델제품

❶ 작업 전 모델제품 표면에 습기, 먼지, 칩 부스러기 등의 오염물을 평붓이나, 면걸레로 완전히 제거하여야 한다.
❷ 모델제품의 거친 표면은 사포대로 사포질하고, 스프레이 분진에 오염되지 않도록 주의가 필요한 부분에는 마스킹테이프를 부착하여야 한다.

(2) 분무한다.

❶ 분무하기 전 스프레이 락카를 세차게 흔들면 구슬소리가 난다. 약 1분 정도 흔들어 준 다음 사용하여야 한다. 분무 시에는 가끔 흔들어 사용한다.
❷ 분무의 기본자세를 취한다.
❸ 모델제품 표면으로부터 20~30㎜ 거리를 유지하여 도포하고 표면과 너무 근접해서 분무하거나 과잉 도포하면 흘러내리기 때문에 주의해서 도포한다.

그림7-68 스프레이 락카 흔들기

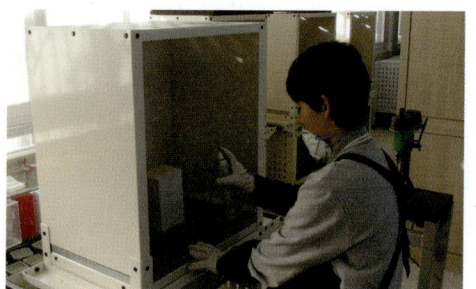

그림7-69 모델제품에 초벌 도포

❹ 처음 분무할 때에는 제품 전체에 고루 도포해야 한다.
❺ 재벌 도포하고자 할 때에는 5~10분 간격으로 2~3회 도포해야 한다.

(3) 검사한다.

그림7-70 스프레이 락카로 완성된 냉장고 모델제품

(4) 정리정돈을 한다.
- ❶ 사용 후 스프레이 락카의 도료가 남았을 때는 락카통을 거꾸로 하여 약 1~2초가량 분무하여 통 안의 가스만 나올 때까지 분사한 후(노즐 속의 페인트를 제거) 마개를 덮어서 보관하면 언제든지 재사용할 수 있다.
- ❷ 도장부스 주변의 용구들을 정리한다.

5 안전 및 유의사항
- ❶ 스프레이 락카의 취급 방법을 충분히 익힌 후 사용할 수 있다.
- ❷ 실내에서 사용할 경우 창문을 열거나 환풍기를 가동시켜 환기시켜야 한다.
- ❸ 다른 사람을 향해 분사시키지 않아야 한다.
- ❹ 도장복장과 분진마스크를 착용해야 한다.

02 분무 도장하기

1 학습목표
- ❶ 스프레이건으로 모델제품 표면에 도료를 균일하게 도포할 수 있다.
- ❷ 분무기 결함 시 부품을 분해하여 손질할 수 있다.
- ❸ 공기압축기를 작동할 수 있다.
- ❹ 도료를 희석할 수 있다.

2 사용 재료
도료, 시너, 여과지, 장갑, 방진마스크, 앞치마, 팔덮개, 마스킹테이프, 평붓, 면걸레, 종이컵, 희석용 컵, 희석용 막대, 송곳(대나무용)

3 기계 및 공구
스프레이건, 공기압축기, 도장 부스, 솔, 도장부속 공구 세트

4 관계 지식 - 분무 도장 요령

1. 모델제품 표면에 좌·우·상·하로 분무하는 것이 편하고 별도 도장실에서 작업하도록 한다.
2. 모델제품의 정면에 좌·우·상·하의 끝단을 보고 분무한다.
3. 모델제품의 끝부분을 도장할 때는 노즐의 중심을 제품의 끝선에 맞추도록 한다.
4. 큰 모델제품은 제품의 정면에서부터 도장하여 먼지가 도면에 부착되지 않도록 한다.
5. 각진 모델제품은 각진 부분부터 분무하고 분무거리를 약간 근접시켜 속도를 빠르게 하여 분무한다.
6. 모델제품 내측의 각진 부분은 먼지가 안쪽으로 들어가지 않도록 주의한다.
7. 원통형의 제품은 위·아래로 분무하면 얼룩이 다소 적게 된다.
8. 모델제품의 폭이 적거나 좁은 경우는 손의 형태를 모델제품에 맞춰 도장한다.
9. 속건성의 도료는 연속적으로 도장 작업을 한다.
10. 미세하고 세밀한 분무를 하기 위해서는 도료의 분출량을 적게 분무하고 공기압축기의 압력을 조금 올리는 것이 좋다.

5 작업 순서

(1) 작업준비를 한다.

1. 재료와 공구를 점검하여 준비한다.
2. 안전 보호구와 방진마스크를 착용한다.
3. 공기압축기에서 에어클리너를 통하여 도달한 공기의 압력을 조절한다.

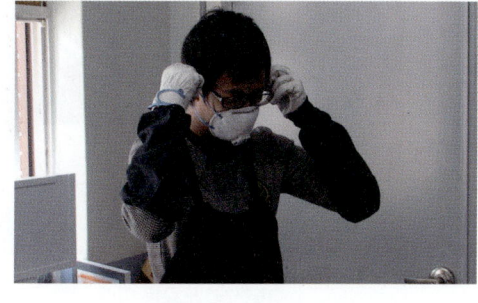

그림7-71 방진마스크 착용

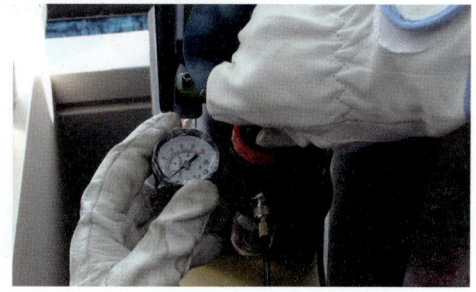

그림7-72 공기압축기 압력 조절

4. 공기압축기 부품인 드레인콕을 개방하여 기존에 쌓여 있던 유분과 수분을 제거한다.
5. 각 부속품의 연결부위에 이상이 있는지 또는 새는 곳이 있는지 확인한다.

❻ 노즐, 에어캡 및 컵 마개의 공기구멍이 막혀 있는지 확인한다.
❼ 도료 입구를 솔로 깨끗이 청소한다.
❽ 제품의 재질에 따라 도료를 선정하여 준비한다.
❾ 희석용 컵에 원액의 도료와 시너를 잘 배합해서 넣고 희석용 막대로 잘 저어 적당한 점도를 맞춘다.

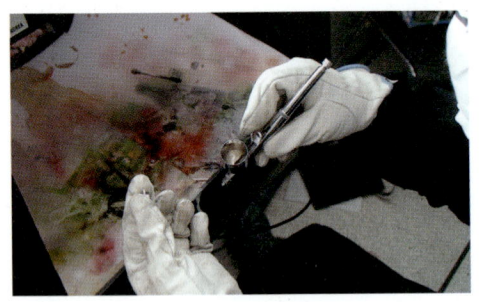

그림7-73 부속품 연결부위 확인

그림7-74 도료 준비

(2) 도료를 도료통에 넣는다.

❶ 도료통에 희석된 도료를 70~80% 정도 넣는다.
❷ 도료통 마개를 닫는다.

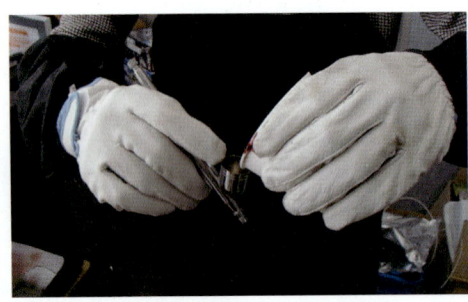

그림7-75 도료 넣는 모습

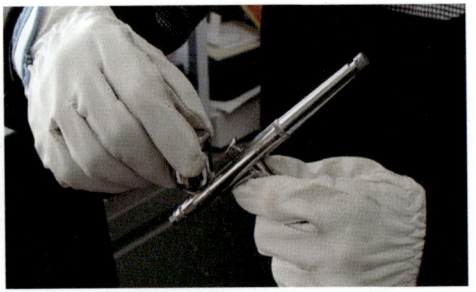

그림7-76 도료통 마개 결합

❸ 에어캡의 각도를 조정한다.
❹ 에어호스에 분무기를 연결한다.

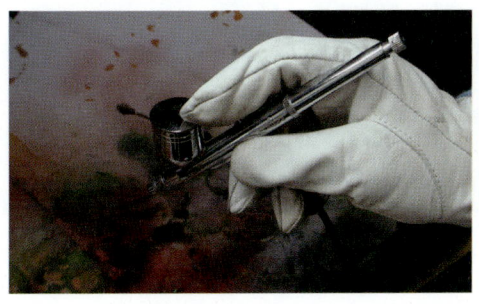 그림7-77 에어캡 각도 조정
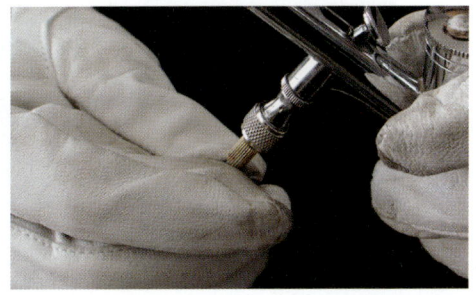 그림7-78 에어호스에 분무기 연결

(3) 조절한다.
❶ 도장부스 내의 허공에 대고 시험 분무를 하며 손의 형태를 조절한다.
❷ 공기량과 도료분출량을 조절한다.

(4) 도포의 기본자세를 익힌다.
❶ 스프레이건 잡는 법을 이해하고 올바르게 익힌다.
㉠ 스프레이건을 바르게 잡는다.
㉡ 손목의 상태는 모델제품의 정면과 직각으로 향한다.

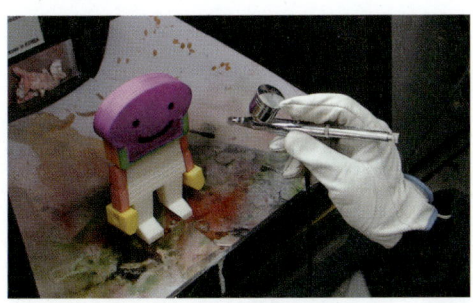 그림7-79 스프레이건 잡은 손의 위치

❷ 에어호스 잡는 법을 이해하고 바르게 익힌다.
㉠ 오른손으로 스프레이건을 잡고 왼손으로 호스를 잡는다. (※왼손잡이는 반대방향)
㉡ 에어호스를 잡은 왼손을 자신의 몸에 어느 정도 근접한 상태에서 오른손으로 스프레이건의 분사 각도를 맞춘다.
㉢ 사용자의 신체에 따라 호스의 길이가 적당량이 되도록 한다.

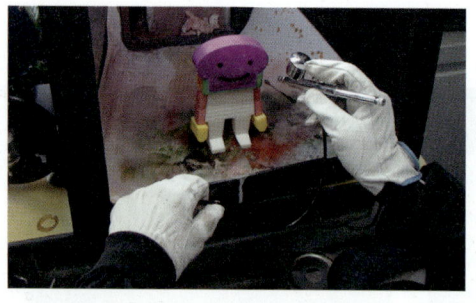
그림7-80 호스와 손의 위치1

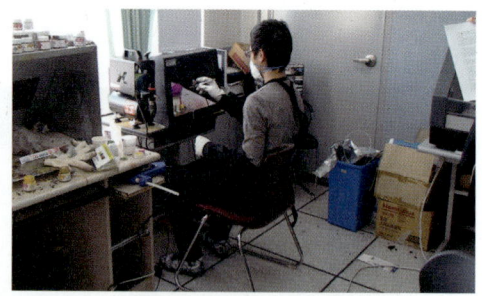
그림7-81 호스와 손의 위치2

❸ 모델제품 표면에 도장해야 하는 몸과 발의 위치를 정한다.
㉠ 몸은 평행을 유지한다.
㉡ 다리는 편안한 자세를 취한다.

❹ 스프레이건을 움직일 때 팔의 상태를 정한다.
㉠ 사용자의 상체 어깨를 중심으로 하여 팔을 좌·우·상·하로 움직인다.
㉡ 모델제품 표면에 대하여 평행 운동이 유지되도록 한다.

(5) 분무한다.

❶ 스프레이건과 모델제품 표면의 분무거리를 정한다. 대략, 소형 스프레이건은 15~25㎜, 대형 스프레이건은 20~30㎜이다.
❷ 분무각도는 90°로 유지한다.
❸ 초벌 도장 후 표면이 마르고 나면 다시 재차 분무한다.
❹ 분무하는 속도는 제품의 크기에 따라 설정해야 한다.
❺ 모델제품 전체에 균일하게 도포한다.

그림7-82 모델제품의 도포

(6) 정비한다.

❶ 도료 컵 마개를 연다.

❷ 도장 후 남은 도료를 종이컵에 붓는다.

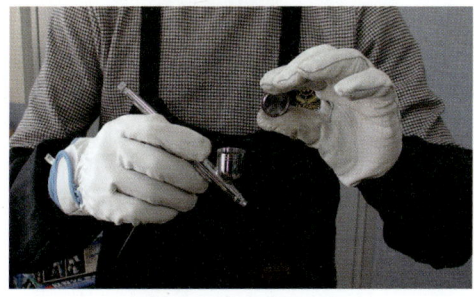

그림7-83 도료통 마개 개방

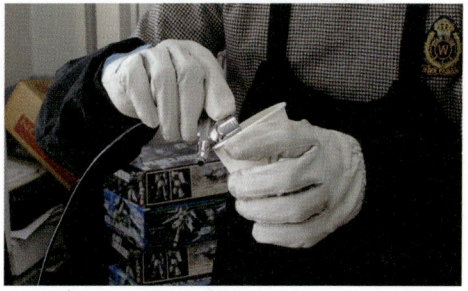

그림7-84 남은 도료 처리

❸ 적당량의 시너를 도료통에 붓는다.

❹ 도료통 마개를 닫고 에어캡의 정면을 면 걸레로 막고 스프레이건을 2~3회 분사시킨다.

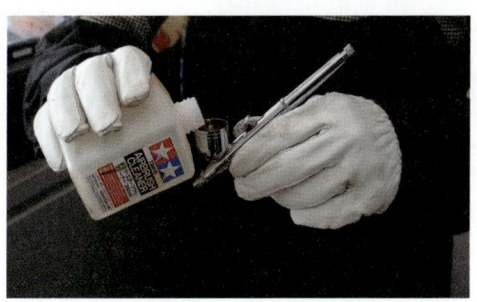

그림7-85 시너 도료통에 넣기

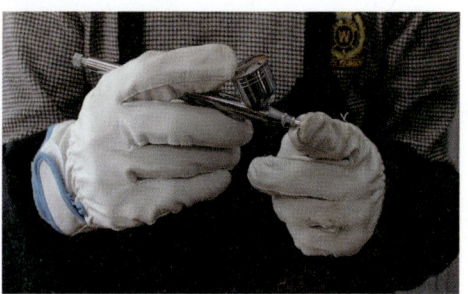

그림7-86 스프레이건 분사

❺ 재차 깨끗한 시너를 도료통에 넣고 스프레이건을 4~5회 분사시킨다.

❻ 도료통을 면봉으로 솔질 또는 걸레로 깨끗이 닦는다.

❼ 에어캡과 노즐을 시너로 씻는다.

❽ 에어캡과 도료통의 막힌 공기구멍은 면봉으로 긁어낸다.

 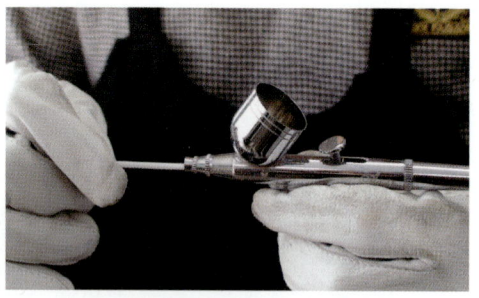

그림7-87 막힌 구멍 청소1 그림7-88 막힌 구멍 청소2

❾ 부속품 연결부위 나사를 방청유로 뿌려준다.
❿ 공기압축기 및 부속품을 주기적으로 정비를 한다.

(7) 검사한다.

그림7-89 분무도장이 완성된 모델제품

(8) 정리정돈을 한다.
❶ 공기 압축기의 전원을 차단시킨다.
❷ 사용한 도장부스 주변의 공구를 공구함에 가지런히 정리정돈을 한다.

그림7-90 분무도장에 사용된 공기압축기 정리정돈

6 안전 및 유의사항

❶ 에어컴프레셔와 스프레이건의 사용 방법을 익힌 후 사용할 수 있다.
❷ 스프레이건 세척 시에는 다른 작업자를 향해서 건을 분사하지 않도록 한다.
❸ 사용자 임의로 스프레이건을 완전히 분해시키지 않도록 한다.

04 제품흠집 보수

모델제품 후가공 시 제품 손상 부위의 흠집보수와 재질 및 거칠기에 따른 연마작업을 할 수 있다.

01 퍼티(Putty) 바르기

1 학습목표
① 주제와 경화제를 적당량 배합할 수 있다.
② 모델제품의 손상 부위에 폴리에스테르 퍼티를 도포해서 평평하게 작업할 수 있다.

2 사용 재료
퍼티, 경화제, 연마지, 면장갑, 팔덮개, 앞치마, 면걸레, 혼합용 막대

3 기계 및 공구
주걱(헤라), 정판, 스크레이퍼

4 관계지식 - 퍼티(Putty)의 종류와 특징
제품의 구멍이나 흠집을 메우거나 어떤 일정한 형태로 모델제품 작업할 때 쓰이는 재료이다.

① **락카 퍼티(플라스틱 퍼티)** : 가장 일반적인 말랑말랑한 덩어리 형태의 퍼티로서 용기에 들어 있는 것을 손으로 짜서 쓰게 되어 있다. 주로 그리 크지 않은 틈새나 흠집을 메우는 데 사용한다. 수축이 심하기 때문에 2~3일 이상 건조한 후 연마작업을 해야 한다.

② **에폭시 퍼티** : 주제와 경화제를 동일한 비율로 섞어 지점토처럼 사용할 수 있는 퍼티로서 수축이 심하지 않지만 주로 큰 구멍을 메우거나 곡면이 많은 부품 등을 메우는 데 쓰인다.

③ **폴리에스테르 퍼티** : 2액형으로 사용 전에 에폭시 퍼티와 마찬가지로 주제, 경화제를 적당하게 혼합하여 사용하게 되어 있다. 점도는 에폭시 퍼티와 락카 퍼티의 중간 정도이다.

5 작업 순서

(1) 작업준비를 한다.

❶ 작업대 테이블 위에 정판과 주걱(헤라)을 준비한다.
❷ 혼합시킬 경화제와 퍼티를 준비한다.

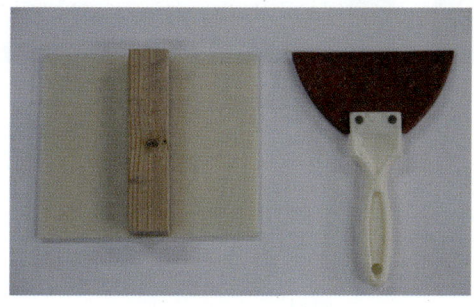

그림7-91 정판과 주걱(헤라)

그림7-92 퍼티와 경화제

❸ 보안경과 앞치마, 팔덮개, 면장갑을 착용한다.
❹ 손상된 제품의 부위를 샌드페이퍼로 연마한다.
❺ 모델제품 표면에 묻은 오염물질을 깨끗이 닦아낸다.

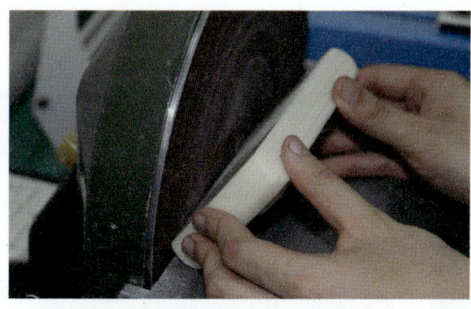

그림7-93 손상된 부위 샌딩작업

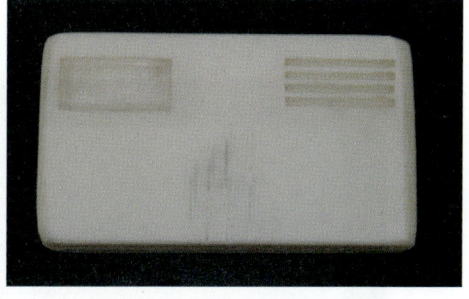

그림7-94 오염물질 제거 후의 제품 표면

(2) 퍼티와 경화제를 혼합시킨다.

❶ 퍼티통 뚜껑을 연다.
❷ 혼합용 막대로 휘젓는다.
❸ 퍼티를 정판 위에 알맞은 정도로 옮긴다.
❹ 경화제를 첨가한 후 용기 뚜껑을 닫는다.
❺ 주걱(헤라)으로 퍼티와 경화제를 골고루 섞는다.

그림7-95 정판 위의 퍼티

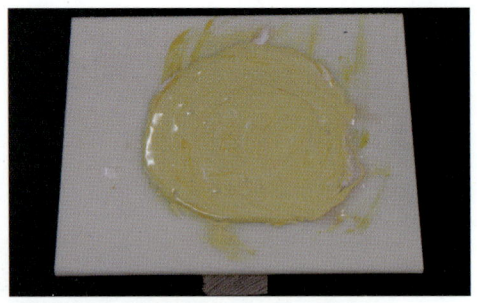

그림7-96 경화제를 섞은 퍼티

❻ 주제와 경화제의 혼합 배율은 약 100:2~3 정도면 적당하지만, 기온과 각 제조회사별로 차이가 있다.

❼ 퍼티와 경화제를 혼합하여 견본 색상을 기준으로 한다.

(3) 퍼티를 손상된 모델제품에 바른다.

❶ 모델제품의 손상이 심한 부위에 먼저 신속하게 얇게 바른다.

❷ 모델제품 표면의 손상 형태에 따라 소량으로 고루 바른다.

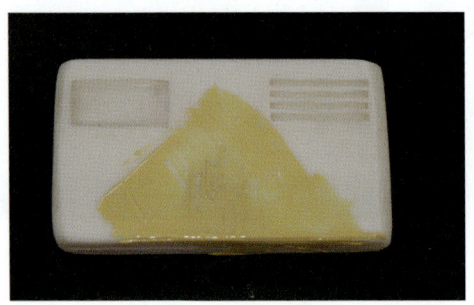

그림7-97 손상 부위의 초벌칠한 퍼티

그림7-98 고루 바른 퍼티

❸ 주걱 작업은 붙이기, 나누기, 고르기로 실시한다.

❹ 처음 45° 각도에서 차츰 각도를 낮추어 손의 동일한 힘을 이용하여 바른다.

❺ 주걱의 방향을 전환시켜 바른다.

❻ 재벌 덧칠할 경우는 약간 넓게 바른다.

그림7-99 주걱의 방향을 전환

그림7-100 재벌 칠한 퍼티

❼ 모델제품 표면에 층이 생기지 않도록 바른다.
❽ 최종 작업 시에는 기공이 생기지 않도록 얇게 훑어 바른다.
❾ 헤어드라이기 또는 열풍기를 사용해서 건조시키면 시간이 단축될 수 있다.

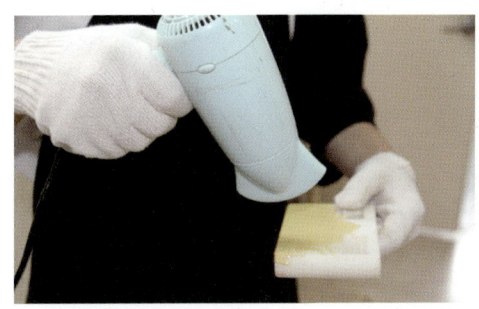
그림7-101 헤어드라이기를 사용한 건조방법

그림7-102 열풍기를 사용한 건조방법

(4) 검사한다.

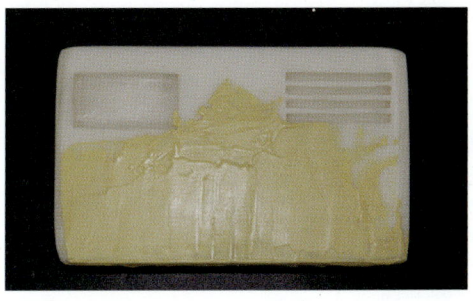
그림7-103 흠집 보수가 완성된 모델제품

(5) 정리정돈을 한다.
  ❶ 주걱과 정판에 묻은 퍼티는 스크래퍼로 긁어내어 샌드페이퍼로 샌딩 후 보관한다.
  ❷ 경화제통과 퍼티통의 마개를 잘 닫고 보관한다.

6 안전 및 유의사항

❶ 퍼티와 경화제는 적당량 혼합해서 사용한다.
❷ 퍼티의 경화 속도가 빠르므로 많은 양을 혼합하지 않도록 한다.
❸ 손상된 모델제품 표면에 많은 양의 퍼티를 바르지 않도록 한다.
❹ 신체에 접촉되지 않도록 한다.
❺ 다른 작업자에게 방해가 되지 않도록 한다.

02 연마 작업하기

1 학습목표

❶ 모델제품 재료의 재질에 따른 샌드페이퍼를 선택하여 사용할 수 있다.
❷ 모델제품 표면의 거칠기에 따른 샌드페이퍼를 선택하여 평평하게 샌딩할 수 있다.
❸ 모델제품의 라운드 및 모따기를 할 수 있어야 한다.
❹ 블록사포대를 만들 수 있어야 한다.

2 사용 재료

샌드페이퍼, 아이소핑크, MDF판, 방진마스크, 장갑, 앞치마, 면걸레, 평붓, 양면테이프

3 기계 및 공구

연마기, 보안경, 샌딩기, 사포대

4 관계지식 - 연마기의 종류와 특징

❶ 싱글 액션 샌더(Single Action Sander)
가장 기초적이며 저속 회전(1,500~3,000회전)으로 연마력이 강하여 녹 제거, 도막 제거, 금속 표면의 미세한 연마에 사용한다.

❷ 더블 액션 샌더(Double Action Sander)
퍼티 연마, 단 낮추기, 중도 연마, 전면 연마 등 기초 도막과 연마면이 곱고 부드러워 최종 마무리 작업에 사용한다.

❸ 오비탈 샌더(Orbital Sander)
사각형인 패더는 타원형의 궤적을 이루고, 연마력은 약하나 패더가 크고 평면에 대한 접지성이 높아 퍼티 연마 및 굴곡 제거가 쉽다.

❹ 기아 액션 샌더(Gear Action Sander)
더블 액션샌더와 용도 및 사용방법이 같고, 기아에 의해 연마하기에 연마력이 우수하여 작업 능률이 향상되고 퍼티 연마에 사용한다.

❺ 벨트 샌더(Belt Sander)
다양한 연마작업에 적합한 구조이고, 벨트의 폭은 10~20mm이며, 오목한 장소나 좁고 구석진 부분 연마에 사용한다.

5 작업 순서

(1) 작업준비를 한다.

❶ 샌딩기와 샌드페이퍼, 블록사포대를 점검하여 준비한다.

그림7-104 샌딩기

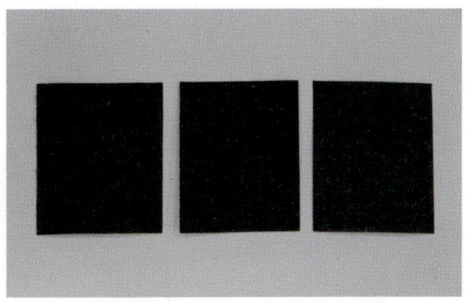

그림7-105 거칠기에 따른 샌드페이퍼

❷ 샌드페이퍼를 재료의 재질에 따라 준비해서 사포대에 양면테이프로 부착한다.

그림7-106 아이소핑크-MDF를 크기에 맞게 제작

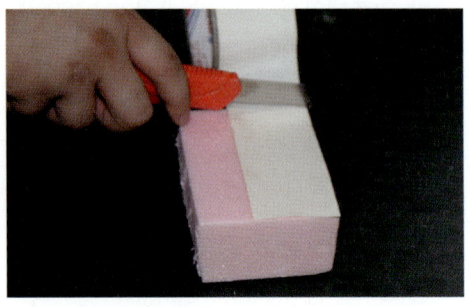

그림7-107 양면테이프를 아이소핑크에 붙인 후 크기에 맞게 커팅

그림7-108 MDF판으로 만든 사포대

그림7-109 아이소핑크로만든 사포대

❸ 보안경과 방진마스크를 작업자의 신체조건에 맞추어 착용한다.
❹ 샌딩기를 에어호스에 연결한다.
❺ 샌딩할 모델제품 표면에 오염물질이 묻은 부위는 면걸레 또는 평붓으로 제거한다.

그림7-110 에어호스에 연결된 샌딩기

그림7-111 오염물질 제거

(2) 샌딩한다.

❶ 블록사포대를 잡고 사포할 면에 고르게 사포질한다.
❷ 샌딩기를 작동시켜 라운드 또는 모따기 작업을 고루 진행한다.
❸ 반복해서 연마한다.

그림7-112 블록사포대 작업

그림7-113 샌딩기 작업

❹ 모델제품 표면에 퍼티한 부분은 고르게 평형으로 접촉시켜 샌딩한다.

그림7-114 퍼티한 부분의 블록사포대 작업

그림7-115 퍼티한 부분의 샌딩작업

❺ 표면 상태에 따라 거친 샌드페이퍼에서 고운 샌드페이퍼로 사용한다.
❻ 모델제품 표면에 손상된 흠집이 있을 경우 층이 생기지 않도록 고루하게 샌딩한다.
❼ 모델제품 표면의 샌딩 자국은 도장 이후에도 샌딩 자국이 남기 때문에 샌딩 자국(스크래치)이 없게 세밀히 샌딩한다.
❽ 샌딩하는 동안 모델제품 표면이 평평하고 깨끗하게 진행되는지 손으로 모델제품을 만져보고 확인한다.

(3) 검사한다.

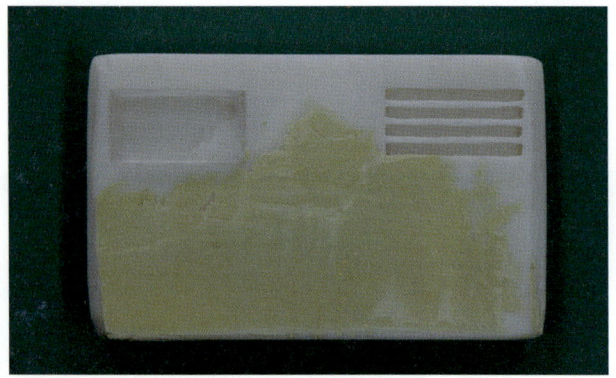

그림7-116 샌딩이 완료된 모델제품

(4) 정리정돈을 한다.

❶ 샌딩이 종료되면 에어건을 이용해서 모델제품 표면 구석구석의 이물질을 불어낸다.
❷ 샌딩 입자를 면걸레 및 평붓으로 닦아낸다.
❸ 샌딩기에 묻은 입자가루를 불어 내고 정리한다.
❹ 청소기를 이용하여 입자를 제거한다.

6 안전 및 유의사항

❶ 샌딩기의 사용 방법을 익힌 후 무리하게 작업하지 않도록 한다.
❷ 샌드페이퍼는 모델제품 표면과 재질에 따라 적절하게 선택해서 사용한다.
❸ 샌딩 자국(스크래치)이 생기지 않도록 한다.
❹ 모델제품 샌딩 시 한 곳에 집중적으로 가할 경우 표면에 굴곡이 생기므로 주의해서 샌딩한다.
❺ 샌딩기 사용 시 입자가 입속으로 들어가지 않도록 방진마스크를 착용한다.

memo.

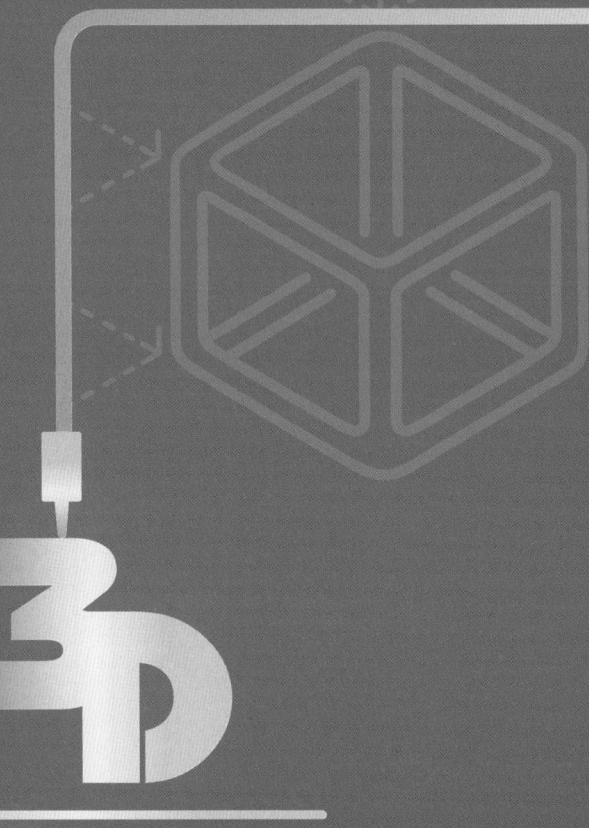

PART 08
부록

✧ **CHAPTER 01** 안전 및 유의사항
✧ **CHAPTER 02** 3D프린팅 용어

01 안전 및 유의사항

3D프린터 출력과정 시 작업장 환경조건과 위험요소를 미리 사전에 방지하고 대처할 수 있다.

01 작업장 환경

　3D프린팅 장비의 사용과 소재의 취급 및 출력물의 후처리 과정 시 안전을 위한 세심한 관심과 작업장 환경에 대한 의식을 가져야 한다.
　휘발성 유기화합물과 초미세먼지 등을 대기 중에 방출할 수 있어서 사용자의 건강을 해칠 수 있기 때문에 이러한 환경에 대처하기 위해서는 사전에 관리나 안전조치가 반드시 뒤따라야 한다.
　작업장의 환경은 오염물질의 처리과정에서 환풍이 잘될 수 있도록 환기가 잘되는 장소에 환풍기를 설치해야 한다. 또한 환풍기 작동 시 실내의 오염된 공기를 외부로 유출시키고 외부 공기가 작업장 실내로 유입될 수 있도록 자연 환기 방법과 병행하여 실시한다.
　작업장 장비의 설치대수에 따라 많이 설치된 경우는 실내 온도가 올라가기 때문에 상대적으로 습도가 낮아져 실내 공기의 질이 나빠질 수 있으므로 계절에 맞게 실내 적정온도를 유지해야 한다.
　3D프린터로 출력하고자 하는 모델제품이 큰 경우는 장시간 출력을 요하는 것도 있어서 자리를 벗어나면 화재발생도 뒤따를 수 있다. 따라서 가급적 자리를 벗어나지 않도록 한다.

02 장비 유의사항

⚠️ 기호에 따른 경고 및 주의사항

이미지	의미	내용
🔥	경고	화상과 부상을 초래할 수 있는 동작 부품이 있어서 장비가 작동할 시 절대 장비 내부에 손을 넣지 말아야 한다.
✋		장비를 장시간 사용할 때 높은 열이 발생할 수 있어서 스마트압출기의 내부를 임의로 만지려면 먼저 압출기의 열을 식혀야 한다.

	경고	장비 사용 시 감전 위험이 발생되면 전원 스위치를 끄고 사용자가 직접 장비를 수리하면 안 된다.
	주의	① 3D프린팅 중일 때에는 장비 옆에서 항상 주시하고 있어야 한다.
		② 호환 및 승인되지 않은 재료는 3D프린트 장비에 사용하지 않아야 한다.
		③ 장비 사용 시 감전 위험이 발생되면 전원 스위치를 끄고 사용자가 직접 장비를 수리하면 안 된다.
		④ 장비의 오작동 시 임의로 사용자가 장비를 작동시키지 말아야 하며, 전원을 반드시 차단한 후에 증상을 확인하고 문제해결을 해야 한다. 사용자가 해결하기 어려운 경우는 장비 업체에 의뢰하여 A/S를 받아야 한다.
		⑤ 콘센트는 장비 근처에 있어야 하며 쉽게 접근해서 다룰 수 있어야 한다.
		⑥ 작업장에서 비상상황이 발생하면 즉시 전원 케이블을 분리하고 그에 맞는 조치를 해야 한다.
		⑦ 모델제품을 고온에서 출력 시 필라멘트의 유해가스 특유의 유기화합물 냄새가 나므로 환기가 잘되는 곳에 장비를 설치해서 사용해야 한다.
		⑧ 프린터 도중 또는 직후에 스마트 압출기를 제거하거나 전원을 끄지 말아야 하며, 스마트 압출기 제거 시 전원을 끄기 전에 완전히 내부의 열을 식혀서 꺼내야 한다.
		⑨ 제작판에 재료의 보조 잔여물이 남아있으면 깨끗하게 제거해야 하는데 제거 시 제작판에 손상이 발생할 수 있어서 금속류(칼, 송곳) 등의 도구를 절대로 사용하지 않는다.
		⑩ 3D프린터 장비 사용자가 초보자 및 아동인 경우는 장비 사용 시 반드시 숙련자와 보호자의 관리 감독하에 교육과 연수를 통해 사용해야 한다.
		⑪ 장비를 작업장 내·외부에서 장시간 사용 시 먼지가 쌓이기 때문에 먼지제거가 필요하며, 이를 방치하였을 때 먼지와 건조분말에 마찰이 있어서 정전기가 발생되면 발화할 위험성이 뒤따를 수 있다.
		⑫ 접착제 및 도장 재료는 장비와 접촉이 없는 곳에 보관하여 사용한다.
		⑬ 재료(필라멘트)의 보관은 직접 햇빛이 들지 않는 곳에 보관하도록 하며 오래 보관하지 않아야 한다. 이유는 외부에 방치해 두어 보관하면 필라멘트 내부 재질의 변형이 발생하여 사용하기 어려울 수 있다. 또한, 오래 사용하지 않고 보관하면 필라멘트 사용 시 쉽게 갈라지거나 끊어진다.

02 3D프린팅 용어

3D 프린팅 용어를 이해하고 숙지해서 현장에 적용할 수 있다.

◆ 3D프린팅 용어 설정은 별도 사전에 표기가 없으므로 보편적인 내용으로 수록하였다.
◆ 가급적 NCS기준에 나와 있는 용어로 설명을 추가하였으며 전문적인 수준의 지식도 요구된다.

[ㄱ]

가열판(Heat bed)	가열되어진 압출기 노즐을 통해서 흘러나온 출력물(필라멘트) 원료가 급속하게 냉각되어 수축하지 않도록 출력물(필라멘트) 표면에 열을 가해주는 판(Plate)을 말한다.
갠트리(Gantry)	3D프린터 장비의 X축과 Y축으로 캐리지를 움직인다.
광택도색	부드럽고 아름다운 광택법으로 도료막 표면의 미세한 굴곡을 깎아내어서 다듬는 것으로 광택이 나는 상태로 마감한다.
구속조건	스케치상의 각 요소에 상호관계를 부여하는 것으로써, 수평, 수직, 동일선상, 직각, 평행, 동등, 고정 등의 조건을 말한다.
기하학적 형상	사각형, 선, 타원, 원, 슬롯을 말한다.

[ㄴ]

내부 채우기(Infill)	프린트된 모델제품의 안쪽 부분을 채워지게 하는 지지용 구조물이며 밀도를 설정한다.
내부 채움 정도 (Infill Ratio)	프린트된 모델제품의 내부 채움에서 지지하고 있는 물질(필라멘트)이 차지하고 있는 비율
넙스 모델링	수학적으로 정의된 3D 곡선을 이용해서 복잡하거나 부드러운 곡선의 표현이 가능하고 표면을 디자인하고 모델링하며 많은 계산이 필요할 때 적합한 방식
노즐(Nozzle)	가열되어서 용융된 출력물(필라멘트)이 압출되어 흘러나오는 작은 직경의 구멍

[ㄷ]

DFM(Design for Manufacturing)	제품의 제조가 용이한 방식으로 설계하는 엔지니어링으로 제조 프로세서를 고려하여 부품, 기기의 설계를 하는 것으로 신뢰성과 품질이 높은 제품을 만들기 위한 설계 및 생산성 설계라고 한다.	
디자인 모델링	비정형 객체를 생성하기 위한 3D 모델링 프로그램을 사용해서 정해진 도면이나 디자인 스케치를 3차원 형상 데이터로 생성할 수 있는 능력이다.	
디자인 스케치	디자이너가 생각하고 있는 아이디어나 이미지를 감성적인 방법으로 표현하고 형태를 정의하여 구체적으로 나타내는 것을 말하며 디자인 콘셉트를 시각적으로 표현하는 과정이다.	
디자인 요구사항	제품 디자이너가 디자인 결정사항에 대한 설명과 입체조형으로 만들어질 때 발생되어질 상황에 대한 내용이다.	
드로잉(Drawing)	치수 추출이 가능하고 2D 평면상에 에지(Edge)들을 투영하여 표현하고 선, 원, 호, 텍스트들을 입력 및 출력할 수 있다.	

[ㄹ]

레이아웃	모델을 정렬, 배치, 각도, 크기의 메뉴를 사용하여 제작판에서 모델을 조정한다.
레이어 높이 (Layer Height)	프린트될 모델부품의 각 레이어 높이
래프트(Raft)	모델제품 형상의 뒤틀림을 막기 위한 기술 중 하나이며 필라멘트 출력 중 바닥면에 접착력을 갖기 위해 넓게 제공하는 면으로 제작판에서 떨어지지 않도록 하기 위해 사용하는 바닥 보조물
래피드 프로토타이핑 (Rapid Prototyping)	제품개발과 양산에 앞서 사전에 원형 목업모델을 제작해 보는 시제품으로 프로토타입을 만드는 전체적인 시스템을 의미
렙랩 프로젝트 (RepRap project)	영국에서 처음 시작되었고, 아드리안 보이어(Adrian Bowyre)에 의해 운동이 일어났다. 최초의 3D프린터는 '다윈(Darwin)'이며 '자가 복제'를 꿈꾸는 비영리소스 운동으로 개발과 공유를 위한 커뮤니티이다.
로딩(Loading)	모델제품을 출력하기 위해 압출기에 재료(필라멘트)를 밀어넣어 공급하고 녹여서 노즐로 밀어 내게 하는 과정

[ㅁ]

마스킹	모델제품의 각 부분을 구분·도색하기 위해 실시하는 작업으로 먼저 도색하고자 하는 부분을 마스킹테이프 등으로 붙여 그 이외의 부분에 덧칠하는 기법
모델링 프로그램	3D디자인 및 3D엔지니어링 소프트웨어를 말한다.

[ㅂ]

바늘코 플라이어	서포트를 제거할 때 사용하는 도구
바닥받침대	필라멘트 출력 시 적층바닥과 모델제품을 견고하게 부착하고 유지시켜 주는 지지대를 말한다.
베드(Bed)	출력되는 필라멘트가 적층되는 공간을 말하며, 조형판이라고도 한다.
브림(Brim)	모델제품이 출력 시 제작판에 잘 부착되도록 하기 위해 첫 번째 레이어를 넓게 또는 두껍게 하는 것으로 추가적인 두께를 말한다.
부가요소	운용자가 3D디자인 소프트웨어 프로그램상에서 직접 설계한 지지대를 말한다.
분할 출력	나눠서 출력한 모델제품을 이어붙여 제품을 완성하는 출력방법으로 출력이 멈춘 부분부터 G코드를 생성하여 제품을 제작할 수 있다.

[ㅅ]

사전준비	3D프린터 장비를 동작시키기 위해서 필라멘트 장착, 제작판 확인, 온도조건, 청결상태를 만족시키는 작업을 말한다.
사포	모델 목업제품의 바탕면 다듬질의 경우에 주로 표면이나 도장면을 닦아서 소재의 연삭, 흠집 제거, 광을 내기 위한 용도로 사용하며, 사포는 바탕이 되는 종이에 유리가루, 규석, 금강사 등의 연마용 가루를 부착시킨 것을 말한다.
사포질	모델제품의 부품에 따른 접합선, 적층라인, 흠집, 수축 등을 다듬는 작업을 말하는 것으로 3D프린터 모델제품의 마감법의 일종이다.
서포트(Support)	출력물 아래가 좁거나 형상 모델이 없는 부분의 모델제품 형상을 출력하기 위한 지지대이며 서포트 설정을 통해 이루어진다.
서페이서	표면처리의 단계로 모델제품 표면에 도료가 잘 올라갈 수 있게 단단한 표면과 정착을 보조하고, 빛의 투과를 방지하는 바탕도색 및 모델부품의 색상을 맞출 때 구분되어 있다.
설계조건	3D프린터 출력 전 모델제품 크기, 부품의 조립, 설계 변경 가능 여부, 제한조건 등에 대한 내용을 말한다.
쉘 두께 (Shell Thickness)	출력된 모델제품의 외벽 두께를 말한다.
쉘(Shells)	프린트된 부품의 레이어 경계로 모델제품의 벽을 말한다.
소재 압출 (Material Extrusion)	3D프린터 압출기에 장착된 노즐을 통해서 소재(필라멘트)를 압출시키는 방식

솔리드 모델링	점, 선, 면의 집합체이고 면이 모여 입체가 만들어질 때 내부(체적, 질량, 부피값 등)가 찬 모델제품을 이용해 모델링하는 데 적합한 방식
스캔데이터의 수정 보완 작업	역설계 및 스캔 오류로 나온 모델제품을 전용 보정소프트웨어를 활용해서 수정하는 작업을 말한다.
SD카드(Secure Digital Card)	슬라이서 프로그램에서 생성한 G-Code 파일을 저장하는 저장매체이다.
SLA방식(Stereo Lithography)	광경화성 액상 수지가 담긴 수조에 레이저를 투사하여 빛에 반응하는 부분이 고형화되어서 쌓는 방식
SLS방식(Selective Laser Sintering)	대량의 작은 분말(파우더) 형태의 세라믹 금속, 플라스틱, 유리 입자를 선택적으로 레이저로 투사하여 가열 응고시키며 층을 쌓아 입체적으로 조형하는 방식
스커트(Skirt)	처음 프린팅 하였을 때 제작판에 미리 한 층의 레이어를 적층해주어 확인할 수 있는 바닥 보조물
스테퍼 모터 (Stepper Motor)	브러시리스 직류 전기 모터이며 스테핑 모터라고도 모터 한 바퀴의 회전을 많은 수의 스탭들로 나눌 수 있다.
슬라이서(Slicer)	3D CAD에서 변환한 STL파일을 G-Code 형식의 컴퓨터 수치제어 프로그래밍 언어로 변환하여 3D프린터에서 제어할 수 있도록 지령하는 소프트웨어를 지칭한다.
슬라이서(Slicer) 프로그램	3D프린터 운용에 사용되어 적용하는 제반 프로그램(슬라이싱 기능 G코드 생성, 지지대 설정 기능, 기타 설정)을 의미한다.
슬라이싱(Slicilg)	3D모델을 3D프린팅에서 2D레이어로 변환하도록 하고 3D모델을 얇은 한 개층의 높이로 잘라내는 작업
수동 오류 수정 기능	자동으로 처리 되지 않은 부분을 프로그램에서 수동으로 처리하는 기능
수축	출력 과정에서 발생하는 모델제품 표면이 안쪽으로 오그라들거나 줄어드는 것을 말한다.
시각 요소	질감, 형, 색으로 구분한다.
시제품(Prototype)	제품생산에 앞서 사전에 미리 제작해 보는 모델제품의 모형을 의미
싱기버스 (Thingiverse)	3D 모델링 파일을 오픈소스 플랫폼으로 가장 많이 사용하는 3D 모델링 공유사이트이며 Thingiverse.com에서 액세스하여 사용할 수 있다.

[ㅇ]

압출(익스트루드, Extrude)	제작판 상판 위에 재료를 적층시키는 활동과정
압출기(익스트루더, Extruder)	필라멘트를 주입하고 가압시켜 압출하는 장치로서 스테핑 모터를 이용하여 히트 블록과 노즐로 필라멘트를 공급하고 녹여서 압출시킨다.

에어브러시 도색	에어캔이나 컴프레셔에서 공급되는 압축 공기를 뿜어내어 도료를 안개 상태로 만들어서 뿌리는 도색 방법을 말한다.
연마제	모델제품 표면의 도막을 닦아서 광을 내거나 부품의 흠집을 없애고 광택을 보호하는 데 사용한다.
언 로딩 (Unloading)	압출기에 꽂혀 있는 재료(필라멘트)를 빼내는 과정
역설계(Reverse Engineering)	제품 등의 실물모형으로부터 3D데이터를 얻는 과정 즉, 실물모형 스캐닝과 모델링을 행한다.
엔지니어링 모델링	정형화된 객체를 설계하기 위한 3D 모델링 객체형성, 2D스케치, 어셈블리, 출력용 설계 수정하기를 실행한다.
오류검출프로그램	출력용 파일의 오류를 찾아내고 수정하는 기능을 가지고 있으며, 출력의 최적화 기능도 포함하고 있다.
오토 베드 레벨링 (Auto Bed Leveling)	제작판(베드)의 수평을 사용자의 손을 사용하지 않고 장비 내에서 자동으로 정확한 수평 상태로 레벨을 맞추는 기능
USB스틱	프린트할 문서와 파일을 저장하고 정리한다.

[ㅈ]

자동 오류 수정 기능	오류검출 프로그램에서 주어지는 기능들로 오류들을 자동으로 검출하여 수정하는 기능
적층 가공(Additive Manufacturing)	3D프린팅을 작동하는 방식으로 모델 데이터로부터 출력하기 위해 소재를 녹여 여러 층으로 단면을 쌓아 올리면서 모델제품을 완성하는 디지털 프로토타이핑 방식
전용공구	출력된 모델제품을 제작판에서 분리하기 위하여 사용하는 공구를 지칭하며 일반적으로 헤라(주걱형태의 공구)를 사용한다.
정투상도	모델제품을 평행한 위치에서 바라보고 투상하는 방법
지지대	3D프린터로 모델제품을 출력 시 형상보조물과 바닥받침대를 말한다.
지지대 설정하기	슬라이서(Slicer) 프로그램의 자동 지지대 설정기능을 기반으로 한다.
G-코드(G-Code)	NC공작기계가 실제 가공, 공구의 이송, 보정 번호, 스핀들의 회전, 축의 이송 등의 제어 기능을 준비하도록 하는 명령을 말하며, 출력경로 및 3D프린터의 기타 설정값을 포함한 출력 가능한 최종파일을 지칭한다.
절삭 가공	금속과 비금속의 재료를 기계로 가공해서 칩(Chip)을 발생시켜 제품을 만드는 제조방식

주걱(헤라)		제작판(베드)에서 출력 완성된 모델제품을 제거할 때 사용하는 도구
직접 용착 (Directed Energy Deposition)		재료에 집중적으로 열에너지를 방출하여 녹이고 결합시키는 방식
제어판		사용자가 직접 3D프린터를 조작할 수 있으며 프린터 설정 및 교정, 필라멘트 교체, Wi-Fi 상태 확인 등이 가능하다.
제작판 (Build Plate)		3D프린트 출력물이 제작되는 면이다.
제작판 설치		제작판을 Z-스테이지에 장착시켜 맞는지의 여부를 확인한다.
제품 기획		모델제품을 제작하기 위한 제품기획을 설정과 디자인 결정 및 출력방식으로 선택하는 능력이다.
제품 스캐닝		모델제품의 형상을 X, Y, Z값의 수치정보를 가진 데이터를 얻어 컴퓨터상에 3D 모델링 데이터로 구현하며 스캔된 데이터의 후처리 보정기술을 이끌어 내는 능력이다.
조형요소		시각요소로 질감, 형, 색으로 구분한다.
죔새		축의 치수보다 구멍의 치수가 작을 때, 조립 전의 축과 구멍의 치수차를 말한다.

[ㅊ]

최대 조형 크기 (Maximum Build Size)		3D 프린터 제작판에서 출력할 수 있는 모델제품의 최대 크기를 말한다.
최소 적층 두께 (Minimum Layer Thickness)		모델제품의 Z축을 가장 얇게 적층할 수 있는 레이어 두께를 말한다.
챔버		3D프린터 내부 공간의 일정한 온도를 유지시켜 주어 모델제품의 품질을 최적화하고 소음, 진동, 성능의 향상을 위해 만든 전용 메이커 케이스
출력경로		슬라이싱된 모델제품을 출력하기 위하여 3D프린터 장비의 출력부가 이동하는 경로를 말한다.
출력과정		3D프린터를 사용하여 3차원 모델제품의 형상을 제작하는 과정이다.
출력용 데이터 확정		3D프린팅 작업의 오류를 피하기 위하여 3D프린팅 출력용 파일의 문제점을 파악해서 데이터 수정 및 파일을 재생성하는 능력이다.
치수공차		모델부품을 기준치수에 맞추어 정확히 프린팅할 수 없으므로 실용상 허용할 수 있는 오차의 범위(최대 허용 한계 치수와 최소 허용 한계 치수의 차)를 말한다.

[ㅋ]

캐리지(Carriage)	압출기를 옮기는 부품으로 고정된 X축에서 움직이는 조립체이다.
쿨링 팬(Cooling fan)	바람을 일으켜 압출된 재료를 적층 시에 빠르게 냉각시켜 출력물의 수축을 방지하는 역할
클리어 도색	모델제품 부품 표면에 색상이 있는 투명한 도료를 바르는 것으로 광택을 바꾸거나 마크의 보호 및 도색 등을 목적으로 사용한다.
큐라(Cura)	Ultimaker사에서 무료로 제공하는 슬라이싱 프로그램

[ㅌ]

틈새	축의 치수보다 구멍의 치수가 클 때, 축과 구멍의 치수차를 말한다.

[ㅍ]

파라메트릭(Parametric)	모델의 기하학적 형상에 구속조건을 부여하여 제품설계 및 변경이 용이하게 하는 방식을 말하며 컴퓨터 지원 설계 시스템의 하나이다.
파트 작성	모델의 각 부품 형상을 모델링하는 공간
파트(Part)	각각의 부속품 또는 부품의 조립품을 구성하는 최소단위라고 한다.
퍼지 라인(Purge Line)	프린트를 시작할 때 압출된 필라멘트 소재가 제작판 측면 또는 전면을 가로질러 그려지는 직선
페어링(Fairing)	스캔된 3D 모델링 데이터의 면을 정리하고 울퉁불퉁한 곡면을 직선으로 처리하는 것을 말한다.
PLA(Poly Lactic Acid)	친환경 수지이며 무독성 친환경 재료로 옥수수 전분을 이용해 만든 재료
표면처리	최종 모델제품의 도색 전 단계를 말하며 바닥 보조 출력물 및 지지대 제거 등 모델제품의 표면을 매끄럽고 단단히 하며 모델부품의 조립성을 용이하게 하기 위하여 표면을 가공하는 것이다.
표현 요소	개념요소로 점, 선, 면, 입체로 구분한다.
프린트	3D프린팅을 하기위해서 슬라이서된 파일을 3D프린터로 전송한다.
프린트 미리보기(Print Preview)	프린트하기 전 출력 시뮬레이션을 진행해서 재료 관련 정보 예상시간을 제공한다.
프린터 설정	프린터 설정을 조정하여 프린트 속도, 시간, 소재 등 품질을 변경한다.
플러시 커터	지지물을 제거할 때 사용하는 도구

필라멘트(Filament)	3D프린터에서 사용하는 재료로 스풀에 감겨서 만들어진 플라스틱 원료이다.
FDM방식 (Fused Deposition Modeling)	3D 프린팅 기술이며 열가소성 물질을 압출기 내부 노즐 안에서 녹여 밀어내어서 밑에서부터 위로 쌓아올려 3D프린팅하는 방법
폴리곤 모델링	삼각형을 기본 단위로 하며 다각형의 모서리와 꼭짓점을 연결해서 모델제품을 3D 모델링 하는 데 적합한 방식

[ㅎ]

핫 엔드(Hot End)	필라멘트의 고체 원료를 가열해 녹이는 압출기의 가장 '뜨거운 끝' 부분의 노즐을 말하며 일반적으로 240℃까지 가열한다.
핫 엔드 노즐 (Hot End Nozzle)	필라멘트의 고체 원료를 적정 온도(190~250℃)로 녹여 압출하는 부분
형상보조물	모델제품의 출력 시 적층바닥과 형상이 떨어져 있을 경우 이를 잘 부착하도록 보조하는 지지대를 말한다.
후가공	3D프린팅된 모델제품을 사용자가 원하는 표면 처리 및 형태로 다듬질과 도색을 하는 작업
후조립 가공	3D프린팅된 모델제품을 사용자가 후가공 후 조립할 수 있게 만드는 가공

[기타]

3D디자인 소프트웨어	모델형상의 표현을 3D모델로 나타내기 위한 3D형상 제작용 프로그램을 말한다.
3D 모델링 (3D Modeling)	디자인 아이디어를 보다 명확한 의사소통을 위해 3D데이터로 구체화하는 과정을 말한다.
3D 렌더링 (3D Renderring)	3D 모델링 데이터의 효과적인 커뮤니케이션을 위한 시각화 과정을 말한다.
3D프린터의 출력방식	적층형 방식과 하이브리드형 방식이 있다.
3D프린터 소프트웨어 설정	G코드 파일을 생성하는 능력으로 고품질의 제품을 출력하기 위하여 슬라이서 프로그램에서 보조물과 지지대를 설정하고 슬라이싱한다.
3D프린터 하드웨어 설정	3D프린터의 출력설정을 하기 위한 능력으로 모델제품 출력 전 장비를 최적화 상태로 만들기 위하여 기기제어 설정, 필라멘트 장착, 데이터 업로드를 실시한다.
3D프린팅 조형방식	재료압출방식, 재료분사방식, 광중합방식, 접착제분사방식, 분말적층용융방식, 고에너지 직접조사방식, 시트라미네이션방식과 같이 7가지로 나눈다.
3D스캐너 접촉방식	비접촉식과 접촉식 방법으로 분류한다.
3차원 스캐닝의 종류	광학식, 레이저, 사진을 이용하는 방식이 있다.